# 机械制图

## （第6版）

（非机械类专业）

邹宜侯　窦墨林　潘海东　主编

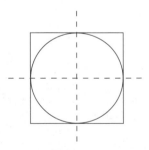

清华大学出版社
北京

# 内 容 简 介

本书是在第5版的基础上，根据高等工业学校画法几何及机械制图教学大纲的基本要求，以及截至2009年相关单位发布的有关国家标准修订而成。

本书内容：制图的基本知识，点、直线和平面的投影，AutoCAD绘图基础基本体及叠加体的三视图，立体的切割及截交线画法，回转体表面的相贯线画法，组合体的画图和看图，表达机件的常用画法，轴测图与三维实体造型，标准件和常用件，零件图的绘制，尺寸注法，技术要求，装配图，表面展开图及计算机绘图（用AutoCAD软件绘图）等。

本书具有如下特点：引入AutoCAD软件绘图，将机械制图与计算机绘图融为一体；采用最新国家标准，与国际ISO接轨；重视素质教育，加强能力培养；适应面广，各类型教学取得上佳效果。

本书可作为高等工科院校及高等职业技术学院非机械类各专业的画法几何及机械制图课程的教材，并可供有关工程技术人员参考。由于该版内容有所扩展，也可供机械类专业使用。

本书与邹宜侯主编的《机械制图习题集》配套使用。

版权所有，侵权必究。举报：010-62782989，beiqinquan@tup.tsinghua.edu.cn。

图书在版编目(CIP)数据

机械制图/邹宜侯，窦墨林，潘海东主编．—6版．—北京：清华大学出版社，2012.8(2024.2重印)
ISBN 978-7-302-29297-5

Ⅰ．①机…　Ⅱ．①邹…　②窦…　③潘…　Ⅲ．①机械制图－中等专业学校－教材　Ⅳ．①H126

中国版本图书馆CIP数据核字(2012)第152373号

责任编辑：杨　倩
封面设计：傅瑞学
责任校对：赵丽敏
责任印制：宋　林

出版发行：清华大学出版社
网　　址：https://www.tup.com.cn，https://www.wqxuetang.com
地　　址：北京清华大学学研大厦A座　　邮　编：100084
社 总 机：010-83470000　　邮　购：010-62786544
投稿与读者服务：010-62776969，c-service@tup.tsinghua.edu.cn
质量反馈：010-62772015，zhiliang@tup.tsinghua.edu.cn

印 装 者：北京嘉实印刷有限公司
经　　销：全国新华书店
开　　本：185mm×260mm　　印　张：23.25　　插　页：1　　字　数：531千字
版　　次：1984年12月第1版　　2012年8月第6版　　印　次：2024年2月第15次印刷
定　　价：59.00元

产品编号：047255-05

# 第 6 版前言

本书是在第 5 版的基础上,按照高等工业院校画法几何及机械制图教学大纲的基本要求,以及截至 2009 年相关单位发布的国家标准修订而成。

本次修订保留了第 5 版的体系结构,主要对与新国家标准有关的章节内容作了改动,包括:

(1) 图纸幅面、线型、字体和比例。

(2) 表达机件的常用画法。

(3) 技术要求中的表面粗糙度、极限与配合、几何公差(原形状和位置公差)的概念及在图样上的标注方法。

(4) 标准件和常用件中的螺纹和螺纹紧固件、齿轮、键与销、弹簧、滚动轴承等。

(5) 全书中涉及标准改变的所有图例。

对于计算机绘图部分,尽管 AutoCAD 的版本更新较快,但其基本绘图命令的内容和操作方法变化不大,同时考虑到各个学校教学中采用的版本不尽相同,因此本次修订仍沿用了第 5 版的基本内容和编排方式,只对部分图例的内容和画法按新国家标准作了改动。

本书沿袭了第 5 版的基本特色,具体是:

(1) 本书面向的非机类专业较多,具有较大的差异,然而篇幅不允许兼收并蓄,面面俱到,因此本书在内容上选择了各专业基本的、共同的要求。

(2) 在前后顺序的编排上,努力使理论与应用有机地结合起来。前面几章是按点、线、面、平面体与回转体及组合体等内容顺序编写的。目的是在介绍点、线、面及其相对位置投影的基本原理之后,在体的投影上得到应用,在组合体上加以综合训练,并在剖视图上得到进一步提高。同时这样编排使内容由浅入深,符合学生的认识规律。

(3) 在内容的组织上,既考虑到学科的系统性和完整性,又考虑到便于教学安排,两者尽可能兼顾。将内容较多的零件图部分分为零件图的绘制、尺寸注法和技术要求等三章。尺寸注法单独作为一章,与零件图的绘制、技术要求合成一个系统,这样讲解可使学生形成一个较为完整的概念;但也可根据教学需要,灵活应用,例如将尺寸注法分散在几何作图、组合体和零件图中进行讲解与练习。而第 3 章和第 9 章均为独立部分,可根据教学情况将其提前或移后,灵活安排。

(4) 本书在内容及选题上力求贯彻少而精的原则。对于基本概念、基本原理、基本方法尽量讲深讲透。在写法上力求通俗易懂,言简意赅,便于自学。例如有些章节附加了较多的立体图,图文对照,便于加强立体感和对机件结构的了解。对画图过程中易犯的错误,采用了正误对比图例。对作图步骤采用了分解图,等等。

(5) 考虑到内容的完整性及便于参考,本书内容有适当的裕量。其中有些是拓宽或选修内容,如第 2 章中的换面法和第 15 章的表面展开图,可根据实际情况和不同专业的要求加以取舍。当然其他内容也可根据不同专业、不同学时和教学条件灵活掌握其深度和广度。

(6) 以 AutoCAD 2006 版本为基础,采取集中与分散的方法,在第 3 章全面介绍了 AutoCAD 软件绘图的基本知识,在后续各章中结合机械制图的具体内容,分别介绍了用 AutoCAD 绘图的相关知识,将机械制图和计算机绘图有机地结合起来,使本书既可用作机械制图教材,又可用作 AutoCAD 软件的绘图教材。其主要特点有:①篇幅小,信息量大。②结构严谨,逻辑性强。③叙述简明扼要,重点、要点突出,条理清晰。④举例典型,结合实际,具体而不抽象,易懂易学,起到举一反三的作用。

为满足教学需要,另外编写了一本《机械制图习题集》(第 6 版)(非机械类专业)与本书配套使用。

本书可作为高等工科院校及高等职业技术学院非机械类各专业的画法几何和机械制图课程的教材,也可作为 AutoCAD 软件绘制机械图样的教材,并可供有关工程技术人员参考。

本书自发行以来印数已达数十万册,行销遍及全国,它对传播工程制图知识起到了播种机的作用;它融素质教育与知识教育为一体,对学习能力的提高起到了积极作用;它适应面广,在各类型教育中均取得了上佳效果,深受广大读者欢迎与热爱。我们将继续努力,不断提高教材质量。但由于水平有限,书中缺点、错误在所难免,恳请读者批评指正,并表示衷心的感谢。

值此书出版之际,对为本书前几版付出了辛勤劳动的老师们表示诚挚的谢意。

作　者

2012 年 3 月

# 目 录

绪论 ················································································································· 1

## 第1章 制图的基本知识 ················································································ 3
1.1 图纸幅面、比例、图线和字体的规定 ······················································ 3
1.2 绘图工具及其使用 ··············································································· 12
1.3 几何作图 ···························································································· 17
1.4 绘图的一般步骤及平面图形的作图举例 ················································ 24
1.5 画徒手图的方法 ·················································································· 26

## 第2章 点、直线和平面的投影 ···································································· 31
2.1 投影的基本知识 ·················································································· 31
2.2 点的投影 ···························································································· 32
2.3 直线的投影 ························································································ 37
2.4 平面的投影 ························································································ 48
2.5 直线与平面及两平面的相对位置 ··························································· 55
2.6 换面法 ······························································································· 62

## 第3章 AutoCAD 绘图基础 ········································································ 71
3.1 AutoCAD 的基本概念和基本操作 ······················································· 71
3.2 AutoCAD 的文件操作 ········································································ 74
3.3 AutoCAD 基本绘图命令 ····································································· 76
3.4 AutoCAD 图形的编辑 ········································································ 83
3.5 AutoCAD 的绘图辅助工具、图层操作、图形显示 ································· 94
3.6 平面图形作图实例 ··············································································· 98

## 第4章 基本体及叠加体的三视图 ······························································· 101
4.1 体的投影——视图 ············································································· 101
4.2 基本体的形成及其三视图 ··································································· 103
4.3 叠加体的三视图 ················································································ 110

## 第5章 立体的切割及截交线画法 ······························································· 116
5.1 平面体的截切 ···················································································· 116
5.2 回转体的截切 ···················································································· 120

# 第 6 章 回转体表面的相贯线画法 ······ 129
## 6.1 平面体与回转体的相贯线画法 ······ 129
## 6.2 回转体与回转体的相贯线画法 ······ 131

# 第 7 章 组合体的画图和看图 ······ 139
## 7.1 组合体的组成方式及形体分析法 ······ 139
## 7.2 组合体的画图 ······ 142
## 7.3 组合体的看图 ······ 144
## 7.4 用 AutoCAD 绘制组合体视图 ······ 148

# 第 8 章 表达机件的常用画法 ······ 151
## 8.1 视图 ······ 151
## 8.2 剖视图 ······ 157
## 8.3 断面图 ······ 169
## 8.4 简化画法 ······ 171
## 8.5 用 AutoCAD 填充剖面线 ······ 175

# 第 9 章 轴测图与三维实体造型 ······ 178
## 9.1 轴测图的基本知识 ······ 178
## 9.2 正等轴测图 ······ 180
## 9.3 斜二等轴测图 ······ 187
## 9.4 轴测图中的剖切画法 ······ 189
## 9.5 三维实体造型 ······ 191

# 第 10 章 标准件和常用件 ······ 199
## 10.1 螺纹和螺纹紧固件 ······ 199
## 10.2 齿轮 ······ 216
## 10.3 键与销 ······ 226
## 10.4 弹簧 ······ 229
## 10.5 滚动轴承 ······ 232
## 10.6 用 AutoCAD 的块操作建立图形库 ······ 235

# 第 11 章 零件图的绘制 ······ 239
## 11.1 零件图的内容和要求 ······ 239
## 11.2 零件图的视图选择 ······ 240
## 11.3 零件结构的工艺性及其相关画法 ······ 246
## 11.4 零件的测绘 ······ 250
## 11.5 零件图的看图方法 ······ 254

11.6 用 AutoCAD 绘制零件图 ………………………………………………………… 255

## 第 12 章 尺寸注法 …………………………………………………………………… 258
12.1 尺寸标注要正确 …………………………………………………………………… 258
12.2 尺寸标注要完全 …………………………………………………………………… 263
12.3 尺寸标注要清晰 …………………………………………………………………… 268
12.4 尺寸标注要合理 …………………………………………………………………… 270
12.5 典型结构的尺寸与尺寸简化注法 ………………………………………………… 273
12.6 用 AutoCAD 标注尺寸 …………………………………………………………… 276

## 第 13 章 技术要求 …………………………………………………………………… 283
13.1 表面粗糙度的概念及其注法 ……………………………………………………… 283
13.2 极限与配合 ………………………………………………………………………… 290
13.3 几何公差的概念及其注法 ………………………………………………………… 298

## 第 14 章 装配图 ……………………………………………………………………… 302
14.1 装配图的用途、要求和内容 ……………………………………………………… 302
14.2 装配图的规定画法和特殊画法 …………………………………………………… 304
14.3 装配图的视图选择 ………………………………………………………………… 306
14.4 装配图的尺寸标注、零件编号和明细栏 ………………………………………… 309
14.5 装配结构的合理性 ………………………………………………………………… 311
14.6 画装配图的方法和步骤 …………………………………………………………… 313
14.7 看装配图的方法和步骤及拆画零件图 …………………………………………… 315
14.8 用 AutoCAD 绘制装配图 ………………………………………………………… 319

## 第 15 章 表面展开图 ………………………………………………………………… 323
15.1 平面立体的表面展开图画法 ……………………………………………………… 323
15.2 可展曲面的表面展开 ……………………………………………………………… 325
15.3 不可展曲面的近似展开 …………………………………………………………… 331
15.4 在绘制钣金件的展开图时应注意的问题 ………………………………………… 333

## 附录 A 螺纹 …………………………………………………………………………… 335

## 附录 B 常用的标准件 ………………………………………………………………… 338

## 附录 C 极限与配合 …………………………………………………………………… 352

## 附录 D 常用的金属材料与非金属材料 ……………………………………………… 359

# 绪　　论

## 1. 本课程的地位、性质和任务

图样和文字一样，是人类借以表达、构思、分析和交流思想的基本工具，在工程技术上得到广泛的应用。无论是机器、仪表、设备的设计和制造，还是施工过程中，都离不开图样。因此，工程图样是工程技术中一种重要的技术资料，是进行技术交流不可缺少的工具。所以人们常说工程图样是工程界的共同语言。

本课程是一门研究用投影法绘制工程图样和解决空间几何问题的理论与方法的技术基础课。它包括画法几何、制图基础、机械制图和计算机绘图 4 部分。画法几何部分主要是研究用正投影法图示空间几何形体和图解空间几何问题的基本理论和方法；制图基础部分主要是介绍制图的基本知识和基本规定，培养良好的绘图技巧以及绘制和阅读投影图的能力；机械制图部分主要是培养绘制和阅读机械图样的基本能力。对于计算机绘图部分，由于近年来计算机绘图软件发展十分迅速，并以其强大的绘图功能，广泛应用于各个领域，对于普及计算机绘图自动化发挥着重要作用，所以应通过本课程及相关计算机绘图软件内容的学习，学会用计算机绘图软件绘制机械图样的初步能力。通过本课程的学习，应使高等工科院校所培养的工程技术人员，具有良好的绘制和阅读工程图样的能力，以及较强的空间想象和空间构思能力。

本课程的任务是：

(1) 学习投影法(主要是正投影法)的基本理论，为绘制和应用各种工程图样打下良好的理论基础。

(2) 培养绘制和阅读机械零件图和部件图的基本能力。

(3) 培养空间几何问题的一般图解能力。

(4) 培养空间想象能力和空间分析能力。

(5) 培养用计算机绘图软件绘制机械图样的初步能力。

(6) 培养认真负责的工作态度和严谨细致的工作作风。

此外，还应加强对学生自学能力、分析问题和解决问题能力的培养。

较好地掌握上述内容的学习，是顺利完成后续课程、课程设计及毕业设计等的重要保证。

## 2. 本课程的学习方法

根据本课程的要求和特点，应注意下列学习方法：

(1) 强调实践性。要在理解基本理论和基本概念的基础上，着重于实践。空间想象能力与空间分析能力、画图能力与看图能力，只能在实践中才能培养和建立。因此，学生应认真、及时、独立地完成习题、作业、绘图的训练。

（2）重视空间想象能力的培养。工程图学是一门研究三维形体的形状与二维平面图形之间关系的学科,也就是"由物画图、由图想物"的过程,把投影分析与空间想象紧密地结合起来,注意直观教学,多看、多画、多想,不断提高空间想象与空间分析的能力。

（3）掌握正确的分析问题的方法。在学习制图课时,要多注意基本概念、基本理论、基本画图步骤与分析问题的方法。例如,学会形体分析的方法,就可以把复杂的问题转化为简单的问题,许多难题便可迎刃而解,可以收到不断提高学习质量与学习效率的效果。

（4）树立严谨的科学作风。图样是加工、制造的依据,在生产中起着重要的作用。绘图时,每一条线、每一个字都要严格要求,图纸上的细小差错,将会给生产带来影响和损失。因此,在学习过程中,要培养学生认真负责的工作态度和严谨细致的工作作风。

# 第1章 制图的基本知识

在画图和看图过程中,首先应对制图的基本知识有所了解。基本知识内容包括技术制图的基本规定、绘图工具的正确使用、几何图形的作图方法以及画图的基本技能等,下面分别予以介绍。

## 1.1 图纸幅面、比例、图线和字体的规定

作为指导生产的技术文件,工程图样必须有统一的标准。这些标准对科学地进行生产和图样的管理工作起着重要作用,每个工程技术人员在绘制生产图样时均应熟悉并严格遵守国家标准的有关规定。

最新《技术制图》标准对图纸幅面、比例、图线和字体均有明确规定。

### 1.1.1 图纸幅面和格式(GB/T 14689—2008)

(1)绘制图样时,应优先采用基本幅面,其代号、尺寸见表1-1。其中A0号幅面最大,A4号幅面最小。

表1-1 幅面尺寸　　　　　　　　　　　　　　　　　mm

| 幅面代号 | A0 | A1 | A2 | A3 | A4 |
| --- | --- | --- | --- | --- | --- |
| $B×L$ | 841×1189 | 594×841 | 420×594 | 297×420 | 210×297 |

当基本幅面不能满足视图的布置时,可使用加长幅面。加长幅面是使基本幅面的短边成整数倍增加,其幅面大小在《技术制图》中均有规定。

(2)画图时先定出图纸幅面,并用粗实线画出图框;图框有留装订边和不留装订边两种,其格式见表1-2和表1-3。

表1-2 图纸留装订边格式

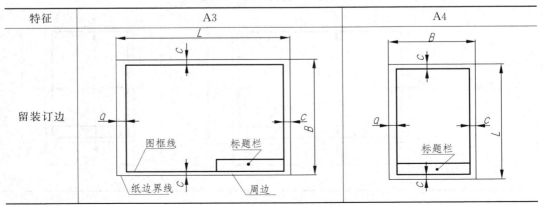

表 1-3　图纸不留装订边格式

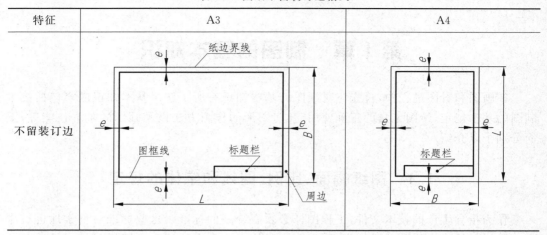

留装订边的图纸,其装订边的宽度一律为 25mm,其他三边宽度相同；不留装订边的图纸,四边的宽度均相同,具体尺寸见表 1-4。

表 1-4　图纸边框尺寸　　　　　　　　　　　　　　　　　　　　mm

| 幅面代号 | A0 | A1 | A2 | A3 | A4 |
|---|---|---|---|---|---|
| $B \times L$ | 841×1189 | 594×841 | 420×594 | 297×420 | 210×297 |
| $e$ | 20 | | | 10 | |
| $c$ | 10 | | | 5 | |
| $a$ | 25 | | | | |

（3）图纸可以横放,也可以竖放。但每张图纸均要有标题栏,通常标题栏置于图纸的右下角,这样看图方向与标题栏方向一致,故多采用此种型式。但特殊需要时,也可将标题栏移于右上方,见表 1-5。

表 1-5　标题栏放置型式

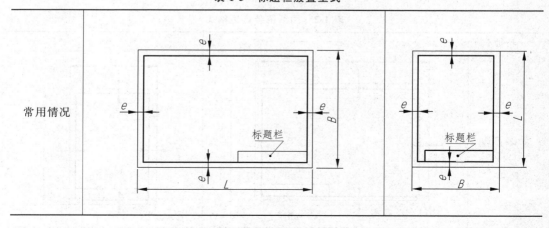

| | | |
|---|---|---|
| 特殊情况 | 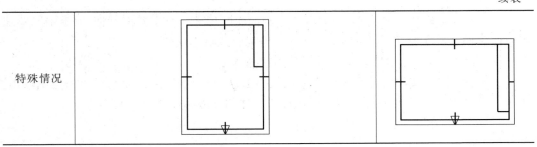 | |

续表

GB 10609.1—1989 对标题栏的格式和尺寸均作了规定,其内容项目较多。学生学习时,制图作业的标题栏建议采用图 1-1 所示的格式。

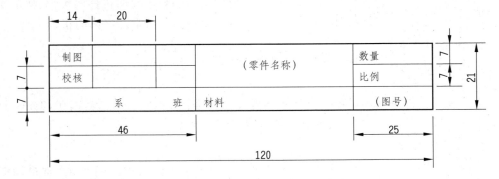

图 1-1 标题栏

### 1.1.2 比例(GB/T 14690—2008)

图样中应采用适当的比例。

**1. 比例**

比例系指图形与实物相应要素的线性尺寸之比。

**2. 比例的 3 种类型**

(1) 原值比例,图形尺寸与实物尺寸一样,比例为 1∶1;

(2) 放大比例,图形尺寸大于实物尺寸,如比例为 2∶1,即图形线性尺寸是实物线性尺寸的 2 倍;

(3) 缩小比例,图形尺寸小于实物尺寸,如比例为 1∶2,即图形线性尺寸是实物线性尺寸的一半。

表 1-6 比例

| 原值比例 | 1∶1 |
|---|---|
| 缩小比例 | (1∶1.5) 1∶2 (1∶2.5) (1∶3) (1∶4) 1∶5 (1∶6) 1∶1×10$^n$ (1∶1.5×10$^n$) 1∶2×10$^n$ (1∶2.5×10$^n$) (1∶3×10$^n$) (1∶4×10$^n$) 1∶5×10$^n$ (1∶6×10$^n$) |
| 放大比例 | 2∶1 (2.5∶1) (4∶1) 5∶1 1×10$^n$∶1 2×10$^n$∶1 (2.5×10$^n$∶1) (4×10$^n$∶1) 5×10$^n$∶1 |

注:$n$ 为正整数,优先选用没有括号的比例。

**3. 需注意问题**

（1）不管图形放大或缩小，均需标注实物的实际尺寸。为了看图方便，画图时尽量采用原值比例。当实物过大或过小时，则宜采用放大或缩小比例。

比例已标准化了，需按表1-6所列选用适当比例。

（2）绘制同一实物的各个视图应采用相同的比例，一般标注在标题栏中的比例项内。比例的符号应以"："表示，必要时，可在视图名称的下方标注比例，如：

$$\frac{I}{2:1} \quad \frac{A-A}{2.5:1}$$

### 1.1.3 字体（GB/T 14691—1993）

在图样上除了应表达机件的形状外，还需要用文字和数字注明机件的大小、技术要求及其他说明等，所以应根据国际（GB/T 14691—1993）的规定，掌握字体的正确书写。

**1. 字体的书写**

字体书写必须做到字体工整、笔画清楚、间隔均匀、排列整齐。

**2. 字体的号数**

字体的号数即字体的高度。字体的高度 $h$ 系列为：1.8，2.5，3.5，5，7，10，20mm。高度大于20mm的尺寸按 $\sqrt{2}$ 比率递增。汉字高度不应小于3.5mm。

**3. 字体的宽度**

字体的宽度 $b$ 一般为 $h/\sqrt{2}$，即字体的宽度 $b$ 约等于字体高度 $h$ 的2/3。字母和数字分A型和B型，A型字体笔画宽度为字高的1/14，B型字体笔画宽度为字高的1/10。在同一图样中采用同一型式的字体。

**4. 字体的示例**

字体分成直体和斜体两种，斜体字头向右倾斜，与水平线成75°。字母和数字一般写成斜体。

字体书写应清晰、美观，否则会给生产带来不利影响，甚至造成差错。下面分列汉字、字母及数字书写应注意的问题及示例。

（1）汉字　汉字采用长仿宋字体，不分斜体或直体。其书写要点是横平竖直，注意起落，结构均匀，填满方格。应将汉字的基本笔画练习好，汉字的基本笔画为点、横、竖、撇、捺、挑、钩、折。其基本笔画见表1-7。

表1-7　长仿宋体基本笔画

| 名　称 | 横 | 竖 | 撇 | 捺 | 挑 | 点 | 钩 | 折 |
|---|---|---|---|---|---|---|---|---|
| 形　状 | 一 |丨 | 丿 | 乀 | ✓ | 丶 | 亅 | 𠃍 |
| 笔　法 | 一 | 丨 | 丿 | 乀 | ✓ | 丶 | 亅 | 𠃍 |

汉字示例见图 1-2 所示。

10 号字

字体工整　笔画清楚　间隔均匀　排列整齐

7 号字

横平竖直注意起落结构均匀填满方格

5 号字

技术制图机械电子汽车航空船舶土木建筑矿山井坑港口纺织服装

图 1-2　长仿宋字体

(2) 字母　常用字母有拉丁字母与希腊字母。

① 拉丁字母示例

A 型字体的大写斜体见图 1-3。

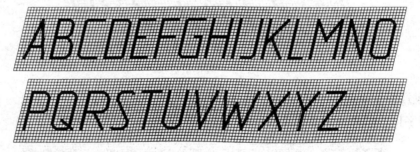

图 1-3　拉丁字母（大写）

A 型字体的小写斜体见图 1-4。

图 1-4　拉丁字母（小写）

② 希腊字母示例

A 型字体的小写斜体见图 1-5。

图 1-5 希腊字母

（3）数字　常用的数字有阿拉伯数字与罗马数字。

① 阿拉伯数字示例

A 型字体的斜体见图 1-6。

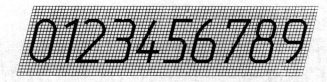

图 1-6 阿拉伯数字

② 罗马数字示例

A 型字体的斜体见图 1-7。

图 1-7 罗马数字

（4）数字及字母组合书写的综合应用示例

① 用作指数、分数、极限偏差、注脚等的数字及字母，一般采用小一号字体；尺寸公差的上下极限偏差采用小一号字体（图 1-8）。

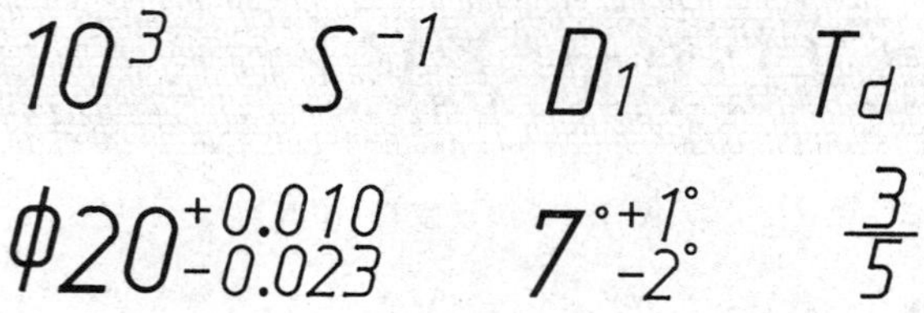

$$10^3 \quad S^{-1} \quad D_1 \quad T_d$$

$$\phi 20^{+0.010}_{-0.023} \quad 7°^{+1°}_{-2°} \quad \frac{3}{5}$$

图 1-8 数字及字母组合写法（一）

② 极限与配合、表面粗糙度代号、图名与比例及螺纹代号等标注(图 1-9)。

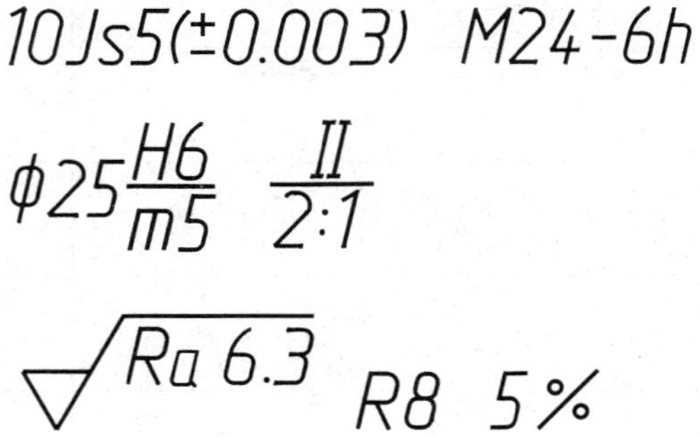

$$10\text{Js}5(\pm 0.003) \quad M24\text{-}6h$$

$$\phi 25 \frac{H6}{m5} \quad \frac{\text{II}}{2:1}$$

$$\sqrt{}\ Ra\ 6.3 \quad R8 \quad 5\%$$

图 1-9　数字及字母组合写法(二)

### 1.1.4　图线及其画法(GB/T 17450—1998,GB/T 4457.4—2002)

各种图形都是由不同的图线组成的,不同型式的图线有不同的含义,用以识别图样的结构特征。

**1. 基本线型**

国标规定下列基本线型(表 1-8,表 1-9)。

表 1-8　基本线型

| 图 线 线 型 | 图 线 名 称 |
|---|---|
| ——————————— | 实　线 |
| — — — — — — — | 虚　线 |
| －　－　－　－　－ | 间隔画线 |
| — · — · — · — · — | 点画线 |
| — ·· — ·· — ·· — | 双点画线 |
| — ··· — ··· — ··· — | 三点画线 |
| · · · · · · · · · · · | 点　线 |
| ——— － ——— － ——— | 长画短画线 |
| ——— － － ——— － － | 长画双短画线 |
| ——— · ——— · ——— | 画点线 |
| ——— ·· ——— ·· ——— | 双画单点线 |
| — ·· — ·· — ·· — | 画双点线 |
| ——— ·· ——— ·· | 双画双点线 |
| ——— ··· ——— ··· | 画三点线 |
| ——— ··· ——— ··· ——— | 双画三点线 |

注:不连续线的独立部分,如点、长度不同的画和间隔,称为线素。图线长度小于或等于图线宽度的一半,称为点。

表 1-9 基本线型的变形

| 图线线型 | 图线名称 |
|---|---|
| 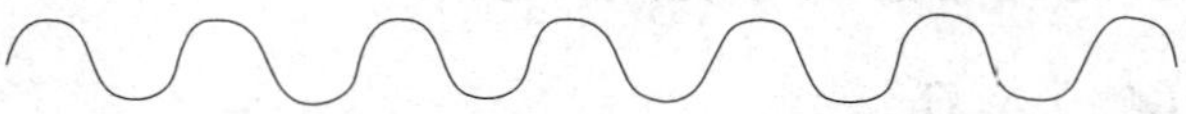  | 规则波浪连续线 |
| 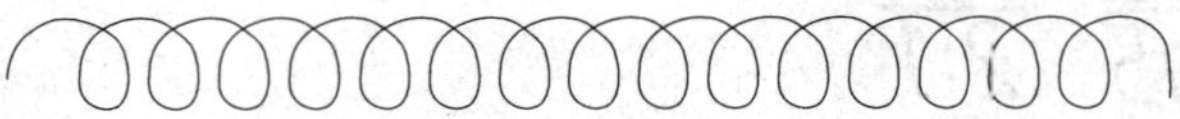  | 规则螺旋连续线 |
|   | 规则锯齿形连续线 |
|   | 波浪线（徒手连续线） |

注：图线宽度分粗线、中粗线和细线 3 种，其宽度比率为 4∶2∶1。

根据 GB/T 4457.4—2002，机械制图中采用表 1-10 所示的 9 种图线。

表 1-10 机械制图常用图线

| 图线名称 | 图线型式及代号 | 图线宽度 | 一般应用举例 |
|---|---|---|---|
| 粗实线 |  ———— A | $d$ | A1 可见轮廓线 |
| 细实线 |  ———— B | $d/2$ | B1 尺寸线及尺寸界线<br>B2 剖面线<br>B3 重合断面的轮廓线 |
| 波浪线 |  ～～～～ C | $d/2$ | C1 断裂处的边界线<br>C2 视图和剖视的分界线 |
| 双折线 | 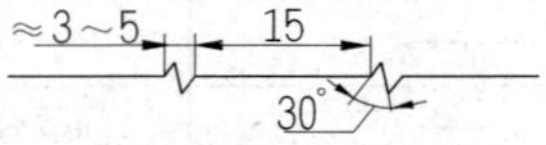 —/\—/\— D | $d/2$ | D1 断裂处的边界线 |
| 细虚线 | 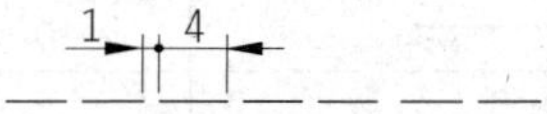 - - - - - E1 | $d/2$ | E1 不可见轮廓线 |
| 粗虚线 |  - - - - - F1 | $d$ | F1 允许表面处理的表示线 |
| 细点画线 | 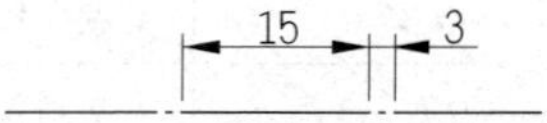 —·—·— G | $d/2$ | G1 轴线<br>G2 对称中心线<br>G3 轨迹线 |
| 粗点画线 | —·—·— J | $d$ | J1 有特殊要求的线或表面的表示线 |
| 双点画线 | 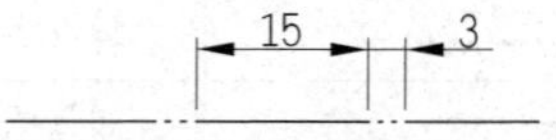 —··—··— K | $d/2$ | K1 相邻辅助零件的轮廓线<br>K2 极限位置的轮廓线 |

图 1-10 是各种图线的应用示例。

**2. 图线的宽度**

表 1-10 中所列图线分为粗、细两种，粗线的宽度为 $d$，细线的宽度约为 $d/2$。

图线宽度（$d$）系列为：0.25，0.35，0.5，0.7，1，1.4，2mm。

粗线的宽度 $d$ 应按图样的大小和复杂程度来决定，优先选用 0.5mm 和 0.7mm 两种。

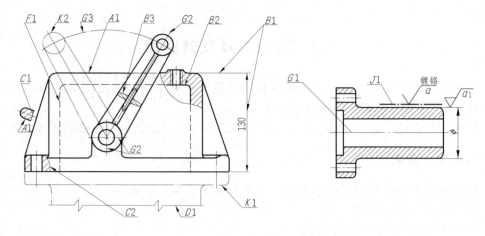

图 1-10 图线的应用示例

**3. 图线画法注意要点**

(1) 在同一张图样中,同类图线的宽度应一致。画线、间隔的长短也应一致。
(2) 两条平行线之间的最小间隙不得小于 0.7mm。
(3) 绘制圆的中心线时,圆心应为画相交,而不得画成点或间隔。

小圆(一般直径小于 12mm)的中心线,小图形的双点画线均可用细实线代替。
中心线的两端应超出所表示的相应轮廓线 2～5mm 左右。以上画法如图 1-11 所示。

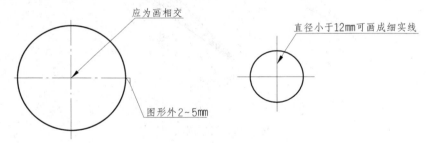

图 1-11 圆的中心线画法

(4) 细实线与粗实线相接时,应留有 1mm 左右的空隙以示区分,如图 1-12(a)所示;
虚线、中心线与粗实线相交时,则应连接,不宜留空隙,且虚线与虚线相交时应为画相交,

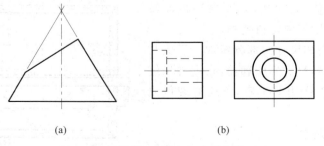

图 1-12 细实线、虚线与粗实线相接画法

如图 1-12(b)所示。

## 1.2 绘图工具及其使用

正确使用绘图工具对提高绘图速度和质量起着重要作用。因此,应对绘图工具的用途有所了解,并熟练掌握它们的使用方法。

绘图工具包括:铅笔、图板、丁字尺、三角板、圆规、分规、比例尺和曲线板等。

### 1.2.1 铅笔

铅笔根据铅芯的软硬程度有多种。绘图时建议按如下原则选用:

(1) 2B 或 B 用于画粗实线;

(2) HB 用于写字和画箭头;

(3) H 用于画细线和虚线及打底稿等。

加深粗实线用的铅芯最好在砂纸上磨成所需厚度的矩形,如图 1-13(b)所示。其余的磨成圆锥形,如图 1-13(a)所示。

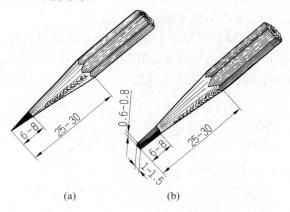

图 1-13 铅笔削法

### 1.2.2 图板和丁字尺

如图 1-14 所示,画图应使用图板固定图纸,图纸一般用胶带纸固定在图板的左下部,图板的板面应平整,无翘曲,并要保持板面清洁,不要在板面上随意涂写或刻画。

丁字尺由尺头和尺身两部分组成。尺头与尺身的连接要牢固,尺身不应翘曲,长度视图纸大小而定。尺身工作边要平直,不应有裂口或凹凸不平。

**1. 丁字尺的用途**

(1) 画水平线(图 1-15);

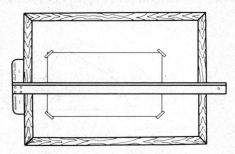

图 1-14 图板和丁字尺

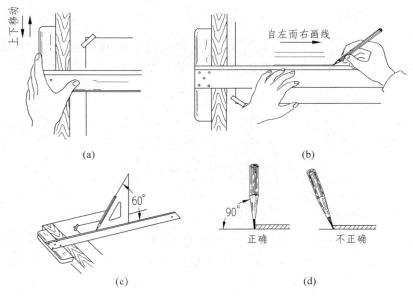

图 1-15 丁字尺的用法

（2）与三角板配合使用画垂直线及倾斜线（图 1-16）。

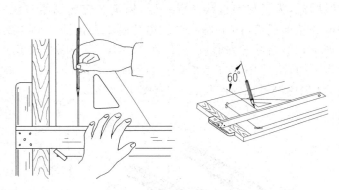

图 1-16 用丁字尺和三角板画垂直线

## 2. 丁字尺的用法

（1）左手握尺，将丁字尺工作边移至需画线处，并使尺头靠紧图板的左侧导边（图1-15(a)）。

（2）画水平线时，左手按住尺身，右手执笔沿尺身工作边自左至右画水平线（图 1-15(b)）。

需要注意的是，移动丁字尺时要用左手握尺、推尺，不要用双手去抬尺。铅笔画线时应如图 1-15(c)所示，向走笔方向前倾 30°。图 1-15(d)中左边图形所示是画水平线时铅笔的正确位置；右边图形所示铅笔的位置是不正确的。

图 1-16 是用丁字尺和三角板画垂直线时的正确姿势。画线前应使三角板靠紧丁字尺，画线时用左手同时按住丁字尺和三角板，自下而上画垂直线。

### 1.2.3 三角板

一副三角板分 45°和 30°—60°两块,与丁字尺配合可画垂直线及 15°倍角的斜线(图1-17(a),(b));或用两块三角板配合可画任意角度的平行线(图 1-17(c))。

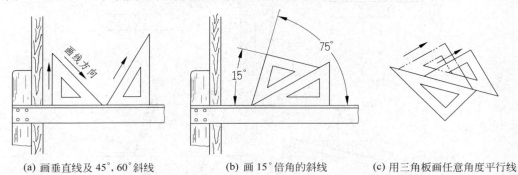

(a) 画垂直线及 45°,60°斜线　　(b) 画 15°倍角的斜线　　(c) 用三角板画任意角度平行线

图 1-17　三角板的用法

### 1.2.4 圆规

圆规用来画圆及圆弧。使用圆规时,应注意下列几点:

(1) 画粗实线圆时,为了与粗直线色泽一致,铅笔芯应比画粗直线的铅笔芯软一些,即一般用 2B,并磨成矩形截面(图 1-18(a))。铅芯端部截面应比画粗实线截面稍细。画细线圆时,用 H 或 HB 的铅笔芯并磨成铲形(图 1-18(a)),磨成圆锥形也可。

(2) 圆规针脚上的针,应用带支承面(有台阶的一端)的小针尖,如图 1-18(b)所示。圆规两腿合拢时,针尖应调得比铅芯稍长一些(图 1-18(b))。

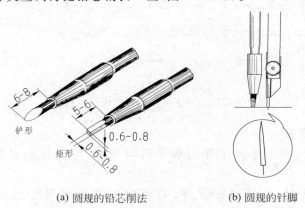

(a) 圆规的铅芯削法　　(b) 圆规的针脚

图 1-18　圆规的铅芯及针脚

(3) 画大圆时可用大圆规(图 1-19(a)),画大直径的圆还可用加长杆加大所画圆的半径(图 1-19(b))。当画大圆时,圆规的针脚和铅笔芯均应保持与纸面垂直。画圆时,应当着力均匀,匀速前进,并应使圆规稍向前进的方向倾斜,如图 1-19(a)所示。

(4) 画小圆用弹簧圆规比较方便,如图 1-20 所示。

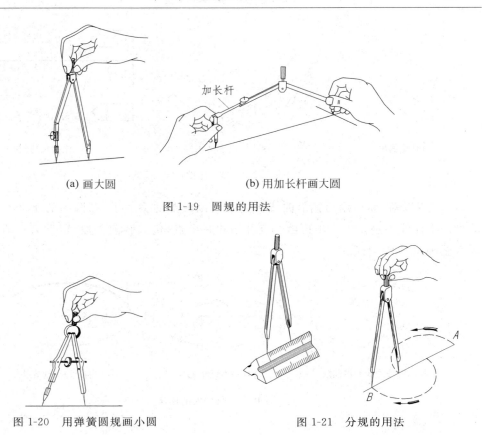

图 1-19 圆规的用法
(a) 画大圆　　(b) 用加长杆画大圆

图 1-20 用弹簧圆规画小圆　　图 1-21 分规的用法

### 1.2.5 分规

分规用来截取某一定长的线段或等分线段,其用法见图 1-21。

### 1.2.6 比例尺

比例尺又叫三棱尺,尺面上有各种不同比例的刻度,可按所需要的比例,直接在其面上截取所需尺寸长度,而不必再行换算(图 1-22(a)、(b))。

比例尺上标明了刻度的比例,但每一种刻度都可读出几种不同的比例。如标明为 1∶2(有的比例尺标为 1∶200 或 1∶2000)的刻度,当它的每一小格(真实长度为 1mm)代表 2mm 时,是 1∶2 的比例;若每一小格代表 20mm 时,就是 1∶20 的比例。同理,若每一小格代表 0.2mm,则它的比例就是 5∶1,请看图 1-22(c)。

### 1.2.7 曲线板

曲线板用来画非圆曲线。曲线板的用法如下:
(1) 首先用铅笔徒手轻轻地将各点连成一条光滑曲线(图 1-23(a))。
(2) 选取曲线板上的合适段落,使其与已知曲线的一段相吻合,如图 1-23(b)中的 1,

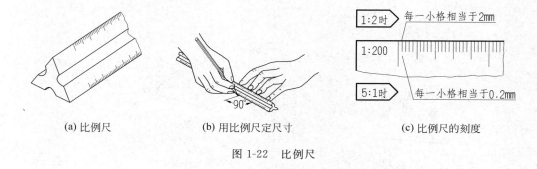

(a) 比例尺　　(b) 用比例尺定尺寸　　(c) 比例尺的刻度

图 1-22　比例尺

2,3,4,5 点段落,然后用铅笔沿曲线板边画出该段落的多一半,如图中的 1,2,3 点,留下的少一半曲线不画。下一步再由 3 点开始找几个点,仍只画前一段,留下后一段,如此重复直至画完(图 1-23(c))。

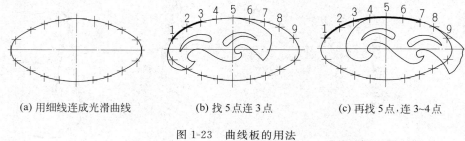

(a) 用细线连成光滑曲线　　(b) 找 5 点连 3 点　　(c) 再找 5 点,连 3~4 点

图 1-23　曲线板的用法

## 1.2.8　其他

绘图时,除了上述工具外,还要准备一些其他用具。如铅笔刀、胶带纸、砂纸、毛刷、橡皮及擦图片等,这些用具见图 1-24。

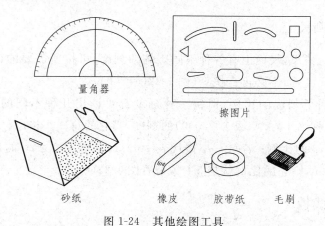

图 1-24　其他绘图工具

## 1.3 几 何 作 图

机器零件的轮廓形状,都是由直线、圆弧或其他曲线所组成的几何图形。因此,我们应当掌握一些常用的几何图形的作图方法。

### 1.3.1 斜度和锥度的作图

**1. 斜度**

斜度是指直线或平面对另一直线或平面的倾斜程度,其大小一般是用两直线或平面间的夹角的正切来表示(图 1-25),即

$$斜度 = \tan\alpha = \frac{H}{L}$$

通常在图样上都是将比例化成最简形式 1:$n$ 而加以标注,并在 1:$n$ 前面写明斜度符号"∠"。斜度符号的画法如图 1-26 所示,符号斜线的方向应与斜度方向一致。

图 1-25 斜度 　　　　　　图 1-26 斜度符号

图 1-27 所示为过已知点作斜度的方法。

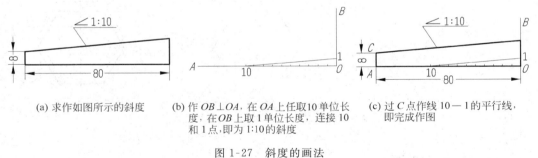

(a) 求作如图所示的斜度　　(b) 作 $OB \perp OA$,在 $OA$ 上任取10单位长度,在 $OB$ 上取1单位长度,连接10和1点,即为1:10的斜度　　(c) 过 $C$ 点作线 10—1 的平行线,即完成作图

图 1-27 斜度的画法

**2. 锥度**

锥度是指圆锥的底圆直径与高度的比;如果是锥台,则是底圆直径和顶圆直径的差与锥台高度之比(图 1-28),即

$$锥度 = \frac{D}{L} = \frac{D-d}{l} = 2\tan\alpha$$

通常,锥度也写成 1:$n$ 的形式而加以标注,并在 1:$n$ 前面写明锥度符号"▷"。锥度符号的画法如图 1-29 所示,符号斜线的方向应与锥度方向一致。

图 1-30 所示是按已知尺寸作锥度的方法。

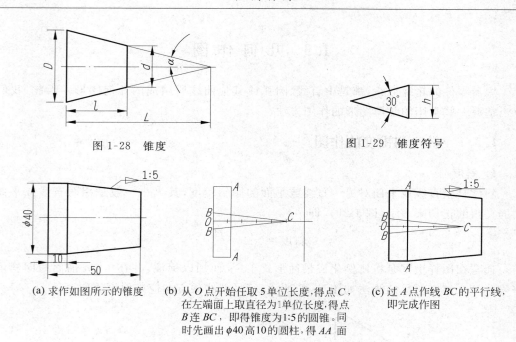

图 1-28 锥度

图 1-29 锥度符号

(a) 求作如图所示的锥度

(b) 从 O 点开始任取 5 单位长度,得点 C,在左端面上取直径为 1 单位长度,得点 B,连 BC,即得锥度为 1:5 的圆锥。同时先画出 φ40 高 10 的圆柱,得 AA 面

(c) 过 A 点作线 BC 的平行线,即完成作图

图 1-30 锥度的画法

### 1.3.2　正多边形的作图

(1) 已知外接圆的直径 D,用丁字尺和三角板画正六边形,如图 1-31 所示。

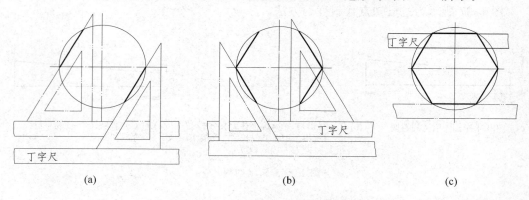

(a)　　　　　　　　(b)　　　　　　　　(c)

图 1-31　用三角板画正六边形

(2) 已知外接圆直径 D,用圆规画正六边形,如图 1-32 所示。
(3) 已知对边距离 S(即内切圆直径),画正六边形,如图 1-33 所示。
(4) 圆内接正 n 边形的画法,如图 1-34 所示($n=7$)。

### 1.3.3　圆弧连接的作图

画零件的投影轮廓时,常会遇到用已知半径为 R 的圆弧光滑连接另外两个已知线段

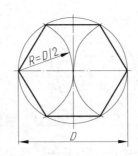

图 1-32　用圆规画正六边形

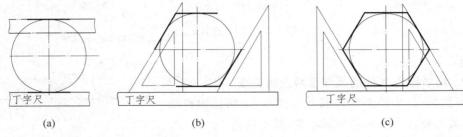

图 1-33　用三角板画正六边形

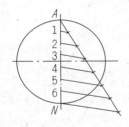 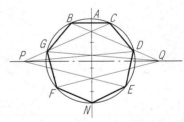

(a) 将外接圆的垂直直径 AN 等分　(b) 以 N 为圆心，NA 为半径作圆，与　(c) 由 P 和 Q 作直线与 NA 上每隔一分点
　为 n 等份（图中 n=7），并标出　　　外接圆的水平中心线交于 P 和 Q　　　（如奇数点 1, 3, 5）相连并延长与外接圆
　顺序号 1, 2, 3, 4, 5, 6　　　　　　　　　　　　　　　　　　　　　　　　　　交于 C,D,E,B,G,F 各点。以直线顺序连
　　　　　　　　　　　　　　　　　　　　　　　　　　　　　　　　　　　　　接 BCDENFG 即为所求之内接正七边形

图 1-34　正七边形画法

（直线或圆弧）的作图，如图 1-35 所示。

这里的光滑连接，在几何里就是相切的作图问题，连接点就是切点。圆弧 R 称为连接圆弧。

圆弧连接作图的要点是根据已知条件，准确地定出连接圆弧 R 的圆心及切点。下面按 3 种不同的圆弧连接情况加以叙述。

### 1. 用半径为 R 的圆弧连接两条已知直线

我们知道，与已知直线相切的圆，其圆心的轨迹是一条与该直线平行的直线，两线的距离等于半径 R（图 1-36），据此，可以得出作图方法如下（图 1-37）。

图 1-38(a) 是成锐角的两直线用圆弧连接；图 1-38(b) 是成直角的两直线用圆弧连接

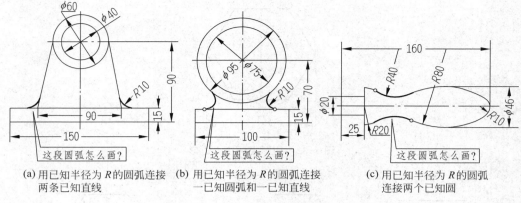

图 1-35　圆弧连接的图形

的情形。

**2. 用半径为 $R$ 的圆弧连接两已知圆弧**

我们知道，半径为 $R$ 的圆与半径为 $R_1$ 的已知圆相切，其圆心轨迹为已知圆的同心圆，其半径为 $L$。

当两圆外切时，$L=R_1+R$（图 1-39(a)）；当两圆内切时，$L=R_1-R$（图 1-39(b)）。而切点 $K$ 是两圆的连心线与圆弧的交点。

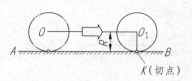

图 1-36　圆与直线相切

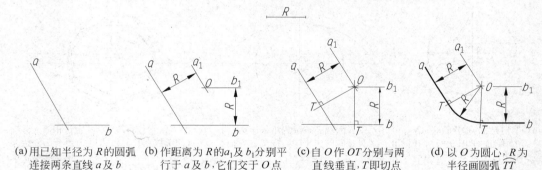

图 1-37　用圆弧连接两条已知直线

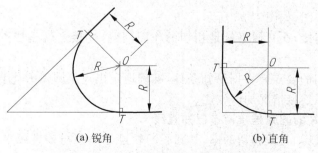

(a) 锐角　　　　(b) 直角

图 1-38　用圆弧连接两条已知直线

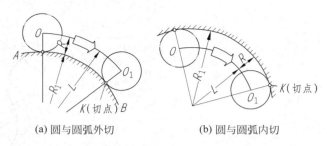

(a) 圆与圆弧外切　　(b) 圆与圆弧内切

图 1-39　圆相切的几何关系

(1) 作半径为 $R$ 的圆弧与已知半径为 $R_1$ 的圆弧及半径为 $R_2$ 的圆弧外切（图 1-40）。

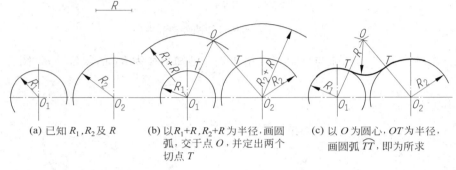

(a) 已知 $R_1$, $R_2$ 及 $R$　　(b) 以 $R_1+R$, $R_2+R$ 为半径，画圆弧，交于点 $O$，并定出两个切点 $T$　　(c) 以 $O$ 为圆心，$OT$ 为半径，画圆弧 $\overset{\frown}{TT}$，即为所求

图 1-40　作圆与两已知圆外切

(2) 作半径为 $R$ 的圆弧与已知半径为 $R_1$ 的圆弧及半径为 $R_2$ 的圆弧内切（图 1-41）。

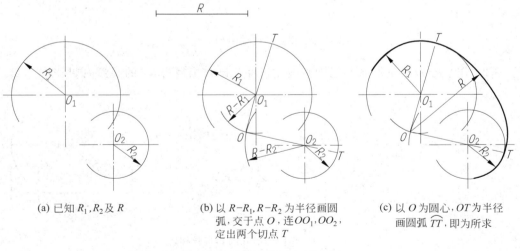

(a) 已知 $R_1$, $R_2$ 及 $R$　　(b) 以 $R-R_1$, $R-R_2$ 为半径画圆弧，交于点 $O$，连 $OO_1$, $OO_2$，定出两个切点 $T$　　(c) 以 $O$ 为圆心，$OT$ 为半径画圆弧 $\overset{\frown}{TT}$，即为所求

图 1-41　作圆与两已知圆内切

(3) 作半径为 $R$ 的圆弧与已知半径为 $R_1$ 的圆弧外切，与已知半径为 $R_2$ 的圆弧内切（图 1-42）。

### 3. 用半径为 $R$ 的圆弧连接一已知直线和一圆弧

这种情形是上述两种情形的结合，因此根据前两种基本关系，即可得出作图方法。

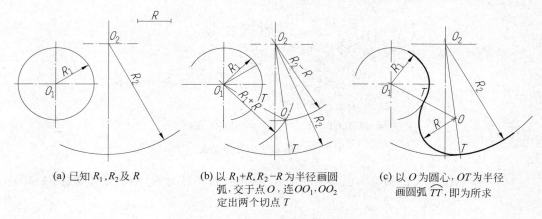

(a) 已知 $R_1$, $R_2$ 及 $R$

(b) 以 $R_1+R$, $R_2-R$ 为半径画圆弧，交于点 $O$，连 $OO_1$, $OO_2$ 定出两个切点 $T$

(c) 以 $O$ 为圆心，$OT$ 为半径画圆弧 $\overset{\frown}{TT}$，即为所求

图 1-42　作圆与两已知圆外切和内切

(1) 作半径为 $R$ 的圆弧与已知直线相切并与已知半径为 $R_1$ 的圆弧外切（图 1-43）。

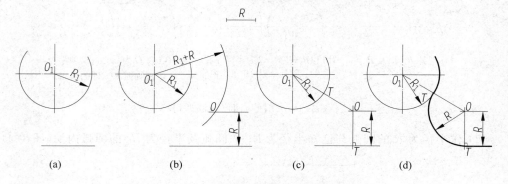

(a)　　　　(b)　　　　(c)　　　　(d)

图 1-43　作圆与已知圆和直线相切

(2) 作半径为 $R$ 的圆弧与已知直线相切并与已知半径为 $R_1$ 的圆弧内切（图 1-44）。

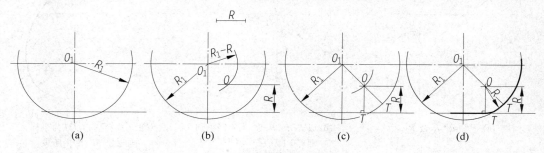

(a)　　　　(b)　　　　(c)　　　　(d)

图 1-44　作圆与已知圆和直线相切

## 1.3.4　常用几何曲线的作图

常用几何曲线是指工程上除圆以外的平面曲线，这里仅介绍椭圆及渐开线的作图方法。

(1) 椭圆的精确画法　见图 1-45。

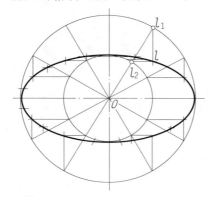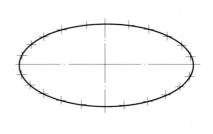

(a) 1.以椭圆长半轴及短半轴为半径画圆;
2.由中心 O 引射线,分别与两圆相交,如 $l_1$, $l_2$ 两点;3.由 $l_1$ 画垂直线, $l_2$ 画水平线,它们的交点 $l$ 即椭圆线上的点

(b) 徒手轻轻地连成光滑曲线,再用曲线板逐段连接而成椭圆(对称地连接)

图 1-45　椭圆的精确画法

(2) 椭圆的近似画法(四心圆法)　见图 1-46。

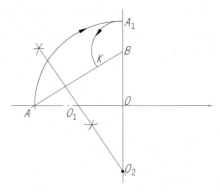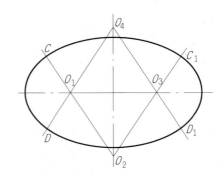

(a) 1.定出椭圆半轴 OA, OB;2.以 B 为圆心, $A_1B$ 为半径画弧,与 AB 交于点 K;3.作 AK 的中垂线与椭圆对称轴线交于 $O_1$, $O_2$ 两点,即所求之圆心,另两圆心 $O_3$, $O_4$ 分别与之对称

(b) 以 $O_2$, $O_4$ 为圆心, $O_2B$ 为半径画上下两个圆弧 $\overset{\frown}{CC_1}$, $\overset{\frown}{DD_1}$。再以 $O_1$, $O_3$ 为圆心, $CO_1$, $C_1O_3$ 为半径画圆弧 $\overset{\frown}{CD}$, $\overset{\frown}{C_1D_1}$

图 1-46　椭圆的近似画法

(3) 圆的渐开线画法　直线在圆周(称为基圆)上作无滑动的滚动,直线上一点的轨迹即为这个圆的渐开线。普通齿轮的齿廓多为渐开线齿廓,如图 1-47(b)所示。设已知基圆直径为 D,圆的渐开线的作图步骤如下(图 1-47):

① 将基圆圆周分为任意等份(图 1-47(a)中为 12 等份),并将基圆的展开长度 $\pi D$ 也分成同等份数;

② 过基圆的各分点,按同一方向作基圆切线;

③ 在第一条切线上,由切点截取 $\pi D/12$ 得点 Ⅰ,在第二条切线上由切点截取 $2\pi D/12$ 得点 Ⅱ…依此类推,得 Ⅰ,Ⅱ,…,Ⅻ 各点;

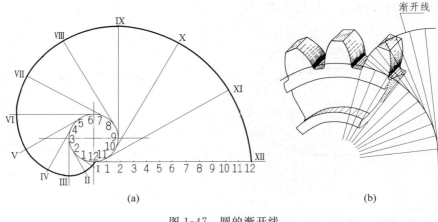

图 1-47 圆的渐开线

④ 用光滑曲线连接Ⅰ,Ⅱ,Ⅲ,…,Ⅻ各点,则得圆的渐开线。

## 1.4 绘图的一般步骤及平面图形的作图举例

制图课程的学习任务之一是学会有条理地按步骤进行绘图。要做到这一点,除了需要具备投影的想象和分析能力外,还应通过亲身实践、反复练习,逐步养成正确的绘图习惯。下面仅就绘图的一般步骤,结合平面图形的作图做一扼要介绍。

【例】 绘制图 1-48 所示的平面图形。

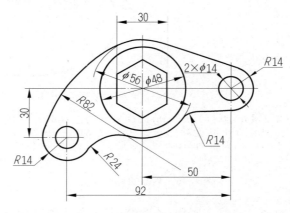

图 1-48 平面图形

### 1.4.1 作图的一般步骤

(1) 分析所画图形,以弄清哪些是已知线段,哪些是连接线段与图形各部分的尺寸大小;

(2) 根据图形大小选择比例及图纸幅面;

(3) 固定图纸见图 1-49;

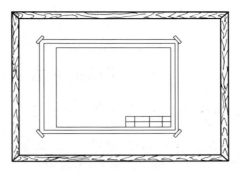

图 1-49　固定图纸

(4) 用较硬的铅笔打底稿,打底稿的步骤见图 1-50;

(5) 标注尺寸并描深,见图 1-50(d)。

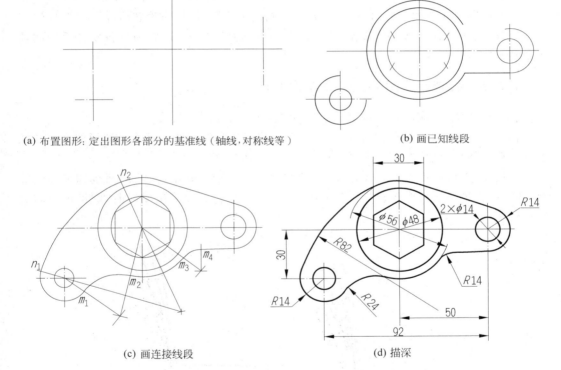

图 1-50　画图形的底稿及描深

## 1.4.2　描深的一般步骤

(1) 描深前应对底稿进行一次检查和清理,擦去不需要的作图线;

(2) 先加深圆及圆弧;

(3) 用丁字尺和三角板按水平线、垂直线、斜线的顺序加深粗实线;

(4) 画中心线、剖面线;

(5) 绘制尺寸界线,尺寸线及箭头,填写尺寸数字;
(6) 填写标题栏。

## 1.5 画徒手图的方法

### 1.5.1 徒手图的特点及其用途

不使用绘图工具,而用徒手画出的图样叫做徒手图,也称为草图。绘制徒手图的特点一是徒手目测机件形状和大小,用眼睛去测估,而不用量具去度量;二是出图要快,用徒手能较快画出图样。

徒手图常用于下列场合:
(1) 在设计新的设备时,常需用徒手图绘出设计方案,用以表达设计人员的构思。
(2) 在修配或仿制机器时,需在现场测绘,徒手绘出草图,再根据草图绘制正规图。
(3) 在参观或技术交流时,有时也要徒手画出徒手图,用以讨论和研究。

因此,对于工程技术人员来说,除了学会用仪器画图以外,还必须具备用徒手绘制徒手图的能力。

### 1.5.2 绘制徒手图的工具及动作要领

绘制徒手图时,应准备好铅笔、方格纸或空白纸及橡皮等工具。

初学徒手画图,最好在方格纸上进行,利用格线来控制图线的平直和图形的大小。经过一定的训练后,便可在空白图纸上画出质量较佳的图样。

一般用较软的 HB 或 2B 型的铅笔,铅芯磨成圆锥形。画中心线、剖面线和尺寸线等细线时,圆锥形铅芯应磨得较尖(图 1-51(a));画可见轮廓线等粗实线时,圆锥形铅芯应磨得较钝(图 1-51(b))。

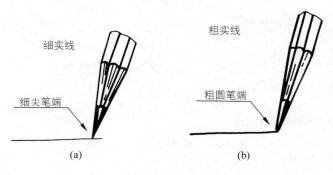

图 1-51 铅笔削法

绘制徒手图的动作要领是手执铅笔,勿离笔端太远,小手指及手腕不宜紧贴纸面,运笔力求自然。画短线时用手腕动作,画长线时用前臂动作。在两点之间画长线,目光要注视着线段的终点,轻轻移动手臂沿着要画的线段方向画至终点,如图 1-52 所示。

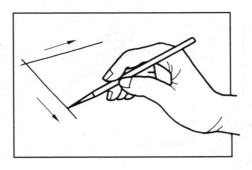

图 1-52　直线画法

## 1.5.3　绘制徒手图的基本技能

绘制徒手图时应多练习直线、角度、圆、圆弧、椭圆等的画法,因为机件的各种图形大都是由这些几何图形组成的。

**1. 直线的画法**

画水平线时,先在图纸的左右两边,根据所画线段的长短定出两点,作为线段的起讫,眼睛注视着终点,自左向右用手腕沿水平方向移动,小手指轻轻接触纸面,以控制直线的平直,画至终点而止,如图 1-53(a)所示。

画垂直线时,在图纸的上下两边,根据所画线段的长短定出两点,作为线段的起讫,自上而下用手腕沿垂直方向轻轻移动,画至终点止,如图 1-53(b)所示。

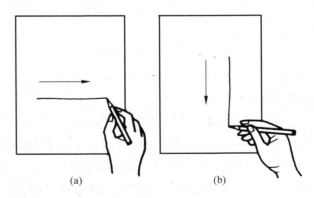

图 1-53　直线的画法

画斜线时,用眼睛估测线的倾斜度,同样根据线段的长短,在图纸的左右两边定出两点,作为线段的起讫。若画向右的倾斜线,则自左向右用手腕沿倾斜方向朝斜上方轻轻移动,画至终点,如图 1-54(a)所示;若画向左的倾斜线,则自左向右用手腕沿倾斜方向朝斜下方轻轻移动,如图 1-54(b)所示。也可将图纸旋转,使倾斜线转成水平位置,按水平线方法绘制,如图 1-54(c)所示。

**2. 常用角度的画法**

画 30°,45°,60°等常用角度时,可根据它们的斜率,用近似比值画出。画 45°角度时,

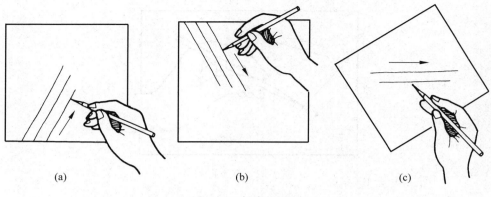

图 1-54 斜线的画法

可在两直角边上量取相等单位,然后以两端点画出斜线,即成 45°角度,如图 1-55(a)所示;若画 30°或 60°角度时,可在两直角边上量取 3 单位与 5 单位,然后连接两端点画出斜线,即可画成 30°或 60°的角度,如图 1-55(b)所示。

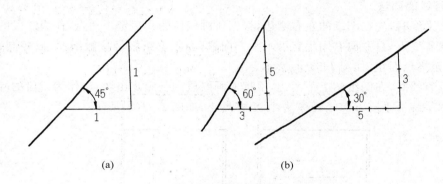

图 1-55 角度的画法

**3. 圆及圆弧的画法**

(1) 圆的画法 常用以下两种画法。

第一种画法:①在正交中心线上根据圆的直径画出正方形,中心线与正方形相交处得出 4 个边的 4 个中点(图 1-56(a));②画正方形的对角线,定出半径长度,并过 8 个点画圆的短弧(图 1-56(b));③连接各弧即得所画之圆(图 1-56(c))。

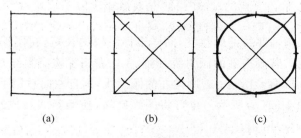

图 1-56 圆的画法(一)

第二种画法：①画出正交中心线(图1-57(a))，再过中心点画出与水平线成45°角的斜交线；②在各点上定出半径长度得8个点，并过8个点画圆的短弧(图1-57(b))；③连接各弧即得所画之圆(图1-57(c))。

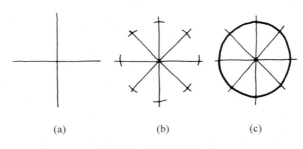

图 1-57　圆的画法(二)

(2) 圆弧的画法

画圆弧时，在两已知边内，根据圆弧半径的大小找出圆心，过顶点及圆心作分角线，再过圆心向已知边作垂直线定出圆弧的起点和终点，在分角线上也定出一圆弧上的点，然后过3个点作圆弧，如图1-58所示。

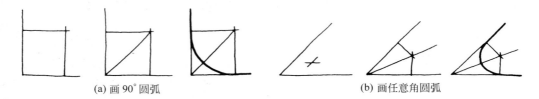

(a) 画90°圆弧　　　　　　　　　　　(b) 画任意角圆弧

图 1-58　圆弧的画法

**4. 椭圆的画法**

画椭圆时，根据椭圆长短轴，在正交中心线上定出4个顶点，再过4个顶点作矩形，在4个顶点处画出短弧，连接各短弧即得所画之椭圆，如图1-59所示。

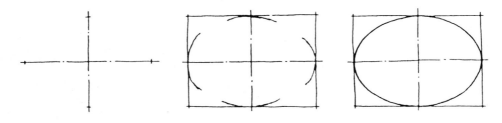

图 1-59　椭圆的画法(一)

图1-60所示是利用外接平行四边形画椭圆的方法。

### 1.5.4　由实物徒手绘制三视图

由实物(立体图)徒手绘制三视图时，首先观察实物的形状及各部分的大小比例关系，一般先画主视图,再画其他视图,最后检查加深。在方格纸上画图甚为方便,如图 1-61 所示。

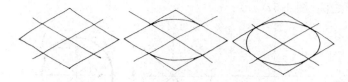

图 1-60　椭圆的画法(二)

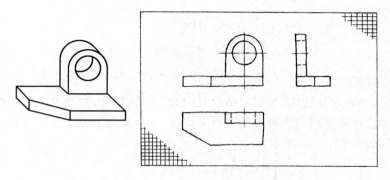

图 1-61　徒手绘制三视图

# 第 2 章  点、直线和平面的投影

## 2.1  投影的基本知识

用灯光或日光照射物体,在地面上或墙面上便产生影子,这种现象叫做投影。经过科学的总结、概括,逐步形成了投影方法。在图 2-1 中,$S$ 为投射中心,$A$ 为空间点,平面 $P$ 为投影面,$S$ 与 $A$ 点的连线为投射线,$SA$ 的延长线与平面 $P$ 的交点 $a$,称为 $A$ 点在平面 $P$ 上的投影,这种产生图像的方法叫做投影法。投影法是在平面上表示空间形体的基本方法,广泛应用于工程图样中。

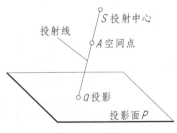

图 2-1  投影法

工程图样中常用下列两种投影法。

### 2.1.1  中心投影法

在有限的距离内,由投射中心 $S$ 发射出投射线,在投影面 $P$ 上得到物体形状的投影方法称为中心投影法。图 2-2 是三角板 $ABC$ 用中心投影法,在投影面上得到投影 △$abc$ 的例子。

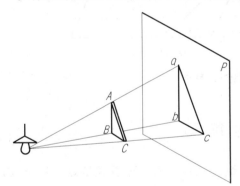

图 2-2  中心投影法

这种投影法与人眼看东西得到的映像相似,所以它具有较强的直观性,立体感好是其优点,厂房、建筑物常采用这种投影法绘制透视图。但用这种投影法绘制的图像,不能反映物体表面的真实形状和大小。例如,改变图 2-2 中的三角板与投射中心 $S$ 与投影面 $P$ 的相对位置和距离,所得到的图形大小和形状便会改变。

### 2.1.2  平行投影法

当投射中心 $S$ 移至无限远处时,投射线都互相平行,用这种投影法得到的图形称为平行投影法。图 2-3 是三角板 $ABC$ 用平行投影法所得到投影 △$abc$ 的例子。

根据投射线与投影面所成角度的不同,平行投影法又分为直角投影法和斜角投影法。**当投射线与投影面垂直时称为直角投影法**(图 2-4(a)),**也称正投影法;当投射线与投影面倾斜时称为斜角投影法**(图 2-4(b)),**也称斜投影法。**

用平行投影法绘制的投影图直观性差,但其度量性较好。例如,将图 2-3 中的三角板放置为与投影面平行,即使改变三角板与投影面之间的距离,仍能得到反映三角板真实形状和大小的图像。所以机械制图多采用正投影法绘制图样。

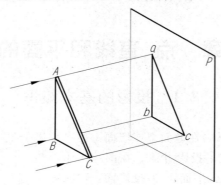

图 2-3 平行投影法

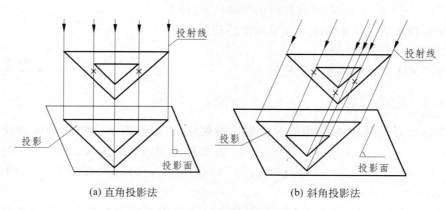

(a) 直角投影法　　　　　(b) 斜角投影法

图 2-4 平行投影法的种类

## 2.2 点的投影

一切几何形体都可看成是某些点、线、面的组合,而线、面又可看成是点的集合,因此点是最基本的几何元素,所以首先研究点的投影性质。

### 2.2.1 点的投影及其规律

用正投影法将空间点 $A$ 投射到铅直的投影面 $V$ 上,在 $V$ 面上将有唯一的点 $a'$,即为空间点 $A$ 的投影(图 2-5)。$S$ 表示投影方向,由于用的是正投影法,所以 $S \perp V$。同样,每一个空间点(不处在直线 $Aa'$ 上)都会在 $V$ 面上产生一个对应的投影。

反之,如果已知一点在 $V$ 面上的投影为 $a'$,是否能确定空间点的位置呢?由图 2-6 可见,$A_1, A_2, A_3, A_4 \cdots$ 各点都可能是对应的空间点。所以,点的一个投影不能唯一确定空间点的位置。为此,需要再增加一个投影面,从另外的投影方向,再得到同一空间点的另一个投影,用这两个投影,就能确定空间点的位置。

为了方便,使新增加的投影面与原投影面互相垂直,并把两投影面之交线 $ox$ 称为投

第 2 章 点、直线和平面的投影

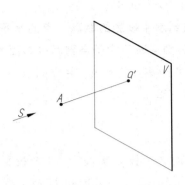

图 2-5 空间点的投影

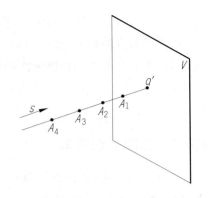

图 2-6 一个投影不能确定空间点的位置

影轴。由于采用的是正投影法,所以两个投影方向 $S_1$ 和 $S_2$ 也互相垂直(图 2-7(a))。

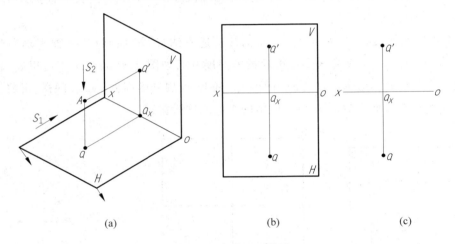

图 2-7 点的两面投影

我们把铅直位置的投影面称为正面投影面或 $V$ 面；水平位置的投影面称为水平投影面或 $H$ 面。空间点 $A$ 在 $V$ 面的投影叫做点 $A$ 的正面投影 $a'$；在 $H$ 面的投影叫做点 $A$ 的水平投影 $a$(我们规定空间的点都用大写字母表示,它的投影都用相应的小写字母表示)。

为了把 $V$ 面和 $H$ 面及其投影同时绘制在一张纸(平面)上,规定画图时 $V$ 面保持不动,将 $H$ 面以 $ox$ 为轴向下转 90°,使与 $V$ 面重合。展开后的点的两面投影如图 2-7(b)所示。由于投影面的周界大小与投影无关,所以作为投影面的边框和字母 $H,V$ 均可省去而形成图 2-7(c)所示的点的两面投影图。所得到的点的两面投影图有以下两个重要特性:

(1) **点的正面投影和水平投影的连线 $a'a$ 和投影轴 $ox$ 垂直,即 $a'a \perp ox$。**

由图 2-7(a)可知,因 $Aa \perp H, Aa' \perp V$,所以由 $Aa$ 和 $Aa'$ 决定的平面同时垂直于 $V$ 面和 $H$ 面,也必垂直于 $V,H$ 的交线 $ox$。$a_x$ 就是 $ox$ 与平面 $Aaa_x a'$ 的交点。$a'a_x$ 和 $aa_x$ 都是过 $a_x$ 而位于平面 $Aaa_x a'$ 上的直线,所以 $a'a_x \perp ox, aa_x \perp ox$。当投影面展开时,$aa_x$ 在

平面 $Aaa_xa'$ 内旋转,所以展开后 $a'a_x$ 和 $aa_x$ 必垂直于 $ox$,也即 $a'a \perp ox$。

(2) **点的正面投影到 $ox$ 轴的距离,等于空间点到水平投影的距离。点的水平投影到 $ox$ 轴的距离,等于空间点到正面投影的距离,它们分别反映了空间点到两投影面的距离。**

在图 2-7 中,即 $a'a_x = Aa =$ 空间点 $A$ 到 $H$ 面的距离,$aa_x = Aa' =$ 空间点 $A$ 到 $V$ 面的距离。

### 2.2.2 点的三面投影

对于较复杂的形体,常常需要用 3 个投影面上的 3 个投影来表示。3 个投影面就是在 $V$ 面、$H$ 面的基础上再加一个侧面投影面 $W$,使之同时垂直于 $V$ 面和 $H$ 面。图 2-8(a) 表示了 3 个投影面的空间关系及空间点 $A$ 的 3 个投影。$V$ 面与 $H$ 面交于 $ox$ 轴;$H$ 面与 $W$ 面交于 $oy$ 轴;$V$ 面与 $W$ 面交于 $oz$ 轴。投影轴 $ox,oy$ 和 $oz$ 交于投影原点 $o$。空间点 $A$ 在 $W$ 面上的投影为 $a''$。

3 个投影面的展开,除 $V$ 面与 $H$ 面仍按前述方法外,$W$ 面则以 $oz$ 轴为轴向外旋转 $90°$ 而与 $V$ 面重合。点 $A$ 的 3 个投影随投影面展开后如图 2-8(b) 所示。这里 $oy$ 轴展开后出现了两个位置,随 $H$ 面展开的叫做 $oy_H$,随 $W$ 面展开的叫做 $oy_W$。同样,可将投影面的框线和名称省去而形成图 2-8(c) 所示的点的三面投影图。

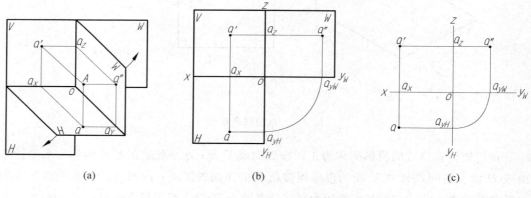

图 2-8 点的三面投影

在点的两面投影基础上,三面投影增加了以下两个特性:

(1) **点的正面投影和侧面投影的连线垂直于 $oz$ 轴,即 $a'a'' \perp oz$。**

(2) **点的侧面投影到 $oz$ 轴的距离等于空间点到 $V$ 面的距离 $Aa'$,点的侧面投影到 $oy$ 轴的距离等于空间点到 $H$ 面的距离 $Aa$。于是有 $a''a_z = Aa' = aa_x$,$a''a_{yW} = Aa = a'a_x$。**

在图 2-8(c) 中,由于 $oa_{yH} = oa_{yW}$,所以 $a_{yH}$ 和 $a_{yW}$ 两点都在以 $o$ 为圆心的同一个圆上。

根据上述特性,点在 $H,V,W$ 面的投影中只要已知任意两个投影,就能很方便地求出其第 3 个投影。

**【例 2-1】** 已知点 $M$ 的两个投影 $m'$ 和 $m$，求作 $m''$（图 2-9）。

**【解】**（1）过 $m'$ 作 $m'a \perp oz$。

（2）过 $m$ 作 $mm_{yH} // ox$。

（3）以 $o$ 为中心，$om_{yH}$ 为半径作圆弧交 $oy_W$ 于 $m_{yW}$。

（4）过 $m_{yW}$ 作线平行于 $oz$ 轴，与 $m'a$ 相交，交点即为 $m''$。

也可以不用作圆弧的方法，而是过 $o$ 作一条 45°的斜线，延长 $mm_{yH}$ 与斜线相交，由交点作 $o_{yW}$ 的垂线，与 $m'm_z$ 延长线相交，即得 $m''$。结果是相同的（图 2-10）。

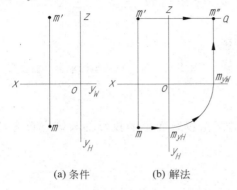

图 2-9　根据点的两个投影求第 3 个投影　　图 2-10　根据点的两个投影求第 3 个投影

## 2.2.3　点的坐标与投影之间的关系

在 3 个相互垂直的投影面中，每两个投影面交于一个投影轴，形成了相互垂直的 3 个投影轴 $ox$、$oy$ 和 $oz$，3 个投影轴交于原点 $o$。这 3 个投影轴正可以作为一个空间坐标系的坐标轴。空间点的位置可用 3 个坐标值 $x$，$y$，$z$ 表示出来（图 2-11(a)）。

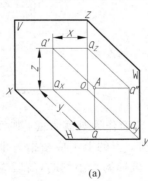
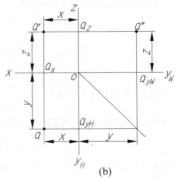

(a)　　　　　　　　　(b)

图 2-11　点的坐标与投影之间的关系

这些坐标值反映在点的三面投影中，就是点的投影到投影轴的距离。图 2-11 为 $A(x,y,z)$ 的三投影图。图中

$$x = a'a_z = aa_{yH} = 空间点 A 到 W 面的距离；$$
$$y = aa_x = a''a_z = 空间点 A 到 V 面的距离；$$
$$z = a'a_x = a''a_{yW} = 空间点 A 到 H 面的距离。$$

利用坐标和投影的关系，可以将已知坐标值的点画出三面投影，也可由投影量出空间点的坐标值。

**【例 2-2】** 已知点 $A(15,10,20)$，求作点 $A$ 的三面投影（图 2-12）。

### 2.2.4 投影面和投影轴上的点

如图 2-13 所示，点 $A$ 在 $V$ 面上，点 $B$ 在 $H$ 面上，点 $C$ 在 $ox$ 上，从图中可以看出其投影特性。

**1. 在投影面上的点**

点 $A$ 和点 $B$ 的投影有一个坐标为零，在投影面上的投影与该点重合，在相邻投影面上的投影分别在相应的投影轴上。

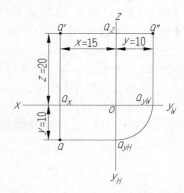

图 2-12 根据点的坐标求第 3 面投影

**2. 在投影轴上的点**

点 $C$ 的投影有两个坐标为零，在这条轴上的两个投影面中的投影都与该点重合，在另一投影面上的投影与原点 $o$ 重合。

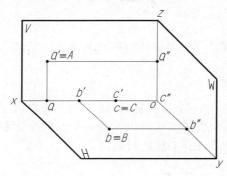
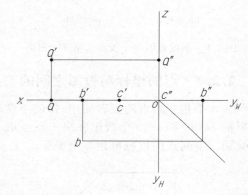

图 2-13 投影面及投影轴上的点

### 2.2.5 两点的相对位置

图 2-14 为 $A,B$ 两点的三面投影。如果以向着 $V$ 面作为观察方向，则两点之间有上下、左右、前后之别。点的上下应根据 $z$ 坐标的大小判断，左右应根据 $x$ 坐标的大小判断，前后应根据 $y$ 坐标的大小判断。由图可知 $a'a_z > b'b_z$，即 $x_a > x_b$，所以 $A$ 点在 $B$ 点之左；$aa_x < bb_x$，即 $y_a < y_b$，所以 $A$ 点在 $B$ 点之后；$a'a_x > b'b_x$，即 $z_a > z_b$，所以 $A$ 点在 $B$ 点之上。归纳起来，$A$ 点较高，$B$ 点较低；$A$ 点在左，$B$ 点在右；$A$ 点靠后，$B$ 点靠前。

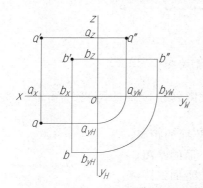

图 2-14 两点的相对位置

由以上分析可以看出，由已知两点各自的三面投影判断两点的相对位置时，可根据正面投影或侧面投影判断上下；根据正面投影或水平投影判断左右；根据水平投影或侧面投影判断前后。

### 2.2.6 重影点及其可见性

当空间两点处于同一投射线上时,它们在与该投射线垂直的投影面上的投影重合,该投影称为重影点。

如图 2-15 所示,点 $A$ 与点 $B$ 同时位于垂直于 $V$ 面的投射线上,它们的 $V$ 面投影 $a'(b')$ 是重影点;同理,点 $C$ 与点 $D$ 同时位于垂直于 $H$ 面的投射线上,其 $H$ 面投影 $c(d)$ 是重影点;点 $E$ 与点 $F$ 同时位于垂直于 $W$ 面的投射线上,其 $W$ 面投影 $e''(f'')$ 是重影点。

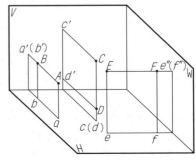

图 2-15 重影点(一)

两点重影后便产生可见性问题,如何判断可见性呢?即重影点的两点中,距该投影面较远的点其投影为可见,距投影面较近的点其投影为不可见。在图 2-15 中,对 $V$ 面来说,$A$ 点在前,$B$ 点在后,故 $B$ 点被 $A$ 点挡住,因此其投影 $b'$ 为不可见。一般把不可见投影加一括号,如 $(b')$。同理,点 $C$ 与点 $D$ 两点,其投影 $c$ 可见,$(d)$ 为不可见;点 $E$ 与点 $F$ 两点,其投影 $e''$ 可见,$(f'')$ 为不可见。图 2-16 是上述各点的三面投影图。

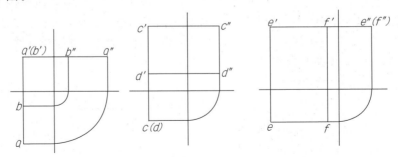

图 2-16 重影点(二)

## 2.3 直线的投影

### 2.3.1 直线的投影特性

直线由两点决定,直线的投影由该线上两点的投影所决定,因此直线的投影问题仍可归结为点的投影问题。如已知直线上两点的投影,那么将两点的同名投影用直线连接,就得到该直线的同名投影。

**1. 直线对一个投影面的投影特性**

直线对单一投影面的相对位置有平行于投影面、垂直于投影面和对投影面倾斜成某一角度 3 种情况(图 2-17)。

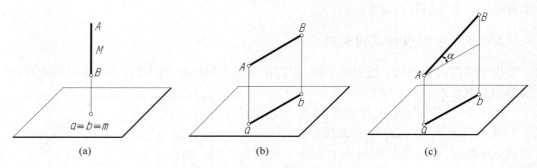

图 2-17 直线对一个投影面的 3 种位置

(1) 当直线垂直于投影面时,在该投影面上的投影重合成一点,线段上所有点的投影都重叠在这一点上,投影的这种性质称为积聚性,如图 2-17(a)中的线段 $AB$ 和 $AB$ 上的任一点 $M$ 在投影面上的投影重合成一点,即 $a≡b≡m$。

(2) 当直线平行于投影面时,该投影面上的投影反映空间线段的实长,如图 2-17(b)中的线段 $ab=AB$。

(3) 当直线倾斜于投影面时,该投影面上的投影是较空间线段缩短了的线段。如图 2-17(c)中 $ab=AB\cos\alpha$($\alpha$ 为直线 $AB$ 与投影面的倾斜角)。

**2. 直线在 3 个投影面中的投影特性**

(1) 投影面垂直线　　如果直线垂直于某一投影面(同时平行于另两投影面),则称该直线为某投影面的垂直线。垂直于 $V$ 面时称为正面垂直线,简称正垂线;垂直于 $H$ 面时称为水平垂直线,简称铅垂线;垂直于 $W$ 面时称为侧面垂直线,简称侧垂线。图 2-18 表示了正垂线 $AB$ 的立体图和投影图。

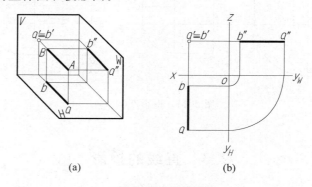

图 2-18 正垂线

由于 $AB$ 垂直于 $V$ 面,所以在 $V$ 面上的投影积聚成一点。由于 $AB$ 平行于投影面,所以投影 $ab$ 和 $a''b''$ 都反映线段实长,即 $ab=AB$,$a''b''=AB$,且 $ab$ 和 $a''b''$ 分别垂直于投影轴 $ox$ 和 $oz$。

同理,铅垂线和侧垂线也有类似的特性,见表 2-1。

归纳起来,投影面垂直线的投影特性是:

① 在其垂直的投影面上,投影有积聚性,积聚成一点。

② 其他两个投影反映线段实长，且垂直于某一投影轴。

表 2-1 投影面垂直线的投影特性

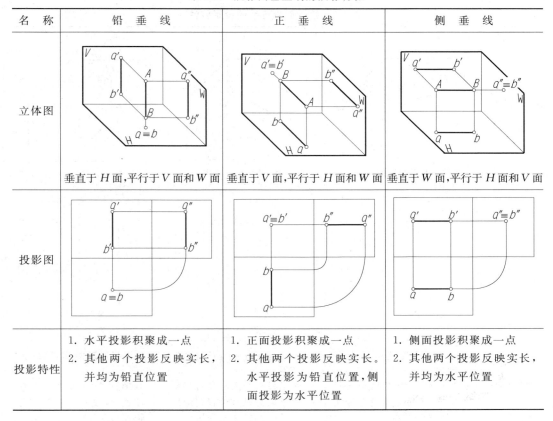

（2）投影面平行线 如果直线平行于某一投影面而与其余两个投影面倾斜，则称该直线为某投影面的平行线。平行于 V 面时称为正面平行线，简称正平线；平行于 H 面时称为水平面平行线，简称水平线；平行于 W 面时称为侧面平行线，简称侧平线。

图 2-19 是正平线 AB 的立体图和投影图。AB 平行于 V 面，所以 $a'b'$ 反映 AB 实长，即 $a'b'=AB$，并且 $a'b'$ 与 ox 的夹角 α 等于 AB 与 H 面的倾角 α；$a'b'$ 与 oz 的夹角 γ 等于

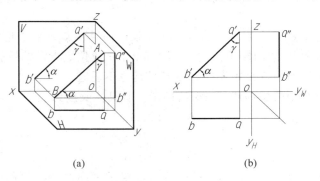

(a)　　　　　　　　(b)

图 2-19 正平线

$AB$ 与 $W$ 面的倾角 $\gamma$。$AB$ 的另外两个投影 $ab$ 和 $a''b''$ 分别平行于 $ox$ 和 $oz$，且较 $AB$ 为短。同理，水平线和侧平线也有类似的投影特性，见表 2-2。

表 2-2 投影面平行线的投影特性

| 名 称 | 水 平 线 | 正 平 线 | 侧 平 线 |
|---|---|---|---|
| 立体图 | 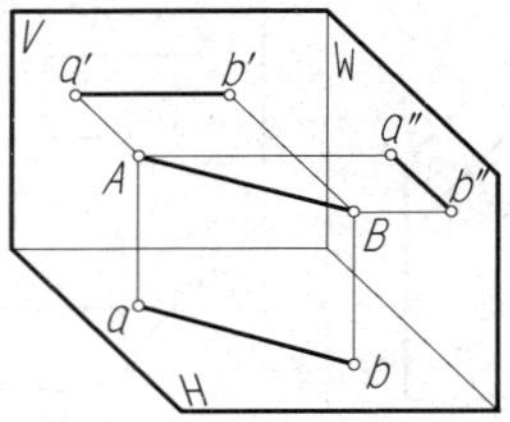 平行于 $H$ 面，倾斜于其他两个投影面 | 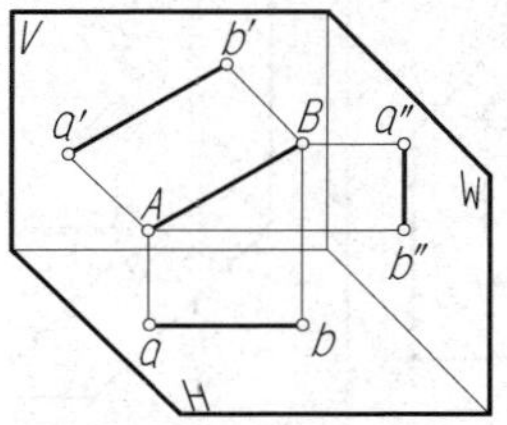 平行于 $V$ 面，倾斜于其他两个投影面 | 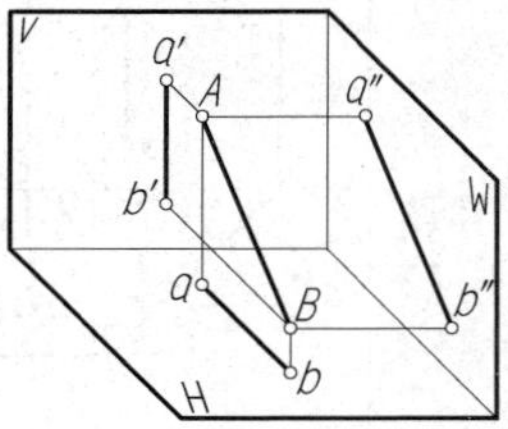 平行于 $W$ 面，倾斜于其他两个投影面 |
| 投影图 | 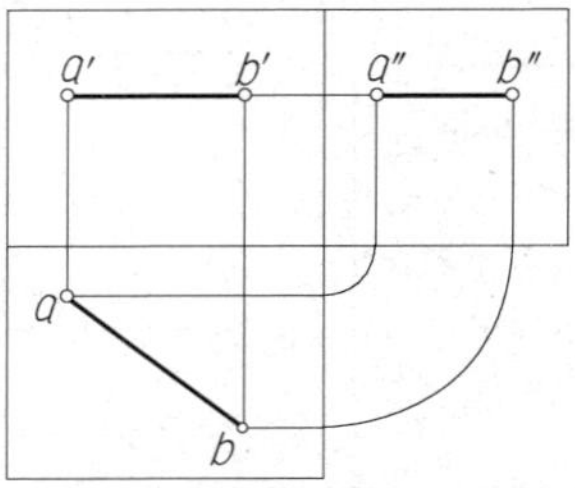 | 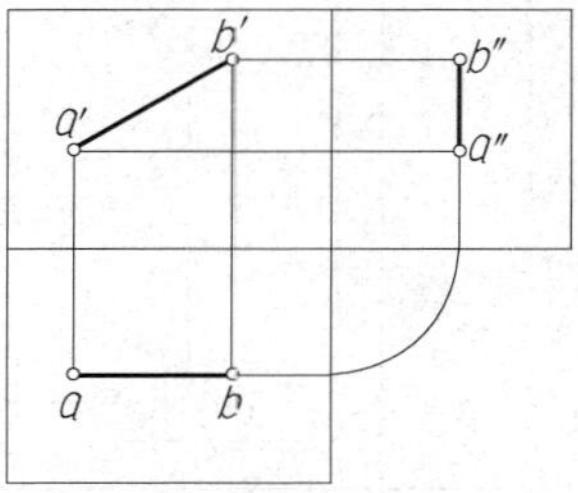 | 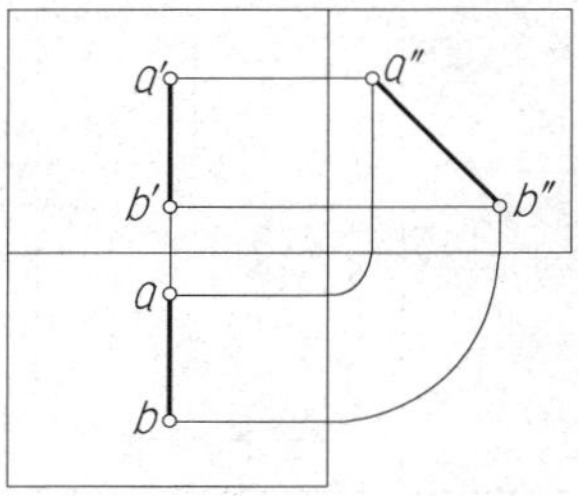 |
| 投影特性 | 1. 水平投影反映实长，位置倾斜<br>2. 其他两个投影都为水平位置，且投影长度都较实长缩短了 | 1. 正面投影反映实长，位置倾斜<br>2. 水平投影为水平位置，侧面投影为铅直位置，且投影长度都较实长缩短了 | 1. 侧面投影反映实长，位置倾斜<br>2. 其他两个投影都为铅直位置，且投影长度都较实长缩短了 |

归纳起来，投影面平行线的投影特性是：

① 在其平行的那个投影面上的投影反映实长，并在此投影面上反映直线与另外两个投影面倾角的实大。

② 直线在另外两个投影面上的投影是较空间线段缩短了的线段，并且平行于投影轴。

(3) 一般位置直线　一般位置直线对 3 个投影面都倾斜成某个角度，图 2-20 中线段 $AB$ 与 $H$ 面、$V$ 面和 $W$ 面的倾角分别为 $\alpha$、$\beta$ 和 $\gamma$。一般位置直线的投影特性是：

① $ab$，$a'b'$，$a''b''$ 对于 **3** 个投影轴都既不平行也不垂直。

② $ab$，$a'b'$，$a''b''$ 都较空间线段 $AB$ 缩短了。其具体长度为

$$ab = AB\cos\alpha$$
$$a'b' = AB\cos\beta$$
$$a''b'' = AB\cos\gamma$$

为了想象一般位置线段的空间位置，可以按指定方向描述线段的走向。假设观察者面对 $V$ 面，定线段左端为起点，右端为终点，把由左向右作为线段方向，则可根据投影定

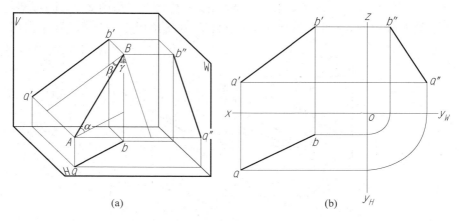

图 2-20 一般位置直线

出该线段向上还是向下,向前还是向后。图 2-20 所示线段 $AB$,其方向为 $\overrightarrow{AB}$。根据两端点的相对位置可知:点 $B$ 在点 $A$ 之上,点 $B$ 在点 $A$ 之后,所以可以确定 $\overrightarrow{AB}$ 的走向是向上、向后。

### 2.3.2 一般位置线段的实长求法

一般位置直线的 3 个投影都小于空间线段,那么,怎样根据投影来求出空间线段的实长呢?

在图 2-21(a)中,过线段 $AB$ 的点 $B$ 作 $BC/\!/H$,则得直角三角形 $ABC$。直角边 $BC = ba$,$AC = z_A - z_B$,即等于 $A$,$B$ 两点 $z$ 坐标之差。由图 2-21(b)可知,$z_A - z_B$ 的值可由 $a'$ 和 $b'$ 分别到 $ox$ 的距离得到,从而可作出此直角三角形。

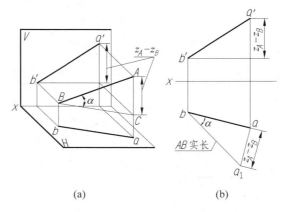

图 2-21 求线段的实长(一)

作图方法如图 2-19(b)所示。为作图简便,利用已知投影 $ab$ 为一直角边,$a_1a = z_A - z_B$ 为另一直角边作一直角三角形 $aba_1$,则斜边 $a_1b$ 即为 $AB$ 的实长,而 $\angle aba_1$ 即为 $\alpha$。

当然,如图 2-22(a)所示,可过线段 $AB$ 的点 $B$ 作 $BD/\!/V$,则得直角三角形 $ABD$。直

角边 $BD=b'a'$,$AD=y_A-y_B$,即等于 $A$,$B$ 两点 $y$ 坐标之差。由图 2-22(b)可知,$y_A-y_B$ 的值可由 $a$ 和 $b$ 分别到 $ox$ 的距离得到,所以此直角三角形也能作出(具体作图方法见图 2-22(b))。

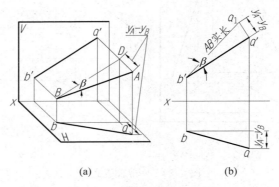

图 2-22 求线段的实长(二)

比较图 2-21 和图 2-22,如作图准确,所得的实长是一样的。不过,实长 $a_1b'$ 与 $ab$ 的夹角等于线段 $AB$ 与 $H$ 面的倾角 $\alpha$;而实长 $a_1b'$ 与 $a'b'$ 的夹角等于线段 $AB$ 与 $V$ 面的倾角 $\beta$。

【例 2-3】 已知线段 $AB$ 的水平投影 $ab$ 和点 $B$ 的正面投影 $b'$,且 $AB$ 的实长为给定值 $l$,试求 $a'$(图 2-23(a))。

【解】 由于 $ab$ 与 $ox$ 成倾斜位置,且短于已给实长 $l$,可以判定所求线段必为一般位置线段。

根据直角三角形求实长的方法,作一直角三角形 $aba_1$,使斜边 $a_1b=l$,直角边为 $ab$(见图 2-23(b)),则另一直角边 $aa_1$ 必等于点 $B$ 与点 $A$ 两点 $z$ 坐标之差。据此即可画出 $a'$,从而求得 $a'b'$。

本题应有两个解。

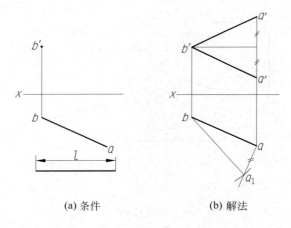

(a) 条件     (b) 解法

图 2-23 求出线段 $AB$ 端点 $A$ 的正投影 $a'$

## 2.3.3 直线与点的相对位置

直线与点的相对位置只有点在线上和点不在线上两种情况。

**点如果在直线上**，则点的投影在直线的同名投影上，并将线段的各个投影分割成和空间相同的比例。反之，若点的投影有一个不在直线的同名投影上，则该点必不在此直线上。

图 2-24 中，因点 $C$ 是线段 $AB$ 上的一点，所以点 $C$ 的 $V$ 面投影 $c'$ 必在 $a'b'$ 上，点 $C$ 的 $H$ 面投影 $c$ 必在 $ab$ 上。

【例 2-4】 试判断 $C,D$ 两点是否在线段 $AB$ 上（图 2-25）。

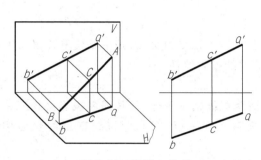

图 2-24 直线上的点

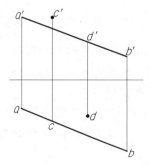

图 2-25 判断点是否在直线上（一）

【解】 因 $c'$ 不在 $a'b'$ 上，所以 $C$ 点不在 $AB$ 上。

同理，点 $D$ 也不在 $AB$ 上。

【例 2-5】 在图 2-26 中，判断点 $K$ 是不是线段 $AB$ 上的点。

【解】 图中 $AB$ 是一条侧平线，在这种情况下，尽管点 $K$ 的 $V$ 面投影和 $H$ 面投影都在线段的同名投影上，但还不足以说明点 $K$ 一定在线段 $AB$ 上，需要求出它们的侧面投影后才能判断。由图 2-26 可知，$k''$ 不在 $a''b''$ 上，所以点 $K$ 不是 $AB$ 上的点。

本例中，如不求侧面投影，则需用定比定理来判断。由图可见，$\dfrac{a'k'}{k'b'} > 1$（因 $a'k' >$

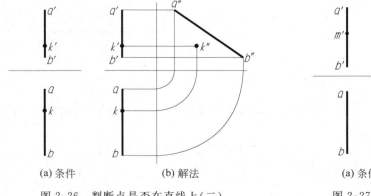

图 2-26 判断点是否在直线上（二）

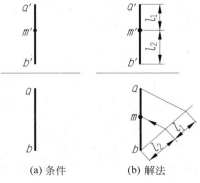

图 2-27 求作直线上点的投影

$k'b'$),而 $\dfrac{ak}{kb} < 1$(因 $ak < kb$),即 $\dfrac{a'k'}{k'b'} \neq \dfrac{ak}{kb}$,所以点 $K$ 不在 $AB$ 上。

**【例 2-6】** 已知侧平线 $AB$ 上的一点 $M$ 的正面投影 $m'$,求作其水平投影(图 2-27)。

**【解】** 此题当然可以通过先求出直线 $AB$ 的侧面投影,然后再求点 $M$ 的水平投影的方法求解,但运用定比关系来解更为简便。

因 $M$ 在 $AB$ 上,所以必符合 $\dfrac{a'm'}{m'b'} = \dfrac{am}{mb}$ 的关系。设 $m'$ 把 $a'b'$ 分成 $l_1$ 和 $l_2$ 两段,可在 $ab$ 上用平行切割定理求出 $m$,使 $m$ 把 $ab$ 分成两段,其比等于 $l_1$ 与 $l_2$ 之比,则点 $m$ 即为所求。

### 2.3.4 两直线的相对位置

空间两直线的相对位置可以有 3 种情况:平行、相交和交叉,其中相交和交叉又有垂直相交或垂直交叉。下面分别讨论这几种情况的投影特性。

**1. 两直线平行**

(1) 从平行投影的基本特性可知,**若空间两直线相互平行,则其同名投影必相互平行**(图 2-28)。反之,如果两直线的各个同名投影相互平行,则此两直线在空间也必相互平行。

(2) 根据初等几何原理可证明:**空间两平行线段之比等于其同名投影之比**。如图 2-28 所示,若 $AB /\!/ CD$,则 $AB : CD = ab : cd = a'b' : c'd'$。

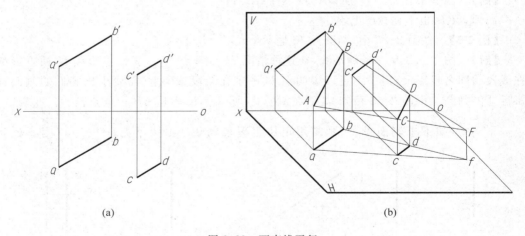

图 2-28 两直线平行

**【例 2-7】** 如图 2-29 所示,$EF$、$GH$ 为两侧平线,$ef /\!/ gh$,$e'f' /\!/ g'h'$。试判断 $EF$ 与 $GH$ 两直线在空间是否平行。

**【解】** 可求出侧投影 $e''f''$ 与 $g''h''$,因 $e''f'' /\!\!\!/\!\!\!/ g''h''$,故 $EF /\!\!\!/\!\!\!/ GH$。

也可从 $H$ 面投影与 $V$ 面投影量其长度,因 $ef : gh \neq e'f' : g'h'$,故 $EF /\!\!\!/\!\!\!/ GH$。

**2. 两直线相交**

**若空间两直线相交,则其同名投影必相交,且交点符合点的投影规律;反之亦然。**

如图 2-30 所示，直线 $AB$ 与 $CD$ 相交于点 $K$，其投影 $a'b'$ 与 $c'd'$ 以及 $ab$ 与 $cd$ 也必相交，其交点投影 $k'$ 和 $k$ 的连线必垂直于 $ox$ 轴，符合点的投影规律。

【例 2-8】 如图 2-31(a) 所示，直线 $AB$ 与 $CD$ 在 $V$ 面和 $H$ 面上同名投影相交，试判断此两直线在空间是否相交。

【解】 求出侧面投影，虽然 $a''b''$ 与 $c''d''$ 相交，但交点不符合点的投影规律（如图 2-31(b)），故 $AB$ 与 $CD$ 两直线在空间不相交。

也可在投影图上量得，交点 $1'$ 将 $c'd'$ 分成线段之比不等于交点 $1$ 将 $cd$ 分成线段之比，即 $c'1':1'd' \neq c1:1d$，故 $AB$ 与 $CD$ 两直线在空间不相交。

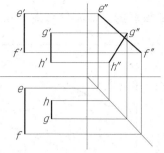

图 2-29 两直线不平行

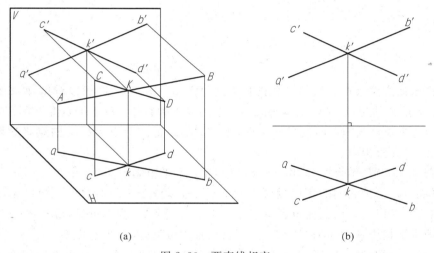

图 2-30 两直线相交

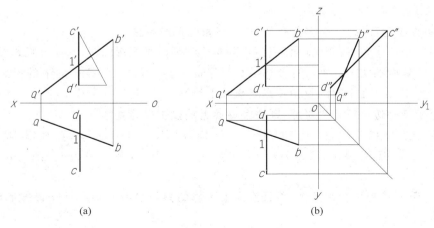

图 2-31 两直线不相交

### 3. 两直线交叉

空间两直线既不平行又不相交时即为交叉。**交叉两直线的同名投影可能相交,但各同名投影的交点不符合点的投影规律**,如图 2-32 所示。

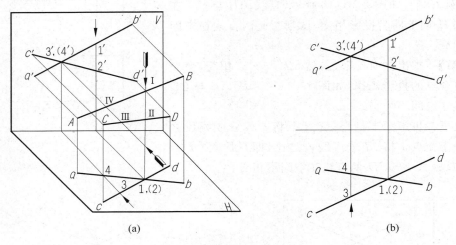

图 2-32 两直线交叉

现在来研究交叉两直线的同名投影交点的含义。由图 2-32 可以看出,两直线 AB 和 CD 的水平投影的交点,实际上是直线 AB 上的点Ⅰ和直线 CD 上的点Ⅱ这两个点的投影重合点;这两条直线的正面投影的交点,则是 AB 上的点Ⅳ和 CD 上的点Ⅲ这两个点的投影重合点,即重影点。

根据 2.2.6 节,结合图 2-32(b),可以判定:水平重影点 1≡2 中 1 为可见,2 为不可见,应写成(2)(因为它们的正面投影 1′比 2′高,所以位于 AB 上的点Ⅰ为可见,位于 CD 上的点Ⅱ为不可见)。而正面重影点 3′≡4′中 3′为可见,4′为不可见,应写成(4′)(这是因为它们的水平投影 3 比 4 离观察者近,所以点Ⅲ为可见,点Ⅳ为不可见)。

当判定了两直线的重影点的可见性后,就可以很方便地想象出该两直线在空间的相对位置,AB 在 CD 的上方和后方。

### 4. 两直线垂直相交(或垂直交叉)——直角的投影特性

空间一个任意角(锐角、钝角或直角)的两边都平行于投影面时,它在该投影面上的投影反映空间角度的实大;如果两边都不与投影面平行,则它在该投影面上的投影不反映空间角度的实大。而空间的直角投影具有如下特性:

**若直角有一边平行于投影面,则它在该面上的投影仍为直角**(图 2-33)。

证明:设直角 ABC 的一边 BC 平行于 H 面,因 BC⊥AB,BC⊥Bb,所以 BC 垂直于平面 ABba。又因 BC∥bc(因为 Bb=Cc),所以 bc 也垂直于平面 ABba。因此 bc 必垂直于 ab,即∠abc=90°。

**反之,若一角的投影为直角,而且空间被投影的角至少有一边平行于该投影面,则空间角必是直角。**

如图 2-34 所示的两种情况:图 2-34(a)中 BC 平行于 H 面,所以当水平投影∠abc

为直角时空间也为直角；图 2-34(b) 中 $DE$ 为正平线，所以当正面投影 $\angle d'e'f'$ 为直角时空间也为直角。

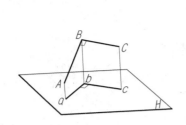

图 2-33 直角的投影特性

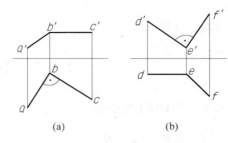

图 2-34 直角投影

因为两条交叉直线的夹角等于过空间任意一点所引两条交叉直线的平行线所成的夹角，因此，直角的投影特性也适用于两交叉直线。

图 2-35 所示即为两直线垂直交叉的情形。

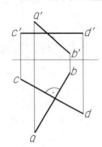

图 2-35 两直线垂直交叉

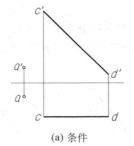

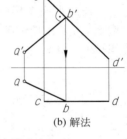

(a) 条件　　　　　　(b) 解法

图 2-36 作两直线垂直相交

【**例 2-9**】　过点 $A$ 作直线 $AB$ 与正平线 $CD$ 垂直相交（图 2-36）。

【**解**】　因 $CD$ 平行于 $V$ 面，所以空间两垂线 $AB$ 与 $CD$ 的 $V$ 面投影应相互垂直。

由 $a'$ 作 $a'b' \perp c'd'$ 并得交点 $b'$，在 $cd$ 上求得点 $B$ 的水平投影 $b$，连接 $ab$，则 $a'b'$ 与 $ab$ 为所求。

【**例 2-10**】　试过直线 $AB$ 上的一点 $C$ 任作一直线 $CD$，使之与 $AB$ 垂直相交（图 2-37）。

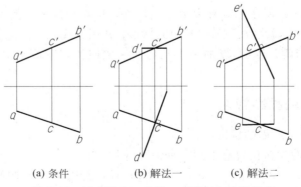

(a) 条件　　(b) 解法一　　(c) 解法二

图 2-37 过直线上一点作一直线与之垂直相交

【解】 因过 AB 上一点 C 可以作无数条直线与 AB 垂直相交,所以可以任作一条水平线或正平线使其与 AB 垂直相交,这样,就可以应用直角投影特性在投影图上直接进行作图了。

具体作图过程见图 2-37。

## 2.4 平面的投影

### 2.4.1 平面的表示法

**用几何元素表示的平面**

平面可以由下列各种条件确定:
(1) 不在同一直线上的 3 点;
(2) 一直线和直线外的一点;
(3) 平行两直线;
(4) 相交两直线;
(5) 任意平面图形(即平面的有限部分,如三角形、圆或其他图形)。

因此,为了在投影图上给定平面,只要画出这些几何元素的投影就可以确定一个平面的投影(图 2-38)。

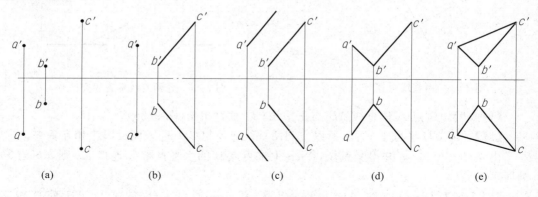

图 2-38 平面的表示

应该指出,图 2-38 所示的 5 种表示方式是可以相互转换的。例如把图 2-38(a)中的点 B 和点 C 连以直线,就变成图 2-38(b)的情形;若用直线把 3 点同时连接起来,就变成图 2-38(e)的三角形等。这时,新的一组几何元素依旧代表着原来一组几何元素所确定的平面。

### 2.4.2 平面的投影特性

**1. 平面对一个投影面的投影特性**

平面和投影面的相对位置有下列 3 种情况(图 2-39):
(1) 平面倾斜于投影面(图 2-39(a))  平面 ABC 与投影面 P 倾斜,在投影面 P 上的投影虽仍为三角形,但由于各边都有不同的缩短,所以△abc 与△ABC 既不全等也不相似，仅为边数相同的三角形。这种情况称为类似性。

(2) 平面垂直于投影面(图 2-39(b))　这时平面 ABC 上全部点和直线的投影都重叠在一条直线 abc 上，这种情况称为积聚性。

(3) 平面平行于投影面(图 2-39(c))　这时所得投影 △abc 与空间平面 △ABC 全等，这种情况称为实形性。

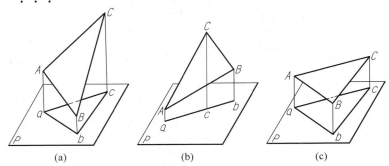

图 2-39　平面对一个投影面的 3 种位置

### 2. 平面在三投影面体系中的投影

平面对于三投影面的位置也可分成 3 类(图 2-40)：

(1) 空间平面对于 3 个投影面都处于倾斜位置时(图 2-40(a))，称为一般位置平面。

(2) 空间平面垂直于某一投影面时(图 2-40(b)中，平面 ABCD 垂直于 H 面)，称为投影面垂直面。

(3) 空间平面平行于某一投影面时(图 2-40(c)中，平面 ABCD 平行于 H 面)，称为投影面平行面。

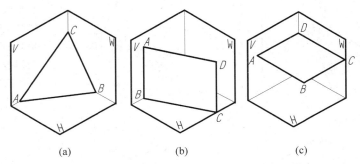

图 2-40　平面对于三投影面的 3 种位置

下面分别叙述它们的投影特性。

(1) 投影面垂直面　投影面垂直面是垂直于某一投影面而与其余两投影面倾斜的平面。垂直于 V 面时称为正面垂直面，简称正垂面；垂直于 H 面时称为水平面垂直面，或称铅垂面；垂直于 W 面时称为侧面垂直面，简称侧垂面。

现以 △ABC 表示的铅垂面为例分析其投影特性(图 2-41)。△ABC 垂直于 H 面，在 H 面的投影有积聚性，因此平面 ABC 的 H 面投影成一直线。这条直线与 ox 轴的夹角反映平面 ABC 与 V 面的夹角 β，与 $oy_H$ 轴的夹角反映平面 ABC 与 W 面的夹角 γ。平面

$ABC$ 对 $V$ 面和 $W$ 面都处于倾斜位置，$V$ 面和 $W$ 面的投影都有类似性，因此，平面 $ABC$ 的 $V$ 面投影和 $W$ 面投影仍为三角形。

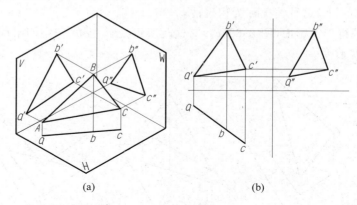

图 2-41 铅垂面

正垂面和侧垂面也有类似特性（见表 2-3）。归纳起来，投影面垂直面的投影特性是：

① 在与平面垂直的投影面上其投影有积聚性，积聚成一直线段。直线与两投影轴的夹角反映空间平面与另两投影面的夹角。

② 在与平面倾斜的两投影面上其投影有类似性。

表 2-3 投影面垂直面的投影特性

| 名称 | 立体图 | 投影图 | 投影特征 |
| --- | --- | --- | --- |
| 铅垂面 |  |  | 1. 水平投影积聚成一直线段，它与 $ox,oy$ 的夹角为 $\beta,\gamma$<br>2. 正面投影和侧面投影反映原形的类似形 |
| 正垂面 |  |  | 1. 正面投影积聚成一直线段，它与 $ox,oz$ 的夹角为 $\alpha,\gamma$<br>2. 水平投影和侧面投影反映原形的类似形 |

| 名　称 | 立　体　图 | 投　影　图 | 投　影　特　征 |
|---|---|---|---|
| 侧垂面 | | | 1. 侧面投影积聚成一直线段，它与 $oz,oy$ 的夹角为 $\beta,\alpha$<br>2. 正面投影和水平投影反映原形的类似形 |

(2) 投影面平行面　投影面平行面是平行于某一投影面，即同时垂直于另两投影面的平面。平行于 $V$ 面时称为正面平行面，简称正平面；平行于 $H$ 面时称为水平面平行面，简称水平面；平行于 $W$ 面时称为侧面平行面，简称侧平面。

现以 $\triangle ABC$ 表示的水平面为例分析其投影特性(图 2-42)。$\triangle ABC$ 平行于 $H$ 面，所以在 $H$ 面上的投影应反映实形，即

$$\triangle abc \cong \triangle ABC$$

又因 $\triangle ABC$ 同时和 $V$ 面、$W$ 面垂直，所以 $V$ 面投影和 $W$ 面投影都有积聚性，积聚成为一直线段。$\triangle ABC$ 平行于 $H$ 面，因此 $a'b'c'$ 平行于 $ox$ 轴，$a''b''c''$ 平行于 $oy_W$ 轴。

正平面和侧平面也有类似特性(见表 2-4)。归纳起来，投影面平行面的投影特性是：

① **在与平面平行的投影面上的投影反映实形——实形性。**

② **在另外两个投影面上的投影积聚成分别与两投影轴平行的直线——积聚性。**

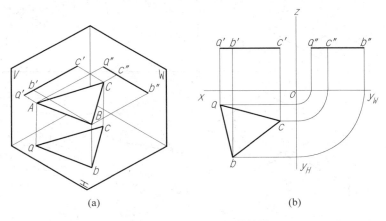

图 2-42　水平面的投影特性

(3) 一般位置平面　一般位置平面在三投影面体系中与 3 个投影面都是倾斜的，它与 $H,V,W$ 面之夹角分别为 $\alpha,\beta,\gamma$(在图中未画出)。如果用 $\triangle ABC$ 表示一个一般位置平面(图 2-43(a))，它在 3 个投影面上的投影都具有类似性，也就是说，它的 3 个投

表 2-4 投影面平行面的投影特性

| 名称 | 立体图 | 投影图 | 投影特征 |
|---|---|---|---|
| 水平面 | | | 1. 水平投影反映实形<br>2. 正面投影积聚成一直线段，与 $ox$ 轴平行<br>3. 侧面投影积聚成一直线段，与 $oy_W$ 轴平行 |
| 正平面 | | | 1. 正面投影反映实形<br>2. 水平投影积聚成一直线段，与 $ox$ 轴平行<br>3. 侧面投影积聚成一直线段，与 $oz$ 轴平行 |
| 侧平面 | | | 1. 侧面投影反映实形<br>2. 正面投影积聚成一直线段，与 $oz$ 轴平行<br>3. 水平投影积聚成一直线段，与 $oy_H$ 轴平行 |

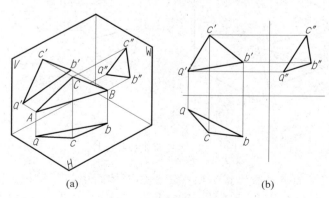

(a)      (b)

图 2-43 一般位置平面

影都将是与△ABC类似的三角形(图 2-43(b))。可以看出,3 个投影都不能反映△ABC 的实形,也都不能反映夹角 $\alpha,\beta,\gamma$ 的实大。

### 2.4.3 平面上的直线和点

**1. 平面上取任意直线**

已知平面的投影,怎样确定该平面内某一条直线的投影呢?为此,必须先解决如何判断一直线是否在已知平面内的问题。

(1) **若一直线通过平面上的两点,则此直线必在该平面上**。图 2-44 中,平面 $P$ 由两直线 $AB$ 和 $BC$ 所给定,在 $AB$ 和 $BC$ 上各取一点 $D$ 和 $E$,则过 $D,E$ 两点的直线 $MN$ 一定在平面 $P$ 内。

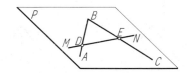

图 2-44 平面内的直线(一)

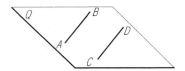

图 2-45 平面内的直线(二)

(2) **若一直线通过平面上的一点,且平行于该平面上另一条直线,则此直线必在该平面上**。如图 2-45 所示,平面 $Q$ 由一点 $A$ 和不过点 $A$ 的直线 $CD$ 决定。过点 $A$ 作直线 $AB$ 平行于直线 $CD$,则直线 $AB$ 必在平面 $Q$ 上。

根据上述两定理,就可以解决在已知平面上作直线的问题。

【**例 2-11**】 设已知平面由相交直线 $AB$ 及 $AC$ 给定,试在该平面上任意作一直线(图 2-46)。

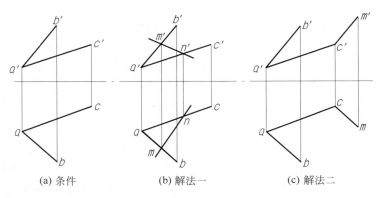

(a) 条件　　　　　(b) 解法一　　　　　(c) 解法二

图 2-46 作平面内的直线

【**解**】 在一个平面上作直线可有无穷多解,题目要求作出其中一解。可用下列两种解法(图 2-46):

(1) 找出平面上两点作连线。在直线 $AB$ 上任取一点 $M(m,m')$,在直线 $AC$ 上任取一点 $N(n',n)$,连接两点的同名投影 $mn$ 和 $m'n'$,直线 $MN$ 即为所求。

(2) 过面上一点作面上一已知直线的平行线。过点 $C(c,c')$ 作直线 $CM/\!/AB$,即使

$cm /\!/ ab, c'm' /\!/ a'b'$。直线 CM 即为所求。

**2. 平面上取点**

在已知平面内取点,必须先找出过此点而又在平面内的一条直线,然后再在直线上确定点的位置。所以平面上取点的问题首先还是平面上取线的问题。

【**例 2-12**】 设已知平面由△ABC 给定,并已知该平面上一点 K 的水平投影 $k$,试求点 K 的正面投影 $k'$(图 2-47)。

【**解**】 点 K 为平面上的点,过点 K 可以作任意一条直线使之在平面内,该直线的投影必过点 K 的同名投影。因此,此直线的水平投影必过 $k$。所以解法是过 $k$ 作任意直线与 $ab, bc$ 分别交于 1 和 2,由 1,2 求出 $a'b'$ 及 $b'c'$ 上的投影 $1', 2'$,连接 $1'2'$ 即为所作任意直线的 V 面投影。按投影关系在 $1'2'$ 上求得点 K 的 V 面投影 $k'$,即为所求。

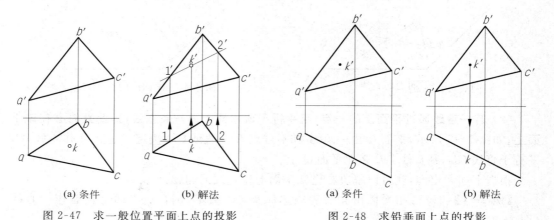

图 2-47 求一般位置平面上点的投影     图 2-48 求铅垂面上点的投影

【**例 2-13**】 已知△ABC 表示的铅垂面上一点 K 的正面投影 $k'$,试求其水平投影 $k$(图 2-48)。

【**解**】 由于已知平面是铅垂面,其水平投影有积聚性,所以平面上点 K 的水平投影也必在 $abc$ 线段上。根据投影关系由 $k'$ 作铅直线即可求得 $k$。

【**例 2-14**】 试补全图 2-49 中所给平行四边形 ABCD 的水平投影(已知 AC 为正平线)。

【**解**】 先将平行四边形 ABCD 的一条对角线 AC 连接起来,得到两个位于同一平面上的△ABC 和△ACD。现△ADC 的正面投影 $a'd'c'$ 为已知,AD 的水平投影 $ad$ 也为已知,且 AC 为一正平线,即 $ac$ 应平行于 $ox$ 轴,这样就能求出点 C 的水平投影 $c$。

因为点 B 与△ADC 位于同一平面内,利用在平面上找点的方法即可求出点 B 的水平投影 $b$(图 2-49 中是利用平行四边形 ABCD 的两条对角线 AC 和 BD 交于一点 K 作出的)。连接 $abcd$ 即为所求。

当然,本题还有其他做法。如当求得点 C 的水平投影 $c$ 后,即可利用平行四边形两对边应相互平行的关系求得 $abcd$。

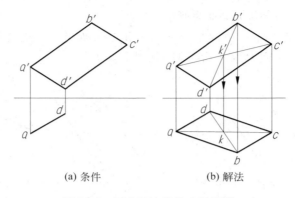

(a) 条件　　　　(b) 解法

图 2-49　画出四边形的水平投影

## 2.5　直线与平面及两平面的相对位置

直线与平面及两平面的相对位置可分为平行、相交和垂直 3 种情况。它们的几何性质在初等几何中都有相应的定理和说明。下面研究这些几何性质反映在投影图上的关系，以便根据它们来作图。

### 2.5.1　平行问题

**1. 直线与平面平行**

（1）根据几何定理：**若一直线平行于平面上的某一直线，则该直线与平面必相互平行**（图 2-50）。据此可解决空间直线与平面相互平行的问题。

【例 2-15】　已知平面 $ABC$ 和平面的平行线 $MN$ 的一个投影 $mn$，以及点 $M$ 的正面投影 $m'$，求作 $m'n'$（图 2-51）。

【解】　因直线 $MN$ 平行于平面 $ABC$，在平面内必能任作一条与直线 $MN$ 平行的线，且这条线的水平投影必与 $mn$ 平行。

设过点 $A$ 作一直线与直线 $MN$ 平行，则过 $a$ 作 $ad // mn$ 与 $bc$ 交于 $d$，在 $b'c'$ 上求出 $d'$，连接 $a'd'$，则 $a'd'$ 应是 $m'n'$ 的

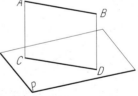

图 2-50　直线与平面平行

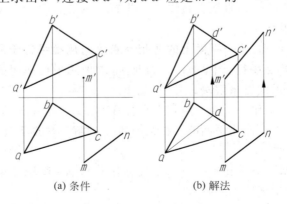

(a) 条件　　　　(b) 解法

图 2-51　作一直线与已知平面平行

方向。过 $m'$ 作 $m'n' \parallel a'd'$，$m'n'$ 即为所求。

【例 2-16】 已知平面 $P$ 由两平行线 $AB$ 和 $CD$ 所决定。试过已知点 $K$ 作一直线 $KL$，使 $KL$ 既平行于平面 $P$ 又平行于 $V$ 面（图 2-52）。

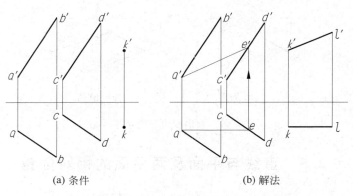

(a) 条件　　　　　　(b) 解法

图 2-52　作一直线与一已知平面平行

【解】 因为过点 $K$ 作一直线 $KL$ 平行于平面 $P$ 上的任一直线，则直线 $KL$ 必平行于平面 $P$。但题目要求作的直线 $KL$ 还要与 $V$ 面平行。据此分析，可在平面 $P$ 上任作一正平线 $AE$ 为辅助直线，过点 $K$ 作直线 $KL$ 与辅助直线 $AE$ 平行，则直线 $KL$ 即为所求。本题只有一解，具体作法见图 2-52。

（2）若一直线与某一投影面垂直面平行，则该垂直面具有积聚性的那个投影必与直线的相应投影平行。

在图 2-53 中，直线 $MN$ 的水平投影平行于铅垂面 $\triangle ABC$ 的水平投影 $abc$，所以它们在空间是相互平行的。因为在这种情况下，我们

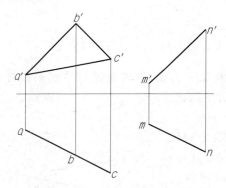

图 2-53　直线与投影面垂直面平行

总可以在 $\triangle a'b'c'$ 内作出一条直线与直线 $m'n'$ 平行。

**2. 平面与平面平行**

（1）由立体几何可知，**若一平面上的两相交直线对应地平行于另一平面上的两相交直线，则这两个平面相互平行**（图 2-54）。据此，可以把两平行平面的问题转化成平面上两相交直线对应平行的问题来解决。

【例 2-17】 过点 $K$ 作一平面与两相交直线 $AB$ 和 $AC$ 所决定的平面平行（图 2-55）。

【解】 过平面外的一点作平面的平行面有唯一的解。根据上述定理，所作平面也以相交两直线表示最方便。

所以，过 $k'$ 作 $k'm' \parallel a'b'$ 和 $k'n' \parallel a'c'$，过 $k$ 作 $km \parallel ab$ 和 $kn \parallel ac$。直线 $KM$ 和 $KN$ 两相交直线所决定的平面即为所求。

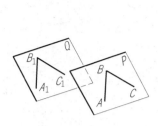

图 2-54 两平面相互平行

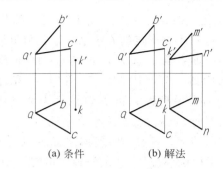

(a) 条件　　　(b) 解法

图 2-55 过点作一平面与已知平面平行

（2）若两投影面垂直面相互平行，则它们具有积聚性的那组投影必相互平行。图 2-56 表示两个铅垂面 $P$（用 $\triangle ABC$ 表示）和 $Q$（用矩形 $KLMN$ 表示），它们的水平投影都积聚成直线。如果 $P$ 面和 $Q$ 面相互平行，则这两条直线也必定相互平行（因为，由图 2-56(a) 可以看出，$ac$ 和 $kn$ 是两平行面 $P$ 和 $Q$ 与 $H$ 面的交线）。

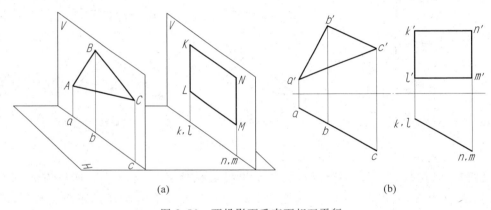

图 2-56 两投影面垂直面相互平行

### 2.5.2 相交问题

**1. 直线与平面相交**

我们知道空间直线与平面相交，其交点是直线与平面的公有点，所以求交点的方法就是求公有点。当直线或平面处于特殊位置，即其中有一投影具有积聚性时，交点的投影也必定在有积聚性的投影上，利用这个特性就可以比较简单地求出交点的投影。

下面讨论直线或平面处于特殊位置的情况。

如所给平面是投影面的平行面或垂直面时，可以利用平面投影的积聚性，直接从投影图上定出交点的投影。

【例 2-18】 求直线 $MN$ 与铅垂面 $ABC$ 的交点（图 2-57）。

【解】 因 $\triangle ABC$ 为铅垂面，其水平投影具有积聚性，所以交点 $K$ 的水平投影既在 $mn$ 上，又在直线 $bac$ 上，因此 $mn$ 与 $bac$ 的交点即为 $k$。按投影关系，在 $m'n'$ 上可求得 $k'$。

判定直线 $MN$ 的可见性。直线 $MN$ 被 $\triangle ABC$ 挡住部分为不可见，用虚线来表示。

交点 $K$ 也是直线 $MN$ 可见部分和不可见部分的分界点。可利用重影点的方法来判断其可见性。

判断 $V$ 面投影。选取 $m'n'$ 与 $b'c'$ 的重影点 $1'$ 和 $2'$ 来判断。Ⅰ点在 $MN$ 上，Ⅱ点在 $BC$ 上。找出它们的水平投影 1 和 2，可以看出 2 点比 1 点离观察者近，也就是说 $2'$ 点为可见，$1'$ 点为不可见。即直线 $k'1'$ 段被 $BC$ 所属平面 $ABC$ 挡住了。故 $k'1'$ 段画成虚线，其余的画成粗实线。

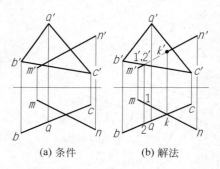

(a) 条件　　(b) 解法

图 2-57　直线与平面相交（一）

如所给直线是投影面的垂直线时，可以利用直线投影的积聚性求交点。

【例 2-19】　求铅垂线 $EF$ 与 $\triangle ABC$ 的交点（图 2-58）。

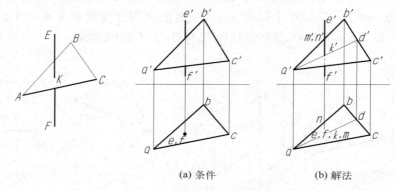

(a) 条件　　　　　(b) 解法

图 2-58　直线与平面相交（二）

【解】　因直线 $EF$ 为一铅直线，它的水平投影积聚成一点 $e(f)$。所以直线 $EF$ 与 $\triangle ABC$ 的交点 $K$，其水平投影 $k$ 必与之重合为 $e(f,k)$。要求出点 $K$ 的正面投影 $k'$，可以利用平面上找点的方法，过点 $K$ 在 $\triangle ABC$ 上作一辅助直线 $AD$，作出它的正面投影 $a'd'$，$a'd'$ 与 $e'f'$ 的交点即为 $k'$。

选重影点 $m'(n')$ 判断可见性。由水平投影可知，$m$ 在前，$n$ 在后，所以 $e'k'$ 在 $a'b'$ 之前为可见，$k'f'$ 在 $\triangle ABC$ 之后，被平面挡住部分为不可见，以虚线表示。

直线和平面都处于一般位置的情况本书从略。

**2. 平面与平面相交**

两平面相交其交线为一直线。两平面的投影确定后怎样作出交线的投影是制图中经常遇到的问题。**由于交线是两平面的公有直线，交线上的点都是两平面的公有点。所以只要能够确定两平面的两个公有点，或者一个公有点和交线方向，即可作出两平面的交线。**

这里仅就简单的情况，即两平面中至少有一个是特殊位置时的求交线问题，举几个例题。

【例 2-20】　试求 $\triangle ABC$ 与 $\triangle DEF$ 的交线（图 2-59）。

【解】　$\triangle DEF$ 是一个水平面，它的正面投影有积聚性。在正面投影上 $a'b'$ 与 $f'e'$ 的交点 $k'$，$b'c'$ 与 $f'e'$ 的交点 $l'$ 必同时位于两个平面上，即为两个公有点的正面投影。所以

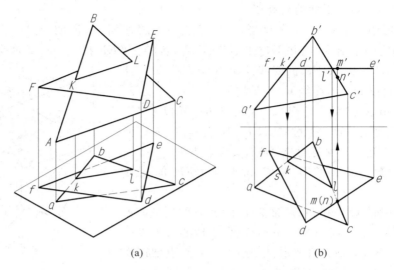

图 2-59 平面与平面相交

$k'l'$ 就是交线的正面投影(也积聚在 $f'e'$ 上)。在 $ab$ 和 $bc$ 上找出水平投影 $k$ 和 $l$，连接 $kl$ 即得所求交线的水平投影。

交线也是可见与不可见的分界线。交线求出后，在水平投影上需要判断可见性。选重影点 $m,n$ 进行判别。设点 $M$ 在 $ED$ 上，点 $N$ 在 $BC$ 上，由 $V$ 面投影可知，点 $M$ 在上，点 $N$ 在下，即 $m$ 为可见，$(n)$ 为不可见，故 $ln$ 不可见(应画成虚线)。经过交点 $l$ 后，$bl$ 为可见。进而可判断出 $bk$ 为可见，$ks$ 为不可见。

【例 2-21】 试求△$ABC$ 与△$DEF$ 的交线(图 2-60)。

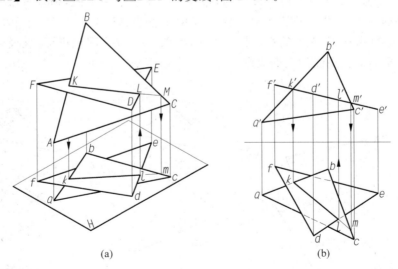

图 2-60 两平面的交线

【解】 因△$DEF$ 是一个正垂面，它的正面投影有积聚性，在正面投影上 $a'b'$ 与 $f'e'$ 的交点 $k'$，$b'c'$ 与 $f'e'$ 的交点 $m'$ 即为两个公有点的正面投影，其水平投影为 $k,m$。直线

$KM(k'm',km)$ 即为两平面的公有线。

但在本题中,点 $M$ 的水平投影 $m$ 位于 $\triangle def$ 的外面,这说明点 $M(m',m)$ 位于 $\triangle DEF$ 所确定的平面内,但并不位于 $\triangle DEF$ 内(若将 $\triangle DEF$ 扩大,点 $M$ 就会被包含在内),所以 $\triangle ABC$ 和 $\triangle DEF$ 的交线应为 $KL(k'l',kl)$,这里的点 $L$ 是直线 $DE$ 与交线 $KM$ 的交点。

本例的情况称为"互交"。由图 2-60 可以看出,$\triangle ABC$ 的一个边 $AB$ 穿过 $\triangle DEF$,其交点为 $K$;而 $\triangle DEF$ 的一个边 $DE$ 又穿过 $\triangle ABC$,其交点为 $L$。

【例 2-22】 试求平面 $ABC$ 和平面 $DEF$ 的交线(图 2-61)。

【解】 平面 $ABC$ 和 $DEF$ 都为正垂面,它们的正面投影都有积聚性。其交线必为一条正垂线,交线的水平投影的方向应垂直于 $ox$ 轴。只要求得交线上的一个点即可作出交线的投影。具体作法见图 2-61。

选重影点 1(2) 判别可见性。当然,本题也能直观地进行判断。

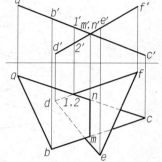

图 2-61 两平面的交线

### 2.5.3 垂直问题

**1. 直线与平面垂直**

定理:若一直线垂直于平面,则该直线的水平投影一定垂直于该平面上水平线的水平投影,而该直线的正面投影一定垂直于该平面上正平线的正面投影。

证明:(图 2-62)设直线 $NK$ 垂直于 $P$ 平面且与平面交于点 $K$,直线 $AB$ 是平面内通过点 $K$ 的水平线。由立体几何定理可知,若一直线垂直于一平面,则该直线必垂直于平面上过垂足的一切直线。所以 $NK \perp AB$。又由于直线 $AB$ 平行于 $H$ 面,因之直线 $NK$ 与 $AB$ 夹成的直角在 $H$ 面上的投影仍成直角,所以 $nk \perp ab$。同理可证,直线 $NK$ 的正面投影垂直于平面上正平线的正面投影。

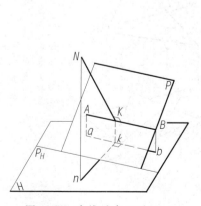

图 2-62 直线垂直于平面

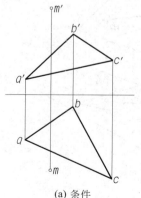

(a) 条件

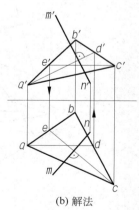

(b) 解法

图 2-63 过点作直线垂直于平面

【**例 2-23**】 过点 $M$ 作直线垂直于 $\triangle ABC$ 所确定的平面（图 2-63）。

【**解**】 过平面外一点作平面的垂线只有一条，故本题有唯一解。

为求直线的方向，需作出面上的一条水平线和一条正平线。过点 $A$ 作正平线 $AD$，过点 $C$ 作水平线 $CE$，然后作 $m'n' \perp a'd'$，作 $mn \perp ce$，直线 $MN$ 即为所求。

注意，$m'n' \perp a'd'$，$mn \perp ad$ 都只是确定 $m'n'$ 和 $mn$ 的方向，一般情况下，空间直线 $MN$ 并不和直线 $AD$ 或 $CE$ 相交。

若平面为投影面垂直面，则垂直于该平面的直线必成投影面平行线。在与平面垂直的投影面上，直线的投影垂直于平面的积聚性投影。如图 2-64 所示，直线 $MN$ 垂直于铅垂面 $ABC$。

### 2. 平面与平面垂直

由立体几何可知，**若一平面包含另一平面的垂线，则此两平面相互垂直**。因此绘制两相互垂直的平面时可利用下列两种方法：

（1）作平面 $Q$ 包含垂直于平面 $P$ 的直线 $AB$（图 2-65(a)）。

（2）作平面 $Q$ 垂直于平面 $P$ 内的直线 $CD$（图 2-65(b)）。

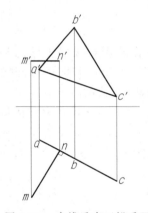

图 2-64 直线垂直于铅垂面

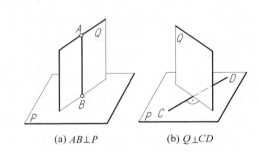

(a) $AB \perp P$      (b) $Q \perp CD$

图 2-65 平面与平面垂直

【**例 2-24**】 过直线 $MN$ 作一平面使它垂直于 $\triangle ABC$ 所确定的平面（图 2-66）。

【**解**】 求作的平面经过直线 $MN$，那么只需再确定一条与直线 $MN$ 相交的直线，即可确定此平面。假定此直线为 $MK$，它与直线 $MN$ 交于点 $M$。为了使所作平面垂直于已知平面 $ABC$，就要使平面内包含一条平面 $ABC$ 的垂线。因此可使直线 $MK$ 垂直于 $ABC$ 平面。在 $\triangle ABC$ 上任作一水平线 $A\text{I}$ 和一正平线 $A\text{II}$。直线 $A\text{I}$ 的两投影为 $a'1'$ 和 $a1$，直线 $A\text{II}$ 的两投影为 $a'2'$ 和 $a2$。过 $m'$ 作 $m'k' \perp a'2'$，过 $m$ 作 $mk \perp a1$，则直线 $MK$ 必垂直于平面 $ABC$，直线 $MK$ 与 $MN$ 所决定的平面即为所求。

如果两相互垂直的平面垂直于同一投影面，则两平面在该投影面上的投影都积聚成直线且互相垂直，所以平面 $ABC$ 与平面 $EFG$ 垂直，如图 2-67 所示。

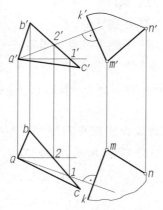
图 2-66　作平面与平面垂直

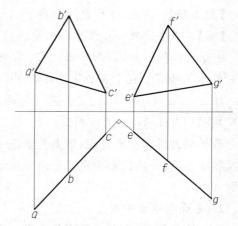
图 2-67　两铅垂面互相垂直

## 2.6　换　面　法

### 2.6.1　问题的提出

前面讨论了点、线、面及其相对位置的投影特性,为图示图解提供了理论基础。但在工程实际中,经常会遇到需要在投影图上解决有关几何元素定位和度量等问题。为了更加有效、更加简捷地对这类问题进行图解,本节将研究投影变换的方法。

我们知道,当几何元素对于投影面处于一般位置时,是不能从投影上直接得到它们的真实形状、距离和角度的。例如图 2-68(a)所示的矩形 ABCD 对 H 面和 V 面成倾斜位置时,它的 H 面投影和 V 面投影都不能反映实形。但若矩形 ABCD 平行于 H 面时,它在 H 面上的投影就能反映实形,如图 2-68(b)所示。

又如图 2-69(a)所示的△CDE 对 H 面和 V 面成倾斜位置时,从投影上不能直接量出 F 点到△CDE 的真实距离。如果使△CDE 垂直于 H 面,它的投影在 H 面上积聚成直线,那么可以很方便地在图上求得真实距离,如图 2-69(b)所示。

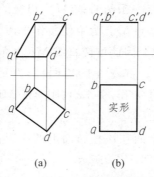

(a)　　　(b)

图 2-68　使投影反映平面的实形

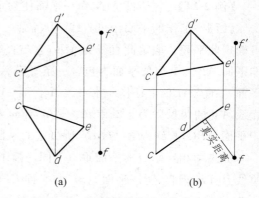

(a)　　　(b)

图 2-69　使投影反映平面的真实距离

从上述情况可以看出,当在平面上进行图解时,如果能使空间几何元素由一般位置转换成特殊位置,使它们的投影能够直接反映实形或具有积聚性,问题就容易获得解决。投影变换正是研究如何改变空间几何元素对投影面的相对位置,以达到简化解题的目的。下面介绍一种常用的投影变换方法,即换面法。

### 2.6.2 什么是换面法

我们来看一下图 2-70 的例题,△$ABC$ 为一铅垂面,该三角形在 $H$ 面和 $V$ 面上的投影都不能反映实形。如果要反映实形,就需要取一个平行于△$ABC$ 且垂直于 $H$ 面的 $V_1$ 面来代替 $V$ 面,则新的 $V_1$ 面和不变的 $H$ 面构成一个新的两面体系 $V_1/H$。△$ABC$ 在 $V_1$ 面上的投影△$a_1'b_1'c_1'$ 就反映三角形的实形(图 2-70(a))。再以 $V_1$ 面和 $H$ 面的交线 $x_1$ 为轴,使 $V_1$ 面旋转至与 $H$ 面重合,就得到了 $V_1/H$ 体系的投影图(图 2-70(b)),这样的方法称为换面法。

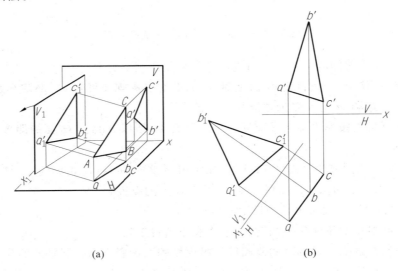

图 2-70 换面法

从以上情况可以看出,所谓换面法就是:**空间几何元素的位置保持不动,用新的投影面来代替旧的投影面,使空间几何元素对新的投影面处于解题的有利位置,然后求出其在新投影面上的投影。**

在选择新的投影面时,应符合以下两个基本条件:

(1) 新投影面必须使空间几何元素处于有利于解题的位置。
(2) 新投影面必须垂直于一个不变的投影面(以便应用正投影原理作图)。

### 2.6.3 点的投影变换规律

点是一切几何形体的基本元素,因此研究点的变换规律是学习换面法的基础。

**1. 更换一次投影面**

(1) 新投影面体系的建立  图 2-71(a)表示点 $A$ 在 $V/H$ 体系中,点 $A$ 的水平投影为

$a$,正面投影为 $a'$。假设更换正立面,则令 $H$ 面不变,取投影面 $V_1$ 垂直于 $H$ 面,用以代替正立面 $V$,这样就形成了新的投影面体系 $V_1/H$。平面 $V_1$ 与 $H$ 面的交线 $x_1$ 是新的投影轴。过 $A$ 点向 $V_1$ 面作垂线,定出 $A$ 点的新投影 $a_1'$。这样就得到了在 $V_1/H$ 体系中 $A$ 点的两个投影 $a$ 和 $a_1'$,它们代替了 $V/H$ 体系中的投影 $a$ 和 $a'$。

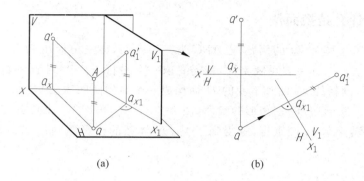

图 2-71 点的一次变换——更换 $V$ 面

(2) 新旧投影之间的关系 新旧投影有下列两个主要关系:

① 当 $V_1$ 面绕 $x_1$ 轴重合到 $H$ 面上时,根据点的投影规律可知 $aa_1'$ 必定垂直于 $x_1$ 轴,即 $aa_1' \perp x_1$ 轴,这和 $aa' \perp x$ 轴的性质是一样的。

② 由于新旧两投影面体系具有同一个水平面 $H$,所以 $A$ 点到 $H$ 面的距离保持不变,即 $a'a_x = a_1'a_{x1}$。

求新投影的作图方法见图 2-71(b)。先定出新投影轴 $x_1$,过点 $a$ 向 $x_1$ 轴作垂线,并在垂线上量取 $a_1'a_{x1} = a'a_x$,所得的 $a_1'$ 即为所求 $A$ 点的新投影。

根据以上分析,可以得出点的投影变换规律:

- 点的新投影和不变投影的连线,必垂直于新投影轴。
- 点的新投影到新投影轴的距离等于被更换的旧投影到旧投影轴的距离。

现在再讨论更换水平面的情况。取平面 $H_1$ 垂直于 $V$ 面,用以代替 $H$ 面,$H_1$ 面和 $V$ 面构成新的投影面体系 $V/H_1$。点的交换规律和作图方法和更换正立面时都是相同的。因 $V$ 面保持不变,所以 $B$ 点到 $V$ 面的距离也不变,即 $b_1b_{x1} = bb_x$。作图时,先定出新投影轴 $x_1$,然后过点 $b'$ 作 $b'b_1 \perp x_1$,在垂线上量取 $b_1b_{x1} = bb_x$,则 $b_1$ 即为所求的新投影,正面投影 $b'$ 为新旧两体系所共有,如图 2-72(b)所示。

**2. 更换两次投影面**

在解决实际问题时,有时更换一次投影面还不足以解决问题,必须连续更换两次或更多次。图 2-73 表示更换两次投影面的情形:先把平面 $V$ 换为平面 $V_1$,得到新的投影面体系 $V_1/H$。然后再将平面 $H$ 换为平面 $H_2$,又得到了新的投影面体系 $V_1/H_2$,它代替了原投影面体系 $V/H$。

在投影图上求 $A$ 点的新投影,其作图方法和更换一次投影面相同,只是需要连续求作两次,如图 2-73(b)所示。

必须指出,在更换投影面时,因为新投影面对于不变的投影面必须保持垂直的关系,

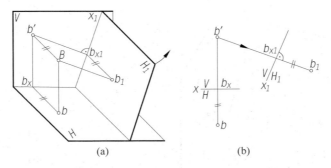

图 2-72 点的一次变换——更换 $H$ 面

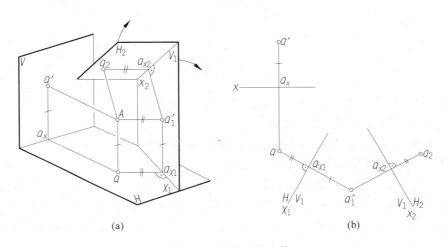

图 2-73 点的两次变换

所以只能按照顺序依次更换各个投影面，即先更换一个投影面，然后再更换另一个投影面，而不能一次同时更换两个投影面。

### 2.6.4 4 个基本问题

用换面法解题，基本的问题是将空间几何元素改变为对新投影面处于解题的有利位置。具体来说，就是要把一般位置直线和平面变成新投影面的特殊位置，以达到便于解题的目的。它共有 4 个基本问题。

**1. 把一般位置直线变为投影面平行线**

（1）空间分析　在图 2-74(a)中给出了一般位置直线 $AB$ 的投影 $ab$ 和 $a'b'$。为了把直线 $AB$ 变成投影面平行线，如图 2-74 所示，可用平面 $V_1$ 代替 $V$ 面，使 $V_1$ 面既平行于直线 $AB$，又垂直于 $H$ 面，则 $AB$ 在新体系 $V_1/H$ 中就成为投影面的平行线。

（2）投影作图　首先画出新投影轴 $x_1,x_1$ 必须平行于 $ab$，它和 $ab$ 间的距离可以任意取一适当值。然后分别求出直线 $AB$ 两端点的新投影 $a_1'$ 和 $b_1'$，连接 $a_1'b_1'$ 即为直线的新投影。

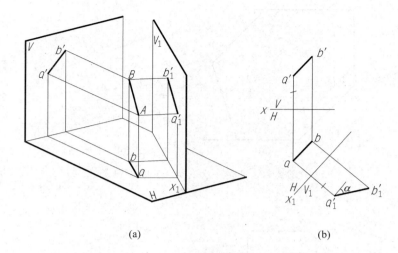

(a) (b)

图 2-74 一般位置直线变成投影面平行线

用平面 $V_1$ 代替 $V$ 面以后的新投影，可以得出下列结果：

① 投影 $a_1'b_1'$ 反映直线 $AB$ 的实长。

② $a_1'b_1'$ 与 $x_1$ 轴的夹角 $\alpha$，即为直线 $AB$ 与 $H$ 面的夹角。

**2. 把一般位置直线变为投影面的垂直线**

(1) 空间分析　由图 2-75(a) 可以看出，要把一般位置直线 $AB$ 变成投影面垂直线，只换一次投影面是不行的。因若取一新平面垂直于一般位置直线 $AB$，则该平面也是一般位置平面，它与 $V$ 面和 $H$ 面都不垂直，因此不能与原有投影面构成相互垂直的新投影面体系。

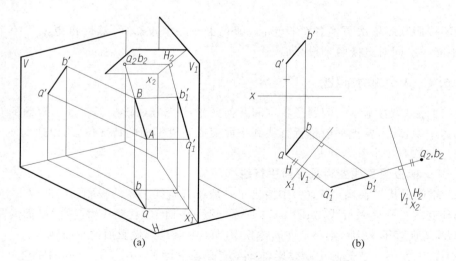

(a) (b)

图 2-75 一般位置直线变为投影面垂直线

要把一般位置直线变为投影面垂直线，必须更换两次投影面，首先把该直线变成投影面平行线，然后再把投影面平行线变成投影面垂直线。

图 2-75(a)表明了更换投影面的过程。先把 $V$ 面换为 $V_1$ 面,$V_1$ 面垂直于 $H$ 面,且平行于直线 $AB$,使直线 $AB$ 在 $V_1/H$ 体系中成为投影面平行线。然后再把 $H$ 面换为 $H_2$ 面,$H_2$ 面垂直于 $V_1$ 面,且垂直于直线 $AB$,使直线 $AB$ 在 $V_1/H_2$ 体系中成为投影面垂直线。

(2) 投影作图　图 2-75(b)为投影图,先把一般位置直线 $AB$ 变成新投影面 $V_1$ 的平行线,此时新轴 $x_1 // ab$,并求出新投影 $a_1'b_1'$。然后再把一般位置直线 $AB$ 变成新投影面 $H_2$ 的垂直线。此时引新轴 $x_2 \perp a_1'b_1'$,作出直线 $AB$ 在 $H_2$ 面上的投影 $a_2 \equiv b_2$。直线上的所有点在 $H_2$ 面上的投影积聚成一点。

**3. 把一般位置平面变为投影面垂直面**

(1) 空间分析　图 2-76 中 $\triangle ABC$ 是一般位置平面。要将它变为投影面垂直面,必须作一新投影面与它垂直。根据平面与平面相互垂直的关系,我们知道新投影面应当垂直于 $\triangle ABC$ 内某一直线。若为一般位置直线变为投影面垂直线,必须更换两次投影面。而投影面平行线变为投影面垂直线,只需更换一次投影面。为作图简便,可以先在 $\triangle ABC$ 内任取一投影面平行线,例如水平线 $AD$,然后再作新投影面 $V_1$ 与它垂直,$V_1$ 面也一定垂直于 $H$ 面。

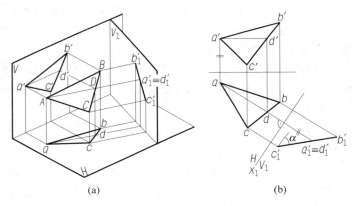

图 2-76　一般位置平面变为投影面垂直面

(2) 投影作图　如图 2-77(b)所示,先在 $\triangle ABC$ 内作一水平线 $AD$,得投影 $a'd'$ 和 $ad$,然后作轴 $x_1 \perp ad$。求出 $A,B,C$ 各点在 $V_1$ 面上的投影 $a_1',b_1',c_1'$ 并连接起来,$\triangle ABC$ 的新投影必积聚成一直线,且 $a_1'b_1'c_1'$ 和 $x_1$ 轴的夹角 $\alpha$,即 $\triangle ABC$ 与 $H$ 面的夹角。

**4. 把一般位置平面变为投影面平行面**

(1) 空间分析　要把一般位置平面变为投影面平行面,只更换一个投影面也是不行的。因为取新投影面平行于一般位置平面,则该投影面也一定是一般位置平面,它和原投影面体系的哪一个投影面都不能构成互相垂直的新投影面体系。

要把一般位置平面变为投影面平行面,必须更换两次投影面。首先把一般位置平面变为投影面垂直面,如图 2-77 所示,先作 $V_1$ 面垂直于 $\triangle ABC$,并用以代替 $V$ 面。再作 $H_2$ 面与 $\triangle ABC$ 平行,此时,$H_2$ 面代替了 $H$ 面。在新体系 $V_1/H_2$ 中 $\triangle ABC$ 就变为投影面 $H_2$ 的平行面了。

(2) 投影作图　如图 2-77 所示,先按照把一般位置平面变为投影面垂直面的方法,作出 △ABC 在 $V_1$ 面上的投影 $a_1'b_1'c_1'$。然后再作新投影轴 $x_2$ 平行于 $a_1'b_1'c_1'$,求出 △ABC 在 $H_2$ 面上的投影 △$a_2b_2c_2$。△$a_2b_2c_2$ 反映了 △ABC 的实形。

### 2.6.5　解题举例

解题的方法和步骤,首先是进行空间分析,根据题意要求,分析空间几何特性及其相互关系。空间分析清楚了,然后更换投影面进行作图。凡属于点、直线及平面范围的空间几何问题,一般都要将其中的直线或平面转变为新投影面的垂直或平行的位置,也就是说用 4 个基本问题的方法进行作图。

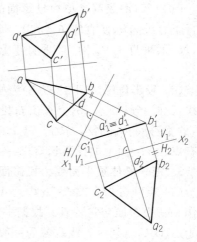

图 2-77　一般位置平面变为投影面平行面

【例 2-25】　过点 M 作一直线与已知的一般位置直线 AB 垂直相交(图 2-78)。

【解】　(1) 空间分析　当直线 AB 平行于某一投影面时,根据直角投影特性,相互垂直的两相交直线在该投影面上的投影仍为直角。因此,只要把一般位置直线 AB 变为投影面的平行线,就可以过点 M 作直线与直线 AB 正交。

(2) 投影作图　如图 2-78 所示,作 $V_1$ 面平行于直线 AB,且垂直于 H 面。在 $V_1$ 投影面上过点 $m_1'$ 作直线与直线 $a_1'b_1'$ 垂直相交,交点为 $k_1'$。然后再将 $k_1'$ 返回,得到 V/H 体系中的 k 与 k'。直线 MK 即为所求。

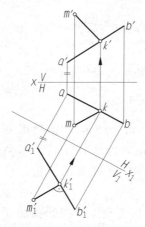

图 2-78　过点作一直线与已知直线垂直相交

【例 2-26】　求作一般位置平面 △ABC 的外接圆圆心(图 2-79)。

【解】　(1) 空间分析　当平面 △ABC 平行于投影面时,则在该投影面上的投影反映实形,即可在反映实形的三角形投影上求出外接圆圆心。

(2) 投影作图　将一般位置平面变为投影面的平行面,需要更换两次投影面。如图 2-79 所示,首先作 $V_1$ 面与 △ABC 垂直,且垂直于 H 面。轴线 $x_1$ 垂直于 △ABC 上水平线 AD 的水平投影 ad,求得 △ABC 在 $V_1$ 面上的投影 $a_1'b_1'c_1'$,积聚成一直线。然后再作 $H_2$ 面与 △ABC 平行,且垂直于 $V_1$ 面。轴线 $x_2$ 平行于 $a_1'b_1'c_1'$,求得 △ABC 在 $H_2$ 面上的投影 △$a_2b_2c_2$,即为实形。在 △$a_2b_2c_2$ 上作出外接圆圆心 $o_2$。将 $o_2$ 返回,得到 V/H 体系中的圆心 o 与 o'。

【例 2-27】　求作连接两交叉直线 AB 和 CD 的最短直线及其连接位置(图 2-80)。

【解】　(1) 空间分析　由立体几何知道,两交叉直线的最短距离是它们的公垂线。因此,可以将两交叉直线中的一直线变为投影面的垂直线,则公垂线成为投影面的平行

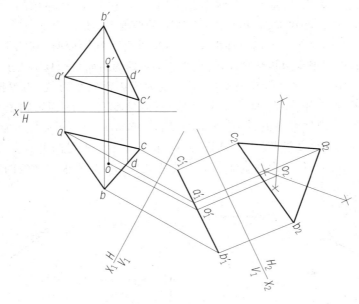

图 2-79 求作三角形外接圆圆心

线。按直角投影特性,公垂线与另一交叉直线在该投影面上的投影反映直交,如图 2-80(a)所示。

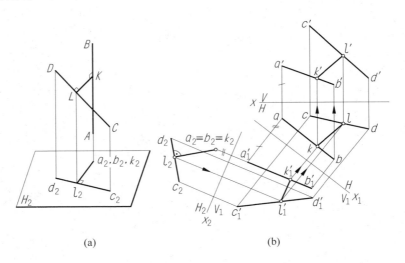

图 2-80 求两交叉直线之间的最短距离

(2) 投影作用 将一般位置直线变为投影面的垂直线,需要更换两次投影面。如图 2-80(b)所示,首先作 $V_1$ 面与直线 $AB$ 平行,且垂直于 $H$ 面。轴线 $x_1$ 与直线 $AB$ 的水平投影 $ab$ 平行,求得两交叉直线在 $V_1$ 面上的投影 $a_1'b_1'$ 与 $c_1'd_1'$。然后再作 $H_2$ 面与直线 $AB$ 垂直,且垂直于 $V_1$ 面。轴线 $x_2$ 垂直于 $a_1'b_1'$。求得直线 $AB$ 与直线 $CD$ 在 $H_2$ 面上的投影,分别为 $a_2 \equiv b_2$(积聚成一点)与 $c_2d_2$。过点 $a_2 \equiv b_2$ 作 $k_2l_2$ 与 $c_2d_2$ 垂直,$k_2l_2$ 即为公垂线在新投影面的投影,反映实长。将 $k_2l_2$ 返回,求得在 $V/H$ 体系中的 $kl$ 与 $k'l'$。

**【例 2-28】** 求平面 $ABMN$ 和平面 $CDMN$ 的两面角(图 2-81)。

**【解】** (1)空间分析 当两平面的交线 $MN$ 垂直于投影面时,则两平面与投影面垂直。它们的投影也积聚成两相交直线,两直线的夹角即为两面角的真实大小(图 2-81(a))。

(2)投影作图 要将一般位置交线 $MN$ 变为投影面的垂直线,需更换两次投影面。如图 2-81(b)所示,首先作 $V_1$ 面与直线 $MN$ 平行,且垂直于 $H$ 面。轴线与直线 $MN$ 的水平投影 $mn$ 平行,求得两平面在 $V_1$ 面上的投影 $a'_1b'_1m'_1n'_1$ 与 $c'_1d'_1m'_1n'_1$。然后再作 $H_2$ 面与直线 $MN$ 垂直,且垂直于 $V_1$ 面。轴线 $x_2$ 垂直于 $m'_1n'_1$。求得两平面在 $H_2$ 面上的投影 $a_2b_2m_2n_2$ 与 $c_2d_2m_2n_2$,积聚为两直线。两直线的夹角 $\theta$ 即为所求两面角的真实大小。

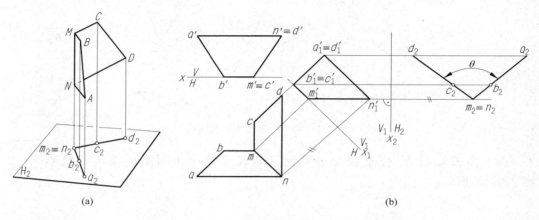

图 2-81 求两面角

# 第3章 AutoCAD绘图基础

随着计算机辅助绘图技术的不断普及和发展,用计算机绘图全面代替手工绘图成为必然趋势。熟练掌握图形的计算机生成技术,已经成为从事图形设计及绘画工作者的基本素质之一。最普及、最常用的CAD软件便是Autodesk公司的AutoCAD。

1982年,Autodesk公司推出了AutoCAD 1.0版,在以后短短的20年里,AutoCAD版本不断升级,目前已经推出了最新的AutoCAD 2006版。AutoCAD因其便捷的图形处理功能、友好的人机交互界面和强大的二次开发能力以及方便可靠的硬件接口,已经成为世界上应用最广泛的CAD软件,并成为CAD系统的工业标准。因此,学好了AutoCAD就等于掌握了大部分CAD软件的使用方法。

就初学者而言,尽快找到"感觉"进入"角色"的良方是"在游泳中学游泳"、"急用先学"。因此本书除在第3章集中介绍AutoCAD的基础知识外,其余常用命令将根据机械制图各章节的具体内容,分散介绍,以便使读者在掌握工程制图的知识后,能够迅速使用AutoCAD绘出工程图纸。本书的宗旨就是将机械工程图学的内容与先进的计算机绘图技术融合为一体。本书将以AutoCAD的最新版本AutoCAD 2006为基础,扼要介绍AutoCAD常用的二维图形和三维图形处理功能。

## 3.1 AutoCAD的基本概念和基本操作

### 3.1.1 AutoCAD快速入门

启动AutoCAD、创建新文件、打开已有图形文件、保存图形文件以及退出AutoCAD系统是AutoCAD最基本的操作。这些操作和其他软件的同类操作大同小异,读者在进行AutoCAD 2006的快速入门练习时,应注意同Word等常用软件的同类操作进行比较,以便尽快掌握AutoCAD的基本操作。

**1. 启动AutoCAD**

在桌面的任务栏中选择"开始"➪"程序"➪"Autodesk"➪"AutoCAD 2006 Simplified Chinese"➪"▣ AutoCAD 2006"启动软件,或双击桌面上的快捷方式图标▣,都可以启动AutoCAD。启动AutoCAD的过程就是创建新的AutoCAD图形文件的过程。

**2. AutoCAD系统的用户界面**

启动AutoCAD后将进入到图3-1所示窗口。现将窗口各部分的内容简单介绍如下。

(1)标题栏　位于窗口顶部,用于显示AutoCAD的图标以及当前所操作的图形文件名称。

(2)菜单栏　位于标题栏下方,利用它提供的下拉式菜单可以执行AutoCAD的大部分命令。单击主菜单栏中的某一项,会弹出相应的下拉式菜单。使用下拉菜单是AutoCAD重要的操作方法之一。

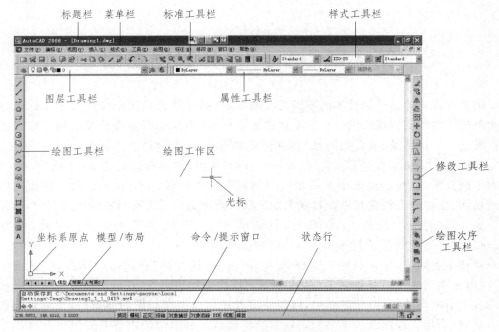

图 3-1  AutoCAD 的用户界面

(3) 工具栏  AutoCAD 提供了近 30 个工具栏，每个工具栏由若干形象化的图标按钮组成，单击某一按钮即可启动 AutoCAD 的某一命令。图 3-1 所示的用户界面上显示了 AutoCAD 的 7 个已经打开的常用的工具栏，其余均为隐藏状态，这是 AutoCAD 工作界面上的默认的配置。用户可以根据绘图进度的需要，打开隐藏的工具栏。打开方法如下：在窗口的任意一个工具栏区域单击鼠标右键弹出"工具栏"选项卡，点选所需要的工具栏，使该工具栏浮动到屏幕上来，关闭"工具栏"选项卡后，将其停靠到四周的"码头"上即可，参见图 3-2。而关闭暂时不用的工具栏，则只需在工具栏浮动的状态下单击其右上角的关闭按钮即可。

(4) 绘图区域  AutoCAD 工作界面的中心区域称为绘图工作区，也称视图窗口。它没有边界，利用视窗缩放功能，可以使绘图区无限增大或缩小。视窗的下方和右方设有滚动条。利用滚动条可以方便地移动"电子图纸"。

(5) 绘图区中的光标  位于绘图区中的光标随 AutoCAD 的操作进程表现为 4 种不同的外观：①标准光标（✣）用于弹出对象夹点；②十字光标（十）用于坐标点的输入；③捕捉光标（黄色的×，△，□等）用于捕捉对象上的特殊点；④对象拾取光标（白色小方框□）用于点选编辑对象。认识和区分这些光标有利于和 AutoCAD 进行交流。

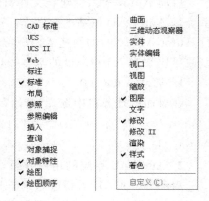

图 3-2  工具栏选项卡

(6) 坐标系  AutoCAD 有一个固定的世界坐标系（world coordinate system，WCS）。WCS 的原点（0，0）位于屏幕左下角，X 表示屏幕横坐标轴，Y 表示屏幕纵坐标轴，

AutoCAD 还允许用户在 WCS 中定义自己专用的可以活动的坐标系,称为"用户坐标系"(user coordinate system,UCS),在进行三维绘图时经常使用 UCS。

(7) 模型/布局选项卡  位于视图窗口的下方,用于模型/图纸空间的切换。一般情况下,先要在模型空间进行设计,然后到图纸空间创建布局,以便显示和打印输出图形。

(8) 命令/提示窗口  是用户和计算机进行人、机互动的窗口,用户可以通过键盘在此窗口输入 AutoCAD 命令,计算机则在此窗口提示相关信息。

(9) 状态栏  主要用于显示当前图形绘制过程中的一些状态。如当前光标的坐标值、正交模式、栅格显示、栅格捕捉、对象捕捉、DYN 动态输入、线宽显示等开/关的状态。

### 3.1.2  AutoCAD 命令和数据的输入方式

**1. AutoCAD 命令的输入方式**

AutoCAD 的绘图功能均是通过执行相应的命令来实现的。常用下列 4 种方式输入命令:

(1) 图标按钮输入  将鼠标移至某图标,悬停片刻会自动显示该命令名称,确认后单击该图标,则发出与图标对应的命令。

(2) 菜单输入  单击主菜单名,出现下拉式菜单,选择所需命令,单击该命令。(或在图形编辑过程中单击鼠标右键由快捷菜单中选择菜单项,单击之。)

(3) 键盘输入  在命令/提示窗口的命令行中输入"英文"命令。

(4) 重复命令输入  在"命令:"提示下按"ENTER ↵"键(又称回车键)或空格键,则执行上一个命令。

不论以何种方式来发布命令,AutoCAD 都会在命令/提示窗口显示该命令的提示,因此用户应养成随时观看命令/提示窗口的习惯。(注意,命令的发布方式不同,系统响应时提示的前端会稍有不同)本书将以命令行输入命令为主,展开对 AutoCAD 命令执行过程中的人机交互过程的介绍。

**2. AutoCAD 数据的输入方式**

数据的输入包括坐标点的输入、角度的输入、位移量的输入。

(1) 坐标点的输入  AutoCAD 数据的输入方式主要有两种:一种是用光标中心拾取数据。当在绘图区移动鼠标时,状态行的坐标值将随之变化,因此可以通过鼠标拾取光标中心作为一个点的输入数据。使用鼠标选择位置拾取数据比较直观,一般在开始进行图形的定位时使用此方法。按 F6 键可以打开/关闭坐标显示。另一种是用键盘输入点的数据。键盘输入往往用于需准确定位的数据。常用的键盘数据输入有 3 种格式:①绝对坐标$(x,y)$。用逗号","将 $x,y$ 隔开。如"10,15"表示二维点的绝对坐标值相对于 WCS 的原点$(0,0)$的距离 $x$ 为 10,$y$ 为 15。②相对坐标$(@x,y)$。坐标值前的"@"表示相对于当前点的坐标差。例如"@5,4"表示正在输入的新点的坐标相对于当前点向右增量为 5,向上增量为 4。③极坐标$(@\rho<\theta)$。例如@10<45,表示要输入的新点位置相对于当前点的距离为 10,极角为 $45°$。所谓极角是指当前点与正在输入点的连线与 $x$ 轴正向间的夹角。在默认情况下 AutoCAD 以逆时针测量角度。

(2) 角度的输入  默认角度以度为单位,$X$ 轴正向为 $0°$,以逆时针方向为正,顺时针方向为负。在提示"角度:"后可以直接输入角度值,也可以输入两点。后一种输入方法的角度值与输入点的顺序有关,系统 AutoCAD 系统规定第一点为起点,第二点为终点,角度值为此二点的连线与 X 轴正向的夹角。

(3) 位移量(距离)的输入　当将一个点或一个图形由一个位置平移到另一个位置时,需要给定位移量。可以用两种方式指定位移量:①用鼠标或键盘直接输入一个基点 A,然后输入第二个点 B,A、B 两点间的距离就是位移量。②用鼠标或键盘直接输入一个基点 $A(x,y)$,系统要求输入第二个点时若直接回车响应,则 X 方向和 Y 方向的位移量分别是基点的坐标值,即 $\Delta x=x, \Delta y=y$。

## 3.2　AutoCAD 的文件操作

### 3.2.1　创建新图形文件

启动 AutoCAD 进入图 3-1 所示的工作界面后,若执行【文件(F)】|【新建(N)】,系统将弹出"创建新图形"对话框。创建新图形文件的方式有以下 3 种:①用默认的图形样板从零开始创建新图形文件;②选择图形样板文件创建新图形文件;③使用向导创建新图形文件。参见图 3-3"创建新图形"对话框。本节仅介绍利用"使用向导"创建新图形文件的方法。

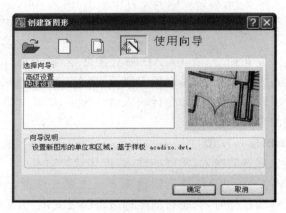

图 3-3　"创建新图形"对话框

单击"创建新图形"对话框中的"使用向导"按钮 ,系统的"逐步指南"向导开始工作。使用向导能够引导用户完成两种操作:"高级设置"和"快速设置",建议初学者应首先掌握"快速设置"。快速设置的操作仅分为两步:图形单位(Units)的设置和图形界限(Limits)的设置。

(1) 图形单位(Units)的设置　AutoCAD 绘制的所有对象的大小、长短都是根据图形单位来进行计算的。"图形单位"是指绘图时,控制坐标和角度的显示格式。AutoCAD 提供了 5 种图形单位的显示格式,分别是:十进制小数(D)、工程(E)、建筑(A)、分数(T)、科学(S)。在默认的情况下,AutoCAD 取十进制小数为图形单位,以"毫米"作为长度单位,以"度"作为角度单位。一般情况下选用第一项"小数(D)"即可进入"下一步",见

图 3-4。

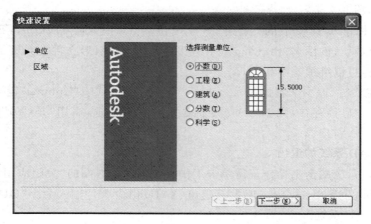

图 3-4　图形单位的设置

（2）图形界限（Limits）的设置　单击"下一步"按钮后，进入"区域"的设置，即"图形界限"（Limits）的设置，该设置是指绘图区中的栅格点阵显示的界限，一个新图形文件的"图形界限"默认设置为 A3 图纸幅面的大小，其 $X$ 方向 420mm（42 列）、$Y$ 方向 297mm（29 行）。用户可以根据自己图形的需要重新输入新的"宽度（W）"、"长度（L）"数据，以改变栅格点阵显示的界限，见图 3-5。

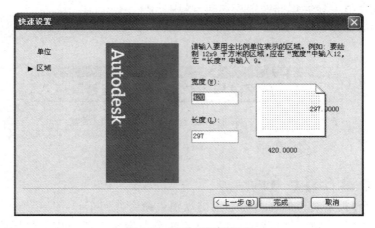

图 3-5　图形界限的设置

### 3.2.2　AutoCAD 图形文件的保存与系统的退出

**1. AutoCAD 图形文件的保存**

在图形绘制的过程中应该定时保存图形文件，以免出现电源故障或发生其他意外事件而丢失图形数据。为此 AutoCAD 的图形文件保存的操作也有多种方式，每种方式略有不同。

（1）执行【文件（F）】|【保存（S）】命令。此时如若当前图形已经命名，AutoCAD 将立

即存储该文件;如果当前图形没有命名,AutoCAD 将弹出一个对话框要求输入文件名,并以此名存储图形文件。

(2) 单击标准工具栏中的"保存"图标按钮,为快速存储(QSAVE)命令,此时 AutoCAD 将以默认的图名"drawing n.dwg"存储当前的图形文件。系统此时并不退出图形编辑状态,可以继续绘图。

(3) 在"命令:"提示下键盘输入"SAVE ↵"(符号"↵"代表"Enter ↵"键),此时若选用的文件名在盘中已经存在,则 AutoCAD 将显示警告对话框,需用"是(Y)",或"否(N)"回答。

**2. AutoCAD 系统的退出**

AutoCAD 系统的退出操作只需单击工作界面顶部最右端的"关闭应用程序"按钮即可。也可以由主菜单:【文件(F)】|【退出(X)】或由命令行输入命令"QUIT ↵"两种方式退出 AutoCAD 系统。

## 3.3 AutoCAD 基本绘图命令

AutoCAD 的绘图命令很多,本节仅介绍这类命令中使用频率最多的命令:线段、矩形、圆、圆弧、正多边形及文字书写。使用这些命令可以绘制一些基本图形。

上述绘图命令的调用格式可以选用以下 3 种方式之一:

(1) 单击绘图工具栏相应的图标按钮,见图 3-6。

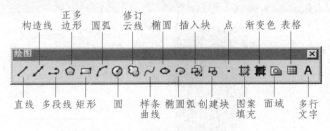

图 3-6 绘图工具栏

(2) 菜单【绘图(D)】|【…】下拉选项。

(3) 在命令/提示窗口的命令行中用键盘输入命令并回车。

图 3-6 为绘图工具栏,图中经对其中的各个图标按钮所对应的绘图命令进行了中文注释,初学者用图标输入命令比较方便。若用键盘输入命令,则应输入命令的相应英文或简捷英文字符。下面以键盘输入命令的格式对命令执行过程中的人、机交互式响应的内容进行介绍(用户操作时可以单击图标按钮或菜单下拉选项代替)。

### 3.3.1 画线段命令

**1. 功能**

创建直线段。

**2. 调用格式与操作**

命令：Line ↵(或 L ↵)(输入的命令字符大小写均可,下文同)。

指定第一点：等待用户输入起点(可以用键盘输入点的坐标,也可以用光标拾取目标点)。

指定下一点或[放弃(U)]：输入第二点↵。

指定下一点或[放弃(U)]：输入第三点↵。

指定下一点或[闭合(C)/放弃(U)]：输入第四点↵。

指定下一点或[闭合(C)/放弃(U)]：↵。

⋮

说明：

(1) 在一个 Line 命令下可输入一系列端点,画成多条直线段组成的折线,按 ENTER 键可以结束画线命令。

(2) 若输入字符"C",AutoCAD 将从最后一点向该次命令的第一点画线,形成封闭的折线框,同时结束本次命令。

(3) 在连续画线的过程中,如果想删除最后画出的直线段,可以在"指定下一点或[放弃(U)]："的提示下输入字符"U"表示"放弃",而无需退出直线命令,可继续画线。若连续输入"U",可依次往前删除多条直线段。

(4) 若在"指定第一点："提示下直接按 ENTER 键,AutoCAD 将从上一条线或圆弧的端点出发继续绘制直线。

(5) 用 Line 命令画出的折线,每一段线都是一个"对象"。所谓"对象"就是 AutoCAD 预先定义好的图形元素,可以单独进行编辑和修改,因此一个 Line 命令可以画出多个对象。

(6) AutoCAD 对一些常用命令指定了缩写的简捷命令,Line 的简捷命令为"L"。从键盘上输入命令或简捷命令均可。本书把简捷命令放在命令后面的括号中。下文不再赘述。

【例 3-1】 直线命令举例：根据给定的尺寸画出图 3-7 所示的图样(不标注尺寸)。

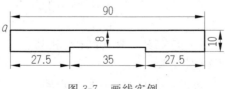

图 3-7 画线实例

命令：Line ↵(或 L ↵)。

指定第一点：移动光标到起点 a 处,拾取之。

指定下一点或[放弃(U)]：@90,0 ↵。

指定下一点或[放弃(U)]：@0,-10 ↵。

指定下一点或[闭合(C)/放弃(U)]：@-27.5,0 ↵。

指定下一点或[闭合(C)/放弃(U)]：@0,2 ↵。

指定下一点或[闭合(C)/放弃(U)]：@-35,0↵。
指定下一点或[闭合(C)/放弃(U)]：@0,-2↵。
指定下一点或[闭合(C)/放弃(U)]：@-27.5,0↵。
指定下一点或[闭合(C)/放弃(U)]：C↵。
(操作时若打开正交方式还可以用更简单的只给各线段的"距离值"画此图。)

### 3.3.2 画圆命令

**1. 功能**

创建圆。

**2. 调用格式与操作**

命令：Circle↵(或C↵)。

指定圆的圆心或[三点(3P)/两点(2P)/相切、相切、半径(T)]：指定圆心或输入选项字符。

Circle命令有以下5种不同的画圆方法可供选择：

(1) 指定圆心和半径(R)绘制圆(默认方式)。
(2) 指定圆心和直径(D)绘制圆。
(3) 指定圆周上的三点(3P)绘制圆。
(4) 指定圆直径的两端点(2P)绘制圆。
(5) 相切、相切、半径(T)，绘制与两直线(或圆弧、圆)相切的圆。

**【例 3-2】** 画出图 3-8 中的各个圆。

命令：Circle↵(或C↵)。

指定圆的圆心或[三点(3P)/两点(2P)/相切、相切、半径(T)]：用光标拾取 $O_1$。

指定圆的半径或[直径(D)]〈当前值〉：14↵(画出直径为 28 的圆)。

命令：↵(空回车则重复画圆命令)。

Circle 指定圆的圆心或[三点(3P)/两点(2P)/相切、相切、半径(T)]：用光标拾取 $O_2$。

指定圆的半径或[直径(D)]〈14.0000〉：7↵(画出半径为 7 的圆)。

命令：↵(重复画圆命令)。

Circle 指定圆的圆心或[三点(3P)/两点(2P)/相切、相切、半径(T)]：T↵(画 R12 外切圆)。

指定对象与圆的第一个切点：拾取 $O_2$ 圆上 2 点附近一点。

指定对象与圆的第二个切点：拾取 $O_1$ 圆上 1 点附近一点。

指定圆的半径〈当前〉：12↵。

重复上述画切线圆命令，画出 R41 内切圆。

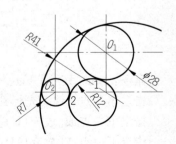

图 3-8 画圆举例

### 3.3.3 画圆弧

AutoCAD 提供了 11 种画圆弧的方法,其中有 3 种只是输入数据的顺序不同,所以实际是 8 种画圆弧的方法。用户可以根据自己所绘制的图形特点挑选其中的方法进行操作。本节将通过示例介绍如下几种画圆弧的方法:①3 点(P)画圆弧;②起点、圆心、角度(T)画圆弧;③起点、端点、半径(R)画圆弧;④圆心、起点、长度(L)画圆弧。用户可以通过这几种圆弧画法体察 AutoCAD 生成圆弧的规律,自行实践其余若干种画法。

**1. 三点法画圆弧**

以画图 3-9 中两圆柱面相交圆弧为例。

功能:通过 3 个指定点,顺时针或逆时针画圆弧。

调用格式与操作方法如下。

命令:Arc ↵(或 A ↵)。

指定圆弧的起点或[圆心(C)]:用光标拾取 1 点。

指定圆弧的第二个点或[圆心(C)/端点(E)]:用光标拾取 2 点。

指定圆弧的端点:用光标拾取 3 点。

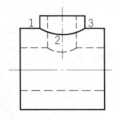 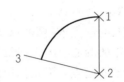

图 3-9　三点法画圆弧　　　　图 3-10　以起点、圆心、角度画圆弧

**2. 以起点、圆心、角度画圆弧**

以画图 3-10 中圆弧为例。

功能:给定圆弧的起点、圆心、圆心角画圆弧。

调用格式与操作方法如下。

命令:Arc ↵(或 A ↵)。

指定圆弧的起点或[圆心(C)]:拾取起点 1。

指定圆弧的第二个点或[圆心(C)/端点(E)]:C ↵(表示要指定圆心)。

指定圆弧的圆心:拾取圆心 2。

指定圆弧的端点或[角度(A)/弦长(L)]:A ↵(表示要指定包含角)。

指定包含角:指定角度(可给定角 123 的角度值,或给定一个点 3)。

说明:AutoCAD 默认使用圆心 O 从起点 1 按指定包含角度数值逆时针绘制圆弧。如果角度值为负,AutoCAD 将顺时针画优弧。

**3. 以起点、端点、半径画圆弧**

以画图 3-11 中圆弧为例。

功能:给定圆弧的起点、端点、半径画圆弧。

调用格式与操作方法如下。

命令：Arc ↵(或 A ↵)。

指定圆弧的起点或[圆心(C)]：拾取 1 点。

指定圆弧的端点：拾取 2 点。

指定圆弧的半径：10 ↵。

说明：在给出半径的条件下逆时针画弧，半径为正值时可以生成起点与端点的劣弧，半径为负值时可以生成起点与端点的优弧。

 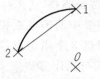

图 3-11　以起点、端点、半径画圆弧　　　　图 3-12　以圆心、起点、长度画圆弧

**4. 圆心、起点、弦长画圆弧**

以画图 3-12 中圆弧为例。

功能：给定圆弧的圆心、起点、弦长画圆弧。

调用格式与操作方法如下。

命令：Arc ↵(或 A ↵)。

指定圆弧的起点或[圆心(C)]：C ↵(要求指定圆弧的圆心)。

指定圆弧的圆心：用光标拾取 O。

指定圆弧的起点：用光标拾取 1。

指定圆弧的端点或[角度(A)/弦长(L)]：L ↵。

指定弦长：用光标拾取 2(或指定长度值)。

说明：弦长的给定值为正值时，AutoCAD 将从起点逆时针绘制劣弧。如果弦长值为负，AutoCAD 将逆时针绘制优弧。

### 3.3.4　矩形(Rectang)

**1. 功能**

绘制矩形多段线。

**2. 调用格式与操作**

命令：Rectang ↵(或 Rec ↵)。

当前设置：旋转角度＝0。

指定第一个角点或[倒角(C)/标高(E)/圆角(F)/厚度(T)/宽度(W)]：指定点(或输入选项)。

指定另一个角点或[尺寸(D)]：用户可以指定另一个角点(或输入"D")。

现将矩形命令中的各选项说明如下。

(1) 指定第一个角点：指定两对角点画矩形。

(2) 倒角(C)：输入"C"则表明用户要设置矩形的倒角距离。后续提示为指定矩形的第一个倒角距离〈当前值〉：指定距离或按 ENTER 键接受当前值。
指定矩形的第二个倒角距离〈当前值〉：指定距离或按 ENTER 键接受当前值。
其后，画出的矩形将以上述操作给出的距离进行倒角。

(3) 标高(E)：输入"E"则表明用户要指定矩形的标高。后续提示为

指定矩形的标高〈当前值〉：输入数据或按 ENTER 键，则所输入的数据或所接受的当前值为当前标高。

(4) 圆角(F)：输入"F"则表明用户要设置矩形的圆角半径。后续提示为

指定矩形的圆角半径〈当前值〉：输入数据或按 ENTER 键，则所输入的数据或所接受的当前值为当前圆角半径。

(5) 厚度(T)：输入"T"则表明用户要设置矩形的厚度。后续提示为

指定矩形的厚度〈当前值〉：输入数据或按 ENTER 键，则所输入的数据或所接受的当前值为当前厚度。

(6) 宽度(W)：输入"W"则表明用户要设置此矩形的线宽。后续提示为

指定矩形的线宽〈当前值〉：输入数据或按 ENTER 键，则所输入的数据或所接受的当前值为当前多段线的宽度。

【例 3-3】 按图 3-13 给定的尺寸画圆角为 7 的矩形。

图 3-13　带圆角矩形

命令：Rectang ↵(或 Rec ↵)。
指定第一个角点或 [倒角(C)/标高(E)/圆角(F)/厚度(T)/宽度(W)]：f ↵。
指定圆角半径〈当前值〉：7 ↵。
指定第一个角点或 [倒角(C)/标高(E)/圆角(F)/厚度(T)/宽度(W)]：移动光标到 a 点并拾取之。
指定另一个角点或[尺寸(D)]：@90,−30 ↵。

### 3.3.5　正多边形命令(Polygon)

**1. 功能**

创建闭合的等边多段线。

**2. 调用格式与操作**

命令：Polygon ↵(或 Pol ↵)。
输入边的数目〈4〉：可输入 3~1024 之间的数值。
指定正多边形的中心点或 [边(E)]：指定点或输入"E"。
输入选项[内接于圆(I)/外切于圆(C)]〈I〉：指定构造正多边形方式。

指定圆的半径：指定圆半径。

上述提示引导用户按以下 3 种方式构造正多边形(图 3-14)：

(1) 内接于圆法(I)　指定边数,然后确定多边形的中心,再给出正多边形的外接圆半径。

(2) 外切于圆法(C)　给定边数,然后确定多边形的中心,再给出正多边形的内切圆半径。

(3) 给定边长法(Edge)　给定边数,然后要求指定多边形边长的两个端点,多边形按此两端点给定的顺序画出多边形。注意：给定的端点顺序不同,多边形的位置会有所不同。

　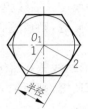　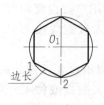　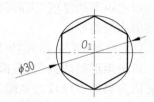

(a) 内接于圆法　　(b) 外切于圆法　　(c) 给定边长法

图 3-14　正多边形画法　　　　　　　图 3-15　正六边形画法

【例 3-4】　以图 3-15 中的正六边形为例,说明构造正多边形的具体操作。

命令：Polygon ↲。

输入边的数目〈4〉：6 ↲。

指定正多边形的中心点或[边(E)]：光标拾取 $O_1$ 点 ↲。

输入选项[内接于圆(I)/外切于圆(C)]〈当前选项〉：I ↲。

指定圆的半径：15 ↲。

### 3.3.6　文本命令(TEXT,MTEXT)

AutoCAD 图形中所有的文字都是按某一文字样式写出的,为了在图中注写出符合我国国家标准的文本,应该学会设置所需的中文字样式。

**1. 中文文本格式(如长仿宋字体)的设置**

调用【格式(O)】|【文字样式(S)…】选项,弹出"文字样式"对话框,参见图 3-16。在对话该框中进行设置。步骤如下：

(1) 单击"新建(N)---"按钮⇨弹出"新建文件样式"对话框；

(2) 在"样式名"后的输入框中输入"工程字"等名字,单击"确认"按钮；

(3) 返回"文字样式"对话框,在"字体"区域的"字体名(F)："输入框中拉选"T 仿宋GB 2312",作为基础样式；在"效果"区域的"宽度比例(W )"输入框中可输入 0.67,然后单击"应用(A)"按钮,关闭"文字样式"对话框。

随后注写的文字,将是用户新建的工程字字体。

**2. 文字的书写**

(1) 功能：创建多行文字。

图 3-16　文字样式对话框

（2）调用格式与操作。

命令：Mtext ↵（或 Mt ↵）。

当前文字样式："工程字"当前文字高度：3.5。

指定第一角点：单击鼠标给书写位置框的第一角点。

指定对角点或［高度（H）/对正（J）/行距（L）/旋转（R）/样式（S）/宽度（W）］：单击鼠标给另一角点。

此后将弹出多行文字编辑器及其书写框，在书写框中输入文字即可。见图 3-17。

图 3-17　多行文字编辑器

**3. 关于控制码和特殊字符数字的输入**

有的特殊字符不能直接从键盘输入。AutoCAD 提供了控制码"％％"，可输入特殊字符：

％％d——字符"°"，如字符串"30°"，应输入："30％％d"。

％％p——字符"±"，如字符串"90±2.5"，应输入："90％％p2.5"。

％％c——字符"φ"，如字符串"φ100"，应输入："％％c100"。

％％％——字符"％"，如字符串"15％"，应输入："15％％％"。

注意：输入上述这些特殊字符时，应是在西文文本调用格式与操作状态下。

## 3.4　AutoCAD 图形的编辑

图形编辑是指对已经画出的图形进行修改、移动、复制和删除等操作。AutoCAD 提供了两种编辑方式：一种是先激活欲使用的编辑命令，然后再选择编辑对象，从而实现对图形的编辑。另一种是先选择好被编辑的对象,再激活编辑命令完成对图形的编辑,此种编辑方式称为"夹点"编辑。灵活地使用这两种编辑方式,可以提高绘图的速度。本节主要介绍第一种方法。

### 3.4.1 选择对象

对已经画出的图形进行修改、编辑时,AutoCAD 通常会提示"选择对象:",这是要求用户选定被修改和编辑的对象。对象应是用绘图命令画出的实体,所有被选中的对象即构成了"选择集"。对象被选中时,该对象变为虚线显示(以下简称"虚显")。常用的选择方式有以下几种。

**1. 单选方式**

单选方式是默认方式。在"选择对象:"提示下,光标变成边界为白色的小方框,称为拾取框,将拾取框移至对象并单击鼠标左键,则对象呈虚显状态,表示对象已被选中,可以重复此种操作选取多个对象。

**2. 窗口方式(W)**

在"选择对象:"提示下,在适当位置单击光标并拖动光标,使屏幕上出现一个矩形方框,该方框将屏幕上的一些对象框住,再一次单击并放开鼠标左键,在框中的对象将"虚显"。窗口方式仅选择完全在框中的对象,不选择部分在框中部分在框外的对象。

**3. 交叉窗口方式(C)**

在"选择对象:"提示下,输入字符"C↵",后续提示为"指定第一角点:"在适当位置单击并拖动光标,屏幕出现一个矩形方框。命令行继续提示:"指定对角点:",此时再一次单击鼠标左键,凡在框中的对象以及与矩形框相交、但部分还在框外的对象均被选中、虚显,此种方式叫交叉窗口方式。窗口方式和交叉窗口方式的虚显状况见图 3-18～图 3-20。

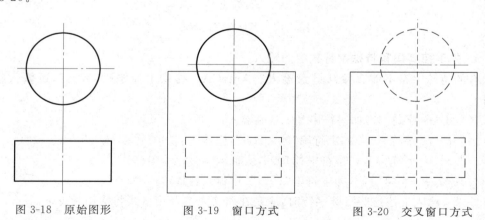

图 3-18 原始图形　　　图 3-19 窗口方式　　　图 3-20 交叉窗口方式

**4. 取消方式(U)**

输入字符"U↵",可取消最后一次选择的对象。可连续操作,取消多个已经选择的对象。

### 5. 扣除方式（R）

从已经构造好的选择集中扣除某些对象时，可以使用该方式。在"选择对象："提示下输入字符"R↵"，对象选择即进入扣除方式，出现"删除对象："提示，此时可以使用以上所述的对象选择方式来选择要扣除的对象，被选中的对象将恢复原状，即被从选择集中扣除。

### 6. 返回到加入方式（A）

在"选择对象："提示下输入字符"A↵"，可以使对象选择从扣除方式（R）返回到加入方式（A）。提示重新变为"选择对象："，可以继续选择要处理的对象。

#### 3.4.2 图形编辑命令

编辑命令的执行有以下 4 种方式：
(1) 单击编辑工具栏的相应图标按钮，见图 3-21；
(2) 由菜单【修改(M)】|【…】选项执行；
(3) 命令/提示窗口输入命令并回车(↵)；
(4) 使用标准光标激活对象夹点，然后单击"特性"按钮进行编辑（或单击鼠标右键弹出快捷菜单进行选项）。

图 3-21 为"修改"工具栏，该工具栏汇集了常用的编辑、修改命令图标按钮，使用极为方便。本节仍以在命令/提示窗口输入编辑命令的格式为依据，对编辑命令进行介绍。

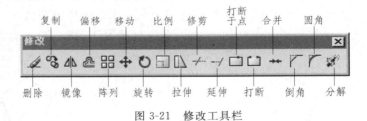

图 3-21 修改工具栏

#### 1. 删除命令（Erase）

(1) 功能：从图中删除对象。

(2) 调用格式与操作

命令：Erase↵（或"E↵"）。

选择对象：此提示反复出现，如回车则结束选择，所选对象被删除。如果删除错了，还可以单击标准工具栏中按钮 ↶ 进行恢复。↶ 对应的是"Undo"命令，意为"撤销最后的操作"。

#### 2. 移动命令（Move）

(1) 功能：在指定的方向上按指定的距离移动对象。

(2) 调用格式与操作

命令：Move↵（或"M↵"）。

下面以图 3-22 为例，说明使用 Move 命令的操作方法。在图 3-22 中，圆的纵向中心线过 1 点，欲将圆水平移动到矩形的对称线上，使其纵向中心线过 2 点。

输入命令：Move ↵（或"M ↵"）。
选择对象：单击对象圆和中心线。
选择对象：↵结束对象的选择（可以连续单击多个对象，构成选择集）。
指定基点和位移：捕捉交点1为基点。
指定位移的第二点或〈用第一点作位移〉：捕捉"中点"2（或输入2点坐标）。

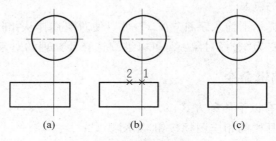

图 3-22　移动对象

说明：

（1）如果用光标指定两个点，AutoCAD按指定的两个点定义了一个位移矢量，它确定选定对象的移动距离和移动方向（见图3-23）。

（2）如果在"指定位移的第二个点或〈用第一点作位移〉："的提示下按 ENTER 键，则第一个点 $C(X,Y)$ 的坐标将被当作相对的 $X,Y$ 方向上的位移。例如，如果指定基点为 $C(3,2)$ 并在下一个提示下按 ENTER 键，则该对象从它当前的位置开始在 $X$ 方向上移动3个单位，在 $Y$ 方向上移动2个单位到 $D$ 点。在这种情况下，第一个点通常从键盘输入（见图3-24）。

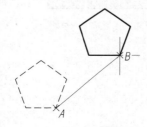 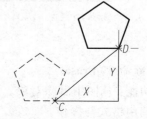

图 3-23　移动矢量　　　　　图 3-24　移动相对位移量

### 3. 复制命令（Copy）

（1）功能：将指定对象复制到指定位置上。可以单一或多重复制。

（2）调用格式与操作

命令：Copy ↵（或 Co ↵）。

下面以图3-25为例，说明 Copy 命令的使用方法。在图3-25中，已绘制了以1点为圆心的圆，欲再复制3个相同直径的圆，且其圆心分别位于2,3,4点。

命令：Copy ↵（或 Co ↵）。

选择对象：单击圆对象和中心线。

选择对象：↵结束对象选择。

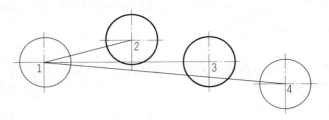

图 3-25 复制对象

指定基点或位移：捕捉圆心 1 点。

指定位移的第二点或〈用第一点作位移〉：拾取 2 点。

指定位移的第二点：拾取 3 点。

指定位移的第二点：拾取 4 点。

指定位移的第二点：↵结束复制。

说明：该命令的〈用第一点作位移〉和移动命令中的解释相同。

**4. 偏移拷贝（Offset）**

(1) 功能：在距现有对象指定的距离处，或通过指定点处，创建新对象。

(2) 调用格式与操作

命令：Offset ↵（或"O ↵"）。

指定偏移距离或［通过(T)]〈默认设置〉。

指定偏移的对象或〈退出〉。

指定点以确定偏移所在一侧。

说明：

(1) 创建新对象的方法有定距法和过点法。

定距法：输入一个距离值（也可以通过指定两点确定该距离），使新对象与原对象等距。

过点法：通过指定一个点，使新创建的对象通过该点，与原对象等距。

(2) 可以连续操作，实现多重偏移拷贝。

【**例 3-5**】 在图 3-26 中已知过 $O_1$ 的十字点画线，用偏移命令定位过 $O_2$，$O_3$ 的十字点画线。

操作步骤如下。

命令：Offset ↵（或"O ↵"）。

指定偏移距离或［通过(T)]〈默认设置〉：30 ↵。

指定偏移的对象或〈退出〉：用光标单击过 $O_1$ 的竖点画线。

指定点以确定偏移所在一侧：用光标单击 $O_1$ 竖点画线右侧，则过 $O_2$ 的竖点画线生成。

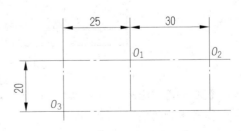

图 3-26 偏移命令举例

重复上述操作输入不同的偏移距离 20 和 25，单击过 $O_1$ 的十字点画线将它们向下和向左偏移，则生成过 $O_3$ 的十字点画线。

**5. 阵列（Array）**

（1）功能：指定对象按矩形或环形阵列的方式作多重复制。

（2）调用格式与操作

命令：Array ↵（或"A ↵"）。

命令执行后，弹出阵列对话框，见图 3-27。用户可以在此对话框中形象、直观地进行设置，本对话框是进行矩形阵列操作的。如果进行环形阵列操作，则需要首先点选"○环形阵列（P）"，对话框将有所变化。见图 3-28。

图 3-27 矩形阵列对话框

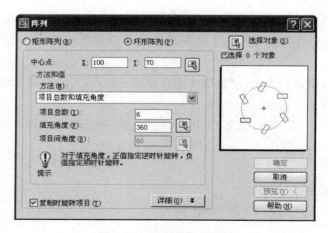

图 3-28 环形阵列对话框

【例 3-6】 用环形阵列操作，对图 3-29(a)进行编辑，以生成图 3-29(b)。

操作步骤如下：

（1）调用阵列命令。

（2）出现阵列对话框后，①在"○环形阵列(P)"区进行点选；②单击中心点拾取按钮 ![btn]，选取环形阵列中心（十字点画线交点）；③在"方法和值"区进行赋值："项目总数(I)"输入 6，"填充角度(F)"输入 360；④单击"选择对象(S)"的拾取按钮 ![btn]，选择左图正上方的小圆；⑤单击对话框右下方的"确定"按钮。

至此，阵列命令完成，图形显示为图 3-29(b)。

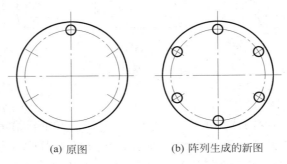

(a) 原图　　　　(b) 阵列生成的新图

图 3-29　环形阵列举例

**6. 镜像（Mirror）**

（1）功能：创建对象的镜像图像。

（2）调用格式与操作

命令：Mirror ↵（或 Mi ↵）。

下面以图 3-30(a)为例，说明使用 Mirror 命令的操作方法。

命令：Mirror ↵（或 Mi ↵）。

选择对象：除右侧纵向点画线外，依次单击图 3-30(a)中所有圆、圆弧、直线、点画线。

选择对象：↵（按 ENTER 键结束选择）。

指定镜像线的第一点：单击右侧纵向点画线（对称轴）上任一点。

指定镜像线的第二点：单击右侧纵向点画线上另一点。

是否删除源对象？［是(Y)/否(N)］〈否〉：按 ENTER 键则表示接受默认设置，屏幕显示如图 3-30(b)所示。或键盘输入"Y"，表示响应删除源对象，屏幕显示如图 3-30(c)所示。

镜像命令对于创建对称的对象非常有用，因为这样可以只绘制图形的一半，然后创建镜像，而不必绘制整个图形。操作过程中需要指定两点确定"镜像线"，以完成镜像反射。

**7. 倒棱角（Chamfer）、倒圆角（Fillet）**

（1）功能：给对象加倒角。

（2）调用格式与操作

命令：Chamfer ↵（或 Cha ↵）。

(修剪模式)当前倒角距离 1＝0.0000，距离 2＝0.0000。

选择第一条直线或［多段线(P)/距离(D)/角度(A)/修剪(T)/方式(M)/多个(U)］。

选择第二条直线。

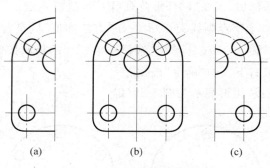

图 3-30 镜像举例

说明：

(1) 倒棱角中最常用的选择项是"距离(D)"，有时需要重新给定"倒角距离 1"和"倒角距离 2"，此时在"选择第一条直线或…"提示下，输入字符"D"，系统后续提示要求用户输入"倒角距离 1"和"倒角距离 2"的数值，用户根据需要输入倒角距离 1 和倒角距离 2 后，再选择需要倒角的两条直线，就能按新给定的距离进行倒角了，参见图 3-31(b)。

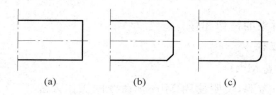

图 3-31 倒棱角、倒圆角

(2) 倒圆角的操作与倒棱角大致相同，本节不再赘述。倒圆角最常用的选择项是"半径(R)"，需要重新给定"圆角半径(R)"。系统后续提示为"指定圆角半径〈默认值〉:"，用户按要求输入后，才能按重新给定的圆角半径进行倒圆角，参见图 3-31(c)。

### 8. 打断和打断于点（Break）

(1) 功能：将对象断开或部分删除。

(2) 调用格式与操作

命令：Break ↵（或"Br ↵"）。

选择对象：单击对象。

指定第二个打断点或[第一点(F)]。用户可以有两种响应：①指定第二个打断点，对象将在选择对象时的光标单击处和"第二个打断点"之间断开，并结束命令；②输入字符"F"，后续提示"指定第一个打断点"，接着要求"指定第二个打断点"，按提示要求操作完成后，对象将在"第一个打断点"和"第二个打断点"之间断开。

说明：

(1) 执行"打断"命令时，AutoCAD 删除对象在两个指定点之间的部分。如果第二个点不在对象上，则 AutoCAD 将选择与对象上该点最接近的点。因此，要删除直线、圆弧或多段线的一端，请在要删除的一端以外指定第二个打断点。

(2) 要将对象一分为二并不删除某个部分时,输入的"第一个点"和"第二个点"应是同一个点。在"指定第二个点"时输入"@"即可。此操作和"打断于点"(即"切断")效果相同。

(3) 直线、圆弧、圆、多段线、椭圆、样条曲线、圆环等对象类型都可以拆分成为两个对象或将其中的一段删除。

(4) AutoCAD 按逆时针方向删除圆上第一个断点到第二个断点之间的部分,从而将圆转换成圆弧。图 3-32 中的连接弧⌒12就是用"打断"命令完成的(逆时针删除了优弧)。

(5) "打断于点"的操作与"打断"相似,本节不再赘述。

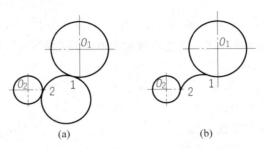

图 3-32　打断命令举例

### 9. 分解(Explode)

(1) 功能:将合成对象分解为其部件对象。

(2) 调用格式与操作

命令:Explode ↵(或"X ↵")。

选择对象:单击要分解的对象(如矩形、块或尺寸等),然后按 ENTER 键,即可完成操作。

### 10. 旋转(Rotate)

(1) 功能:绕基点旋转对象。

(2) 调用格式与操作

命令:Rotate ↵(Ro ↵)。

下面以将矩形逆时针旋转 45°为例,说明 Rotate 命令的操作方法。

命令:Rotate ↵(Ro ↵)。

选择对象:单击要旋转的矩形对象。

选择对象:↵结束选择。

指定基点:指定基点(即旋转中心)拾取矩形左下角。

指定旋转角度或[参照(R)]:45 ↵。

注意:旋转的角度有正、负之分,AutoCAD 默认逆时针方向为正。屏幕显示如图 3-33(b)所示,矩形以左下角为基点逆时针旋转 45°。

### 11. 修剪(Trim)

(1) 功能:以其他对象定义的剪切边修剪对象。

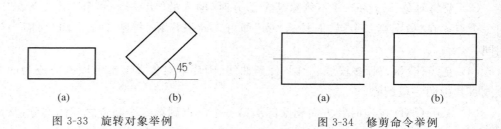

图 3-33 旋转对象举例    图 3-34 修剪命令举例

(2) 调用格式与操作

命令：Trim ↵(Tr ↵)。

下面以图 3-34(a)为例，介绍使用 Trim 命令的操作方法。在图 3-34(a)中已经绘出了一对平行线和一条垂直线，欲剪除垂直线超出水平线的部分。

命令：Trim ↵(Tr ↵)。

选择剪切边。

选择对象：单击上水平线。

选择对象：单击下水平线。

选择对象：↵结束剪切边的选择。

选择要修剪的对象，或按住 Shift 键选择要延伸的对象，或[投影(P)/边(E)/放弃(U)]：单击垂直线超出上水平线的部分。

选择要修剪的对象，或选择要延伸的对象，或[投影(P)/边(E)/放弃(U)]：按住 Shift 键并单击垂直线下端。

选择要修剪的对象，或按住 Shift 键选择要延伸的对象，或[投影(P)/边(E)/放弃(U)]：↵结束命令。

屏幕显示如图 3-34(b)所示，垂直线超出上水平线的部分已被剪除，而下端则延伸至下水平线。

说明：指定修剪对象时 AutoCAD 重复修剪对象的提示，所以可以选择多个修剪对象。在选择对象的同时按 Shift 键，可将对象延伸到最近的边界，而不修剪它。按 ENTER 键结束该命令。

**12. 延伸(Extend)**

(1) 功能：将对象延伸到另一对象。

(2) 调用格式与操作

命令：Extend ↵(Ex ↵)。

下面以图 3-35(a)为例，介绍使用 Extend 命令将两水平线延伸至垂直边界线的操作方法。

命令：Extend ↵(Ex ↵)。

选择边界的边。

选择对象：单击垂直边界线。

选择对象：↵表示结束选择。

选择要延伸的对象,或按住 Shift 键选择要修剪的对象,或[投影(P)/边(E)/放弃(U)]:单击下水平行线。

选择要延伸的对象,或按住 Shift 键选择要修剪的对象,或[投影(P)/边(E)/放弃(U)]:按住 Shift 键并单击上平行线。

↵结束命令。

屏幕显示如图 3-35(b)所示,下水平行线已延伸到垂直边界线上,而上水平线则被边界修剪。

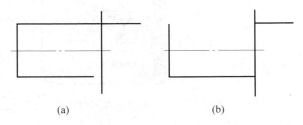

(a)　　　　　　　　(b)

图 3-35　延伸命令举例

说明:指定要延伸的对象时,AutoCAD 重复主提示,以便能延伸多个对象。在选择对象时按 Shift 键可将它修剪到最近的边界,而不是将它延伸。按 ENTER 键结束该命令。

### 3.4.3　夹点编辑功能

夹点是对象的特征点,当在"命令:"提示下用标准光标(✛)单击对象后,对象的特征点处会显示出蓝色实心小方框,可以用单击的方法激活其中的一个使其变红,然后用拖动的方式进行拉伸、移动、旋转、缩放以及镜像等编辑操作。用此种编辑方法直观地将线段拉长或缩短非常方便,见图 3-36。

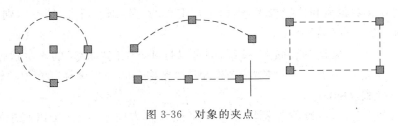

图 3-36　对象的夹点

使用对象的夹点还可以方便地修改对象的各种"特性"。使用标准光标单击对象,对象出现夹点,单击"特性"按钮，弹出"特性"选项板,在该板的各类特性输入框中输入相应的数据,核实无误后关闭该板,单击 ESC 键关闭对象夹点,则对象显现修改后的状态。参见图 3-37 所示的特性选项板(如,输入新的半径,则可以改变圆的大小;输入新的圆心坐标,可以改变圆的位置……)。

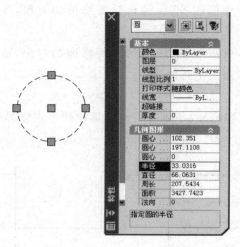

图 3-37 对象的特性选项板

## 3.5 AutoCAD 的绘图辅助工具、图层操作、图形显示

为了更精确、迅速地绘制图样，AutoCAD 提供了使用方便的辅助绘图工具。为了管理复杂多变的图形，AutoCAD 创造性地使用图层管理的概念。本节将简要介绍常用的辅助绘图工具、图层管理器以及图形显示工具。

### 3.5.1 辅助绘图工具

**1. 栅格和栅格捕捉（Grid，Snap）**

栅格和栅格捕捉是为方便用户在绘图过程中确定图位的工具。合理地使用栅格和栅格捕捉，有助于视图之间的对应关系。所谓"栅格"，是指按一定间距显示的点阵，它可以给用户提供直观的距离和位置参考，类似于自定义的坐标纸。所谓"捕捉"，则是使光标只能在一定间距的坐标位置上移动。

单击状态行的"栅格"或"捕捉"按钮，即可以打开或关闭"栅格"的显示状态和"捕捉栅格"的状态。也可以单击"F7"键或"F9"键，进行"栅格"和"捕捉栅格"的开/关转换。

**2. 正交模式（Ortho）**

使用"正交"模式，可以将光标限制在水平或垂直方向上，因此可以画水平线和垂直线，也可以建立水平和垂直的对齐方式，增强图线的平行性。在图形的绘制和编辑过程中可以随时单击状态行的"正交"按钮，从而打开或关闭"正交模式"。也可以单击"F8"键，进行模式转换。

**3. 对象捕捉（Osnap）**

对象捕捉又称目标捕捉，它可以准确捕捉已经存在的图形元素上的特殊点，如线段的端点或中点、圆或圆弧的圆心、图形元素的交点等，是精确绘图时的重要工具。

AutoCAD 的对象捕捉有两种模式。

(1) 临时捕捉模式：每执行一次捕捉后即自动退出捕捉状态。该模式可使用"对象捕捉工具栏"进行操作。参见图 3-38。

(2) 自动捕捉模式：打开该模式后，在绘图过程中一直保持对象捕捉状态，直至关闭该模式为止。使用状态栏的"对象捕捉"按钮，可以方便地控制该模式的开/关。

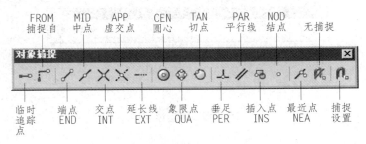

图 3-38 对象捕捉工具栏

说明：

(1) 自动捕捉模式可以预先在【工具(T)】|【草图设置(F)…】的"草图设置"对话框中的"对象捕捉"选项卡中进行多项选择(打钩)。捕捉时 AutoCAD 按先后顺序捕捉光标所悬停的位置上的特殊点。

(2) 打开或关闭自动捕捉模式的开/关键是"F3"键。

### 3.5.2 AutoCAD 的图层管理器

**1. "图层"基本概念**

AutoCAD 使用"图层管理器"来管理和控制复杂的图形。因此，应首先对"图层"有一个概念。"图层"可以理解为多层坐标原点对齐的透明薄"纸"，每一层"纸"上只用一种线型、一种颜色、一种粗细的图线画图。所绘制的图层重叠在一起，就构成了一张完整的工程图。分层的目的是为了适应"电子图"的特点，便于图形的管理、编辑和修改，加快绘图速度，节省存储空间，见图 3-39。

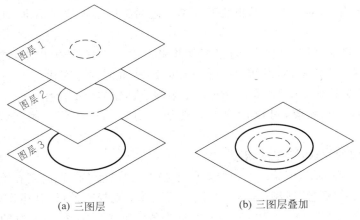

图 3-39 图层的概念

图层的操作和管理绝大部分可以通过绘图窗口的"图层控制栏"来实现,见图3-40。

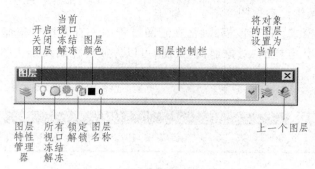

图3-40 图层控制栏

**2. 图层基本操作**

(1) 图层特性管理器

单击"图层特性管理器"按钮 ,将弹出"图层特性管理器"对话框,见图3-41。在该对话框中可以进行一系列图层操作,如创建新图层,给图层设置颜色、线型、线宽等。

(2) 创建新图层,给图层设置颜色、线型、线宽的操作步骤

① 单击图层管理器中的"新建图层"按钮 ,在对话框右侧列表图窗格中的"名称"栏下将出现"图层1"、"图层2"……单击数次则出现数层。这是AutoCAD临时给出的通用图层名,建议用户随后将之修改为专用图层名,即将蓝色光标条罩在某一层上激活通用名并输入新名。

② 将光标移动到同一层中"颜色"窗格的小方块处并单击之,"选择颜色"子对话框弹出,在调色盘中选择颜色,单击"确定"按钮,结束颜色选择,返回到图层管理器对话框,此时图层颜色以相应的色块显示。

③ 将光标移动到该层线型栏的"线型"窗格处并单击之,"选择线型"子框弹出,首次出现的子对话框只有一种线型(根据外观、说明可知是实线),此时可以单击"加载(L)"按钮弹出"加载或重载"子对话框,进行加载选择,然后单击"确定"按钮,返回"选择线型"框,进行选择,再单击"确定"按钮,结束线型选择。返回图层管理器对话框,此时线型已经发生变化。

④ 将光标移动到该层"线宽"窗格栏处并单击之,"线宽"子框出现,进行选择后单击"确定"按钮,结束线宽选择,返回图层管理器对话框,此时线宽变化。

⑤ 单击图层管理器中的"确定"按钮,结束图层创建的全部操作。

⑥ 重复①～⑤步骤,可以创建多个图层。如"中心线层"、"粗实线层"、"细实线层"等。

(3) 当前层的切换,图层的删除

尽管创建了许多层,但绘图时只能有一个层作为"当前层",此时正在绘制的图形元素显示的是当前层的颜色、线型、线宽。绘图时可以随时切换当前层,其操作如下:

① 单击"图层"工具栏中的"图层控制"框右侧的下拉箭头 ,在下拉的图层控制列表中移动蓝色光标棒,选择新的当前层后,单击鼠标左键,则"图层控制"层名及颜色均变化,

表示图层切换完成。

② 单击"图层"工具栏中最左侧的"图层管理器"按钮，弹出"图层管理器"对话框，移动光标棒到想要的图层，单击"置为当前"按钮，右侧"当前图层"提示框中出现该层名称，则表示设置已经完成，单击"确定"按钮，结束切换操作。

③ 删除图层。单击"图层"工具栏中最左侧的"图层特性管理器"按钮，弹出"图层特性管理器"对话框，见图3-41。移动光标棒到想要的图层，单击"删除图层"按钮，左侧状态行打钩，则表示设置已经完成，单击"确定"按钮，结束删除操作。应注意的是，零层、当前层、绘有图形对象的层不能被删除，此时将弹出警告对话框，提醒用户注意。

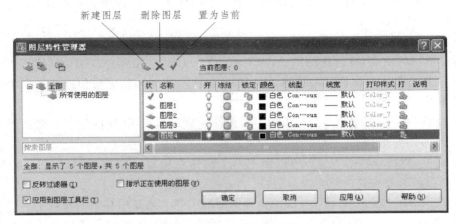

图 3-41　图层特性管理器

（4）对象特性工具栏的使用

对象特性工具栏（见图3-42）的功能主要是表明当前图层上的对象的颜色、线型、线宽是"随层"（ByLayer）还是"随块"（ByBlock）。AutoCAD允许重新设定对象的颜色、线型和线宽。其操作如下：用标准光标单击对象（出现蓝色夹点）此时对象特性栏中各项指标显示出来，用户可以观察该对象当前的状态。如果想要改变对象的某一项状态，可以单击下拉按钮，移动蓝色光标棒，到预想的位置后单击鼠标左键，对象的此项状态将有所改变，即表示操作完成。

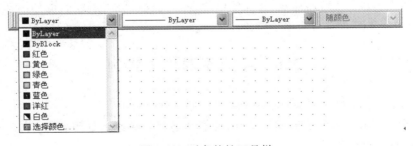

图 3-42　对象特性工具栏

### 3.5.3 视窗的缩放和平移

AutoCAD 绘图时,有时需要宏观浏览全图,有时又需要微观处理局部,因此需要有一个像放大镜一样的工具,能够随时放大或缩小显示当前视窗中的对象,同时也需要随时移动"图纸"的工具。这些操作可以从【视图(V)】菜单、工具栏和命令行中启动。但是,单击标准工具栏 中的"实时平移"、"实时缩放"、"窗口缩放"、"上一个缩放窗口"按钮则更为方便。

**1. 视窗的缩放(Zoom)**

(1) 功能:放大或缩小显示当前窗口中对象的外观尺寸(而非实际尺寸)。

(2) 调用格式与操作

命令:Zoom ↵(Z ↵)。

指定窗口的角点,输入比例因子(nX 或 nXP),或者[全部(A)/中心(C)/动态(D)/范围(E)/上一个(P)/比例(S)/窗口(W)/对象(O)]〈实时〉,指定对角点。其中主要选项的功能如下:

① 全部(A)　输入"A ↵",在当前窗口中缩放显示整个图形,即使图形超出图形界限之外。

② 窗口(W)　输入"W ↵",可以指定两个对角点确定一个矩形窗口,窗口内的图形将放大到当前窗口中。

③ 范围(E)　输入"E ↵",可以使全部图形尽可能大地显示在当前窗口。

④〈实时〉　默认项,直接按回车键,屏幕出现放大镜,按鼠标左键倾斜拖动放大镜可以实现动态缩放。

⑤ 上一个(P)　输入"P ↵",返回前一个视窗,可以连续返回多次。

**2. 视窗平移命令(Pan)**

(1) 功能:在当前视口中移动视图。即在不改变当前图形显示比例的情况下,移动画面,把所需观察的部分画面移动到当前视图窗口中。

(2) 调用格式与操作

命令:Pan ↵(P ↵)。

光标变为"小手"的形状,移动"小手"可以任意拖动图形到满意的位置。单击 ESC 或 ENTER 键可以退出平移操作,继续原来的操作。也可以单击鼠标右键弹出快捷菜单,选择退出项,结束平移操作。

## 3.6　平面图形作图实例

【例 3-7】　绘制图 3-43 所示的平面图形(不标注尺寸)。

**1. 启动 AutoCAD,创建新图形文件(注意将通用名更改为专用名)。**

**2. 设置绘图环境**

(1) 单击状态行"栅格"显出栅格点阵,单击全部缩放按钮 ,全屏显示栅格。

(2) 图层设置。根据国家标准对线型的规定,对各图层进行如图 3-44 所示的设置。

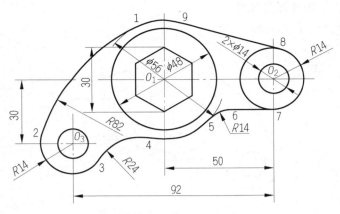

图 3-43 平面图形

图 3-44 各图层的设置

粗实线线宽 0.5,中心线、细实线线宽 0.13

(3) 设置目标捕捉状态。根据本图特点,设置"交点捕捉"、"切点捕捉"两项即可。

(4) 浮动出捕捉工具栏准备临时捕捉目标点。

**3. 绘图步骤**

(1) 把中心线层作为当前层,在正交方式下画十字点画线交点 $O_1$。

(2) 用偏移命令构造出过 $O_2$,$O_3$ 的十字点画线。

(3) 切换图层到粗实线层,画已知圆:$O_2$ 的 $\phi 14$ 圆、$O_3$ 的 $\phi 14$ 圆、$O_1$ 的 $\phi 48$ 圆。

(4) 切换图层到 0 层(或底稿线层),画已知圆弧 $O_2$ 的 $R14$、$O_3$ 的 $R14$、$O_1$ 的 $\phi 56$ 和连接圆弧 $R24$,$R82$(均以"相切、相切、半径(T)"先画整圆,然后在切点处"打断"成圆弧)。

(5) 利用"捕捉到切点"按钮 两次,画出直线段 98。

(6) 打开正交方式画水平直线段 67(7 点为象限点,可以"捕捉",6 点位置暂时不必准确,可画在一适当位置)。

(7) 以"相切、相切、半径(T)"方式画 $R14$ 连接圆。

(8) 用打断命令将 $\phi 56$ 圆和 $R14$ 连接圆的多余部分删除。

(9) 利用夹点编辑方式拉伸、压缩点画线"线头",调整到合适长度。

(10) 画正六边形。

(11) 将图元变换到各自所在的图层。打开状态行的"线宽"显示,进行核查。特别提醒用户注意的是,不要在系统自动生成的"Defpoints"层中画图,该层中的对象将不会被打印输出。

**4. 检查无误后保存图形文件**

平面图形的最后结果见图 3-45。

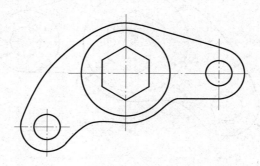

图 3-45 完成后的平面图形

# 第4章 基本体及叠加体的三视图

本章将在前述点、线、面的投影原理的基础上,分析体的投影。我们知道,无论是机器零件还是其他物体,在形体上往往都是由一些单一几何形体,如棱柱、棱锥、圆柱、圆锥等组成的。因此,在分析体的投影时,首先要把这些单一几何形体的投影分析清楚,然后再分析它们组合后的投影。机械制图中习惯上把单一几何体称为基本体,而将组合后的形体称为组合体。有关组合体的内容将在第7章重点阐述,本章主要分析基本体和叠加体的投影。

## 4.1 体的投影——视图

### 4.1.1 体的投影

体的投影,实质上是构成该体的所有表面的投影总和。运用前面所讲的点、线、面的投影规律,就可以分析体的投影。现以图4-1所示的平面体在三投影面中的投影为例进行分析。平面 $ABCD$ 和平面 $EFGH$ 都是水平面,平面 $AEFB$ 和 $DHGC$ 都是正垂面,这4个平面的正面投影都积聚成直线。前后两个平面 $BFGC$ 和 $AEHD$ 分别为侧垂面和正平面,其正面投影重合成线框 $b'f'g'c'(a'e'h'd')$。在水平投影中 $abcd$ 和 $efgh$ 反映实形,$abfe$、$dcgh$ 和 $bfgc$ 具有类似性,$aehd$ 则积聚为一直线;在侧面投影中,$a''b''c''d''$、$e''f''g''h''$、$a''e''h''d''$ 和 $b''f''g''c''$ 皆积聚成直线,$a''b''f''e''$ 和 $d''c''g''h''$ 重合线框,具有类似性。

体上的线(如棱面的交线)和点(如棱线的交点)也必符合线和点的投影规律。

经过上述分析,可知该平面体的三面投影如图4-2所示。

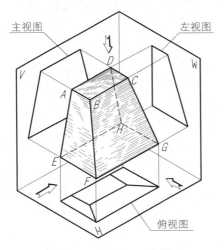

图4-1 体的三面投影

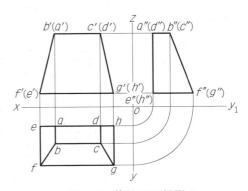

图4-2 体的三面投影

## 4.1.2 三面投影与三视图

前面所讲的体在三投影面上的投影,在机械制图中,按国家标准规定称为视图。所谓视图就是将机件向投影面投射所得的图形。所以投影面上的投影与视图,在本质上是相同的。机件在 3 个基本投影面上所得的三视图分别称为

(1) 主视图:由前向后投射,在 V 面上所得的视图;
(2) 俯视图:由上向下投射,在 H 面上所得的视图;
(3) 左视图:由左向右投射,在 W 面上所得的视图。

3 个投影面展开后,平面体的三视图如图 4-3 所示。投影轴由于只反映物体对投影面的距离,对视图之间的投影关系并无影响,故省略不画。

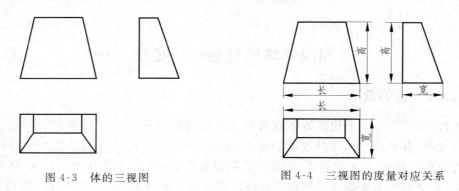

图 4-3 体的三视图　　　　图 4-4 三视图的度量对应关系

根据投影分析,三视图之间有如下两个重要的对应关系。

**1. 三视图之间的度量对应关系**

由图 4-4 可以看出,主视图能反映物体的长度和高度,俯视图能反映物体的长度和宽度,左视图能反映物体的高度和宽度,所以,**主视图和俯视图长度相等,主视图和左视图高度相等,俯视图和左视图宽度相等**。这就是所说的三视图在度量对应上的"三等"关系。在画图过程中应注意三视图之间"长对正、高平齐、宽相等",特别是画俯视图和左视图时宽度关系不要搞错。

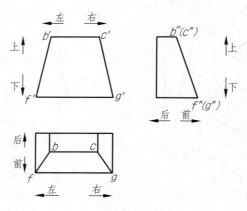

图 4-5 三视图的方位对应关系

这种"三等"关系对物体的整体和任一局部都是适用的。

**2. 三视图之间的方位对应关系**

物体有上、下、左、右、前、后 6 个方位,由图 4-5 可以看出,三视图之间也反映了物体的 6 个方位对应关系:**主视图反映了物体的上、下和左、右方位,俯视图反映了物体的左、右和前、后方位,左视图反映了物体的上、下和前、后方位。**

在画图过程中,应注意俯视图和左视图所反映的前、后方位关系不要搞错。若以主视图为中心来看俯视图和左视图,把两视图靠近主视图的一侧叫内侧,远离主视图的一侧叫外侧,则两视图的内侧都表示物体的后面,而它们的外侧都表示物体的前面。

## 4.2 基本体的形成及其三视图

体是由面包围而成的,为了分析方便,又把单纯由平面包围而成的基本体称为平面基本体;而将具有曲面表面的基本体称为曲面基本体。曲面基本体中只分析具有回转面的曲面体——回转体。

### 4.2.1 平面基本体

平面基本体最常用的是棱柱和棱锥。

**1. 棱柱**

棱柱由两个底面和几个棱面组成。棱面与棱面的交线称做棱线,棱柱的棱线相互平行。按棱线的数目分为三棱柱、四棱柱……棱线与底面垂直的称做直棱柱,本节只讨论直棱柱的投影。

(1)棱柱的三视图 以图 4-6 所示六棱柱为例,当六棱柱与投影面的位置如图 4-6(a)时,六棱柱的两底面是水平面,在俯视图中反映六边形实形。前后两棱面是正平面,其余

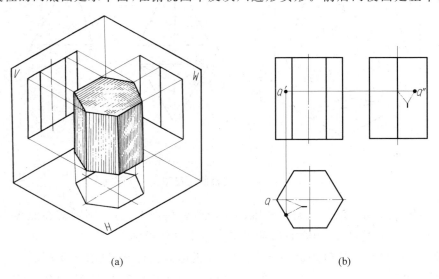

(a) (b)

图 4-6 棱柱的三视图

4个棱面是铅垂面,它们的水平投影都积聚成直线与六边形的边重合。六棱柱的 6 条棱线是 6 条铅垂线,其水平投影积聚在六边形的 6 个顶点,其正面投影和侧面投影都是垂直线。根据以上分析,其三视图如图 4-6(b)所示。

可见,直棱柱棱线垂直于投影面放置时,其三视图的特点是:一视图反映底面实形,另二视图反映棱线长度。画图时应先画出反映底面形状的视图,再由棱线的长度按投影关系画另外二视图。

在视图图形对称时应画出对称中心线,中心线用点画线表示,画法如图 4-6(b)所示。

(2) 在棱柱表面上取点　由于棱柱表面都是平面,所以在棱柱表面上取点与在平面上取点的方法相同。需要注意的是要分析清楚点所在的平面在三视图中的位置。

如在图 4-6(b)中已知棱柱表面上一点 A 的正面投影 $a'$,求 $a$ 和 $a''$。

因 $a'$ 为可见,所以点 A 必在棱柱的左前棱面上,该棱面的水平投影有积聚性,投影为六边形的一边,所以 $a$ 在此边上。再按投影关系求得 $a''$。

**2. 棱锥**

棱锥与棱柱不同之处在于棱锥只有一个底面,且全部棱线交于有限远的一点,这一点叫锥顶。按棱线的数目分为三棱锥、四棱锥……

(1) 棱锥的三视图　以图 4-7(a)所示三棱锥为例,当三棱锥与投影面处于图示位置时,其底面 ABC 是水平面,在 H 面上的投影反映三角形实形。在 3 个棱面中,SAC 是侧垂面,其余为一般位置平面。3 条棱线均处于一般位置。根据以上分析,其三视图如图 4-7(b)所示。

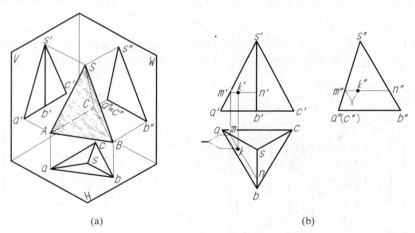

(a)　　　　　(b)

图 4-7　棱锥的三视图

(2) 在棱锥表面上取点　如在棱锥的一般位置棱面上找点,则需要在此表面上过点的已知投影先作一辅助线,再在直线的投影上定出点的投影。

如图 4-7(b)所示,棱锥表面一点 K 的正面投影 $k'$ 为已知,试求 $k$ 及 $k''$。

因 $k'$ 为可见,可以断定点 K 必在棱面 SAB 上,设想过 K 在平面 SAB 上作一水平线(也可作其他直线)与 SA 交于 M,与 SB 交于 N。其投影 $m'n'$ 是一条水平线且过 $k'$。又

因 $MN/\!/AB$,故 $mn/\!/ab$。由 $m'$ 在 $sa$ 上求出 $m$,作 $mn/\!/ab$,则 $k$ 应在 $mn$ 上。按投影关系可求出 $k$ 及 $k''$,作法见图 4-7(b)。

棱柱与棱锥其他常用的形式见表 4-1。

表 4-1　棱柱、棱锥、棱台

| | | | |
|---|---|---|---|
| 三棱柱 | 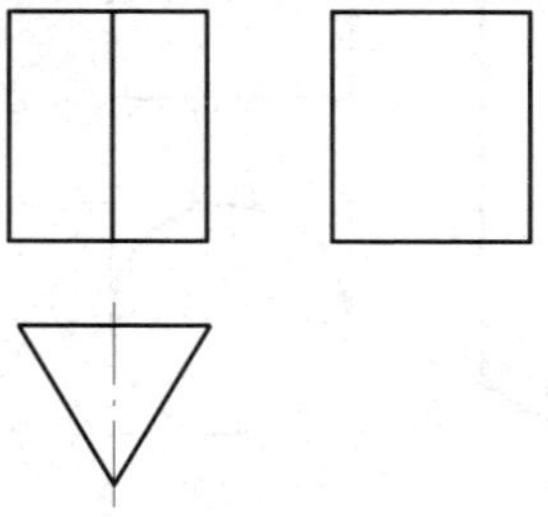 | 六棱锥 | 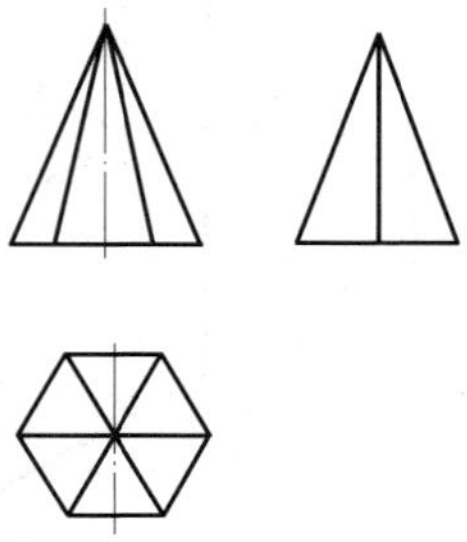 |
| 四棱柱 | 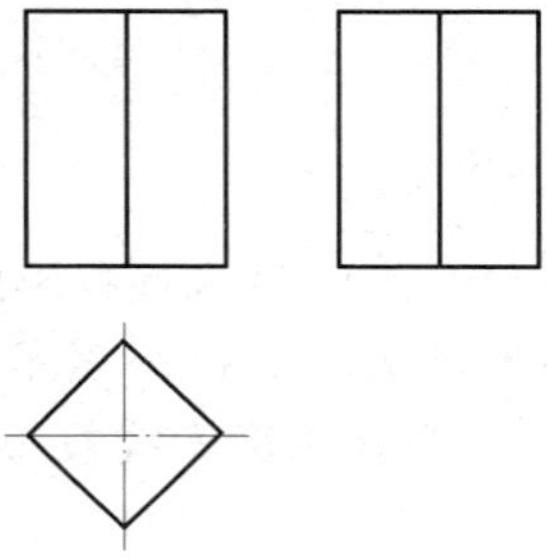 | 四棱台 | 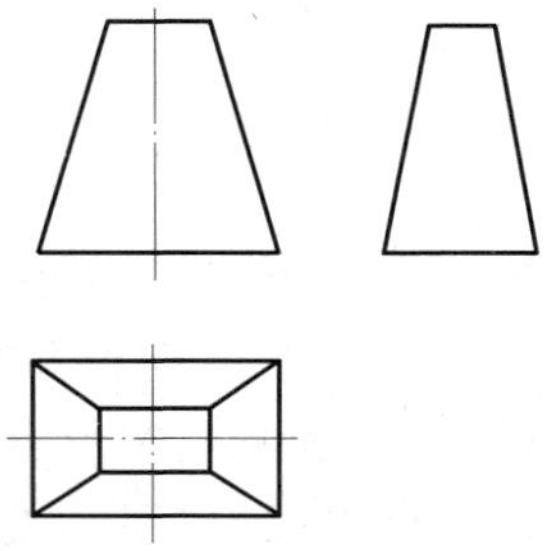 |
| 四棱锥 | 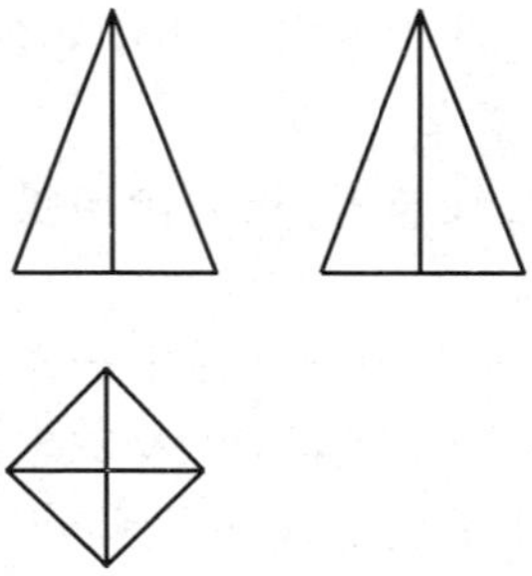 | 三棱台 | 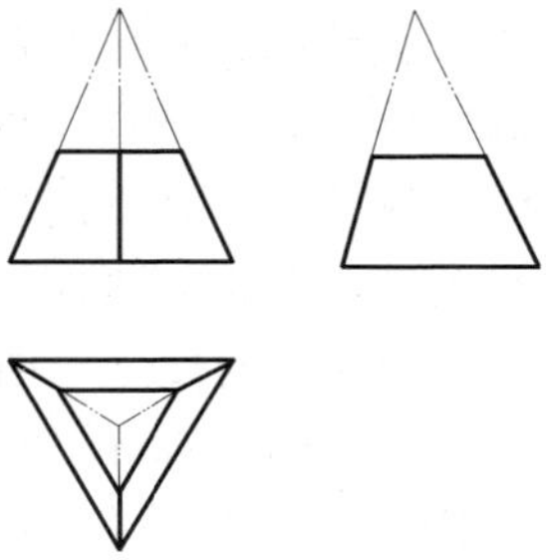 |

## 4.2.2　回转体

回转体最常见的有圆柱体、圆锥体、圆球和圆环等。

**1. 圆柱体**

(1) 形成　如图 4-8(a)所示,圆柱体由圆柱面和两底面组成。圆柱面可看成由一直线 $AA_1$ 绕与它平行的轴线 $OO_1$ 旋转而成。直线 $AA_1$ 称为母线,圆柱面上任意一条平行于轴线的直线称为圆柱面的素线。

(2) 圆柱体的三视图　图 4-8(b)、(c)表示了圆柱体的投影过程及其三视图。当圆柱体的轴线垂直于 $H$ 面时,圆柱面的 $H$ 面投影具有积聚性,其俯视图积聚成一圆,圆柱面

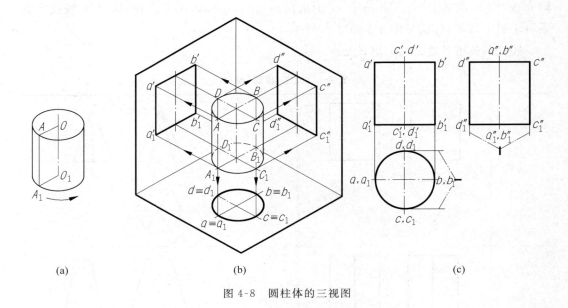

图 4-8 圆柱体的三视图

上的素线在 $H$ 面的投影都积聚在此圆上。在 $V$ 面和 $W$ 面上,两底面投影成两条水平线,圆柱面则以其两个方向的轮廓素线 $AA_1$,$BB_1$ 和 $CC_1$,$DD_1$ 的投影表示。主视图上是 $a'a'_1$ 和 $b'b'_1$ 为其轮廓素线投影,左视图上是 $c''c''_1$ 和 $d''d''_1$ 为其轮廓素线投影。这样主视图和左视图都反映成为矩形线框。

还应注意,投影为矩形的视图上要用点画线画出回转轴的投影,在投影为圆的视图上要用互相垂直的两条点画线的交点表示圆心位置,这些点画线称做中心线。在画其他回转体如圆锥体、圆球、圆环等的投影图时也都有如此要求。

画圆柱体的 3 个视图时,应先画出三视图的中心线位置,然后画出投影为圆的视图,再按投影关系画其他二视图。

(3) 轮廓素线的投影与曲面可见性的判断  图 4-8 中圆柱面上最左、最右、最前、最后的 4 条素线是对 $V$ 面和 $W$ 面的轮廓素线,所以可以认为是 4 条特殊素线,这 4 条素线的投影要特别加以注意。由图 4-8(c)可见,主视图上的轮廓线 $a'a'_1$ 和 $b'b'_1$ 是素线 $AA_1$ 和 $BB_1$ 的投影,在左视图上 $AA_1$ 和 $BB_1$ 的投影和左视图的中心线重合(图中仍应画成中心线),而左视图的轮廓线 $c''c''_1$ 和 $d''d''_1$ 则是另两条素线 $CC_1$ 和 $DD_1$ 的投影,$CC_1$ 和 $DD_1$ 的正面投影也和主视图的中心线重合(图中也仍应画中心线)。

在回转体的视图中,某一视图上的轮廓素线的投影就是曲面在该视图上可见与不可见部分的分界线。如图 4-8(c)所示,主视图可见与不可见的分界线是 $a'a'_1$ 和 $b'b'_1$,在此轮廓线之前的曲面为可见,在此轮廓线之后的曲面为不可见。这由俯视图可以说明,$\overparen{acb}$ 为前半个圆柱面的投影,其正面投影可见。$\overparen{adb}$ 为后半个圆柱面的投影,其正面投影不可见。

(4) 圆柱面上取点  如图 4-9 所示,已知圆柱面上点 $E$ 和点 $F$ 的正面投影 $e'$ 和($f'$)($f'$ 加括号表示不可见),求作 $e,e''$ 和 $f,f''$。

由于圆柱体轴线垂直于 $H$ 面,圆柱面在俯视图中有积聚性。因 $e'$ 为可见,故与 $e'$ 对

应的 $e$ 必在俯视图的前半圆上；而 $(f')$ 为不可见，故与 $(f')$ 对应的 $f$ 必在后半圆上。然后由 $e,e'$ 及 $f,(f')$ 分别求出 $e''$ 和 $(f'')$（因在左视图上 $f''$ 为不可见，记为 $(f'')$）。

**2. 圆锥体**

（1）形成　如图 4-10(a)所示，圆锥体由圆锥面和底面组成。圆锥面一般可看成由直线 $SA$ 绕与它相交的轴线 $OO_1$ 旋转而成。$S$ 称为锥顶，直线 $SA$ 称为母线。圆锥面上通过顶点 $S$ 的任一直线称为圆锥面的素线。

（2）圆锥体的三视图　如图 4-10(b),(c)所示，当圆锥体的回转轴垂直于 $H$ 面时，圆锥体的俯视图为一圆。主视图及左视图除底面的投影积聚成水平直线外，还表示了圆锥面的两条轮廓素线的投影，两个视图都形成等腰三角形线框。

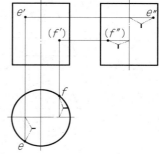

图 4-9　圆柱表面上找点

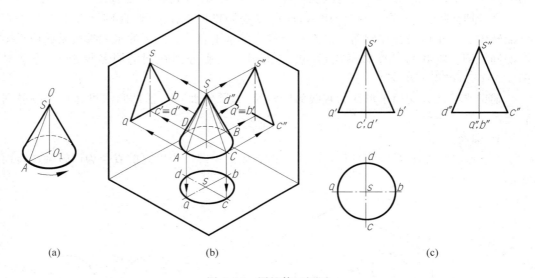

图 4-10　圆锥体三视图

（3）轮廓素线的投影与曲面可见性的判断　圆锥体和圆柱体类似，圆锥面上最左、最右、最前、最后的 4 条素线在主视图和左视图中的投影构成圆锥体主视图和左视图的轮廓线，如图 4-10(b)中的 $SA,SB,SC$ 和 $SD$。这 4 条素线投影关系的分析方法与圆柱体相同，可参照图 4-10(b),(c)自行分析。但应注意圆锥面的轮廓素线在投影为圆的视图上是没有积聚性的。

圆锥面投影可见性的分析也和圆柱面相同。

（4）圆锥面上取点　如图 4-11(a),(b)所示，已知圆锥面上点 $E$ 的正面投影 $e'$，试求 $e$ 和 $e''$。

由于圆锥面在 3 个视图中都没有积聚性，为求点 $E$ 的另两个投影必须在圆锥面上过点 $E$ 先作一条辅助线（直线或圆），并求其三投影，然后在辅助线的投影上确定点 $E$ 的投影。

① 辅助直线法。如图 4-11(a)所示，过 $e'$ 作素线 $SA$ 的正面投影 $s'a'$，然后作出 $SA$

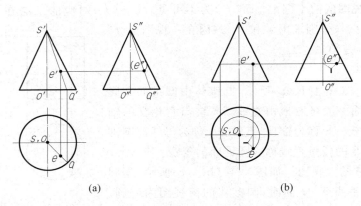

图 4-11 圆锥面上找点

的另两个投影 $sa$ 和 $s''a''$，用线上找点的方法，在 $sa$ 上找出 $e$，在 $s''a''$ 上找出 $(e'')$。

② 辅助圆法。如图 4-11(b)所示，过点 $E$ 在圆锥面上作一圆，此圆所在平面必垂直于回转轴。其正面投影和侧面投影都积聚成一条水平直线。此圆的水平投影是底面投影圆的同心圆。将圆的三投影画出后，点 $E$ 的另二投影分别在圆的同名投影上，作法见图 4-11(b)，可得 $e$ 及 $(e'')$。

辅助直线法只能用于母线为直线的回转面（如圆锥面），而辅助圆法可适用于各种回转面。

### 3. 圆球

(1) 形成　如图 4-12(a)所示，圆球可以看成是一圆母线以它的直径为回转轴旋转而成的。

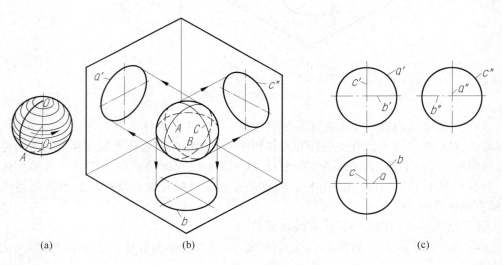

图 4-12　圆球三视图

(2) 圆球的三视图　由图 4-12(b),(c)可见，圆球的 3 个视图分别为 3 个和圆球的直径相等的圆，这 3 个圆是圆球 3 个方向轮廓线的投影。由图 4-12(b)可以看出，圆球在平

行于 $V$ 面、$H$ 面和 $W$ 面的 3 个方向其轮廓圆分别为 $A$,$B$ 和 $C$。$A$ 在主视图中反映为圆 $a'$,在俯视图和左视图中都积聚成一直线并与中心线重合(仍画中心线)。其他两个轮廓圆 $B$ 和 $C$ 也可类似地分析。

(3) 圆球面上取点　如图 4-13 所示,已知圆球面上点 $D$ 的正面投影 $d'$,求作 $d$ 和 $d''$。

因已知 $d'$ 为可见投影,可判定点 $D$ 在圆球的前方、上方、右方,所以所求的 $d$ 应为可见投影,而($d''$) 应为不可见的。

由于圆球面的母线不为直线,故只能用辅助圆法。过点 $D$ 在圆球面上作一水平圆,这个圆的正面投影和侧面投影都积聚成一条水平直线,其水平投影是圆。求得圆的三投影后即可用线上找点的方法求出 $d$ 及($d''$)。

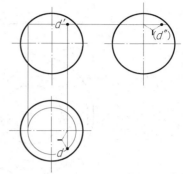

图 4-13　圆球面上找点

**4. 圆环**

(1) 形成　如图 4-14(a)所示,圆环可以看成是一个圆母线绕和它共面但不过圆心的轴线旋转而成的。

(2) 圆环的三视图　如图 4-14(b)所示,圆环的主视图表示出最左、最右两素线圆的投影,即 $a'b'c'd'$ 和 $e'f'g'h'$；上下两条水平线是圆环面的轮廓线,是圆环面的最高点(空间为一水平圆)和最低点(空间也是一水平圆)的投影；左右素线圆的投影各有半圆处于内环面,在正面投影中不可见,故为虚线,图中的点画线表示轴线。俯视图表示了圆环面的最大圆和最小圆的投影,这两个圆是圆环面在俯视图上的轮廓线；图中的点画线圆表示素线圆圆心轨迹的投影。左视图与主视图只是投影方向不同,而投影图形则完全一样。

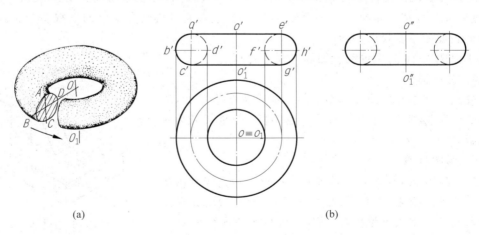

(a)　　　　　　　　　(b)

图 4-14　圆环三视图

(3) 圆环面上取点　如图 4-15 所示,已知圆环面上点 $K$ 的正面投影 $k'$,求 $k$ 和 $k''$。

圆环面的母线不是直线,故用辅助圆法。因 $k'$ 为可见的,可以断定点 $K$ 在圆环面的上半部、前半部和左半部,且所求的 $k$ 和 $k''$ 都为可见的。过点 $K$ 在圆环面上作一水平圆,其水平投影为圆,正面投影和侧面投影都积聚成直线。再用线上找点的方法求出 $k$ 及 $k''$。

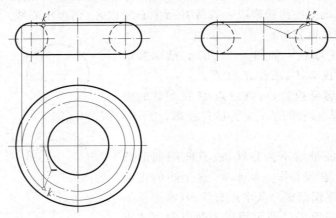

图 4-15　圆环面上找点

## 4.3　叠加体的三视图

机器中的零件或物体,由单一基本体构成的情况是较少的,大多数是由几个基本体组合而成。常见的形式之一是由一些基本体叠加而成,称为叠加体。因此需要在分析基本体投影的基础上,进一步分析叠加体三视图的画法。

### 4.3.1　叠加体的画图

叠加体是由一些基本体组成的,所以叠加体的画图,可以假想将其分解成若干基本体,然后逐个按基本体绘制出三投影,最后综合起来就可得到叠加体的三视图,绘制时应注意其表面关系及投影变化。

现以图 4-16 为例说明叠加体三视图的画法。

**1. 分解形体**

此叠加体可分解成 3 部分：第 Ⅰ 部分为一水平板,板上有一台阶形圆孔；第 Ⅱ 部分为一侧垂板；第 Ⅲ 部分为一三角板。

**2. 画图步骤**

(1) 画出第 Ⅰ 部分的三投影(图 4-17(a))。先画出水平板外形的三投影,再画出台阶孔的三投影。台阶孔在主视图及左视图中为不可见,故其轮廓线应画成虚线。

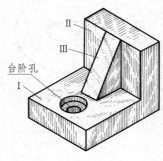

图 4-16　叠加体

(2) 画出第 Ⅱ 部分的三投影(图 4-17(b))。

(3) 画出第 Ⅲ 部分的三投影(图 4-17(c))。

画时应注意各部分之间的相对位置及表面关系。由于水平板及侧垂板前后表面平齐,在主视图中多余的线应擦去。最后将三视图加深,如图 4-17(d)所示。

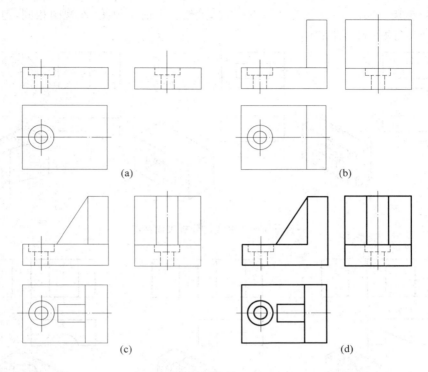

图 4-17 叠加体的画图

## 4.3.2 由已知两视图,求作第三视图

由已知两视图求作第三视图是看图和画图的结合过程。第一步,分析投影想象出该物体的空间形状;第二步,根据投影规律及"三等"关系,画出第三视图。

**1. 看图时,对投影分析应注意的一些基本规律**

(1) 视图都是由图线组成的,图中的粗实线和虚线有 3 种意义(图 4-18):

① 代表空间一个平面的投影;

② 代表空间面与面的交线投影;

③ 代表圆柱面、圆锥面等的轮廓线投影。

(2) 利用线框分析表面相对位置关系,视图中的一个封闭线框,一般情况下表示面的投影。如果线框套线框,则表示两个不同位置的面,可能是一个面凸出,或者一个面凹下;如果两个线框相连,则可能表示两个面相交或其他情况,如图 4-19 所示。

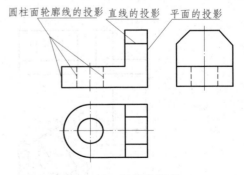

图 4-18 图线的意义

(3) 要几个视图联系起来看,以确定物体的形状 一个视图不能确定物体的形状,往往要两个或两个以上视图才能确定物体的形状。因此,要几个视图联系起来分析,才能看

懂物体的形状。如图 4-20 所示的 3 种情况,虽然三者的主视图、左视图相同,但俯视图不同,结果三者的形状各不相同。

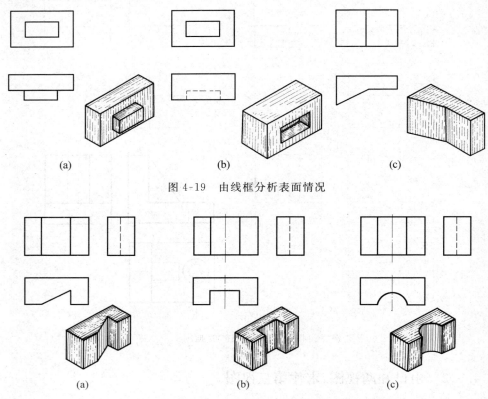

图 4-19　由线框分析表面情况

图 4-20　三视图联系起来看,确定不同形状

(4) 注意视图中虚实线变化,区分不同形体　如图 4-21 所示,虽然 3 个视图基本相似,但由于主视图中虚实线各异,因而得出两种不同的形体。图 4-21(a) 是中部有一块三角板,图 4-21(b) 是前、后侧各有一块三角板,而中间是空的,故主视图出现虚线。

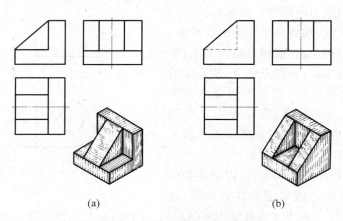

图 4-21　虚实线的变化表示不同形体

## 2. 由已知两视图求作第三视图

由已知两视图求作第三视图的方法和步骤,举例说明如下。

【例 4-1】 已知主视图和左视图,求作俯视图(图 4-22)。

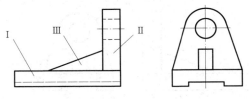

图 4-22 由两视图求出第三视图

【解】 (1) 分析投影,分析形体 根据主视图、左视图可以看出该物体由Ⅰ,Ⅱ,Ⅲ部分组成。逐步分析Ⅰ,Ⅱ,Ⅲ部分在视图中的对应投影,并想象出空间形状。

① 将Ⅰ部分在视图中对应投影用粗实线画出,由主视图和左视图可以看出Ⅰ部分为一长方形板,自左向右挖通了一个槽,如图 4-23(a)所示。

② 将Ⅱ部分在视图中对应投影用粗实线画出,由主视图和左视图可以看出Ⅱ部分为一带有圆柱面的侧立板,上部穿了一小圆孔,左视图反映了它的实形,如图 4-23(b)所示。

③ 将Ⅲ部分在视图中对应投影用粗实线画出,由主视图和左视图可以看出Ⅲ部分为一三角形板,主视图反映了它的实形,如图 4-23(c)所示。

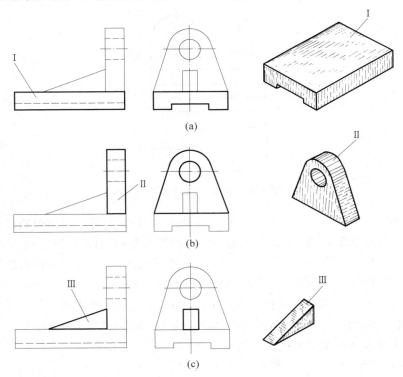

图 4-23 分析投影,分析形体

(2) 逐步分块画出Ⅰ，Ⅱ，Ⅲ部分的俯视图。画图时应注意其相对位置。在俯视图中的中心线表示一对称面，三角板、侧立板位于对称面上。在投影关系上，特别要注意虚线不要遗漏了，然后想象出整体形状。加深，完成作图，如图 4-24 所示。

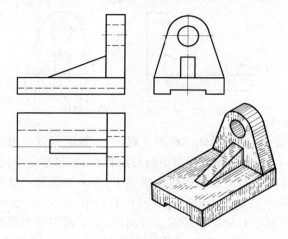

图 4-24　画出俯视图

【例 4-2】　由已知主视图和俯视图，求作左视图（图 4-25）。

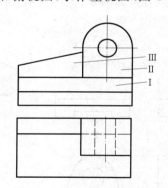

图 4-25　由两视图求作第三视图

【解】　(1) 分析投影，分析形体　根据主视图和俯视图，可以看出该物体由Ⅰ，Ⅱ，Ⅲ部分组成。逐步分析Ⅰ，Ⅱ，Ⅲ部分在视图中的投影关系，并想象出其空间形状。

① 将Ⅰ部分在视图中对应投影用粗实线和虚线画出，由主视图和俯视图可以看出Ⅰ部分为一长方形板，后侧并向下伸出一块，如图 4-26(a) 所示。

② 将Ⅱ部分在视图中对应投影用粗实线画出，由主视图和俯视图可以看出Ⅱ部分为一半圆柱体，中间穿了一小圆孔，主视图反映了实形，如图 4-26(b) 所示。

③ 将Ⅲ部分在视图中对应投影用粗实线画出，由主视图和俯视图可以看出Ⅲ部分为一楔形块，主视图反映了实形，如图 4-26(c) 所示。

(2) 逐步画出Ⅰ，Ⅱ，Ⅲ部分的左视图，画图时应注意其相对位置和投影关系。此图特别要注意左侧面表面平齐的画法，然后想象出整体形状。加深，完成作图，如图 4-27 所示。

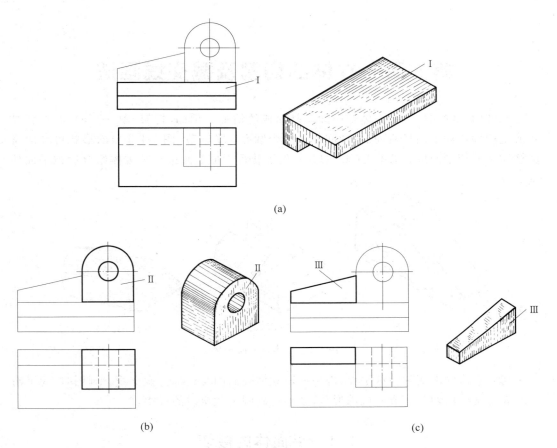

图 4-26 分析投影，分析形体

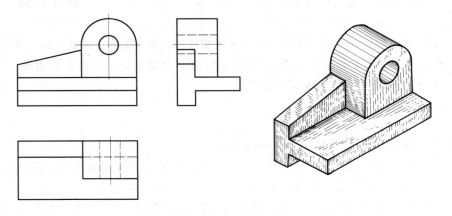

图 4-27 画出左视图

# 第 5 章 立体的切割及截交线画法

机件的形状结构常有立体被平面切割而成的情形。例如,托架(图 5-1(a))的形状可看成是四棱柱被平面切割而成,中间钻了一个圆孔;联轴节(图 5-1(b))的形状可看成是圆柱被平面切割而成;尾顶尖(图 5-1(c))的形状可看成是圆锥与圆锥体组合后被平面切割而成。

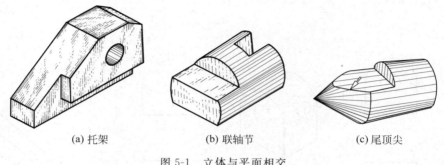

(a) 托架　　　　　　(b) 联轴节　　　　　　(c) 尾顶尖

图 5-1　立体与平面相交

切割立体的平面称为截平面,截平面与立体表面的交线称为截交线。画图时,为了清楚地表达这些由切割而成的机件形状,必须正确画出截交线的投影。

## 5.1　平面体的截切

平面与平面体相交所得的截交线是由直线组成的平面图形——**封闭多边形**。多边形的边数决定于平面体上棱面与平面相交的交线数目。

交线是棱面与截平面的公有线,因此求截交线的问题,实质是求截平面与平面体上棱面的公有线问题;而直线线段又是由两端点决定的,所以也是求公有点的问题。

**1. 求截平面与平面体截交线的方法**

(1) 求各棱线与截平面的交点——棱线法。
(2) 求各棱面与截平面的交线——棱面法。

**2. 求平面与截平面体截交线的一般步骤**

(1) 分析截交线的形状　平面体与截平面相交,其截交线形状取决于平面体的形状以及截平面对平面体的截切位置。截交线都是封闭的平面多边形。

(2) 分析截交线的投影　分析截平面与投影面的相对位置,明确截交线在投影面上的投影特性,例如积聚性、类似性等。

(3) 画出截交线的投影　分别求出截平面与平面体上棱面的交线,最后将这些交线连接成多边形。

下面举例说明。

**【例 5-1】** 试求正四棱锥被一正垂面 $P$ 截切后的三视图(图 5-2)。

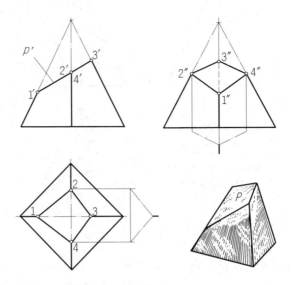

图 5-2 四棱锥被一正垂面截切

**【解】** (1) 空间及投影分析

因截平面 $P$ 与四棱锥 4 个棱面相交,所以截交线为四边形,它的 4 个顶点即为四棱锥的 4 条棱线与截平面 $P$ 的交点。

截平面垂直于正投影面,而倾斜于侧投影面和水平投影面。所以,截交线的正投影积聚在 $p'$ 上,而其侧投影和水平投影则具有类似形。

(2) 作图

先画出完整正四棱锥的三视图。

因截平面 $P$ 的正投影具有积聚性,所以截交线四边形的 4 个顶点 Ⅰ, Ⅱ, Ⅲ, Ⅳ 的正投影 $1', 2', 3', 4'$ 可直接得出,据此即可在俯视图上和左视图上分别求出 1, 2, 3, 4 和 $1''$, $2'', 3'', 4''$。将顶点的同名投影依次连接起来,即得截交线的投影。在三视图上擦去被截平面 $P$ 截去的投影,即完成作图。注意左视图上的虚线不要遗漏。具体作图请看图 5-2。

**【例 5-2】** 试求正四棱锥被二平面截切后的三视图(图 5-3)。

**【解】** (1) 空间及投影分析

四棱锥被二平面截切。截平面 $P$ 为正垂面,其与四棱锥的 4 个棱面的交线,与前例相似。截平面 $Q$ 为水平面,与四棱锥底面平行,所以其与四棱锥的 4 个棱面的交线,同底面四边形的对应边相互平行,利用平行线的投影特性很容易求得。此外,还应注意 $P$, $Q$ 两平面相交也会有交线,所以 $P$ 平面和 $Q$ 平面截出的截交线均为五边形。

$P$ 平面为正垂面,其截交线投影特性同前例分析;$Q$ 平面为水平面,其截交线正投影和侧投影皆具有积聚性,水平投影则反映截交线的实形。

(2) 作图

画出完整正四棱锥的三视图。

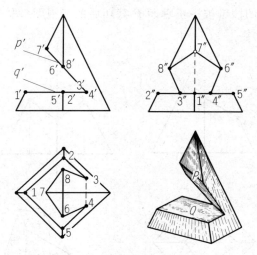

图 5-3 四棱锥被二平面截切

先求 $Q$ 平面截四棱锥后的截交线。可由正投影 $1'$ 在俯视图上求出 1，由 1 作四边形与底面四边形对应边平行可得 1,2,5 点，$Q$ 平面与 $P$ 平面的交线Ⅲ,Ⅳ可由正投影 $3',4'$ 在俯视图上求得 3,4。所求 1,2,3,4,5 即为截交线在水平投影面上的投影。其正投影和侧投影分别为 $1',2',3',4',5'$ 和 $1'',2'',3'',4'',5''$。

再求 $P$ 平面截四棱锥后的截交线，可按前例方法求出 $6',7',8'$ 和 $6'',7'',8''$ 及 $6,7,8$。将Ⅲ,Ⅳ,Ⅵ,Ⅶ,Ⅷ各点同名投影连接起来，即得截交线在三投影面上的投影。

注意：$Q$ 平面与 $P$ 平面交线的水平投影 34 应为虚线。在左视图上的虚线也不要遗漏。

**【例 5-3】** 八棱柱被一正垂面 $P$ 截切，已知其主视图和左视图，求作俯视图（图 5-4）。

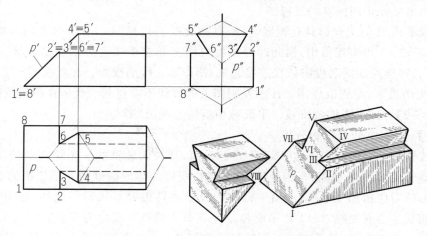

图 5-4 八棱柱体被一正垂面截切

**【解】**（1）空间及投影分析

正垂面 $P$ 截切八棱柱时，与八棱柱的 8 个棱面相交，共有 8 条交线，所以其截交线为八边形。

由于截平面 P 垂直于正投影面,而倾斜于侧投影面和水平投影面,所以截交线的正投影积聚在 $p'$ 上,其侧投影和水平投影则具有类似形。因左视图上八棱柱各棱面的侧投影具有积聚性,故截交线的侧投影为已知。

(2) 作图

先画出完整的八棱柱的俯视图。

因截交线的 8 个顶点的正投影 $1', 2', 3', 4', 5', 6', 7', 8'$ 和侧投影 $1'', 2'', 3'', 4'', 5'', 6'', 7'', 8''$ 为已知,据此可求出其水平投影 1,2,3,4,5,6,7,8。将各点依次连接起来即为截交线在水平投影面上的投影。

在俯视图上擦去被 P 平面截去的投影,并完成俯视图的作图。

注意:其中有两条棱线的投影应画成虚线。具体作图请看图 5-4。

【例 5-4】 四棱柱中间穿了一个燕尾槽,前端为一个侧垂面所截。已知其主视图和左视图,求作俯视图(图 5-5)。

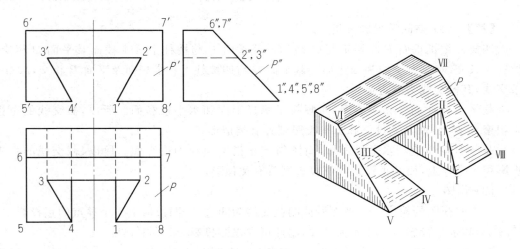

图 5-5 四棱柱截切

【解】 (1) 空间及投影分析

带有燕尾槽的四棱柱被一侧垂面 P 截切,将前端截成倾斜面。截平面与 8 个平面相交,共有 8 条交线,故截交线为一八边形。

截平面 P 垂直于侧投影面,而倾斜于正投影面和水平投影面。所以,截交线的侧投影积聚在 $P''$ 上,而其正投影和水平面投影具有类似形。因棱柱 8 个平面皆垂直于正投影面,其正投影具有积聚性,故截交线的正投影为已知。

(2) 作图

先画出四棱柱体在俯视图上的轮廓线。

因截交线的 8 个顶点的正投影 $1', 2', 3', 4', 5', 6', 7', 8'$ 和侧投影 $1'', 2'', 3'', 4'', 5'', 6'', 7'', 8''$ 为已知,据此可求出其水平投影 1,2,3,4,5,6,7,8。将各点依次连接起来即为截交线在水平投影面上的投影。

完成俯视图的作图,注意其中有 4 条虚线不要遗漏了。具体作图如图 5-5 所示。

**【例 5-5】** 四棱柱被二平面截切,已知其主视图和俯视图,求作左视图(图 5-6)。

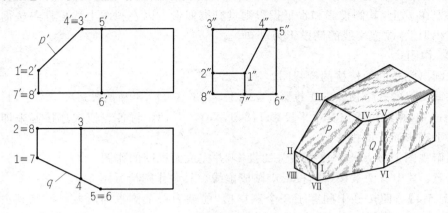

图 5-6 棱柱被二平面截切

**【解】** (1) 空间及投影分析

四棱柱被正垂面 $P$ 和铅垂面 $Q$ 截切。截平面 $P$ 与棱柱上 3 个棱面及平面 $Q$ 相交,故有 4 条交线,其截交线为四边形。截平面 $Q$ 与四棱柱上 4 个棱面及平面 $P$ 相交,故有 5 条交线,其截交线为五边形。

截平面 $P$ 垂直于正投影面,而倾斜于侧投影面和水平投影面。所以,截交线的正投影积聚在 $p'$ 上,而其侧投影和水平投影则具有类似形。

截平面 $Q$ 垂直于水平投影面,而倾斜于正投影面和侧投影面。所以,截交线的水平投影积聚在 $q$ 上,而其正投影和侧投影则具有类似形。

(2) 作图

画出左视图的轮廓。$P$ 平面所截的截交线为四边形,四边形上 4 个顶点的正投影 $1'$, $2'$, $3'$, $4'$ 和水平投影 $1, 2, 3, 4$ 为已知,据此可求出侧投影 $1'', 2'', 3'', 4''$。

$Q$ 平面所截的截交线为五边形,五边形上 5 个顶点的正投影 $1', 4', 5', 6', 7'$ 和水平投影 $1, 4, 5, 6, 7$ 为已知,据此可求出侧投影 $1'', 4'', 5'', 6'', 7''$。具体作图请看图 5-6。

## 5.2 回转体的截切

平面与回转面相交所得到的截交线是两面的公有线,即它既在回转面上,又在截平面上。而公有线是由一系列公有点组成的,因此求截交线的所有方法都可归纳为求公有点的方法。

求平面与回转体的截交线的一般步骤是:

(1) 分析截交线的形状 回转体表面与截平面相交,其截交线形状取决于回转体的形状以及回转体与截平面的相对位置。**截交线都是封闭的平面图形,多为封闭的曲线图形,或由曲线与直线组成的图形。**

(2) 分析截交线的投影 分析截平面与投影面的相对位置,明确截交线的投影特性,如积聚性、类似性等。

(3) 画出截交线的投影  如果截交线的投影形状为矩形、三角形或圆等,则比较容易画出;如果其投影为椭圆等非圆曲线,一般要先求出限定截交线大小、范围、虚实分界等的一些特殊点,然后再在特殊点间求出一些中间点,最后光滑地连接起来。

下面说明圆柱体、圆锥体、圆球等回转体的截交线画法。

### 5.2.1 圆柱体的截交线

平面与圆柱面相交,根据截平面与圆柱体轴线的相对位置不同,其截交线有 3 种形状,即**圆、椭圆及两平行直线**,见表 5-1。

表 5-1 圆柱体的截交线

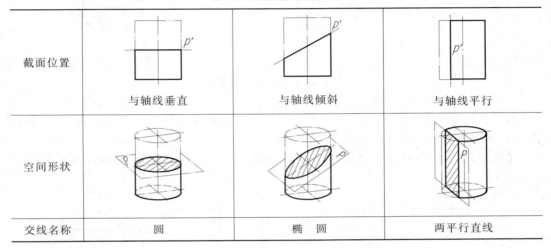

| 截面位置 | 与轴线垂直 | 与轴线倾斜 | 与轴线平行 |
|---|---|---|---|
| 空间形状 | | | |
| 交线名称 | 圆 | 椭 圆 | 两平行直线 |

现举例说明圆柱体截交线的画法。

【例 5-6】 圆柱体被平行于轴线的平面及垂直于轴线的平面所截,已知其主视图和俯视图,求作左视图(图 5-7)。

【解】 (1) 空间及投影分析

在图 5-7(a)中圆柱体被侧平面 $P$ 和水平面 $Q$ 所截,平面 $Q$ 垂直于轴线,其与圆柱面的截交线为一段圆弧,积聚在水平投影面的圆上。平面 $P$ 平行于轴线,且与侧投影面平行。其与圆柱面的截交线为两条平行直线,均为铅垂线。在正投影面上积聚在 $p'$ 上,在水平投影面上积聚在圆上。

在图 5-7(b)中圆柱体被侧平面 $P$ 和水平面 $Q$ 所截,情况和图 5-7(a)类似,不同之处是在图 5-7(a)中平面 $P$ 截在轴线的左边,而在图 5-7(b)中平面 $P$ 则截在轴线的右边,由于截切部位不同,在图 5-7(a)中圆柱的前后两条轮廓线仍然存在,而在图 5-7(b)中圆柱的前后两条轮廓线则被截去。

(2) 作图

先画出完整的圆柱体左视图。

平面 $Q$ 与圆柱面截交线的投影分别积聚在正投影 $b'e'd'$、侧投影 $b''e''d''$ 及水平投影

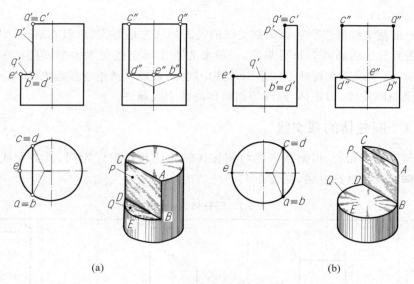

图 5-7 圆柱被二平面截切

$\overset{\frown}{bed}$ 上。平面 $P$ 与圆柱面截交线的正投影 $a'b'$，$c'd'$ 及水平投影 $a\equiv b$，$c\equiv d$ 为已知，据此可求出侧投影 $a''b''$，$c''d''$。具体作图请看图 5-7。

【例 5-7】 在圆柱体上下两侧各切去一块，已知其主视图和左视图，求作俯视图（图 5-8）。

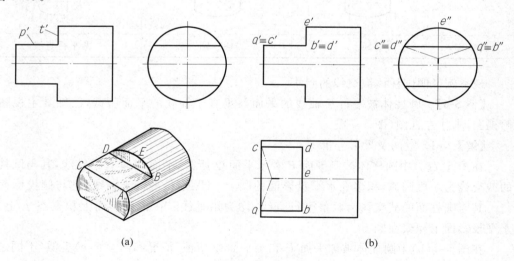

图 5-8 圆柱上下各切去一块

【解】（1）空间及投影分析

由图 5-8 中可以看出圆柱体上、下被切的两块，是由一个与轴线平行的平面 $P$ 和一个与轴线垂直的平面 $T$ 切出的（由于上、下两块对称，只分析上面被切去的一块），前者与圆柱面的截交线是两条平行直线，后者与圆柱面的截交线是圆弧。

截平面 $P$ 为水平面,所以截交线的正投影积聚在 $p'$ 上。同时,由于圆柱面的侧投影具有积聚性,所以截交线的侧投影都积聚在圆上。截平面 $T$ 是一侧平面,所以截交线的正投影积聚在 $t'$ 上,侧投影则积聚在圆上。

(2) 作图

先画出完整的圆柱体的俯视图,再画出截交线的水平投影。根据 $a'b'$, $a''b''$ 和 $c'd'$, $c''d''$ 画出 $ab$ 和 $cd$。再根据 $b'e'd'$ 和 $\overparen{b''e''d''}$ 画出 $bed$。

作图时应注意俯视图上的轮廓线仍然存在。画 $bed$ 时不要与轮廓线连接,其宽度与侧视图上 $a''c''$ 段直线相等。

【例 5-8】 在圆柱体上开出一方形槽,已知其主视图和左视图,求作俯视图(图 5-9)。

【解】 (1) 空间及投影分析

由图 5-9 中可以看出方形槽是由两个与轴线平行的平面 $P,Q$ 和一个与轴线垂直的平面 $T$ 切出的。前者与圆柱面的截交线是两条平行直线,后者与圆柱面的截交线是圆弧。

截平面 $P$ 和 $Q$ 均为水平面,所以截交线的正投影分别积聚在 $p'$ 和 $q'$ 上。同时,由于圆柱面的侧投影具有积聚性,所以截交线的侧投影都积聚在圆上。截平面 $T$ 是一侧平面,所以截交线的正投影积聚在 $t'$ 上,侧投影则积聚在圆上。

(2) 作图

先画出完整的圆柱体的俯视图,再画出截交线的水平投影。根据 $a'b'$, $a''b''$ 和 $c'd'$, $c''d''$ 画出 $ab$ 和 $cd$。再根据 $b'e'f'$ 和 $\overparen{b''e''f''}$ 画出 $bef$。

作图时应注意圆柱体的轮廓 $GE$ 一段被截去(后面与之对称的一段轮廓未画,其情况相同),所以在 $g'e'$ 和 $ge$ 一段没有轮廓线的投影。具体作图可见图 5-9。

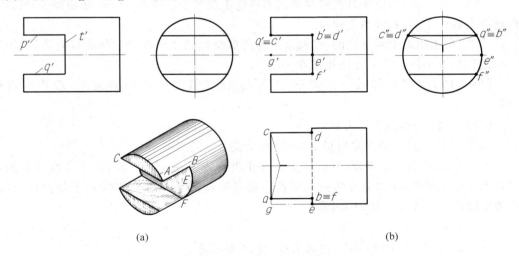

图 5-9 圆柱上开一方形槽

【例 5-9】 在圆筒上开出一方形槽,已知其主视图和左视图,求作俯视图(图 5-10)。

【解】 (1) 空间及投影分析

本题情况与例 5-8 相似,只不过是把圆柱改成了圆筒。这时截平面 $P,Q,T$ 不仅与

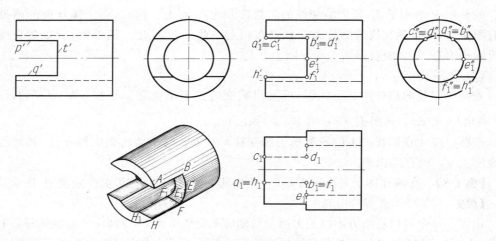

图 5-10 圆筒上开一方形槽

外圆柱表面有截交线,而且也与内圆柱表面有截交线,因此产生了内外表面截交线。

(2) 作图

先画出完整的圆筒的俯视图,再依次求出外圆柱表面与内圆柱表面的截交线的水平投影。

外圆柱表面截交线的水平投影与例 5-8 完全一样。内圆柱表面截交线的水平投影作法也与例 5-8 相似,只需分别求出截平面 $P,Q,T$ 与内圆柱表面的截交线,其水平投影为 $a_1 b_1 e_1 f_1 h_1$ 等。

作图时也应注意,由于外圆柱面和内圆柱面上的水平轮廓线有一段被切掉了,所以在俯视图上就产生了内、外两个缺口。

此外,由于圆筒中间是空的,在两条平行的截交线的水平投影之间不应有连线,即在 $b_1 d_1$ 之间应当中断。具体作图见图 5-10。

【例 5-10】 圆柱体被一正垂面 $P$ 所截,已知其主视图和俯视图,求作左视图(图 5-11)。

【解】 (1) 空间及投影分析

截平面 $P$ 与圆柱轴线倾斜相交,所以截交线为一椭圆。

因截平面 $P$ 为一正垂面,所以截交线的正投影积聚在 $p'$ 上。同时,由于圆柱面的水平投影具有积聚性,所以截交线的水平投影都积聚在圆上。由于 $P$ 倾斜于侧投影面,所以截交线的侧面投影一般仍为椭圆。

(2) 作图

画出完整的圆柱体左视图,再求出截交线的侧投影。

先求特殊点。特殊点一般为截交线上的最高点、最低点、最左点、最右点、最前点、最后点,椭圆长、短轴的端点以及切点等。由图 5-11 可以看出,椭圆的长轴和短轴是 $AB$ 和 $CD$,两者互相垂直平分。$A,B$ 两点的正投影位于圆柱主视图的轮廓线上,$C,D$ 两点的正投影位于 $a'b'$ 的中点,重合为一点 $c' \equiv d'$。水平投影 $a,b,c,d$ 皆积聚在圆上。根据点的投影规律可求出 $a'',b'',c'',d''$。

再求中间点。如中间点 $E$，一般先确定点 $e'$ 的位置，然后按圆柱面上找点的方法求出 $e$ 和 $e''$。适当地求出若干中间点，最后在侧面投影图上用曲线板将这些点光滑连接起来，即求得截交线的侧面投影，擦去被截平面截去的投影。具体作图见图 5-11。

当截平面 $P$ 与圆柱体轴线的交角为 45°时，截交线的空间形状为椭圆，但此时长短轴的侧投影相等，所以截交线的侧投影为圆，其直径与圆柱直径相等，如图 5-12 所示。

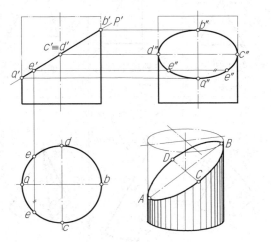

图 5-11　圆柱被一正垂面截切

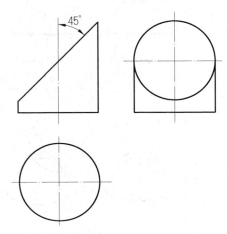

图 5-12　圆柱被一倾斜 45°的正垂面截切

### 5.2.2　圆锥体的截交线

平面与圆锥面相交，根据平面与圆锥轴线的相对位置不同，其截交线有五种形状，即**圆**、**椭圆**、**抛物线**、**双曲线**及**两相交直线**，见表 5-2。

现举例说明圆锥体的截交线的画法。

【**例 5-11**】　圆锥体被一正垂面 $P$ 截切。已知主视图，求作俯视图和左视图（图 5-13）。

【**解**】　（1）空间及投影分析

正垂面 $P$ 与圆锥体轴线斜交，且其夹角大于锥顶角之半，所以截交线是一椭圆。

由于截平面 $P$ 垂直于正投影面，而与水平投影面及侧投影面倾斜，所以截交线的正投影积聚在 $p'$ 上，而其水平投影及侧投影仍为椭圆。

（2）作图

先画出完整的圆锥体的俯视图及左视图。

从图 5-13 可以看出，椭圆的长轴和短轴是 $AB$ 和 $CD$，两者互相垂直平分。$A$、$B$ 两点的正投影 $a'$、$b'$ 位于圆锥面的主视图轮廓线上，其相应的水平投影及侧投影为 $a$、$b$ 与 $a''$、$b''$。$C$、$D$ 两点的正投影位于 $a'b'$ 的中点。为了找出它们的水平投影，可以用"辅助圆法"，即过点 $c' \equiv d'$ 作一水平面 $Q$，与圆锥面相交为一个圆，画出这个圆的水平投影，则 $c$、$d$ 位于这圆上，由 $c'$、$d'$ 及 $c$、$d$ 可求出 $c''$、$d''$。

表 5-2 圆锥体的截交线

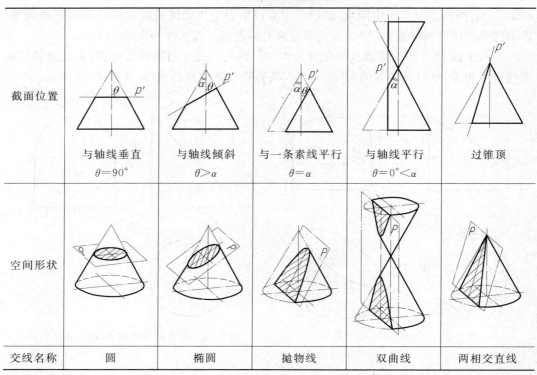

| 截面位置 | 与轴线垂直 $\theta=90°$ | 与轴线倾斜 $\theta>\alpha$ | 与一条素线平行 $\theta=\alpha$ | 与轴线平行 $\theta=0°<\alpha$ | 过锥顶 |
|---|---|---|---|---|---|
| 空间形状 | | | | | |
| 交线名称 | 圆 | 椭圆 | 抛物线 | 双曲线 | 两相交直线 |

点 $E$ 和 $F$ 的求法与此相同。$E$ 和 $F$ 的正面投影 $e'$, $f'$ 在中心线上,所以图中 $e''$, $f''$ 也是椭圆的侧面投影与圆锥面的侧面轮廓线的切点,点 $E$ 和 $F$ 可认为是一对特殊点。其他中间点的求法相同。在左视图上擦去被平面 $P$ 截去的投影。具体作图请看图 5-13。

【例 5-12】 圆锥体被一正平面 $P$ 截切,已知俯视图和主视图的圆锥体的轮廓,求作截交线的正面投影(图 5-14)。

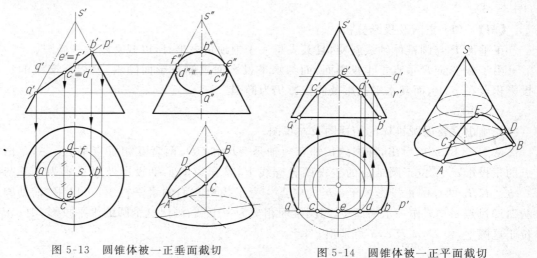

图 5-13 圆锥体被一正垂面截切　　图 5-14 圆锥体被一正平面截切

【解】 (1) 空间及投影分析

截平面 $P$ 平行于正投影面,即与圆锥体轴线平行,所以截交线为一双曲线。

截交线的水平投影积聚在 $p$ 上成一直线,它的正投影为一反映实形的双曲线。

(2) 作图

由图 5-14 可以看出,双曲线的最低点是 $A$ 和 $B$,在圆锥体底圆上,其水平投影为 $a$ 和 $b$,正投影为 $a'$ 和 $b'$。

双曲线最高点 $E$ 的水平投影 $e$ 应位于直线 $ab$ 的中点。可过 $E$ 作一圆锥面上的水平面,即以 $s$ 为圆心,$se$ 为半径在水平投影面上作一圆,由此再求出其正投影(在图上位于 $q'$ 处),这样 $e'$ 的位置便可确定。中间点 $C$ 和 $D$ 的求法与前相同。

### 5.2.3 圆球的截交线

平面与圆球相交,其截交线形状都是圆,但根据截平面与投影面的相对位置不同,其截交线的投影可能为圆、椭圆或积聚成一直线。如图 5-15 所示,圆球被一水平面所截,其截交线的水平投影为一反映实形的圆,正投影和侧投影则积聚成一直线。

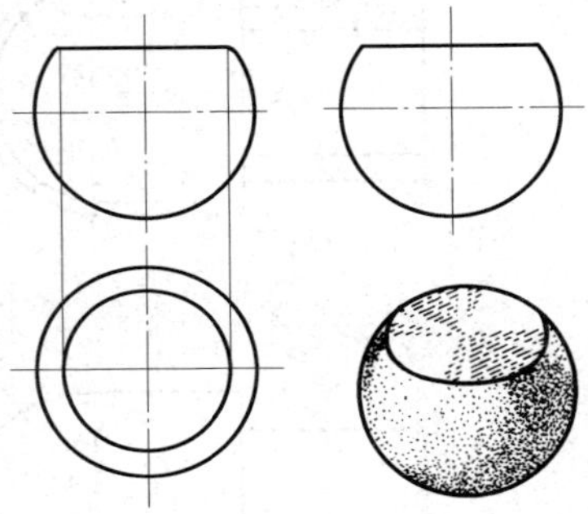

【例 5-13】 半圆球上开有矩形槽,已知它的主视图,求作俯视图及左视图,如图 5-16 所示。

【解】 (1) 空间及投影分析

矩形槽是由一个水平面和两个侧平面截切圆球而成的,其截交线皆为圆的一部分。

水平面与圆球相截,其截交线的水平投影反映实形,为圆的一部分;截交线的正投影和侧投影积聚成一直线。

图 5-15 圆球被一水平面截切

侧平面与圆球相截,其截交线的侧投影反映实形,为一段圆弧;截交线的正投影和水平投影积聚成一直线。

(2) 作图

在主视图上过水平面作一截面,在水平投影上得一辅助圆,槽底部分的圆弧,即为截交线的水平投影。

同理,在主视图上过侧平面作一截面,在侧投影上得一辅助圆,槽壁部分的圆弧,即为截交线的侧投影。具体作法见图 5-16。

### 5.2.4 复合回转体的截交线

有的机件是由复合回转体截切而成的,在求作其截交线时,应分析复合回转体由哪些基本回转体组成及其连接关系,然后分别求出这些基本回转体的截交线,并依次将其连接。

【例 5-14】 一复合回转体被二平面截切,已知其俯视图和左视图,求作主视图,如图 5-17 所示。

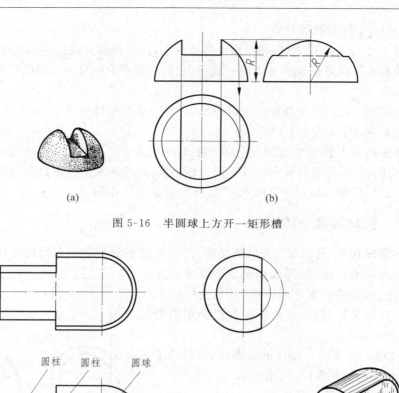

图 5-16 半圆球上方开一矩形槽

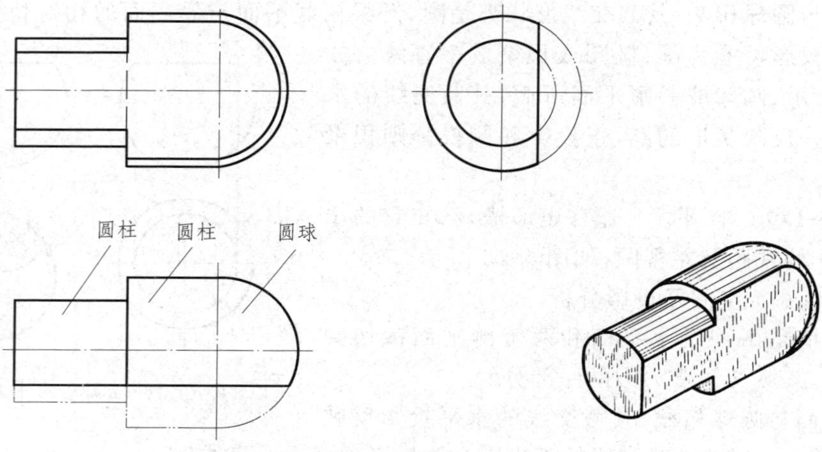

图 5-17 复合体被一正平面截切

**【解】**（1）空间及投影分析

分析图 5-17，该复合回转体由两个直径不等的同轴圆柱和半个圆球组合而成，球心位于圆柱的轴线上，且圆球直径和大圆柱直径相等，前面被一个正平面截切。

正平面与两个直径不等的圆柱面相交，其截交线分别为两组距离不等的平行线。其水平投影和侧投影积聚成一直线，正投影反映实形。

正平面与圆球相交，其截交线为一半圆，水平投影和侧投影积聚成一直线，正投影反映实形。

（2）作图

在主视图上画出复合体的轮廓线。

由俯视图及左视图，求出两个圆柱体截交线在正面上的投影，其投影为两组距离不等的平行线，并求出圆球的截交线投影，其投影为一半圆，圆的直径与大圆柱体的两条截交线距离相等。注意两圆柱体的连接面之间，在正面上的投影有条虚线，画图时不要遗漏。其具体作图见图 5-17。

# 第6章　回转体表面的相贯线画法

机件表面除会出现截交线外,还会出现立体表面与立体表面的相交线,称为相贯线。图 6-1 所示是具有相贯线的机件。

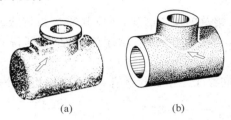

图 6-1　具有相贯线的机件

由于相贯线是两立体表面的交线,所以相贯线是两立体表面的公有线,而公有线是由一系列公有点组成的,因此求相贯线的问题,实质上就是求公有点的问题。

下面介绍一些常见的平面体与回转体以及回转体与回转体相贯线的画法。

## 6.1　平面体与回转体的相贯线画法

平面体与回转体的相贯线,实质上是求出平面体的棱面与回转体表面的截交线,然后将这些截交线连接起来,即为相贯线。相贯线一般是封闭的空间曲线,或者由直线和曲线组合而成。

下面以平面体与圆柱体相交为例说明相贯线的画法。

【例 6-1】　正四棱柱与圆柱体相交,求其相贯线的投影,如图 6-2 所示。

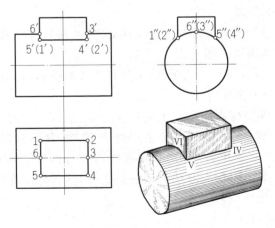

图 6-2　正四棱柱与圆柱体相交

【解】 (1) 空间及投影分析

正四棱柱由 4 个棱面围成。这 4 个棱面分别与圆柱面相交,两个棱面与圆柱轴线平行,截交线为两段平行直线;另外两个棱面与圆柱轴线垂直,截交线为两段圆弧。将这些截交线连接起来即为相贯线。

相贯线的侧投影积聚在圆弧 $\overparen{1''6''5''}$($\overparen{2''3''4''}$)上,水平投影则积聚在矩形 1-2-3-4-5-6 上。因此只需求出相贯线的正投影。

(2) 求作相贯线的投影

由于相贯线的水平投影及侧投影已知,所以只需求相贯线的正投影。可应用点的投影规律,分别求出 $1',2',3',4',5',6'$,然后顺序连接起来,即得相贯线的正投影。具体作图可见图 6-2。

【例 6-2】 圆柱体中间穿了一个四棱柱孔,求相穿后相贯线的投影,如图 6-3 所示。

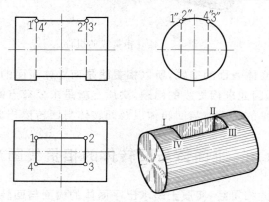

图 6-3 圆柱被四棱柱孔所穿通

【解】 (1) 空间及投影分析

四棱柱孔内表面是由 4 个棱面组成的。所以,4 个棱面与圆柱表面的截交线,即四棱柱孔与圆柱表面的相贯线。相贯线的空间形状和投影与图 6-2 基本相同。

(2) 求作相贯线的投影

相贯线投影的求法与图 6-2 相同。但应注意,在主视图和左视图上有两条虚线表示矩形孔的投影。具体作图可看图 6-3。

【例 6-3】 圆筒中间穿了一个矩形孔,求其相贯线的投影,如图 6-4 所示。

【解】 (1) 空间及投影分析

圆筒由于有一个外圆柱表面和一个内圆柱表面,所以圆筒的内、外圆柱表面均将与矩形孔的表面相交。因此,外圆柱表面有一条相贯线,其形状和投影和图 6-3 相同。另外,内圆柱表面也有一条相贯线,其形状和投影与外圆柱表面的相贯线相似。求法是分别求出矩形孔 4 个棱面与内圆柱表面的截交线,然后将截交线连接起来,即为所求相贯线。

(2) 求作相贯线的投影

先求外圆柱表面的相贯线的投影,即 I、II、III、IV 的投影。再求内圆柱表面的相贯线的投影,即 $I_1$、$II_1$、$III_1$、$IV_1$ 的投影。但应注意,内圆柱表面相贯线的正投影为不可见。在正投影和侧投影上还应画出矩形孔棱面的投影,它们也是虚线,具体作图可见图 6-4。

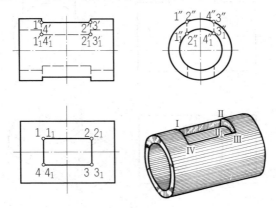

图 6-4 圆筒中间穿了一个矩形孔

综合以上三例可以看出,平面体与圆柱体正交时,其相贯线有下列基本特点:

(1) 相贯线的产生　相贯线的产生有 3 种情况,即外表面与外表面相交、外表面与内表面相交、内表面与内表面相交。

(2) 相贯线的求法　无论是哪种相交情况,相贯线的求法都是求出平面体上棱面与回转体表面的截交线,然后把这些截交线依次连接起来,即为相贯线。求相贯线时,应分清内外表面的相交情况,从而有步骤地分别求出内外表面的相贯线。

(3) 相贯线的趋势　从上述 3 种情况看,当四棱柱与圆柱体正交时,在非积聚性的投影上,其相贯线的弯折趋势总是向圆柱体轮廓线里弯折,且在相交区域内不应有轮廓线投影。

## 6.2　回转体与回转体的相贯线画法

两回转体相交,最常见的是圆柱体与圆柱体相交、圆柱体与圆锥体相交。它们的相贯线形状取决于两回转体各自的形状、相对大小和相对位置。相贯线的形状一般都是**封闭、光滑的空间曲线**。

**由于相贯线是两回转体表面的公有线,所以求相贯线仍然是求两表面公有点的问题。**

求作相贯线常用的有两种方法,即利用积聚性表面取点法和作辅助平面法。下面结合圆柱体与圆柱体正交、圆锥体与圆柱体正交的相贯线的画法,分别加以介绍。

### 6.2.1　圆柱体与圆柱体正交

【例 6-4】　两个直径不同的圆柱体垂直相交,求其相贯线的投影,如图 6-5 所示。

【解】　(1) 空间及投影分析

垂直位置的小圆柱与水平位置的大圆柱的轴线是正交的。小圆柱表面垂直于 $H$ 面,所以它的水平投影具有积聚性,根据相贯线为两个表面公有线的性质,其水平投影一定积

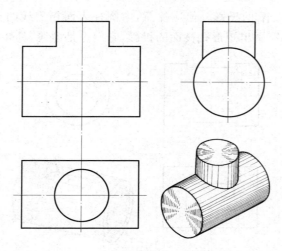

图 6-5 圆柱与圆柱相交

聚在小圆柱的水平投影圆上。同理,大圆柱表面垂直于 $W$ 面,所以它的侧投影具有积聚性,相贯线的侧投影一定也积聚在大圆柱侧投影圆的一段圆弧上。因此,只需要求出相贯线的正投影。

(2) 求作相贯线的投影

求作相贯线的方法,可利用积聚性表面取点法。

① 利用积聚性表面取点法　利用积聚性表面取点法,就是根据投影具有积聚性的特点,由两曲面体表面上若干公有点的已知投影求出其他未知投影,从而画出相贯线的投影。

前面已经分析,相贯线在水平投影及侧投影上具有积聚性。这样,很容易找到相贯线上一些特殊点,这些点分别是相贯线上的最左、最右、最前、最后的点。如图 6-6 所示,根据水平投影 1,2,3,4 及侧投影 $1'',2'',3'',4''$ 可求出正投影 $1',2',3',4'$。

再适当求出相贯线上的一些中间点,如在水平投影上任取 5,6,7,8 点,它们必在侧投影的圆弧上,由此可求出 $5'',6'',7'',8''$ 点。再由各点的水平投影和侧投影求出 $5',6',7',8'$ 点。

将正面投影上求得的点光滑地连接起来,即得所求相贯线的正面投影。具体作法可见图 6-6。

② 正交圆柱体相贯线的近似画法　上述两圆柱体的相贯线,如两柱体的直径相差较大,作图的精确性要求不高时,为作图方便,允许采用近似画法,即用圆弧来代替相贯线的投影。圆弧半径等于大圆柱的半径,圆弧过两圆柱体轮廓线的交点,其圆心在轴线上,具体作法见图 6-7 所示。

【例 6-5】　一圆柱中间被一圆柱孔垂直穿通,求作相贯线的投影,如图 6-8 所示。

【解】(1) 空间及投影分析

圆柱中间被圆柱孔穿通,则圆柱外表面与圆柱孔内表面将产生相贯线。相贯线的水平投影和侧投影分别积聚在两圆柱面的投影上,即在水平投影的圆上及侧投影的一段圆弧上。

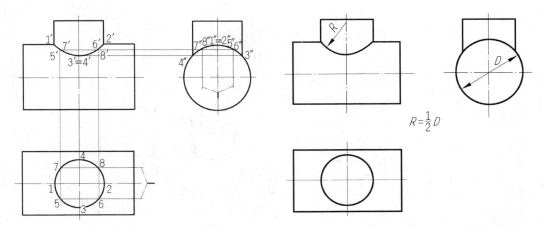

图 6-6 利用积聚性取点法求作两圆柱体相贯线　　　图 6-7 正交圆柱体相贯线近似画法

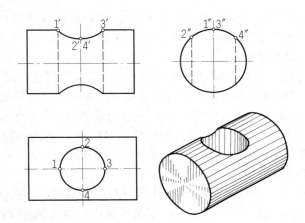

图 6-8 圆柱中间被一圆柱孔穿通后的相贯线

(2) 求作相贯线的投影

相贯线的作图方法和形状均和例 6-4 相同,先求出特殊点,再求出若干中间点。由于大圆柱中间被圆柱孔穿通,所以主视图和侧视图均有两条表示圆柱孔轮廓的虚线。具体作法如图 6-8 所示。

【例 6-6】 两个直径不同的圆筒垂直相交,求作相贯线的投影,如图 6-9 所示。

【解】 (1) 空间及投影分析

两圆筒的轴线垂直相交,小圆筒垂直穿过大圆筒。由于两圆筒都具有内外圆柱表面,外表面与外表面相交,内表面与内表面相交,所以圆筒内外表面均有相贯线。

(2) 求作相贯线的投影

相贯线的作图方法和形状与例 6-5 基本相同,只是需分两步进行:第一步求出两圆筒外表面的相贯线;第二步求出两圆筒内表面的相贯线。由于两圆筒内表面的相贯线正投影为不可见,故主视图上画虚线。具体作法见图 6-9。

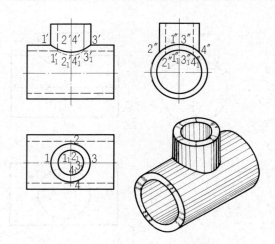

图 6-9 两正交圆筒的相贯线

综合以上三例可以看出,圆柱体与圆柱体正交,其相贯线有下列基本特点:

(1) 相贯线的产生 相贯线的产生有 3 种情况,即外表面与外表面相交、外表面与内表面相交、内表面与内表面相交。

(2) 相贯线的求法 圆柱与圆柱的相贯线的求法,本质问题是求两表面公有点的问题,常用的方法有利用积聚性表面取点法,也可用后面介绍的辅助平面法。

求相贯线时,应分清内外表面相交的情况,从而有步骤地分别求出内外表面的相贯线。

相贯线的具体作图步骤是:先求出它的特殊点,即最高、最低、最左、最右及轮廓线上的点等,因为由这些点能确定相贯线的投影范围并可判断它们的可见性。再求出若干中间点,然后将这些点光滑地连接起来。

(3) 相贯线的趋势 当两圆柱体正交、小圆柱穿过大圆柱时,在非积聚性投影上其相贯线的弯曲趋势总是向大圆柱里弯曲,且在相交区域内不应有轮廓线投影。

(4) 相贯线的变化 当两圆柱正交时,设大圆柱不变小圆柱逐渐变大,则相贯线弯曲程度越来越大。当两圆柱直径相等时,相贯线从两条空间曲线变为两条平面曲线(椭圆),其正面投影成为两相交直线,如图 6-10 所示。

## 6.2.2 圆柱体与圆锥体正交

【例 6-7】 圆柱体与圆锥体垂直相交,求作其相贯线的投影,如图 6-11 所示。

【解】 (1) 空间及投影分析

圆锥体与圆柱体垂直相交,其相贯线为一封闭、光滑的空间曲线。由于圆柱面垂直于侧投影面,它的侧投影积聚成一圆。因此相贯线的侧投影也积聚在此圆上。相贯线的正投影和水平投影没有积聚性,故应分别求出。

(2) 求作相贯线的投影

求作相贯线需用辅助平面法。

辅助平面法就是根据三面共点的原理,利用辅助平面求出两曲面体表面上若干公有点,从而画出相贯线的投影。

具体作图方法是假想用辅助平面去截切两回转体,在两回转体上分别得出截交线。

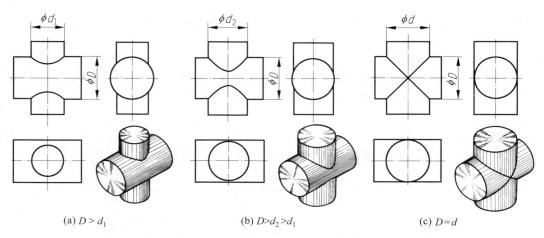

(a) $D > d_1$　　　(b) $D > d_2 > d_1$　　　(c) $D = d$

图 6-10　两圆柱正交时相贯线的变化

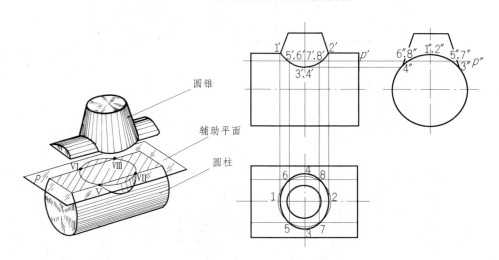

图 6-11　圆柱体与圆锥体正交时相贯线的画法

这两条截交线的交点,既在辅助平面内,又在两回转体表面上,因而是相贯线上的点,如图 6-11 所示。

为了使作图简化,辅助平面的选择原则是:使辅助平面与两回转体表面的截交线的投影简单易画,例如由直线或圆组成的图形。

求作相贯线的具体步骤如下:

① 求特殊点。由正投影和侧投影可知,Ⅰ点和Ⅱ点为最高点,也是最左和最右点。根据 $1', 2'$ 和 $1'', 2''$ 可求出水平投影。Ⅲ点和Ⅳ点为最低点,也是最前和最后点,根据 $3''$, $4''$ 可求出 $3', 4'$ 和 $3, 4$。

② 求中间点。用辅助平面法可求出适当数量的中间点,如作水平位置辅助平面 $P$,它与圆锥面的截交线为圆,与圆柱面的截交线为两平行直线,两平行直线与圆交于 4 个点,即求得相贯线上点的水平投影 $5, 6, 7, 8$,再在 $p'$ 上找出其正投影 $5', 6', 7', 8'$,它们的侧投影积聚在圆柱面投影成的圆上,即 $5'', 6'', 7'', 8''$。然后将这些特殊点和中间点光滑地

连接起来,即得相贯线的正投影和水平投影。具体作法可见图 6-11。

### 6.2.3 三体相交

在机件中,由于形体较为复杂,常会出现多体相交的情况,其表面相贯线的求法,只需分别求出各基本形体间两两相交时的相贯线,再求出各相贯线的连接点——三面共点,最后将各条相贯线顺序连接起来。

现举例如下。

【例 6-8】 有一三体相交,求作其相贯线,如图 6-12 所示。

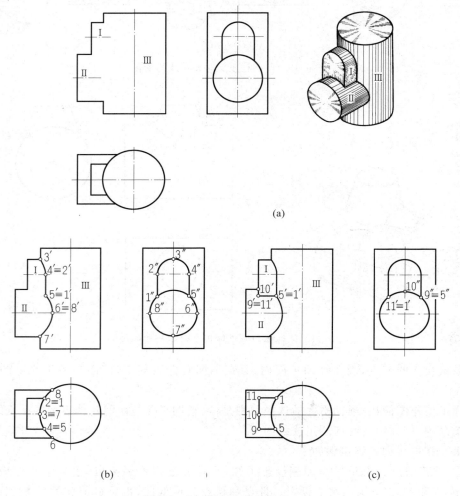

图 6-12 三体相交的相贯线(一)

【解】 (1) 空间及投影分析

从图 6-12(a)中三视图及轴测图可以看出,该相交体由Ⅰ,Ⅱ,Ⅲ 3 部分组成,其中Ⅱ,Ⅲ为圆柱体垂直相交,Ⅰ为半圆柱体。三体相交后各基本形体的表面均有相贯线。

其中Ⅰ,Ⅱ的表面垂直于侧面,故其侧投影有积聚性,相贯线的侧投影皆积聚在其上。Ⅲ

的圆柱面垂直于水平面,其水平投影有积聚性,相贯线的水平投影皆积聚在一段圆弧上。

(2) 求作相贯线的投影

求作三体相交时的相贯线,应分 3 步进行(参看图 6-12(b),(c))。

第 1 步,分别求出Ⅰ与Ⅲ两立体表面的相贯线(用Ⅰ,Ⅱ,Ⅲ,Ⅳ,Ⅴ标出)、Ⅱ与Ⅲ两圆柱表面的相贯线(用Ⅴ,Ⅵ,Ⅶ,Ⅷ,Ⅰ标出),求出Ⅰ与Ⅱ两立体表面的相贯线(用Ⅴ,Ⅸ,Ⅹ,Ⅺ,Ⅰ标出)。

第 2 步,求各相贯线的连接点,即三面公有点Ⅰ和Ⅴ。

第 3 步,将相贯线的正面投影光滑连接起来。

【例 6-9】 有一叠加圆柱体,横向穿了一个半圆柱孔,求作其相贯线,如图 6-13(a)所示。

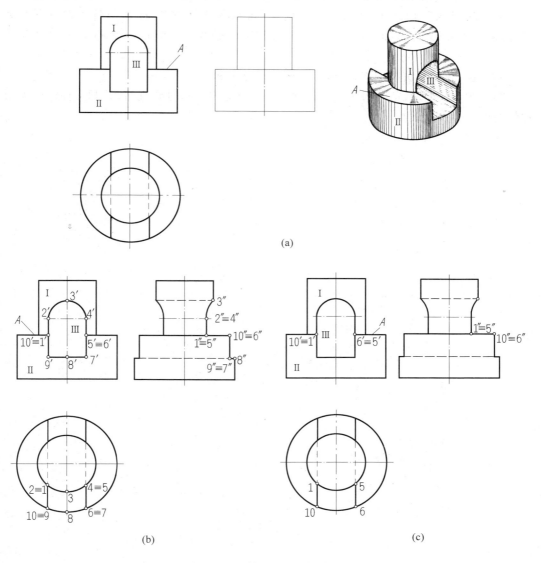

图 6-13 三体相交的相贯线(二)

【解】 (1) 空间及投影分析

由图 6-13(a)中的三视图及轴测图可以看出,该相交体由Ⅰ,Ⅱ,Ⅲ 3 部分组成,其中Ⅰ,Ⅱ为同轴线的圆柱叠加在一起,Ⅲ为半圆柱形孔。三体相交后各基本形体的表面均有相贯线。其中半圆柱形孔Ⅲ垂直于正投影面,故其正投影有积聚性,相贯线的正面投影皆积聚在孔的投影上。Ⅰ,Ⅱ两圆柱体垂直于水平投影面,圆柱面的水平投影具有积聚性,其与孔Ⅲ的相贯线的水平投影分别积聚在这两个圆的一段圆弧上。

(2) 求作相贯线的投影

求作三体相交时的相贯线,应分 3 步进行(参看图 6-13(b),(c))。

第 1 步,分别求出Ⅰ与Ⅲ两立体表面的相贯线(用Ⅰ,Ⅱ,Ⅲ,Ⅳ,Ⅴ标出)、Ⅱ与Ⅲ两立体表面的相贯线(用Ⅵ,Ⅶ,Ⅷ,Ⅸ,Ⅹ标出)。此外,圆柱Ⅱ的端面 A 与Ⅲ表面也有截交线,为两条平行的直线,即Ⅴ,Ⅵ与Ⅸ,其三面投影分别为 56 和 110,$5'6'$ 和 $1'10'$ 及 $5''6''$ 和 $1''10''$。

第 2 步,求各相贯线的连接点,即三面公有点Ⅰ和Ⅴ。

第 3 步,将相贯线的侧投影光滑连接。并注意横穿半圆柱形孔Ⅲ后,相交体的俯视图和侧视图皆会出现虚线。

# 第 7 章 组合体的画图和看图

在应用前面所讲的投影原理和体的三视图的基础上,本章着重讨论组合体的画图和看图。

## 7.1 组合体的组成方式及形体分析法

任何复杂的机件,从形体角度看,都由一些简单的平面体和曲面体组成。因此,我们将由平面体和曲面体组成的物体,称为组合体。

### 7.1.1 组合体的组成方式

组合体常见的组成方式有叠加、相交和切割 3 种。

(1) 叠加　如图 7-1 所示,机件的形体是由两块板叠加而成的。

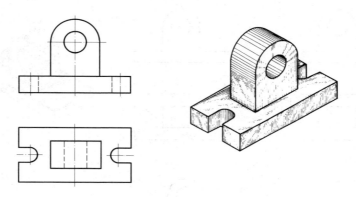

图 7-1　叠加体

(2) 相交　如图 7-2 所示,机件的形体是由两圆筒相交而成的。

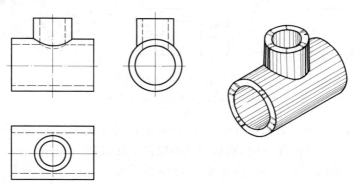

图 7-2　相交体

(3) 切割 如图 7-3 所示,机件的形体是由矩形块切割而成的。

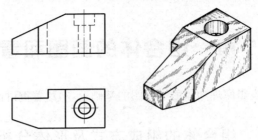

图 7-3 切割体

## 7.1.2 形体之间的表面过渡关系

简单形体组合在一起之后,表面就会有过渡关系。形体之间的表面过渡关系一般可分为 4 种:不平齐,平齐,相切,相交。

(1) 当两形体的前后表面都不平齐时,中间应有粗实线分开(图 7-4(a))。当两形体的前表面平齐,而后表面不平齐时,中间没有实线,但应有虚线(图 7-4(b))。

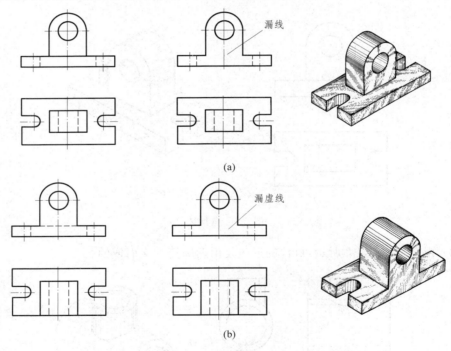

图 7-4 两形体表面不平齐

(2) 当两形体的前后表面平齐时,中间没有粗实线分开(图 7-5)。
(3) 当两形体的表面相切时,在相切处不应该画线,如图 7-6 所示。
(4) 当两形体的表面相交时,在相交处应有交线。图 7-7(a)是平面与曲面相交,图 7-7(b)是曲面与曲面相交。

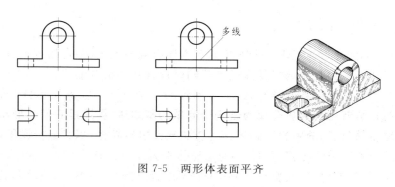

图 7-5　两形体表面平齐

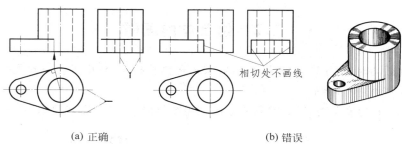

(a) 正确　　　　　　　　　　(b) 错误

图 7-6　平面与曲面相切

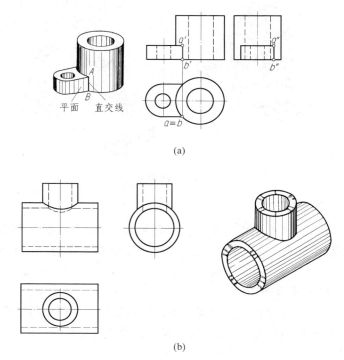

(a)

(b)

图 7-7　两形体相交

### 7.1.3 形体分析法

综上所述,机件的形体是由几个简单的基本体组合而成的,组合的方式有叠加、相交、切割等几种形式。较为复杂的机件体则可能同时包含几种组合形式。

当进行组合体的画图和看图时,经常要用到的一个重要方法就是形体分析法。**所谓形体分析法就是假想把组合体分解为若干个简单的基本体,弄清楚它们的形状,确定它们的组合方式和相对位置,分析它们的表面过渡关系及投影特性,以便进行画图和看图。**

运用形体分析法时应注意两点:一是会把复杂的机件形体合理地分解为若干个简单的基本体,把问题简单化;二是会分析基本体之间的表面过渡关系,正确绘制其投影。

## 7.2 组合体的画图

组合体画图时,由于形体较为复杂,应采用形体分析法,根据投影原理及"三等"关系,有分析有步骤地进行画图。

图7-8所示的轴承座,是由轴测图绘制三视图的例子,其绘图步骤如下。

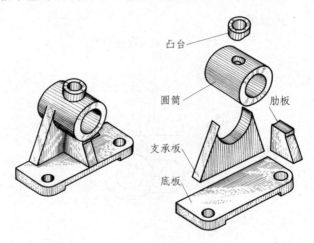

图 7-8 轴承座

**1. 分析形体**

由立体图可以看出,轴承座由底板、支承板、肋板、圆筒及凸台5部分组成。底板在下,和支承板、肋板叠加在一起。圆筒则由支承板、肋板支撑着。凸台在圆筒之上,两者正交。

**2. 布置视图(以下参看图7-9)**

视图应布置合理,排列匀称。根据视图最大轮廓尺寸及视图之间的空当,确定每个视图的位置。所以,要先画出中心线、对称线以及主要形体的位置线,如图7-9(1)所示。

**3. 画底稿线**

初学者为了正确采用形体分析法,减少画图中的错误,应在形体分析的基础上,按照形体的主、次和相对位置,从每一部分形体的特征视图开始,逐个画出它的三视图。

画图的一般顺序是:先画主要部分,后画次要部分;先画大形体,后画小形体;先画整体形状,后画细节形状。具体过程如下:

(1) 画出底板的三视图,如图 7-9(1)所示。
(2) 画出圆筒的三视图,如图 7-9(2)所示。
(3) 画出支承板和肋板的三视图,如图 7-9(3),(4)所示。
(4) 画出凸台的三视图,如图 7-9(5)所示。

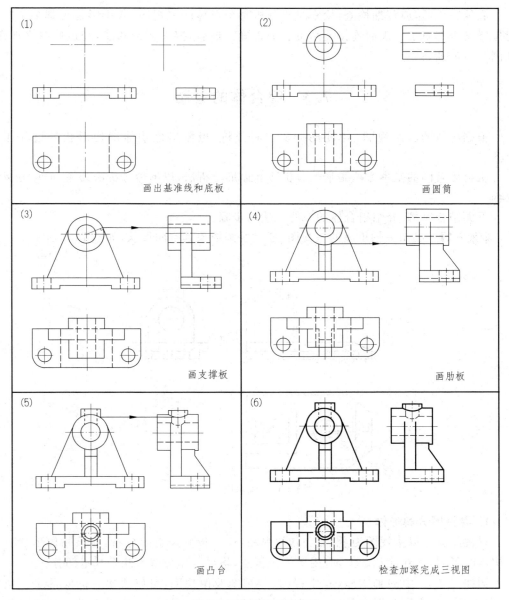

图 7-9 轴承座画图步骤

画图时应注意的几个问题：

（1）画图时，常常不是画完一个视图后再画另一个视图，而是要几个视图配合起来画，以便找出和利用投影之间的关系。

（2）各形体之间的位置要保持正确。例如，支承板的后表面与底板后表面应平齐，凸台应在圆筒的中间。

（3）各形体之间的表面过渡关系要表示正确。例如，凸台与圆筒相交，内、外表面均有相贯线。支承板左右两斜面与圆筒相切，相切处为光滑表面，不应有线条出现。

**4. 检查、加深**

底稿完成后，应仔细检查，检查时要分析每个形体的三视图，其投影是否都全了？相对位置是否都对了？表面连接关系是否都正确？最后，擦去多余的线，经过修改再加深，如图 7-9(6)所示。

## 7.3 组合体的看图

根据物体的已给视图，经过投影及空间分析，想象出该物体确切形状的过程叫做看图。

组合体看图的基本方法是形体分析法和面形分析法，以形体分析法为主，面形分析法为辅。

下面结合实例，介绍组合体的看图方法与步骤。

【例 7-1】 已知一轴承座的三视图，通过看图想象其空间形状，如图 7-10 所示。

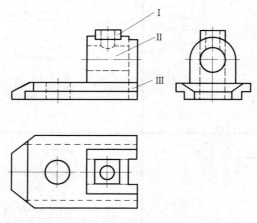

图 7-10 轴承座（一）

**1. 看视图分解形体**

看视图就是以主视图为主，配合其他视图，经过投影及空间分析，对该物体形状有一个初步的了解，并在此基础上，应用形体分析法，将组合体分解为几个基本部分。

例如图 7-10 中的轴承座，有主视图、左视图及俯视图，可以看出它的底部是一块底板，中间是一块半圆柱形支承座，顶部是一块四棱柱形的凸台，主视图反映了该物体的形状特征。

该组合体可以分解为 3 个基本部分，即Ⅰ—凸台、Ⅱ—支承座、Ⅲ—底板。

**2. 对投影确定形状**

把组合体分解为几个基本部分之后，就要细致地分析投影，确定每个基本部分的形状，即根据投影的"三等"对应关系，借助三角板、分规等工具，将每一部分的 3 个投影划分出来，然后仔细地分析、想象，确定它们的形状。看图的一般顺序是：先看主要部分，后看次要部分；先看容易确定的部分，后看难于确定的部分；先看整体形状，后看细节形状。

如图 7-11(a)所示，划分出凸台Ⅰ的三投影，可以从主视图出发，根据"三等"关系，在俯视图和左视图上找到相应的投影。凸台的三投影如图中粗实线所示。

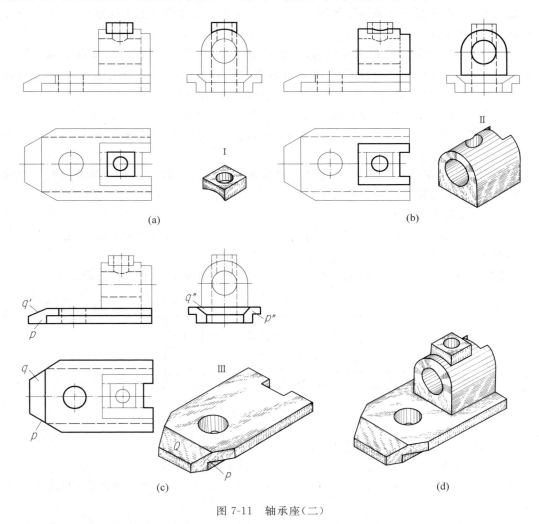

图 7-11 轴承座(二)

从凸台的三投影可以很容易想出其形状是一棱柱形，中间穿了一个小圆孔，如立体图所示。

如图 7-11(b)所示，支承座Ⅱ的三投影用粗实线画出，左视图反映了其形状特征，为一半圆柱形体,横向和垂直方向都穿有圆孔;右端切有凹槽,所以表面有交线。可以想象其形状如立体图所示。

如图 7-11(c)所示,底板Ⅲ的三投影用粗实线画出,俯视图反映了其形状特征。底板左端前后两个斜角由铅垂面 $P$ 切割而成;底板左端斜坡由正垂面 $Q$ 切割而成;底板右端还切有凹槽。可以想象其形状如立体图所示。

经过以上分析,我们把Ⅰ,Ⅱ,Ⅲ块的形状基本上都想象出来了,但对一些细节部分及有关投影,还不一定很清楚。例如,底板Ⅲ上的 $P$ 平面形状及其投影,分析起来就比较困难,有时需要应用面形分析法。

什么是面形分析法?我们知道,**在一般情况下,视图中的一个封闭线框代表物体上一个面的投影,不同线框代表不同的面**。利用这个规律去分析物体的表面形状、相对位置及投影特性,叫做面形分析法。

由图 7-11(c)中的俯视图可以看出,底板Ⅲ中 $P$ 平面为一铅垂面,垂直于水平投影面,而倾斜于正投影面和侧投影面,其正投影和侧投影为七边形,具有类似性,而水平投影则积聚在 $p$ 上。$Q$ 平面为一四边形正垂面,也可以进行类似的分析。

此外,还应仔细分析表面过渡关系和一些难看懂的投影。

例如Ⅰ块和Ⅱ块相交,内、外表面都会有相贯线。Ⅲ块右端开槽后,圆柱表面会产生截交线。

组合体有些形体组合在一起,会产生投影重合现象。例如,Ⅰ块的方形轮廓与Ⅱ块的横向穿孔,在俯视图上的投影重合了。

### 3. 合起来想象整体

在看懂每部分形体的基础上,再进一步分析它们的组合方式和相对位置,最后综合起来想象出组合体的整体形状,如图 7-11(d)中的立体图所示。

【例 7-2】 已知杠杆套筒的主视图和左视图,求作俯视图,如图 7-12 所示。

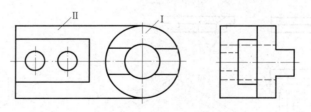

图 7-12 杠杆套筒(一)

这是一个看图和画图结合的例题。

(1)看懂主视图和左视图,想象出杠杆套筒的形状(参看图 7-13)。

由主视图和左视图可知,杠杆套筒基本由两部分组成:右端为一圆筒Ⅰ,左边为一矩形块Ⅱ。

根据主视图分析,在圆筒Ⅰ部分有封闭线框 $p'$ 和 $q'$,由面形分析法可知,不同的线框反映了物体上不同的面,对照左视图的投影,可知 $P$ 平面高于 $Q$ 平面,即圆筒上、下部位对称切去了两块。

从主视图比较容易看出,矩形块Ⅱ也有封闭线框 $r'$ 和 $s'$,对照左视图的投影,可知 $R$

平面高于 S 平面，即矩形块 II 的中间被挖空一块。在挖空部位穿了两个小圆孔。

把 P,Q,R,S 等 4 个平面的层次分析清楚了，该物体的形状就容易想象，如图 7-13 中的立体图所示。

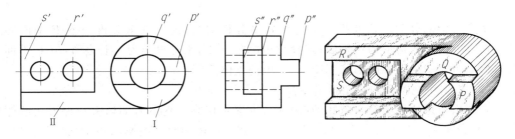

图 7-13　杠杆套筒（二）

(2) 根据主视图和左视图画出俯视图

在俯视图上先画出圆筒 I 和矩形块 II 的轮廓投影，如图 7-14(a)所示。再画圆筒 I 上、下部位被切去的两块的投影，注意圆筒表面会产生截交线。并画出矩形块 II 中间挖空部分和小圆孔的投影，如图 7-14(b)所示。

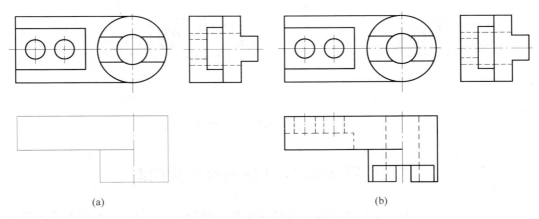

图 7-14　画出杠杆套筒的俯视图

【例 7-3】　已知角块的主视图和俯视图，求作左视图，如图 7-15 所示。

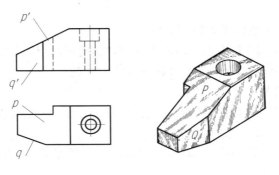

图 7-15　角块

(1) 看懂主视图和俯视图，想象出角块的形状

由主视图和俯视图可知，角块的主体由矩形块切割而成。左端上部被平面 $P$ 斜切了一个角，前面被平面 $Q$ 斜切了一个角，后部则切去了一梯形块，右部中间打了一个台阶孔。

角块其他部分的形状及投影都比较容易分析清楚，这里着重分析一下 $P$ 平面的形状。$P$ 平面为一七边形的正垂面，正投影积聚在 $p'$ 上，水平投影为一七边形，与 $P$ 平面形状类似。可以想象角块的形状如图 7-15 中的立体图所示。

(2) 根据主视图和俯视图画出左视图

先画出矩形块轮廓及台阶孔的侧投影，再逐步切割。画出后部切去一梯形块的侧投影，画出 $Q$ 平面的侧投影。$P$ 平面是正垂面，其正投影和水平投影已知，据此可画出侧投影，为一七边形，与俯视图上的封闭线框具有类似性。具体画法见图 7-16。

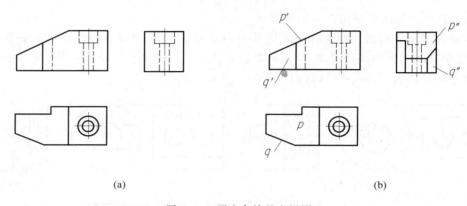

(a)　　　　　　　　　　　　　(b)

图 7-16　画出角块的左视图

## 7.4　用 AutoCAD 绘制组合体视图

使用 AutoCAD 的二维绘图功能绘制组合体的三视图，虽然和手工绘图有很大的不同，但基本绘图原理是相同的，即采用形体分析法，根据投影原理及"三等"关系进行有分析有步骤的画图。本节将以绘制图 7-17 所示的轴承座三视图为例，说明组合体的绘图过程(不标注尺寸)。

**1. 启动 AutoCAD，创建新的图形文件**

(1) 执行【文件(F)】|【新建(N)】选项，弹出"创建新图形"对话框，进行"快速设置"。

(2) 执行【文件(F)】|【另存为(A)】操作，换名存盘。

**2. 绘图环境的设置**

(1) 调出常用的"对象捕捉"工具栏，安放到使用方便的位置上备用。

(2) 打开"栅格"、"正交"、"捕捉"等开关。

(3) 图层的设置：根据国家标准规定和自己的绘图习惯，设置使用方便的图层。参见图 7-18。

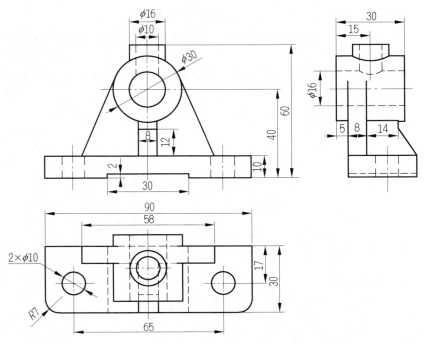

图 7-17　组合体的三视图(一)

| 状 | 名称 | 开 | 冻结 | 锁定 | 颜色 | 线型 | 线宽 | 打印样式 | 打 | 说明 |
|---|---|---|---|---|---|---|---|---|---|---|
| | 0 | | | | 白色 | Con…ous | —— 0… | Color_7 | | |
| | Defpoints | | | | 白色 | Con…ous | —— 默认 | Color_7 | | |
| | 尺寸线 | | | | 品红 | Con…ous | —— 0… | Color_6 | | |
| | 粗实线 | | | | 白色 | Con…ous | —— 0… | Color_7 | | |
| | 点画线 | | | | 红色 | CENTER2 | —— 0… | Color_1 | | |
| | 虚线 | | | | 蓝色 | DASHED2 | —— 0… | Color_5 | | |

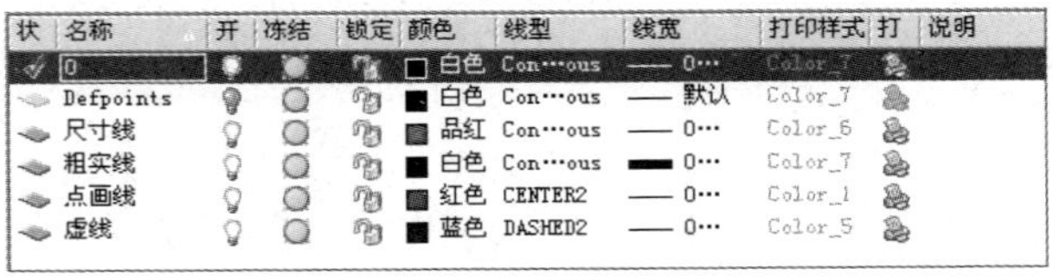

图 7-18　图层的设置

点画线层——红色，CENTER2，线宽 0.13；

虚线层——蓝色，DASHED2，线宽 0.13；

粗线层——白色，实线，线宽 0.5；

……

**3. 绘图**

(1) 将 0 层作为底稿线层，根据给定的尺寸使用矩形命令绘制底板三视图的 3 个矩形，注意利用捕捉栅格点的功能使 3 个矩形按投影关系长对正、高平齐、宽相等。

(2) 分解底板三视图的各矩形后，用偏移命令构造底板各视图的中心线、虚线，用画圆命令画俯视图 $\phi10$ 的圆，用倒圆角命令倒俯视图圆角，用打断、偏移命令将主视图开槽，其他两视图画出对应的投影，并随后改变对象的图层。其中，中心线可以使用夹点编辑方式延伸出轮廓线约 2～3mm。

(3) 绘制圆筒三视图：用画圆命令画主视图，用偏移命令构造圆筒的俯视图和左视图。

(4) 绘制支撑板三视图：用偏移命令构造俯视图，主视图的斜线使用捕捉切点法由底板向外圆引切线，左视图与主视图的高平齐可捕捉主视图切点画辅助水平线来实现。

(5) 绘制肋板三视图：用偏移命令、修剪命令构造各视图。

(6) 绘制凸台三视图：用画圆命令画俯视图，用偏移命令、修剪命令构造主视图和左视图，用三点法画圆弧相贯线。

(7) 检查、整合图形，调整对象的图层、线型比例等，使虚线、点画线的画法符合国家标准要求。

**4. 将最终绘图结果（见图 7-19）存盘**

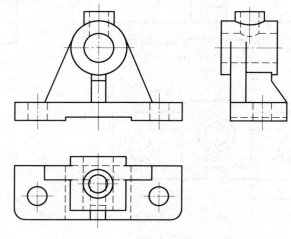

图 7-19　组合体的三视图（二）

# 第 8 章　表达机件的常用画法

在前几章中,介绍了正投影的基本原理及用三视图表达物体的方法。但在生产实际中,有的机件内外形状结构都比较复杂,仅用前面所讲的三视图,还不能完整、清晰地把它们表达出来。为了满足生产用图的需要,国家标准《技术制图》规定了视图、剖视图、断面图及简化画法等常用表达方法。这些画法每个制图人员都应严格遵守并熟练地掌握。

## 8.1　视　　图

根据国家标准《技术制图》GB/T 1751—1998 的规定,视图分为基本视图、向视图、局部视图和斜视图。

### 8.1.1　基本视图

当机件的形状比较复杂时,其 6 个面的形状都可能不相同。为了清晰地表达机件的 6 个面,需要在 3 个投影面的基础上,再增加 3 个投影面组成一个正方形立体。构成正方形的 6 个投影面称为基本投影面。

把机件正放在正立方体中,将机件向 6 个基本投影面投射,得到 6 个基本视图。这 6 个基本视图的名称是:从前向后投射得到主视图,从上向下投射得到俯视图,从左向右投射得到左视图,从右向左投射得到右视图,从下向上投射得到仰视图,从后向前投射得到后视图。

6 个投影面的展开方法如图 8-1 所示。正投影面保持不动,其他各个投影面按箭头

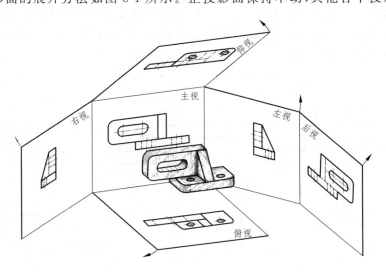

图 8-1　6 个基本投影面及其展开

所指方向,逐步展开到与正投影面在同一个平面上。

当6个基本视图按展开后的位置(如图8-2)配置时,一律不标注视图的名称。

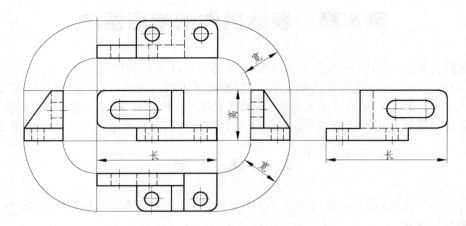

图8-2　6个基本视图

6面视图的投影对应关系是:

(1) 6视图的度量对应关系,仍保持"三等"关系,即主视图、后视图、左视图、右视图高度相等;主视图、后视图、俯视图、仰视图长度相等;左视图、右视图、俯视图、仰视图宽度相等。

(2) 6视图的方位对应关系,除后视图外,其他视图在远离主视图的一侧,仍表示物体的前面部分。

### 8.1.2　向视图

从某一方向投射所得到的视图称为向视图。

向视图是可自由配置的视图。若6视图不按上述位置配置时,也可用向视图自由配置。即在向视图的上方用大写拉丁字母标注,同时在相应视图的附近用箭头指明投射方向,并标注相同的字母,如图8-3所示。

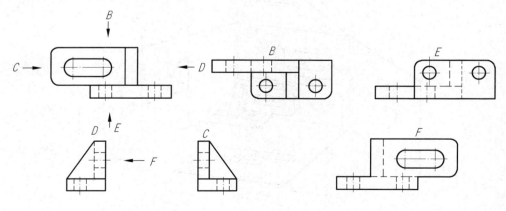

图8-3　向视图

### 8.1.3 斜视图

当机件的某部分与基本投影面成倾斜位置时(如图 8-4 中斜板部分),在基本视图上则不能反映该部分的真实形状。这时可设立一个与倾斜表面平行的辅助投影面 $P$,且垂直于 $V$ 面,并正对着此投影面投射,则在该辅助投影面上得到反映倾斜部分真实形状的图形。像这样将机件向不平行于基本投影面的投影面投射所得到的视图称为斜视图,如图 8-4 所示。

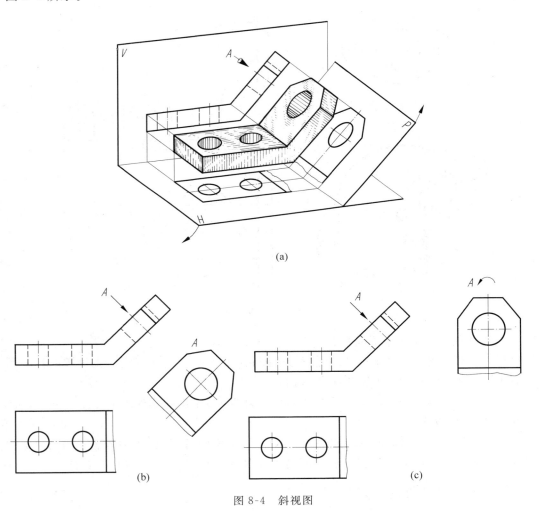

图 8-4 斜视图

画斜视图时应注意下列几点:

(1) 斜视图通常按向视图的配置形式配置并标注,即用大写拉丁字母及箭头指明投射方向,且在斜视图上方用相同字母注明视图的名称,如图 8-4(b)所示。

(2) 斜视图只要求表达倾斜部分的局部形状,其余部分不必画出,可用波浪线表示其断裂边界。

（3）必要时，允许将斜视图旋转配置。表示该视图名称的大写拉丁字母应靠近旋转符号的箭头端，如图 8-4(c)所示。

### 8.1.4 局部视图

如果机件主要形状已在基本视图上表达清楚，只有某一部分形状尚未表达清楚，这时，可将机件的某一部分向基本投影面投射，所得的视图称为局部视图，如图 8-5 所示。

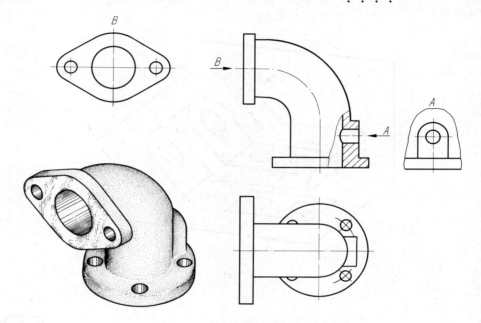

图 8-5　局部视图

画局部视图时应注意下列几点：

（1）局部视图可按基本视图的配置形式配置（图 8-4(b)的俯视图），也可按向视图的配置形式配置（图 8-5 中 A 视图和 B 视图）。

（2）标注的方式是用带字母的箭头指明投射方向，并在局部视图上方用相同字母注明视图的名称，如图 8-5 所示。

（3）局部视图的周边范围用波浪线表示（图 8-5 中的 A 视图）。但若表示的局部结构是完整的，且外形轮廓又是封闭的，则波浪线可省略不画，如图 8-5 中的 B 视图。

### 8.1.5 第三角画法简介

随着国际技术交流的日益增多，工作中会遇到某些国家（如英、美等国）采用第三角画法的技术图纸，因此有必要简单介绍一下第三角画法。

**1. 什么是第三角画法**

3 个互相垂直的投影面 $V,H,W$，将 $W$ 面左侧空间划分为 4 个分角，按顺序分别称为第Ⅰ分角、第Ⅱ分角、第Ⅲ分角、第Ⅳ分角，如图 8-6 所示。

前面所讲的三视图是将机件放在第Ⅰ分角中，使机件处在投影面和观察者之间进行投射,这样得到的视图称为第一角画法。

若将机件放在第Ⅲ分角中,假设投影面是透明的,使投影面处在观察者和机件之间进行投射,这样得到的视图称为第三角画法(图 8-7)。

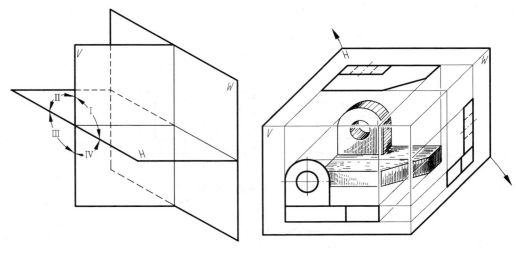

图 8-6　4 个分角　　　　　　　　　　图 8-7　三视图的形成

**2．第三角画法中的三视图**

(1) 三视图的形成

按第三角画法,将机件放在 3 个相互垂直的透明投影面中,就像隔着玻璃板看东西一样,在 3 个投影面上将得到 3 个视图(图 8-7)。

由前向后投射,在投影面 $V$ 上得到的视图称为前视图。

由上向下投射,在投影面 $H$ 上得到的视图称为顶视图。

由右向左投射,在投影面 $W$ 上得到的视图称为右视图。

(2) 三视图的展开

为使三视图展开在同一平面上,规定 $V$ 面不动,$H$ 面绕它与 $V$ 面相交的轴线向上翻转 90°,$W$ 面绕它与 $V$ 面相交的轴线向右转 90°,均与 $V$ 面重合,而平摊在一平面上,如图 8-8 所示。

三视图的位置相互配置是顶视图在前视图的上方,右视图在前视图的右方。视图按照上述位置配置时,一律不注视图名称。

**3．第三角画法与第一角画法的比较**

第三角画法与第一角画法都是采用正投影法,所以正投影法的规律,如度量方面三视图的对应关系,对两者是完全适用的(图 8-9)。这是它们的共同点,不同点是:

(1) 视图的名称和相互位置有所不同。

(2) 两种画法所反映的机件部位有所不同。在第一角画法中,俯视图和左视图远离主视图的一侧,反映的是机件前面部位;而在第三角画法中,顶视图和右视图远离前视图的一侧,反映的是机件的后面部位,参看图 8-10。

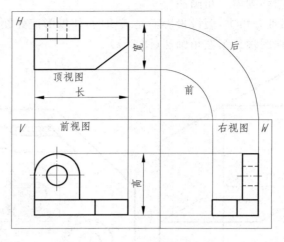

图 8-8 三视图的展开

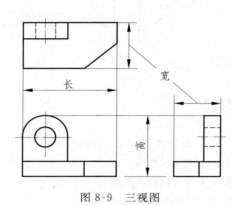

图 8-9 三视图

(a)          (b)

图 8-10 第一角画法与第三角画法的部位比较

**4. 第三角画法的六面视图**

按第三角画法,若将机件放在六面体中,向 6 个投影面投射,也将得到 6 个基本视图。除上述 3 个视图外,另外 3 个视图是:由左向右投射所得视图称为左视图,由下向上投射所得视图称为底视图,由后向前投射所得视图称为后视图。按图 8-11 所示的位置配置时,一律不标注视图的名称。

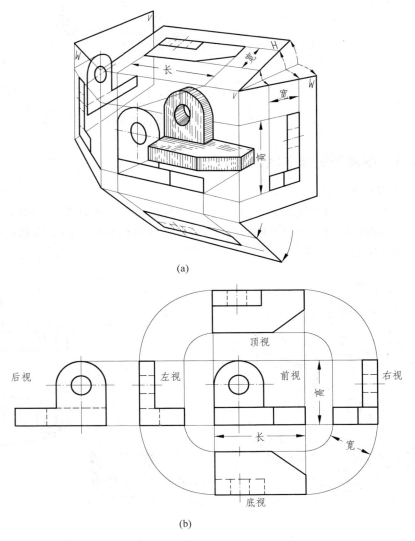

图 8-11 六视图的形成与配置(第三角画法)

## 8.2 剖 视 图

当机件内形比较复杂时,用视图来表示就会出现许多虚线(图 8-12),这样给看图和标注尺寸都带来了不便。因此,为了清楚地表达机体的内形,GB/T 17452—1998 规定了剖视图的画法,现介绍如下。

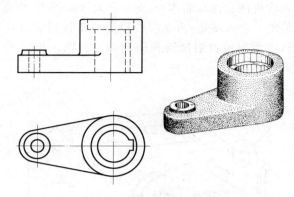

图 8-12　用虚线表示机件内部形状

## 8.2.1　剖视图的基本概念和画法

**1. 什么是剖视图**

如图 8-13 所示,假想用剖切面剖开机件,将处在观察者和剖切面之间的部分移去,而将其余部分向投影面投射所得的图形称为剖视图,或简称剖视。剖切面系指剖切被表达机件的假想平面或曲面,如图 8-13 中的剖切平面 A。

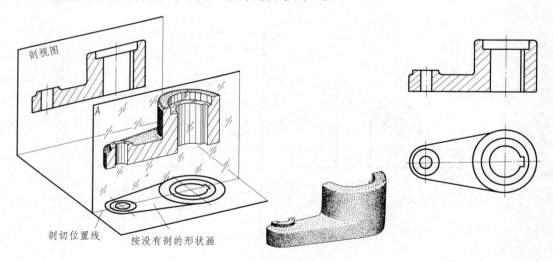

图 8-13　剖视图的画法(一)

**2. 剖视图的画法**

以图 8-13 中的机件为例,在主视图上取剖视,其画法如下(图 8-14):

(1) 分析视图与投影,想清楚机件的内外形状。

(2) 确定剖切平面的剖切位置。此时剖切平面平行于正面,且通过对称中心线。

(3) 想象清楚剖切后的情况,哪些部分移走了,哪些部分留下来了?哪些部分切着了,哪些部分没有切着?未切着的部位后面有无可见轮廓线投影?

(4) 画图步骤一般是先画整体,后画局部;先画外形轮廓,再画内形结构。注意不要遗漏了后面的可见轮廓线。切着的部分要画上剖面符号(各种材料的剖面符号见表 8-1)。

(5) 检查、加深、标注,完成图形。

**3. 剖视图的标注**

在剖视图上,应将剖切位置、投射方向、剖视图的名称,在相应的视图上进行标注。

(1) 注明剖切位置。由剖切线与剖切符号组成。剖切线是指明剖切面位置的线,用点画线表示。剖切符号用来指明剖切面的起、讫和转折位置,用粗短画线表示。粗短画线长约 5mm,起讫处不要与轮廓线相交,应留有少许间隙。具体标注如图 8-15。剖切线也可省略不画,如图 8-16 所示。

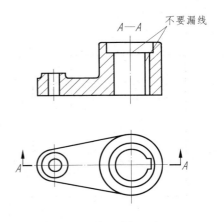

图 8-14 剖视图的画法(二)

表 8-1 各种材料的剖面符号

| 金属材料<br>(已有规定剖面符号者除外) | | 木质胶合板<br>(不分层数) | |
|---|---|---|---|
| 线圈绕组元件 | | 基础周围的泥土 | |
| 转子、电枢、变压器和电抗器等的叠钢片 | | 混凝土 | |
| 塑料、橡胶、油毡等非金属材料<br>(已有规定剖面符号者除外) | | 钢筋混凝土 | |
| 型砂、填砂、砂轮、陶瓷刀片、硬质合金刀片、粉末冶金材料等 | | 砖 | |
| 玻璃及供观察用的其他透明材料 | | 格网<br>(筛网、过滤网等) | |
| 木材 | 纵断面 | 液体 | |
| | 横断面 | | |

(2) 注明投射方向。在起讫两端用箭头表示投射方向。

(3) 注明剖视图名称。用大写拉丁字母在剖切符号起、讫、转折处标注;并用相同字母在剖视图的上方注明名称"×—×",如图 8-14 中的 $A—A$。

但在下列情况时,剖视图标注的内容可相应省略:

(1) 当剖视图按投影关系配置,中间又没有其他图形隔开时,箭头可以省略(如图 8-19 所示)。

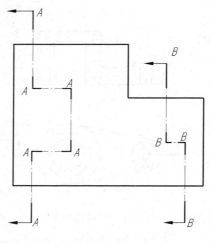
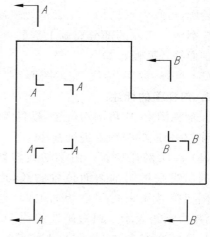

图 8-15　剖视图的标注(一)　　　　图 8-16　剖视图的标注(二)

(2) 当剖切面与机件的主要对称面重合,且剖视图又按投影关系配置时,则全部标注内容可以省略(如图 8-13 所示)。

**4. 画剖视图应注意的几个问题**

(1) 分清剖切面的位置。剖切面一般应通过机件的主要对称面或轴线,并要平行或垂直于某一投影面。

(2) 剖视图只是假想用剖切面将机件剖切开,所以画其他视图时仍应按完整的画出,而不应只画剖切后剩余的部分,图 8-17(b)所示的俯视图是错误的。

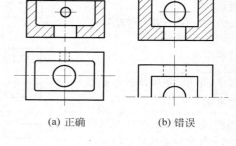

图 8-17　剖视图中正误画法

(3) 当在剖视图或其他视图上已表达清楚的结构、形状,而在剖视图或其他视图中此部分投影为虚线时,一律不画出,如图 8-18 所示。

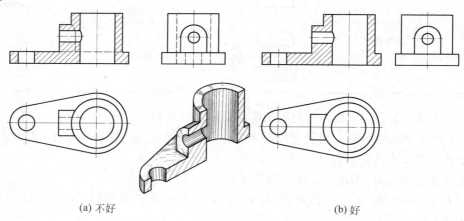

图 8-18　剖视图中的虚线问题(一)

但没有表示清楚的结构、形状，允许在剖视图上或其他视图上画出少量的虚线，如图 8-19 所示。

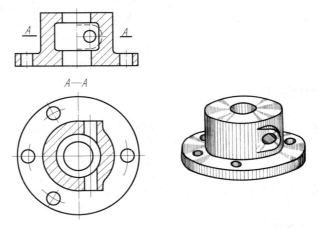

图 8-19　剖视图中的虚线问题（二）

（4）剖切后余留下的可见部分的投影应全部画出，并分析其结构形状及投影特点，如图 8-20 所示的几种情况。

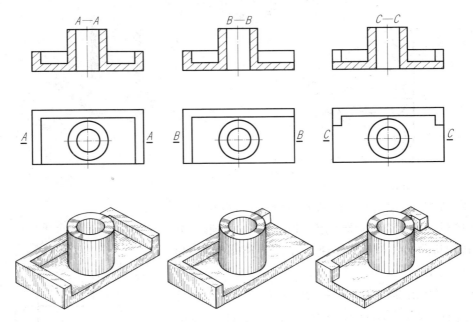

图 8-20　剖视图后面的可见投影

（5）被剖切面切着的断面应画上剖面符号。若为金属材料的剖面线应以适当角度的细实线绘制。最好与主要轮廓或对称线成 45°角，其剖面线方向、间距应一致，如图 8-21 所示。

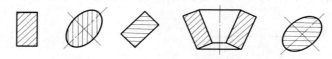

图 8-21 剖面线画法

### 8.2.2 剖视图的种类

按剖切范围来分,剖视图可以分为全剖视图、半剖视图、局部剖视图 3 类,现分别介绍如下。

**1. 全剖视图**

(1) 用剖切面完全剖开机件的剖视图称为全剖视图,简称全剖视。如图 8-22 所示。

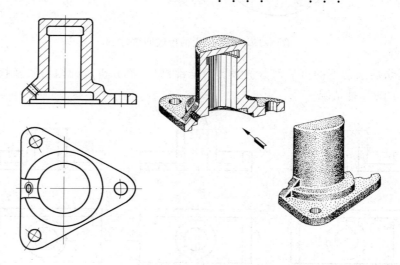

图 8-22 全剖视图(一)

(2) 适用范围。当机件的外形较简单,内形较复杂,而图形又不对称时,常采用这种剖视;或外形简单的回转体机件,为了便于标注尺寸也采用全剖视,如图 8-23 所示。

(3) 剖视图的标注。图 8-22 和图 8-23 由于都是用单一剖切面通过机件的对称面剖切,且剖视图按投影关系配置,故可省略标注。

**2. 半剖视图**

(1) 当机件具有对称平面时,向垂直于对称平面的投影面上投射所得的图形,可以对称中心线为界,一半画成剖视图,另一半画成视图,这种剖视图称为半剖视

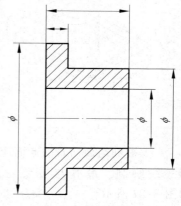

图 8-23 全剖视图(二)

图，简称半剖视。如图 8-24 所示。

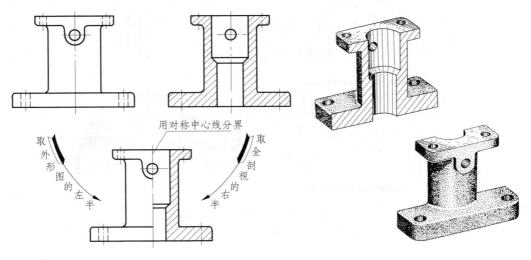

图 8-24 半剖视图（一）

画半剖视图时，当视图与剖视图左右配置时，规定把剖视图画在中心线的右边。当两者上下配置时，把剖视图画在中心线的下边，如图 8-25 所示。

注意：不能在中心线位置画上粗实线。

（2）适用范围。半剖视图的特点是用剖视图和外形图的各一半来表达机件的内形和外形。所以当机件的内、外形状都需要表达，且图形又对称时，常采用半剖视图（图 8-24）。机件的形状接近于对称，且不对称部分已另有图形表达清楚时，也可采用半剖视图，如图 8-26 所示。

（3）剖视图的标注。如图 8-25 所示，在主视图上的半剖视图，因剖切面与机件的对称面重合，且按投影关系配置，故可省略标注。但对俯视图来说，因剖切面未通过主要对称面，需要标注，但可省略箭头。

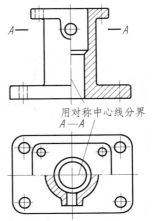

图 8-25 半剖视图中剖视的位置安排

**3. 局部剖视图**

（1）用剖切面局部地剖开机件所得的剖视图称为局部剖视图，简称局部剖视。如图 8-27 所示的拉杆，左右两端为圆孔，左端有小螺孔，而中间部分为实心杆，这种情况宜采用局部剖视。剖切后，其断裂处用波浪线分界，以示剖切的范围。

（2）适用范围。局部剖视是一种比较灵活的表示方法，适用范围较广，如何剖切以及剖切范围多大，需要根据具体情况而定，下面列举几个常用的例子：

① 当轴、手柄等实心杆件上有孔、键槽时，应采用局部剖视图，如图 8-28 所示。

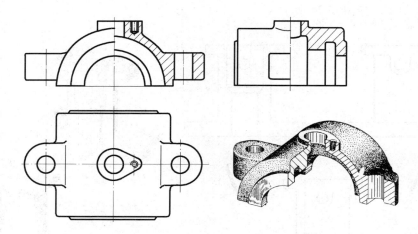

图 8-26 半剖视图(二)

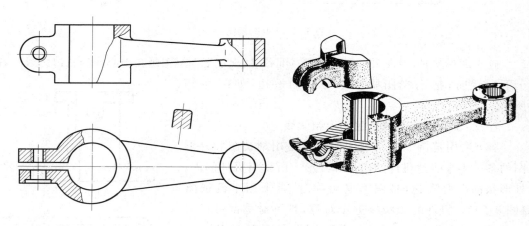

图 8-27 局部剖视图(一)

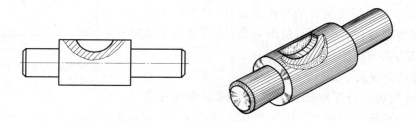

图 8-28 局部剖视图(二)

② 当对称机件的轮廓线与中心线重合时,不能用半剖视图,而应采用局部剖视图,如图 8-29 所示。

③ 图 8-30 所示支座,当机件的内、外形状都比较复杂,而图形又不对称时,为了把内、外形状表达清楚,可采用局部剖视图。

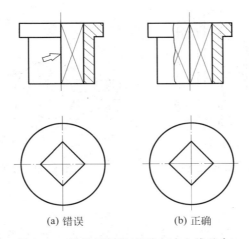

(a) 错误　　　　(b) 正确

图 8-29　局部剖视图(棱线与中心线重合)

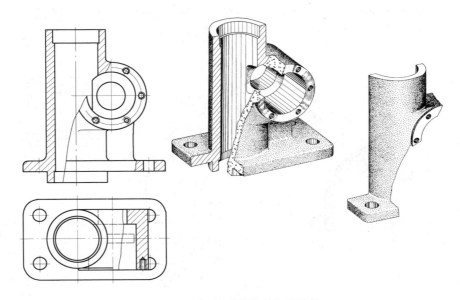

图 8-30　内、外形状较复杂的机件

(3) 剖视图的标注。局部剖视一般都从孔、槽、空腔的中心线处剖切,剖切位置比较明显,故可以不标注。

(4) 画局部剖视图应注意的问题

① 表示断裂处的波浪线不应与图样上其他图线重合,如图 8-31 所示。

② 如遇槽、孔等空腔,波浪线不能穿空而过,也不能超出视图的轮廓线,如图 8-32 所示。

按剖切面和剖切方法的不同,剖视图还可分为斜剖视图、阶梯剖视图、旋转剖视图和复合剖视图。

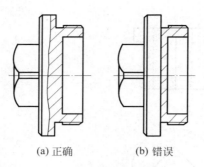
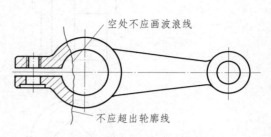

(a) 正确　　(b) 错误

图 8-31　波浪线不应与轮廓线重合

图 8-32　波浪线的错误画法

**4．斜剖视图**

（1）如图 8-33 所示,当机件上倾斜部分的内形和外形,在基本视图上都不能反映其实形时,可用一平行于倾斜部分且垂直于某一基本投影面的剖切面剖切,剖切后再投射到与剖切面平行的辅助投影面上,以表达其内形和外形。这种用不平行于任何基本投影面的剖切面剖开机件所得到的剖视图称为斜剖视图,简称斜剖视。

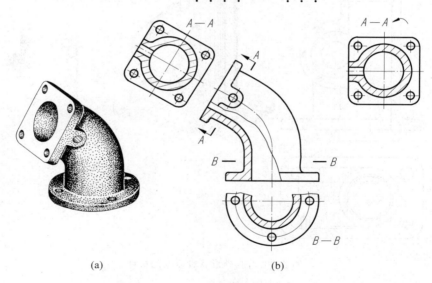

(a)　　(b)

图 8-33　斜剖视图

（2）适用范围。当机件具有倾斜部分,而这部分内形和外形均需表达时,应采用斜剖视图。

（3）剖视图的标注。斜剖视图要标注剖切线、剖切符号、箭头和字母,并在剖视图上方用相同字母标注剖视图的名称"×—×",如图 8-33 中的 $A—A$。

**5．旋转剖视图**

（1）如图 8-34 所示,机件上有 3 个大小、形状不同的孔,需用两个相交的剖切面将其剖切,并将被倾斜剖切面切着的结构要素及其有关部分旋转到与相关投影面平行再进行投射。这种用两相交的剖切面剖切机件所得到的剖视图称为旋转剖视图,简称旋转剖视。

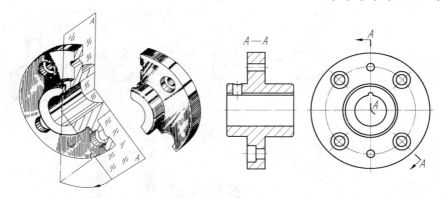

图 8-34 旋转剖视图(一)

(2) 适用范围。当机件的内部结构需用两个相交的剖切面剖切,才能将其完全表达清楚,且这个机件又具有回转轴线时,应采用旋转剖视图。

(3) 剖视图的标注。旋转剖视图应标注剖切线、剖切符号、大写字母及箭头,并在剖视图的上方用相同字母标注视图的名称"×—×",如图 8-34 中的 $A—A$。

(4) 画旋转剖视图时应注意剖切面后的可见结构仍按原有位置投射,如图 8-35 中的小油孔。又若剖切面剖切后产生不完整要素时,仍应将此部分按不剖绘制,如图 8-36 中的臂。

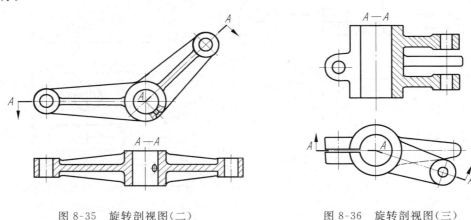

图 8-35 旋转剖视图(二)　　图 8-36 旋转剖视图(三)

**6. 阶梯剖视图**

(1) 有些机件内形层次较多,如图 8-37 所示,机件上有几个直径不等的孔,其轴线不在同一平面,所以要把这些孔的结构形状都表达出来,需要用两个相互平行的剖切面来剖切。这种用几个相互平行的剖切面把机件剖切开所得到的剖视图称为阶梯剖视图,简称阶梯剖视。画阶梯剖视图应注意两点:

① 剖切面的转折处不应与图上轮廓线重合,且不要在两个剖切面转折处画上粗实线投影,如图 8-38 所示。

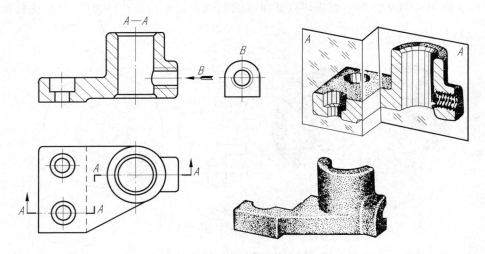

图 8-37 阶梯剖视图

② 在剖视图形内不应出现不完整的要素,仅当两个要素在图形上具有公共对称中心线或轴线时,才允许以对称中心线或轴线为界线各画一半,如图 8-39 所示。

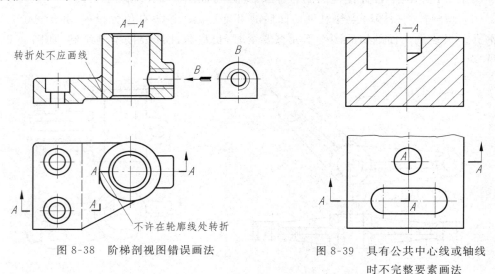

图 8-38 阶梯剖视图错误画法　　　图 8-39 具有公共中心线或轴线时不完整要素画法

(2) 适用范围。当机件上的孔、槽及空腔等内部结构不在同一平面内而呈多层次时,应采用阶梯剖视图。

(3) 剖视图的标注。阶梯剖视图应标注剖切线和剖切符号、大写字母和箭头,并在剖视图的上方用相同字母标注剖视图的名称"×—×",如图 8-37 中的 A—A。

**7. 复合剖视图**

当机件内形结构比较复杂,不能单一用上述剖切方法表示时,需要将几种剖切方法结合起来使用。一般情况是把某一种剖视与旋转剖视结合起来,这样得到的剖视图称为复合剖视图,简称复合剖视,如图 8-40 所示。

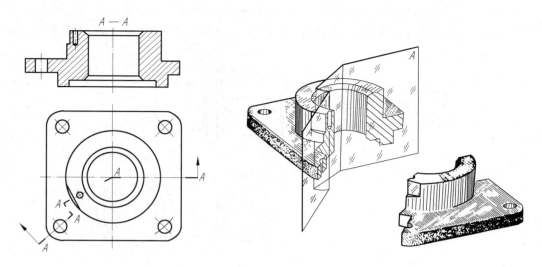

图 8-40　复合剖视图

画复合剖视图时，应标注剖切线和剖切符号、大写字母及箭头，并在剖视图的上方用相同的字母标注剖视图的名称"×—×"，如图 8-40 中的 A—A。

## 8.3　断　面　图

GB/T 17452—1998 规定了断面图的画法，断面图常用来表达机件上的肋、轮辐和轴上键槽等的断面形状。

### 8.3.1　什么是断面图

如图 8-41，假想用剖切面将机件的某处切断，仅画出断面的图形，这种图形称为断面图，简称断面。

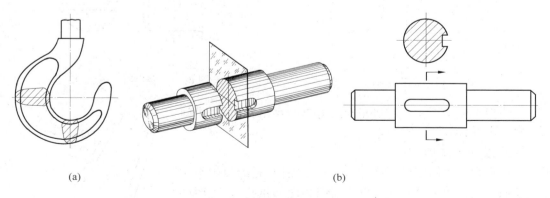

(a) (b)

图 8-41　断面图

注意断面图与剖视图的区别是：断面图只画出机件被剖切的断面形状，而剖视图除了画出机件被剖切的断面形状以外，还要画出机件被剖切后留下部分的投影，如图 8-42 所示。

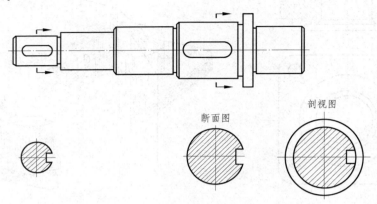

图 8-42　断面图与剖视图的区别

### 8.3.2　断面图的种类

根据断面在绘制时所配置的位置不同，断面图分为两种。

**1. 移出断面图**

画在视图外的断面图形称为移出断面图，轮廓线用粗实线绘制，配置在剖切线的延长线上或其他适当的位置，如图 8-42 所示。

断面图只画出剖切后的断面形状，但当剖切面通过轴上的圆孔或圆坑的轴线时，为了清楚、完整地表示这些结构，仍按剖视图绘制，如图 8-43 及图 8-44 所示。

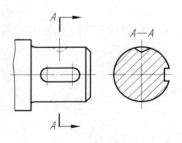

图 8-43　移出断面图（一）

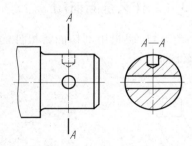

图 8-44　移出断面图（二）

由两个或多个相交剖切面剖切得出的移出断面图，中间一般应断开，如图 8-45 所示。

**2. 重合断面图**

画在视图内的断面图形称为重合断面图，轮廓线用细实线绘制。当视图中轮廓线与重合断面的图形重叠时，视图中的轮廓线仍应连续画出，不可中断，如图 8-41（a）、图 8-46 所示。

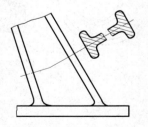

图 8-45　移出断面图（三）

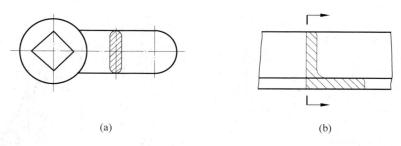

图 8-46 重合断面图

### 8.3.3 断面图的标注

断面图的标注内容和要求与剖视图基本相同。下面作一些具体说明。

(1) 不画在剖切线延长线上的移出断面图,其图形又不对称时,必须标注剖切线、剖切符号、箭头和字母,并在断面图上方用相同字母标注断面图名称,如图 8-43 所示。

(2) 画在剖切线、剖切符号延长线上的移出断面图,当其图形不对称时,只需标注剖切线、剖切符号及箭头,字母可以省略,如图 8-41(b)所示。不对称的重合断面图也如此标注,如图 8-46(b)所示。

(3) 画在剖切线上的重合断面图,或画在剖切线的延长线上的移出断面图,且其图形对称时可以不加标注,如图 8-47(a)和(b)所示。

配置在视图断开处的对称移出断面图,也可不加标注,如图 8-48 所示。

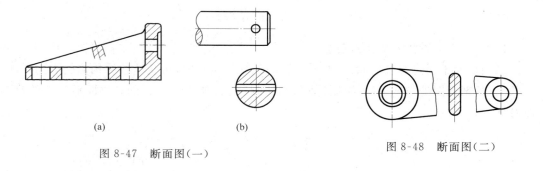

图 8-47 断面图(一)     图 8-48 断面图(二)

## 8.4 简化画法

为了简化画图与提高绘图效率,国家标准规定了技术制图中的一些简化画法,现择要介绍如下。

**1. 机件上的肋板、轮辐**

若剖切面通过肋板厚度的对称平面或轮辐的轴线时,这些结构都不画剖面符号,而用粗实线将它与其邻接部分分开,如图 8-49 和图 8-50 所示。

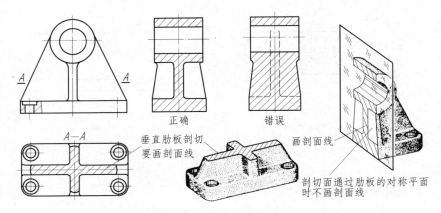

图 8-49 肋板的剖切画法

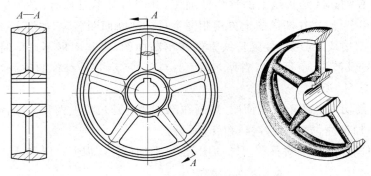

图 8-50 轮辐的剖切画法

## 2. 均匀分布的肋板及孔的画法

当剖切面不通过成辐射状均匀分布的肋板、孔等结构时，可将这些结构旋转到剖切面上画出，其剖视图应按图 8-51 绘制，即未剖切到的孔，画成剖切到的；肋板不对称的，画成对称的。

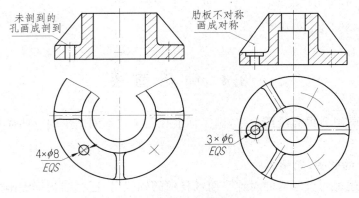

图 8-51 均匀分布的肋板及孔的画法

**3．对称零件或对称结构的画法**

对称零件的视图可只画一半或 1/4，并在对称中心线的两端画出两条与其垂直的平行细实线，如图 8-52 所示。

图 8-52　对称图形表示（一）

又如盘上的孔均匀分布时，允许按图 8-53 上方那样表示。

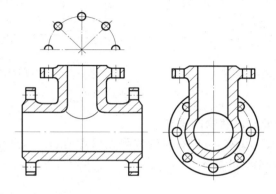

图 8-53　对称图形表示（二）

**4．相同结构要素的画法**

当机件上具有若干相同的结构要素（如孔、槽），并按一定规律分布时，只需要画出几个完整的结构要素，其余的可用细实线连接或画出它们的中心位置。但图中必须注明结构要素的总数，如图 8-54 所示。

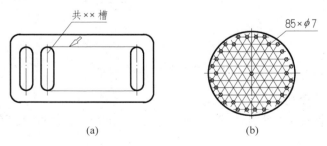

图 8-54　相同结构要素的画法

**5．断开的画法**

像轴、杆类较长的机件，当其沿长度方向形状相同或按一定规律变化时，允许断开绘制，如图 8-55 所示。

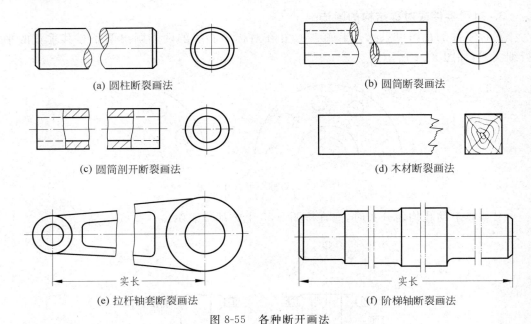

图 8-55　各种断开画法

### 6. 机件上滚花部分及网状物的画法

机件上滚花部分及网状物，可以在轮廓线附近示意地画出这些结构，并在图上注明这些结构的具体要求，如图 8-56 所示。

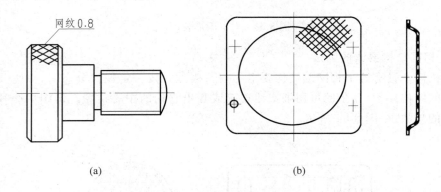

图 8-56　滚花和网状物的画法

### 7. 机件上小平面的表示法

当机件上的小平面在图形中不能充分表达时，可用相交两细实线表示，如图 8-57 所示。

### 8. 机件上小孔、键槽出现的相贯线的简化画法

在回转体上因钻小孔或铣键槽出现的相贯线允许省略或简化，但必须有一个视图已清楚地表示了孔、槽的形状，如图 8-58 所示。

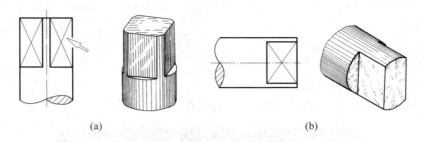

图 8-57 机件上小平面的表示法

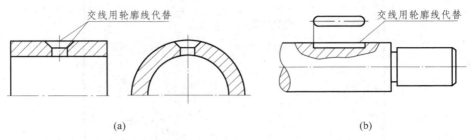

图 8-58 机件上因小孔、键槽出现的相贯线简化画法

**9. 假想表示法**

机件上的结构位于剖切面前时,若需要表示这些结构,可按假想投影轮廓线绘制,用双点画线表示,如图 8-59 所示。

**10. 局部放大画法**

当机件的局部结构图形过小时,可以采用局部放大画法。画局部放大图时,应用细实线圈出放大部分,并尽量放在放大部位附近。若同一机件有几个放大部位时,应用罗马数字顺序注明,并在放大图的上方标注出相应的罗马数字及采用的比例,如图 8-60 所示。

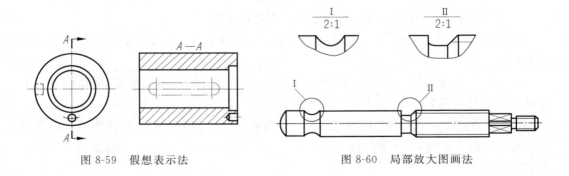

图 8-59 假想表示法　　　　　　图 8-60 局部放大图画法

## 8.5　用 AutoCAD 填充剖面线

用 AutoCAD 生成零件的轮廓线后,在断面上可以用填充图案命令 BHatch(Hatch)方便地画出剖面线符号,形成剖视图或断面图。下面以填充轴的剖视图和断面图

(图 8-62 剖面线填充)为例,简单介绍以系统预定义方式来填充图案的操作过程。

**1. 功能**

用指定的图案填充指定的区域。

**2. 调用格式与操作**

命令：BHatch ↵(或 BH ↵)。

命令执行后弹出"图案填充和渐变色"对话框,参见图 8-61。

图 8-61 "图案填充和渐变色"对话框

**3. 在"图案填充"选项卡中进行图案填充的操作步骤**

(1) 在"图案填充"选项卡中确认"类型(Y)："为"预定义",它表明将使用系统预定义图案填充。

(2) 单击"图案(P)："右侧的图案填充选项按钮"---",弹出"图案填充"选项板。从中选择自己需要的图案,如 ANSI31,单击"确定"按钮,返回"图案填充和渐变色"对话框。

(3) 单击 添加:拾取点 按钮,此时"图案填充和渐变色"对话框消失,在图形窗口用光标在需要填充的边界内单击(此点称为内部点),边界虚显,按回车键,返回"图案填充和渐变色"对话框。

(4) 在"角度(G)"输入框中输入所选图案相对于 X 轴的旋转角度(此例中为 0),在"比例(S)"输入框中输入所选图案的填充比例(此例中为 1),然后,单击"确定"按钮,则指定区域被所选定的图案填充。

**4. 说明**

(1) 如果发现填充不理想,可以单击"撤销输入"按钮 ,重复上述步骤的操作,在过程中进行比例、角度等参数的调整。

（2）若在步骤（3）时，单击 [图标] 添加:选择对象 按钮，则表示用指定对象的方式给定填充区域，用光标单击边界封闭的对象即可。填充效果和拾取内部点相同。

（3）有时填充失败是因为填充边界不闭合，此时应放大图形，检查填充边界的图线衔接处是否闭合。

（4）填充的图案是以"块"的形式出现的，系统在编辑、修改填充对象时，是以单一对象来处理的。

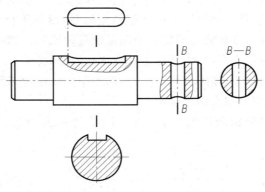

图 8-62　剖面线填充实例（轴的剖视图、断面图）

# 第9章 轴测图与三维实体造型

## 9.1 轴测图的基本知识

应用正投影法画出的三视图能准确地表达物体的形状,但是缺乏立体感,直观性较差,不易想象出物体的形状。**将物体连同其直角坐标系,沿不平行于任一坐标面的方向,用平行投影法投射在单一投影面上所得到的图形就是轴测图**。这种图使物体长、宽、高3个方向的形状都能形象地表现出来,立体感和直观性较好,易于看懂。但这种图的缺点是不能反映物体的真实形状,且作图较繁。因此,轴测图可以作为辅助图样,如机器、部件的安装、维修和使用常用轴测图来加以说明。

图 9-1 是正投影图与轴测图的比较,图 9-1(a)为正投影图,图 9-1(c)的主视图为轴测图。

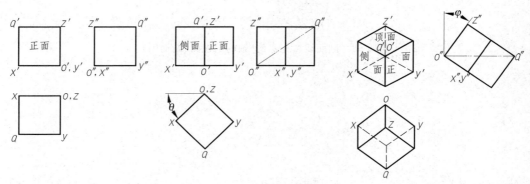

(a) 立方体的三面视图,在主视图上只能看见一个面(正面)
(b) 把立方体绕垂直于 $H$ 面的轴旋转某一角度 $\theta$,在主视图上能看见两个面(正面和侧面)
(c) 再把立方体绕垂直侧面的轴旋转某一角度 $\varphi$,在主视图上能看见3个面(正面、侧面和顶面)

图 9-1 正投影图与轴测图

### 9.1.1 轴测图的形成

轴测图的形成有两种方法:用正投影法得到的轴测图称为**正轴测图**;用斜投影法得到的轴测图称为**斜轴测图**。

**1. 正轴测图**

如图 9-2(a)所示的立方体,使其3个直角坐标轴均倾斜于轴测投影面,用正投影法进行投影,将物体长、宽、高3个方向的形状都能反映在轴测投影面上,这种具有立体感的轴测图称为正轴测图。

**2. 斜轴测图**

如图 9-2(b)所示的立方体,采用斜投影法,选取合适的投射方向,使物体的长、宽、高

3个方向的形状,均能反映在轴测投影面上,这种具有立体感的轴测图称为斜轴测图。

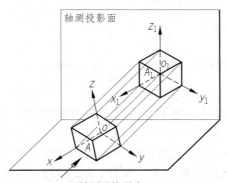
(a) 正轴测图的形成
(1) 用平行投影法;
(2) 物体三面都对画面倾斜;
(3) 投射线与轴测投影面垂直

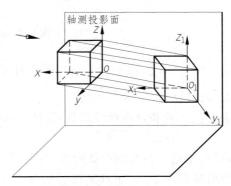
(b) 斜轴测图的形成
(1) 用平行投影法;
(2) 物体主面对画面正摆;
(3) 投射线与轴测投影面倾斜

图 9-2 轴测图的形成

正轴测图和斜轴测图采用的都是平行投影法,具有平行投影的特性。它们形成的过程不同,主要是物体、投影面和投射线的相对关系不同。

## 9.1.2 轴测轴、轴间角、轴向伸缩系数和轴向度量

**1. 轴测轴和轴间角**

如图 9-3 所示,物体上的直角坐标轴 $OX, OY, OZ$ 在轴测投影面上的投影 $o_1x_1, o_1y_1, o_1z_1$ 叫做轴测轴。

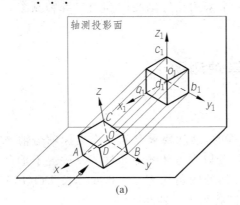
(a)

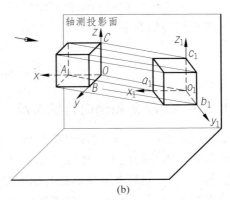
(b)

图 9-3 轴测轴与轴间角

两轴测轴间的夹角 $\angle x_1o_1y_1, \angle y_1o_1z_1$ 和 $\angle x_1o_1z_1$ 叫做轴间角。通常轴间角是已知的,并把 $o_1z_1$ 画成铅直线,这样就可以画出轴测轴。

**2. 轴向伸缩系数**

轴测轴上的单位长度与相应空间直角坐标轴上的单位长度的比值,称为轴向伸缩系数。在 3 个轴测轴上的伸缩系数为

$o_1x_1$ 轴向伸缩系数 $p = \dfrac{o_1 a_1}{OA}$

$o_1y_1$ 轴向伸缩系数 $q = \dfrac{o_1 b_1}{OB}$

$o_1z_1$ 轴向伸缩系数 $r = \dfrac{o_1 c_1}{OC}$

**3. 轴向度量**

有了轴测轴和轴向伸缩系数,物体在坐标轴上的线段或点就可以在轴测轴上度量或确定。

同时,根据平行线的投影特性,凡是与坐标轴平行的线段,其在轴测图上的投影也必与相应的轴测轴平行,而且其投影的伸缩系数也是相同的。这样,只要线段与坐标轴平行,就可以在轴测图上沿着轴向进行度量和作图,所谓"轴测"就是指"可沿各轴测轴测量"的意思。

### 9.1.3 轴测图的分类

由于投射线方向与轴测投影面所成的角度不同,轴测图可以分成正轴测图和斜轴测图两大类。

根据轴向伸缩系数不同,这两类轴测图又可以分为

(1) 当 3 个轴向伸缩系数相等,即 $p=q=r$ 时,称为正等轴测图或斜等轴测图。

(2) 当两个轴向伸缩系数相等时,如 $p=q\neq r$ 时,称为正二等轴测图或斜二等轴测图。

(3) 当 3 个轴向伸缩系数均不相等,即 $p\neq q\neq r$ 时,称为正三轴测图或斜三轴测图。

由于考虑立体感较好和画图方便,工程上常采用正等轴测图和斜二等轴测图。下面分别介绍这两种轴测图。

## 9.2 正等轴测图

### 9.2.1 轴间角和轴向伸缩系数

正等轴测图的 3 个轴向伸缩系数都是相等的,这就要求空间 3 个坐标轴与轴测投影面的倾角处于相等的位置。如图 9-3(a)所示,若取立方体的对角线 $DO$ 放置于垂直于轴测投影面的位置(此时 3 个坐标轴与轴测投影面的倾角均为 $\varphi \approx 35°61'$)按 $DO$($DO$ 垂直于轴测投影面)方向进行投射,所得到的轴测图就是正等轴测图。

正等轴测图的 3 个轴间角都是相等的,互为 120°,如图 9-4 所示,有

$$\angle x_1 o_1 y_1 = \angle y_1 o_1 z_1 = \angle z_1 o_1 x_1 = 120°$$

而 3 个轴测轴的轴向伸缩系数分别为

$$p = q = r \approx 0.82 (因为 \cos 35°66' \approx 0.82)$$

为了作图方便,常把轴向伸缩系数 $p=q=r=0.82$ 简化为 $p=q=r=1$,这时称为轴向简化伸缩系数,简称简化系数。

用简化系数画出的正等轴测图,沿各轴向的长度放大了约 $\frac{1}{0.82}=1.22$ 倍,但图形是相似的。

正等轴测图的轴测轴的画法及简化系数如图 9-4 所示。

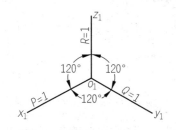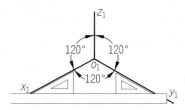

(a) 正等轴测图的轴测轴和轴向简化系数　　(b) 用30°三角板画正等轴测图的轴测轴

图　9-4

### 9.2.2　平面体的正等轴测图画法

轴测图的画法和步骤如下:

(1) 对物体进行形体分析,确定坐标轴和原点。原点的选择要有利于画图,尽可能减少作图线,一般选在中心、角点或对称面上。

(2) 画图时一定要分清坐标面,按坐标面画出相应的轴测轴,然后进行轴向度量,顺序画出轴测图。

(3) 画图时一般先画整体,后画局部;先画可见面,后画被挡住的面。

(4) 按规定轴测图看不见的虚线不画,因为画出虚线,反而有损于轴测图的直观性和立体感。

轴测图的画法有坐标法、切割法和组合法,其中坐标法是主要的,下面分述各种画法。

**1. 坐标法**

坐标法就是将物体在坐标轴上的直线或点画到相应的轴测轴上去,从而画出轴测图,这种画图的方法称为坐标法。

【例 9-1】　已知正棱柱的两个视图,画出它的正等轴测图(图 9-5)。

作图步骤如下:

(1) 分析形体。六棱柱的顶面和底面为正六边形,故取顶面的中心为原点 $O$。

(2) 画出顶面的轴测轴 $o_1x_1$ 和 $o_1y_1$,在相应的轴测轴上度量,得出 $I_1$、$IV_1$、$II_1III_1$ 和 $V_1VI_1$,顺序连接各顶点,完成正六边形的顶面。

(3) 过顶点 $VI_1$,$I_1$,$II_1$,$III_1$ 向下作铅垂线,并在其上量取高度 $H$,连接各顶点。擦去作图线、字符,加深后即完成六棱柱的正等轴测图。具体作图步骤见图 9-5。

**2. 切割法**

具有切割面的物体可以看成由一简单的基本体逐步切割而成。画轴测图时,先画出简单的基本体,再逐步切割而完成轴测图。这种画轴测图的方法称为切割法。

【例 9-2】　已知切割物体的三视图,画出它的正等轴测图(图 9-6)。

作图步骤如下:

(1) 分析形体,未切割前的基本体为一长方体,取顶面长方形的后边中点为原点 $O$。

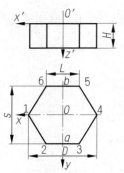 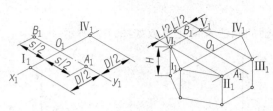 

(a) 选坐标轴　　(b) 画轴测轴，根据尺寸 $D,S$ 在轴测轴上直接定出 $I_1$，$IV_1$，$A_1$，$B_1$ 点　　(c) 过 $A_1$，$B_1$ 两点分别作 $o_1x_1$ 的平行线，在线上定出 $II_1$，$III_1$ 和 $V_1$，$VI_1$ 各点；依次连接各顶点即得顶面的轴测图　　(d) 过顶点 $VI_1$，$I_1$，$II_1$，$III_1$ 沿 $o_1z_1$ 方向向下画棱线，并在其上量取高度 $H$，依次连接得底面的轴测图；加深后即完成作图

图 9-5　用坐标法画六棱柱的正等轴测图

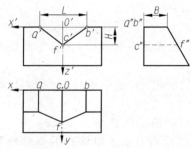 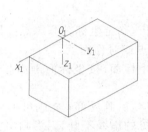 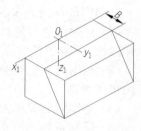

(a) 在视图上选好坐标轴　　(b) 画轴测轴和完整的长方体　　(c) 用切割法切去物体前端，画出前斜面

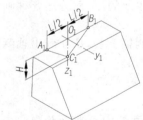 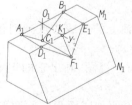

(d) 画 V 形槽后面的 3 个角点 $A_1$，$B_1$，$C_1$　　(e) 用切割法切去 V 形槽，$A_1D_1$ // $B_1E_1$ // $C_1F_1$ // $o_1y_1$，$K_1F_1$ // $M_1N_1$　　(f) 擦去多余的线，描深可见部分即完成作图

图 9-6　用切割法绘制物体正等轴测图

说明：图(e)中的点 $F_1$ 是在轴测图上通过作辅肋线 $K_1F_1$ 求出的（$K_1F_1$ // $M_1N_1$，$K_1F_1$ 与 $C_1F_1$ 的交点即为点 $F_1$）。当然也可用坐标法求出（在直线 $C_1F_1$ 上取 $C_1F_1=cf=c''f''$ 得 $F_1$ 点），所得的结果相同。

（2）画出顶面的轴测轴 $o_1x_1$，$o_1y_1$。画出长方体的轴测图（图 9-6(b)）。

（3）用切割法切去物体的前端，画出前斜面（图 9-6(c)）。

（4）切割 V 形槽，具体画法见图 9-6(d)，(e)。擦去作图线和字符，加深，完成正等轴测图（图 9-6(f)）。具体作图步骤见图 9-6。

**3. 组合法**

用形体分析法,将形状较复杂的物体分成由几个简单的基本体组成,然后按照各部分的相对位置关系,逐步画出它们的轴测图。这种画轴测图的方法称为组合法。

**【例 9-3】** 图 9-7 所示为叠加式组合体,可分解为由底板Ⅰ和背板Ⅱ组成。按它们之间的相对位置关系逐一画出这两部分的轴测图,即可得到该组合体的轴测图。具体作图步骤如图 9-7 所示,这里不详述。

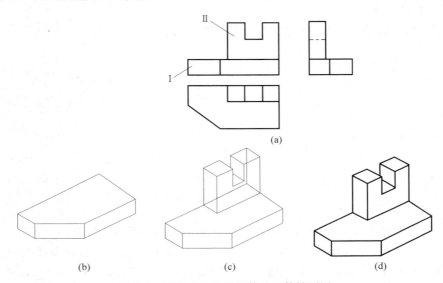

图 9-7　用组合法绘制物体的正等轴测图

在具体绘制物体的轴测图时,应根据物体的形状特征,考虑作图的方便,采用上述几种作图方法。形状较为复杂的物体,往往要加以综合应用。

### 9.2.3　具有回转面立体的正等轴测图画法

**1. 平行于各坐标面的圆的正等轴测图的画法**

如图 9-8 所示,假设在立方体的 3 个面上各有一个直径为 $D$ 的内切圆(图 9-8(a)),

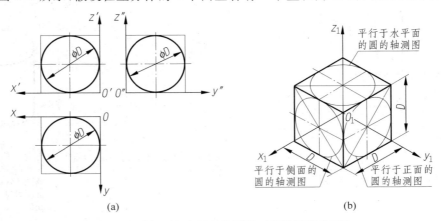

图 9-8　平行于各坐标面的圆的正等轴测图的画法

由于这 3 个坐标面均与轴测投影面构成相同的倾角,所以立方体上的 3 个正方形的投影在正等轴测图上为 3 个相同的菱形。这 3 个面上的内切圆的投影在正等轴测图上也为相同的椭圆,且内切于菱形(图 9-8(b))。所得椭圆有下列特点:

(1) 内切圆的直径为 $D$,椭圆长轴的长度约为 $1.22D$;其短轴的长度约为 $0.7D$。

(2) 椭圆的长轴方向为菱形长对角线方向;短轴方向为菱形短对角线方向。即水平面长轴方向为水平位置,正面和侧面长轴方向与水平线皆成 60°夹角,如图 9-8 所示。

### 2. 椭圆的画法

椭圆的常用画法有"四心椭圆法",如图 9-9 所示。

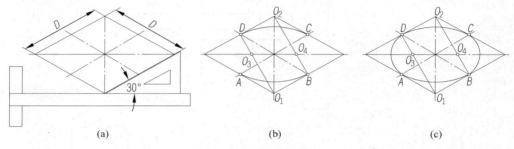

图 9-9 四心椭圆法

(1) 以内切圆直径 $D$ 为边长,画出正等轴测图的菱形(图 9-9(a))。

(2) $A,B,C,D$ 为菱形 4 个边的中点,连接 $o_1D$ 和 $o_2B$ 与菱形长对角线交点为 $o_3$ 与 $o_4$。$o_1,o_2,o_3,o_4$ 分别为椭圆 4 段圆弧的 4 个圆心,以 $o_1$ 为圆心,$o_1D$ 为半径,以及以 $o_2$ 为圆心,$o_2B$ 为半径,分别画出两段长圆弧(图 9-9(b))。

(3) 同时以 $o_3$ 为圆心,$o_3D$ 为半径,以及以 $o_4$ 为圆心,$o_4B$ 为半径,分别画出两段短圆弧(图 9-9(c))。描深后即可得出椭圆。

此为椭圆近似画法,作图较简单,适用于正等轴测图椭圆画法。

### 3. 画图举例

【例 9-4】 画圆柱体的正等轴测图

画图步骤如前所述,具体作图见图 9-10 中所附的说明。

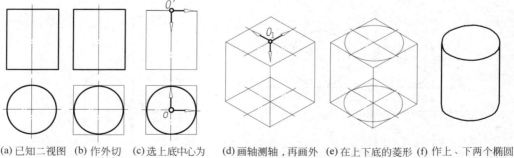

图 9-10 圆柱体的正等轴测图的画法

**【例 9-5】** 画切割圆柱体正等轴测图

切割圆柱体的基本画法是：先画出完整的圆柱体轴测图，再逐步切割，即可画出切割后的圆柱体正等轴测图，具体作图见图 9-11 中所附的说明。

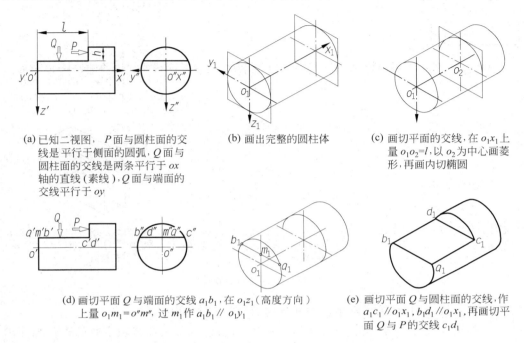

(a) 已知二视图，$P$ 面与圆柱面的交线是平行于侧面的圆弧，$Q$ 面与圆柱面的交线是两条平行于 $ox$ 轴的直线（素线），$Q$ 面与端面的交线平行于 $oy$

(b) 画出完整的圆柱体

(c) 画切平面的交线，在 $o_1x_1$ 上量 $o_1o_2=l$，以 $o_2$ 为中心画菱形，再画内切椭圆

(d) 画切平面 $Q$ 与端面的交线 $a_1b_1$，在 $o_1z_1$（高度方向）上量 $o_1m_1=o''m''$，过 $m_1$ 作 $a_1b_1$ // $o_1y_1$

(e) 画切平面 $Q$ 与圆柱面的交线，作 $a_1c_1$ // $o_1x_1$，$b_1d_1$ // $o_1x_1$，再画切平面 $Q$ 与 $P$ 的交线 $c_1d_1$

图 9-11 带平面切口的圆柱体的正等轴测图

### 9.2.4 圆角的正等轴测图画法

在机件上经常会遇到由 $\frac{1}{4}$ 圆弧构成的圆角，在轴测图上它是 $\frac{1}{4}$ 椭圆弧，可以应用图 9-12 中的简便画法，具体作图见图 9-12 中所附的说明。

### 9.2.5 机件的正等轴测图画法

图 9-13 为轴承座的正等轴测图画法，具体作图步骤如下：

（1）定坐标轴。因轴承座左右对称，把 $O$ 点定在图 9-13(a) 所示的位置。

（2）画出轴测轴后，先画底板的轮廓。再由 $o_1$ 点沿 $z_1$ 轴量 $h-c$ 得到 $o_{11}$ 点。由 $o_{11}$ 作 $o_1y_1$ 轴的平行线 $o_{11}y_{11}$，并量取 $o_{11}o_{21}=L$。$o_{11}$ 和 $o_{21}$ 即为圆柱筒后端面和前端面的圆心（图 9-13(b)）。

（3）以 $o_{21}$ 为圆心，$\phi_1$ 和 $\phi_2$ 为直径作圆柱和圆孔的椭圆；以 $o_{11}$ 为圆心再画出后端面的椭圆。作前后两大椭圆的公切线，即得圆柱筒的轴测图（图 9-13(c)）。

（4）在底板上由 $o_1$ 沿 $y_1$ 轴向前量取尺寸 $f$，过交点作线平行于 $o_1x_1$ 轴，即得支撑板的厚度。作支撑板两侧面与圆柱面相切，再画支撑板与圆柱筒的交线（为椭圆弧的一部分）（图 9-13(d)）。

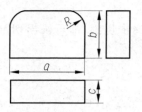 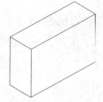 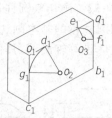

(a) 已知三视图　　(b) 画出完整的四棱柱体的正等轴测图　　(c) 画前棱面上圆角的圆弧，量 $o_1d_1=o_1g_1=a_1e_1=a_1f_1=$ 圆角半径，作 $o_2d_1\perp o_1a_1$，$o_2g_1\perp o_1c_1$，$o_3e_1\perp o_1a_1$，$o_3f_1\perp a_1b_1$，以 $o_2$，$o_3$ 为圆心，$o_2d_1$ 和 $o_3e_1$ 为半径画 $d_1g_1$ 及 $e_1f_1$

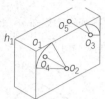 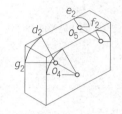 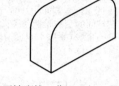

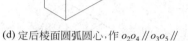

(d) 定后棱面圆弧圆心，作 $o_2o_4 // o_3o_5 // o_1h_1$，量 $o_2o_4=o_3o_5=o_1h_1$（板厚）　　(e) 与(c)相同，定切点 $d_2, e_2, g_2, f_2$，以 $o_4, o_5$ 为圆心，$o_4d_2, o_5e_2$ 为半径画 $d_2g_2$ 及 $e_2f_2$　　(f) 画轮廓线，作 $e_1f_1$ 与 $e_2f_2$ 的公切线（由图可知，$e_2f_2$ 有一半不可见，故可不必画出）

图 9-12　圆角的简便画法

（5）作底板的圆角，画出轴承座中间的肋板（图 9-13(e)）。

（6）作出底板上的两圆孔，擦去作图线及多余的线，描深后即得轴承座的正等轴测图（图 9-13(f)）。

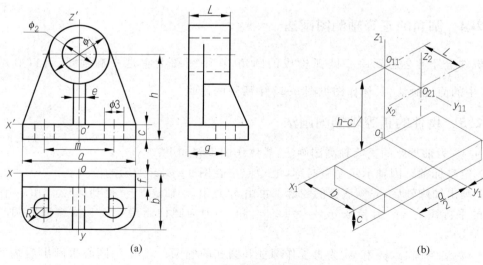

图 9-13　轴承座正等轴测图的画法

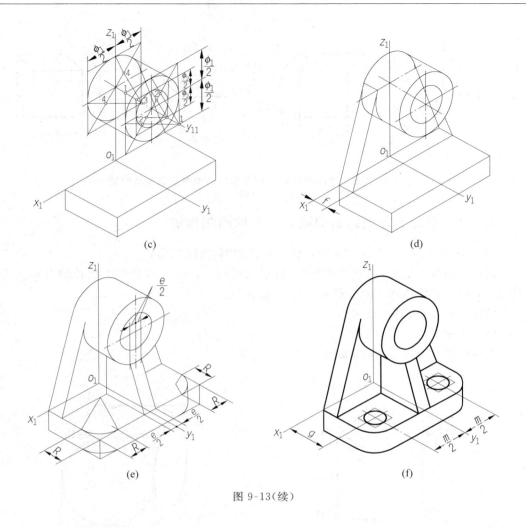

图 9-13(续)

## 9.3 斜二等轴测图

斜轴测图中常用的是斜二等轴测图。

### 9.3.1 斜二等轴测图的轴间角和轴向伸缩系数

图 9-14 所示立方体,其坐标面 $XOZ$ 与轴测投影面平行,轴测轴 $o_1z_1$ 为铅垂位置。轴间角 $x_1o_1z_1$ 为 $90°$,$o_1y_1$ 与水平线的夹角为 $45°$(即 $y_1o_1z_1$ 轴间角为 $135°$)。在 $o_1x_1$,$o_1z_1$ 轴向伸缩系数为 $1$,在 $o_1y_1$ 轴向伸缩系数取为 $1:2$。斜二等轴图的轴测轴、轴间角及轴向伸缩系数见图 9-14。根据 $o_1y_1$ 轴的取向不同,图 9-14(a)反映了立方体的正面、顶面和左侧面的形状,图 9-14(b)则反映了立方体的正面顶面和右侧面的形状,作图时可视需要选取 $o_1y_1$ 轴的走向。

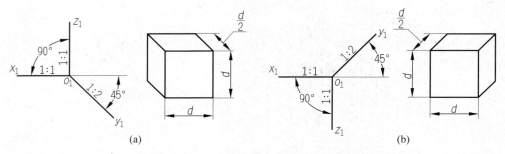

图 9-14　斜二等轴测图的轴间角和轴向伸缩系数及其度量

### 9.3.2　平行于各坐标面的圆斜二等轴测图画法

如图 9-15 所示，立方体正面上圆轴测图仍为圆，反映实形。

侧面和顶面上的圆，轴测图为椭圆，且形状相同。顶面上的椭圆 1 的长轴对 $o_1x_1$ 轴偏转 7°；侧面上的椭圆 2 的长轴对 $o_1z_1$ 轴偏转 7°。

椭圆 1 和 2 的长轴 $\approx 1.06d$；

椭圆 1 和 2 的短轴 $\approx 0.33d$。

椭圆可用八点画法，作图见图 9-16。

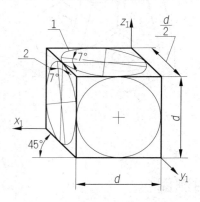
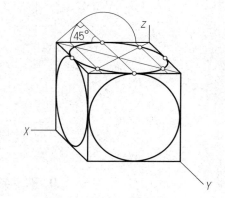

图 9-15　平行于各坐标面的圆的斜二等轴测图的画法

图 9-16　椭圆八点画法

由于椭圆作图较为繁琐，所以当物体的顶面和侧面上有圆时，一般不用斜二等轴测图，而采用正等轴测图。当物体坐标面上有与轴测投影面平行的圆或曲线时，其在轴测图上的投影仍反映实形。此时采用斜二等轴测图作图十分方便。

### 9.3.3　画图举例

【例 9-6】　画出支架的斜二等轴测图。

如图 9-17 所示，支架正面有较多的圆，所以采用斜二等轴测图，作图步骤如下：

（1）按图 9-17(a) 所示的位置选择坐标轴，原点 $O_1$ 定在前端面轴孔的中心。

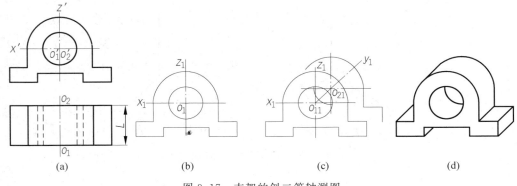

图 9-17 支架的斜二等轴测图

(2) 画出前端面的轴测轴 $o_1x_1$ 和 $o_1z_1$,以 $o_1$ 为圆心画出前端面的圆及相关图形,所画出的图形与主视图完全相同(图 9-17(b))。

(3) 再在 $o_1y_1$ 上量取 $o_1o_2 = \frac{1}{2}L$,以 $o_2$ 为圆心,画出后端面的圆及相关图形(图 9-17(c))。

(4) 画出可见线及圆柱面的轮廓线,即两圆的公切线。擦去作图线及多余的线;描深即完成作图(图 9-17(d))。

## 9.4 轴测图中的剖切画法

为了表示零件或部件的内部结构形状或装配关系,常用两个剖切平面沿两个坐标面方向剖切开,从而画出剖切后的轴测零件图或轴测装配图。

### 9.4.1 零件轴测图剖切画法

**1. 轴测图中剖面线画法**

在剖视图中剖面线的方向一般与水平线方向成 45°倾斜,与剖切面的断面垂直边和水平边相交成等腰直角三角形,即在相关坐标轴上的截距相等,在轴测图中的轴测轴上也保持这种关系。所以正等轴测图的 3 个轴测轴都按 1∶1 单位度量定出 3 点,将 3 点连接。各坐标面的轴测剖面线方向如图 9-18(a)所示。同理,斜二等轴测图的 3 个轴测轴,$o_1x_1$,$o_1z_1$ 轴按 1∶1 单位度量,$o_1y_1$ 轴按 1∶2 单位度量,定出 3 点,将 3 点连接。各坐标面的轴测剖面线方向如图 9-18(b)所示。

下面介绍肋板剖面线的画法。

和零件图一样,顺肋板剖切不画剖面线。如果在图中表现不清楚时,可用细点表示肋板的剖切情况,如图 9-19 所示。

**2. 零件轴测图的剖切画法**

图 9-20 所示为一圆筒,剖切的轴测图画法如下:

(1) 定出端面的坐标轴,以圆心为原点 $O_1$。

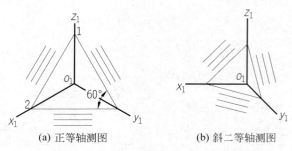

(a) 正等轴测图　　　　(b) 斜二等轴测图

图 9-18　常用轴测图上剖面线的方向

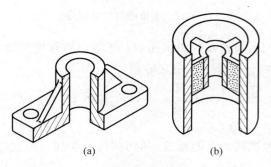

图 9-19　轴测图上肋板剖开后的表示法

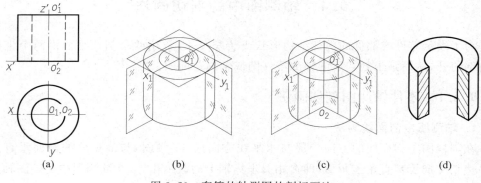

图 9-20　套筒的轴测图的剖切画法

（2）画出端面的轴测轴，画端面上的大椭圆和小椭圆。沿 $o_1$ 向下作铅垂线，取 $o_1'o_2'$ 度量，得出底面的椭圆圆心 $o_2$，画出底面的大椭圆。作两椭圆的公切线，即圆筒的外轮廓线（图 9-20(b)）。

（3）画出底面的小椭圆及剖切面的断面轮廓（图 9-20(c)）。

（4）画上剖面线。擦去作图线及多余的线，描深即完成轴测剖切图（图 9-20(d)）。

### 9.4.2　轴测装配图剖切画法

图 9-21 为柱塞泵轴测装配图剖切画法，图中沿坐标面剖切去了柱塞泵的 $\frac{1}{4}$。在轴测

装配图中相邻两零件的剖面线方向要相反或间距不同，以示区别。具体画图如图 9-21 所示。

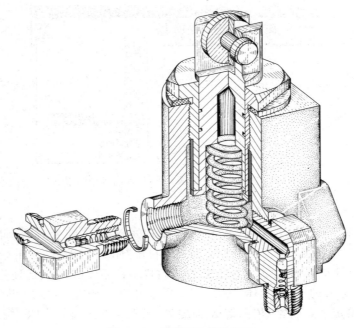

图 9-21 柱塞泵轴测装配图

## 9.5 三维实体造型

AutoCAD 具有强大的真实感实体造型功能。利用该功能，可以在模型空间建立精确的三维实体模型，并可对三维实体模型进行消除隐藏线、着色、渲染等处理，从而得到具有真实感的实体模型。AutoCAD 可以用 3 种方式定义和表达实物模型：线框模型、表面模型、实体模型。其中实体模型更能完整地表达三维物体的几何形状，通过着色、渲染，更具有真实感和观赏性，因此近年来受到普遍重视，发展十分迅速。本节将简单介绍其中的三维实体造型功能。

### 9.5.1 创建基本三维实体

**1. 三维实体的显示工具**

为了更好地观察正在构造中的三维实体模型，AutoCAD 为用户准备了三维动态观察器工具栏，参见图 9-22。在本节后续的各实例中，一般使用快速设置特殊视点的方法将"视图控制"切换到需要的正等轴测状态。具体操作如下：单击"视图控制"下拉列表框；移动蓝色光标条到"西南等轴测"；单击鼠标左键确认。此时，三维坐标系图标出现，图形窗口进入等轴测绘图状态。此后就可以进行比较直观的实体建模工作。建模过程中也可以利用观察器中的其他工具按钮，随时变换视点，对构造中的三维实体进行实时观察。

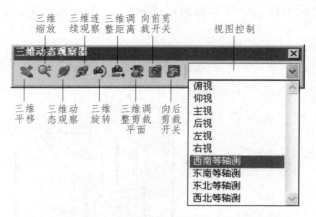

图 9-22 三维动态观察器工具栏(西南等轴测视点)

### 2. 用户坐标系 UCS

为便于绘制三维图形 AutoCAD,允许用户定义自己的坐标系(user coordinate system,UCS)。定义用户坐标系新原点时只需单击"原点"按钮,并根据提示单击所选择的基本实体上的角点,即在该实体上建立了用户坐标系 UCS。灵活使用 UCS,才能方便地继续创建复杂的三维实体。AutoCAD 为用户准备了详尽的 UCS 工具栏,见图 9-23。其中给定 3 点创建 UCS、绕 X 轴旋转 UCS、绕 Y 轴旋转 UCS、绕 Z 轴旋转 UCS 等按钮经常用到。

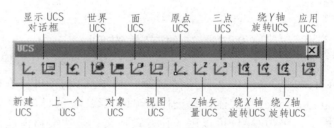

图 9-23 用户坐标系——UCS 工具栏

### 3. 创建基本三维实体

AutoCAD 将创建基本三维实体的命令集中在"实体工具栏"中,见图 9-24。创建三维实体时,命令的调用仍然是前面介绍的 3 种方式。本节仍然以命令行输入方式进行详细介绍。

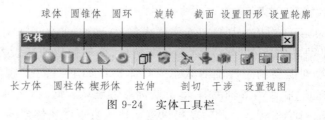

图 9-24 实体工具栏

(1) 长方体(Box)

① 功能：创建长方体。

② 调用格式与操作

命令：Box↙。

指定长方体的角点或 [中心点(CE)]〈0,0,0〉:↙(指定长方体的第一角点为0,0,0)。

指定角点或 [立方体(C)/长度(L)]：L↙(以指定长、宽、高的方式创建长方体)。

指定长度：50↙(指定长度)。

指定宽度：40↙(指定宽度)。

指定高度：30↙(指定高度)。

完成上述操作后，就生成了一个长方体，见图9-25(a)。

说明：

① 图9-25(a)的长方体1，即是世界坐标系下的"西南等轴测"显示。图9-25(b)的长方体2，则是用户坐标系下的"西南等轴测"显示。用户上机实践时可自行观察两种坐标系图标的区别。

② 命令/提示中的"长度"与UCS的X轴对应，"宽度"与UCS的Y轴对应，"高度"与UCS的Z轴对应，输入负值时，则沿各轴的负方向绘图。如图9-25(b)长方体2所示。

(2) 球体(Sphere)

① 功能：创建球体。

② 调用格式与操作

命令：Sphere↙。

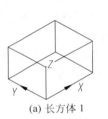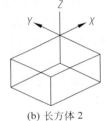

(a) 长方体1　　(b) 长方体2

图 9-25

当前线框密度：ISOLINES=16。

指定球体球心〈0,0,0〉：用光标指定球心位置点后↙。

指定球体半径或 [直径(D)]：30↙。

说明：

① 默认设置的状态为球体的中心轴平行于当前的用户坐标系UCS的Z轴，纬线与XY平面平行。

② 当前"线框密度"决定球面的显示效果和光滑度，默认设置为4。用户可以重新设置线框密度"ISOLINES"。具体操作如下：在"命令："提示下输入"ISOLINES↙"，后续提示为"输入ISOLINES的新值〈4〉："，输入8或16即可(若数值太大，则经纬线太密，影响图形的更新速度，并不可取)。显示效果见图9-26。

(3) 圆柱体(Cylinder)、圆锥体(Cone)

圆柱体与圆锥体只需给定中心点、半径、高度即可生成，见图9-27与图9-28。交互式操作过程不再赘述。

(4) 楔形体(Wedge)

命令：Wedge↙。

指定楔体的第一个角点或 [中心点(CE)]〈0,0,0〉:↙。

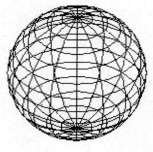 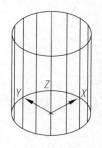 

图 9-26　球体　　　　　图 9-27　线框密度为 16 的圆柱　　　　　图 9-28　线框密度为 16 的圆锥体

指定角点或［立方体(C)/长度(L)］：L↙。
指定长度：50 ↙。
指定宽度：40 ↙。
指定高度：30 ↙。

① 楔形体的斜面总是沿 $X$ 轴正向倾斜。因此用户可以根据需要调整用户坐标系，直观地进行楔形体的创建。

② 使用长、宽、高法创建楔形体更为方便。长度与 $X$ 轴对应，宽度与 $Y$ 轴对应，高度与 $Z$ 轴对应，输入负值，则沿各轴的负方向绘图。如图 9-29(a)、(b)所示。

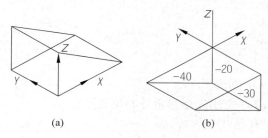

图 9-29　楔形体

### 9.5.2　创建复杂三维实体

创建复杂三维实体需要使用"实体"工具栏中的拉伸、旋转以及"实体编辑"工具栏中的布尔运算等操作。拉伸和旋转只对经过"面域"处理的对象有效。布尔运算包括并集（Union）、差集（Subtract）、交集（Intersect）运算。AutoCAD 将以上 3 种运算的图标按钮定制在"实体编辑"工具栏中。布尔运算的对象是面域和实体。AutoCAD 将二维封闭线框中的区域称为面域。面域需要定义。若要生成图 9-31 所示的支撑板三维实体模型，需要进行如下操作：首先，生成图 9-30 所示的二维闭合对象，并执行面域（Region）命令将其定义为面域；其次，执行实体拉伸（Extrude）命令，将前一步骤生成的面域拉伸为图 9-31 所示的实体。下面以图 9-31 所示的支撑板为例介绍三维实体模型的实际操作过程。

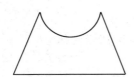
图 9-30 生成面域

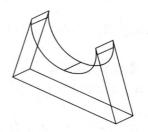
图 9-31 拉伸面域为实体

**1．面域（Region）**

命令：Region ↙（执行创建面域命令）。

选择对象：（单击梯形线段 1）找到 1 个。

选择对象：（单击梯形线段 2）找到 2 个。

⋮

选择对象：↙（结束选择对象）。

已提取 1 个环。已创建 1 个面域。

**2．拉伸（Extrude）**

命令：Extrude ↙。

当前线框密度：ISOLINES＝4。

选择对象：（单击构造好的面域对象）。

选择对象：↙（结束选择；后续提示用户："找到 1 个"）。

指定拉伸高度或 [路径(P)]：10 ↙（给定拉伸厚度值）。

指定拉伸的倾斜角度〈0〉：↙（给定拉伸斜度值 0）。

生成图如图 9-31 所示。

**3．旋转（Revolve）**

试将图 9-32(a)旋转为实体。

命令：Revolve ↙（或 rev ↙）。

当前线框密度：ISOLINES＝4。

选择对象：单击二维闭合对象（如图 9-32(a)），计算机响应"找到 1 个"。

选择对象：↙结束选择。

指定旋转轴的起点或定义轴依照 [对象(O)/X 轴(X)/Y 轴(0Y)]：y ↙（指定

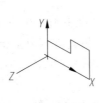
(a) 构造面域

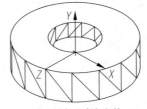
(b) 旋转面域为实体

图 9-32

旋转轴)。

指定旋转角度〈360〉：↵(指定旋转角度)。

生成图9-32(b)。

**4. 并集运算(Union)**

试将图9-33(a)所示的实体A和实体B并为图9-33(b)所示实体C。

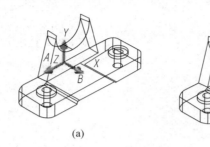

图9-33 并集运算

命令：Union ↵(或 uni ↵)。

选择对象：(单击支撑A)找到1个。

选择对象：(单击底座B)找到2个。

选择对象：↵(结束选择)。

提示：并集前应先进行前期准备工作，即调用用户坐标系工具栏中的相应按钮和三维旋转等菜单操作，将底板、支撑板各就各位，然后才能进行并集操作。以上操作的关键是对各个实体的定位。因此灵活使用图9-23所示的用户坐标系工具栏中的各图标按钮，是顺利进行布尔运算的关键。这些操作只有在上机的实践中才能掌握。

**5. 差集运算(Subtract)**

试将图9-34中的大、小圆柱差集运算为空心圆柱。

命令：Subtract ↵。

选择要从中减去的实体或面域……

选择对象：(单击图外部大圆柱)提示为"找到1个"。

选择对象：↵(结束选择)。

选择要减去的实体或面域……

选择对象：(单击图内部小圆柱)提示为"找到1个"，如图9-34(a)所示。

选择对象：↵(结束选择，差集运算结束)。

说明：创建本例圆柱时，可以使用同一个中心点将小圆柱生成在大圆柱中，然后进行差集运算。使用对象夹点可以检验两个圆柱是否差集运算成功，差集运算操作前为两个圆柱体对象，运算操作后为虚显的一个对象，分别见图9-34(a)、(b)。

**6. 交集运算(Intersect)**

试将图9-35中的水平和垂直空心圆柱交集运算为相贯体。

命令：Intersect ↵。

选择对象：(单击大圆柱-圆筒)找到1个。

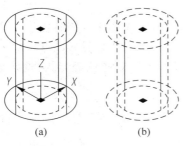
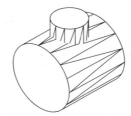
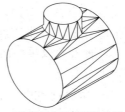

(a)　　　　　　(b)　　　　　　(a) 进行交集运算前的图形　　(b) 进行交集运算后的效果

图 9-34　差集运算　　　　　　　图 9-35　交集运算

选择对象：(单击小圆柱-凸台)找到 1 个，总计 2 个。

选择对象：↵结束选择，交集运算结束。

提示：本例中两个实体的相对位置应事先调整好。这就需要运用三维操作中的三维旋转操作，并借助用户坐标系的使用。三维旋转命令由菜单【修改(M)】|【三维操作(3)】|【三维旋转(R)】实现。

### 9.5.3　三维实体的消隐、着色、渲染

AutoCAD 对三维对象的默认显示总是用线框来表示的，如果不进行消隐、着色或渲染等处理，直观性较差。为了使三维模型显示得更有真实感，建模之后一般需要进行消隐、着色或渲染，以生成更加清晰、逼真的图像。图 9-36 为消隐、着色工具栏。

**1. 消隐(Hide)**

(1) 功能：重新生成三维模型时不显示隐藏线。

(2) 调用格式与操作

命令：Hide ↵(或 hi ↵)(正在重新生成模型)效果见图 9-37。

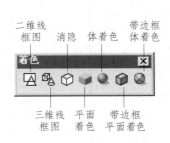
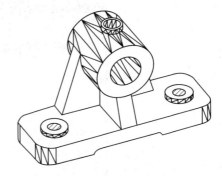

图 9-36　消隐、着色工具栏　　　　　图 9-37　消除隐藏线

**2. 着色(Shade)**

(1) 功能：对三维图形进行色彩和阴影的处理，以生成更加逼真的图像。参见彩图 9-38(b)。

(2) 调用格式与操作

命令：Shademode ↵(或 sha ↵)。

当前模式:二维线框。

输入选项[二维线框(2D)/三维线框(3D)/消隐(H)/平面着色(F)/体着色(G)/带边框平面着色(L)/带边框体着色(O)]〈二维线框〉:G ↵(体着色方式),见彩图9-38(b)。

各种着色效果的图例参见彩图9-39。一般应先将线框图给定颜色,然后再选定着色方式进行着色。

**3. 渲染(Render)**

图9-40为渲染工具栏。

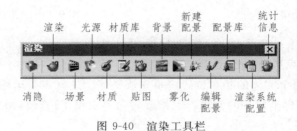

图9-40 渲染工具栏

(1) 功能:使三维对象的表面显示出明暗色彩和光照效果,以形成照片级真实感图像。

(2) 调用格式与操作

命令:Render ↵(或 RR ↵)。

AutoCAD将弹出如图9-41所示的渲染对话框。系统已经对渲染进行了初步设置。初学者使用默认设置即可得到较为满意的渲染效果。本文不再对对话框中的各选项进行介绍。一般也应先将线框图给定颜色,然后再进行渲染。各种渲染效果的图例参见彩图9-42。

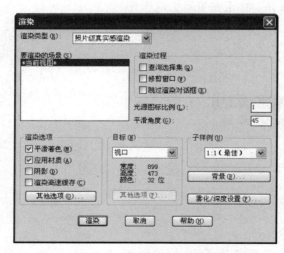

图9-41 渲染对话框

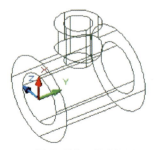

(a) 相贯体三维线框图　　　　　　(b) 相贯体体着色(G)

彩图 9-38　相贯体着色效果彩图

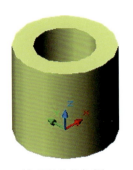

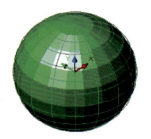

(a) 圆柱体着色(G)　　　(b) 圆锥带边框体着色(O)　　　(c) 球体面着色(F)

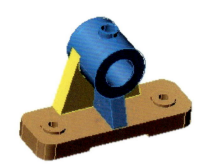
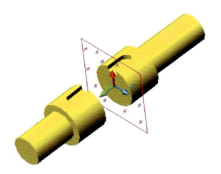

(d) 轴承座带边框体着色(O)　　　　(e) 轴的断面体着色(G)

彩图 9-39　各种着色彩果彩图

彩图 9-42　各种实体的渲染效果图

# 第 10 章 标准件和常用件

在各种机械、仪器及设备中,经常会用到一些连接件、传动件和支承件,如螺钉、螺栓、螺母、键、销、滚动轴承、弹簧、齿轮等。由于这些零件及组件应用广泛,使用量极大,所以它们中有些结构和尺寸已全部标准化了,称为标准件。有的重要参数已标准化了,称为常用件。这些标准件和常用件已全部或部分标准化,有利于大量生产、加工和使用。同时国家标准还规定了它们的简化画法,以便于制图。

本章着重介绍这些标准件、常用件的规定画法及标记方法。

## 10.1 螺纹和螺纹紧固件

### 10.1.1 螺纹的形成、结构和要素

**1. 螺纹的形成**

螺纹是在圆柱体(或圆锥体)表面上沿着螺旋线所形成的螺旋体,具有相同轴向断面的连续凸起和沟槽。

在圆柱(或圆锥)外表面上所形成的螺纹称为外螺纹;在圆柱(或圆锥)内表面上所形成的螺纹称为内螺纹。

在车床上车削螺纹,是一种常见的形成螺纹的方法。如图 10-1 所示,将圆柱料卡在车床的卡盘上,开动车床使其等速旋转,同时使车刀沿圆柱轴线方向作等速直线移动,当车刀尖切入工件一定深度时,便在圆柱体的表面上车出螺纹。螺纹可以加工在圆柱体的外表面上,也可以加工在圆柱体的内表面上,如图 10-1(a)和(b)所示。

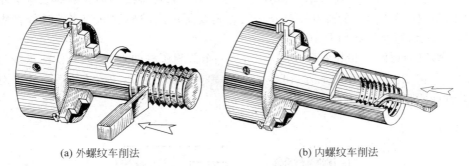

(a) 外螺纹车削法　　(b) 内螺纹车削法

图 10-1　螺纹的车削法

在加工螺纹的过程中,由于刀具的切入或压入,使螺纹构成了凸起和沟槽两部分,凸起部分的顶端称为螺纹的牙顶;沟槽部分的底部称为螺纹的牙底。

螺栓、螺钉、螺母及丝杠等表面皆制有螺纹,起联接或传动作用。

## 2. 螺纹的结构

(1) 螺纹的末端　为了防止螺纹端部损坏和便于安装,通常在螺纹的起始处做成一定形状的末端,如圆锥形的倒角或球面形的圆顶等,如图10-2所示。

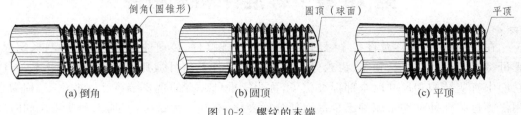

(a) 倒角　　　　(b) 圆顶　　　　(c) 平顶

图 10-2　螺纹的末端

(2) 螺纹收尾和退刀槽　车削螺纹的刀具快到螺纹终止处时要逐渐离开工件,因而螺纹终止处附近的牙型要逐渐变浅,形成不完整的牙型,这一段长度的螺纹称为螺纹收尾(图10-3)。为了避免产生螺尾和便于加工,有时在螺纹终止处预先车出一个退刀槽,如图10-4所示。

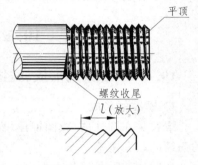

图 10-3　螺纹收尾

## 3. 螺纹的要素

内外螺纹联接时,下列要素必须一致。

(1) 螺纹的牙型　在通过螺纹轴线的断面上,螺纹的轮廓形状称为牙型。常见的螺纹牙型有三角形、梯形和锯齿形等,如表10-1所示。

(2) 螺纹的基本大径和基本小径　与外螺纹牙顶或内螺纹牙底相重合的假想圆柱面的直径称为基本大径,内外螺纹的基本大径分别以 $D$ 和 $d$ 表示。与外螺纹牙底或内螺纹牙顶相重合的假想圆柱面的直径称为基本小径,内外螺纹的基本小径分别以 $D_1$ 和 $d_1$ 表示,如图10-5所示。

(3) 螺纹的线数　螺纹有单线和多线之分。沿一条螺旋线所形成的螺纹称为单线螺纹;沿两条或两条以上,在轴向等距分布的螺旋线所形成的螺纹称为多线螺纹。螺纹的线数以 $n$ 表示,螺纹线数如图10-6所示。

(4) 螺纹的螺距　相邻两牙在基本中径(一个假想圆柱的直径,该圆柱的母线通过牙型上凸起和沟槽宽度相等的地方,内外螺纹的基本中径分别以 $D_2$, $d_2$ 表示)线上对应两点间的轴向距离称为螺距,以 $P$ 表示。

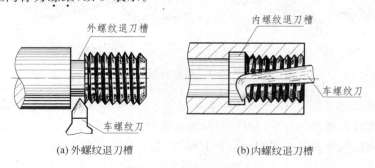

(a) 外螺纹退刀槽　　　　(b) 内螺纹退刀槽

图 10-4　螺纹退刀槽

表 10-1 常用标准螺纹

| 螺纹种类及特征代号 | | 外 形 图 | 内外螺纹旋合后牙型放大图 | 功 用 |
|---|---|---|---|---|
| 联接螺纹 | 粗牙普通螺纹 M | | | 是最常用的联接螺纹。细牙螺纹的螺距较粗牙螺纹小,切深较浅,用于细小的精密零件或薄壁零件上 |
| | 细牙普通螺纹 M | | | |
| | 非螺纹密封的管螺纹 G | | | 用于水管、油管、煤气管等薄壁管子上,是一种螺纹深度较浅的特殊细牙螺纹,仅用于管子的联接 |
| 传动螺纹 | 梯形螺纹 Tr | | | 作传动用,各种机床上的丝杠多采用这种螺纹 |
| | 锯齿形螺纹 B | | | 只能传递单向动力,例如螺旋压力机的传动丝杠就采用这种螺纹 |

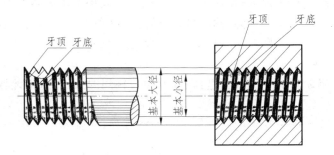

图 10-5 螺纹的基本大径和基本小径

螺距、导程和线数三者之间的关系如下:

导程用 $Ph$ 表示,同一条螺旋线上的相邻两牙在基本中径上对应两点间的轴向距离称为导程。

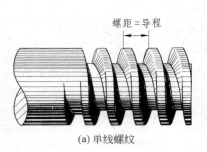
(a) 单线螺纹

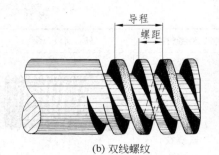
(b) 双线螺纹

图 10-6　螺纹的线数

单线螺纹的螺距　$P=Ph$
多线螺纹的螺距　$P=Ph/n$

图 10-6 所示为螺距与导程之间的关系。

(5) 螺纹的旋向　螺纹的旋向分右旋和左旋，顺时针旋转时旋入的螺纹称为右旋螺纹；逆时针旋转时旋入的螺纹称为左旋螺纹。判断右旋螺纹和左旋螺纹的方法如图 10-7 所示。

在螺纹的要素中，螺纹牙型、基本大径和螺距是决定螺纹最基本的要素，称为螺纹三要素。凡螺纹三要素符合标准的称为标准螺纹。螺纹牙型符合标准，而基本大径、螺距不符合标准的称为特殊螺纹。若螺纹牙型也不符合标准，则称其为非标准螺纹。

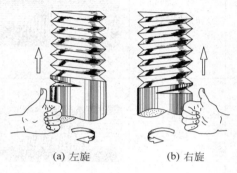
(a) 左旋　　(b) 右旋

图 10-7　螺纹的旋向

## 10.1.2　螺纹的种类

螺纹按用途分为两大类，即联接螺纹和传动螺纹，见表 10-1。

### 1. 联接螺纹

常用的联接螺纹有两种，即普通螺纹与管螺纹。其中普通螺纹又分为粗牙普通螺纹和细牙普通螺纹。管螺纹则分为非螺纹密封的管螺纹和用螺纹密封的管螺纹。

联接螺纹的特点是牙型皆为三角形，其中普通螺纹的牙型角为 60°，管螺纹的牙型角为 55°。

普通螺纹中粗牙和细牙的区别是：在基本大径相同的条件下，细牙普通螺纹的螺距比粗牙普通螺纹的螺距小。

细牙普通螺纹多用于细小的精密零件或薄壁零件，而管螺纹多用于水管、油管和煤气管上。

### 2. 传动螺纹

传动螺纹是用来传递动力和运动的，常用的有梯形螺纹和锯齿形螺纹。锯齿形螺纹是一种受单向力的传动螺纹。各种机床上的丝杠常采用梯形螺纹，螺旋压力机和千斤顶的丝杠则采用锯齿形螺纹。

## 10.1.3 螺纹的规定画法

为了便于制图,国家标准《技术制图》GB/T 4459.1—1995 对螺纹和螺纹紧固件作了规定画法。

**1. 外螺纹和内螺纹的规定画法**

螺纹的牙顶用粗实线表示,牙底用细实线表示,倒角或倒圆部分也应画出。垂直于螺纹轴线的投影面的视图,表示牙底的细实线圆只画约 3/4 圈,螺纹端部的倒角投影省略不画。螺纹终止线用粗实线表示。

(1) 外螺纹的规定画法,如图 10-8 所示。

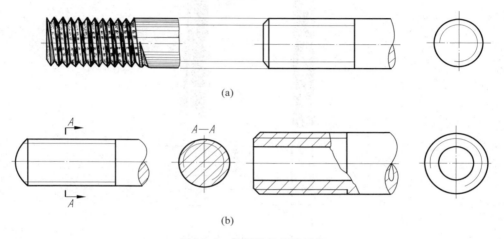

图 10-8　外螺纹的规定画法

(2) 内螺纹的规定画法,如图 10-9 所示。

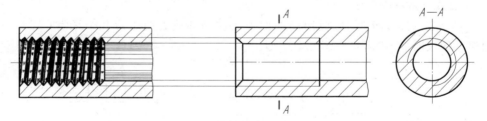

图 10-9　内螺纹的规定画法

(3) 螺尾部分一般不必画出,当需要表示螺尾时,该部分用与轴线成 30°角的细实线画出,如图 10-10 所示。

注意内外螺纹在剖视图或断面图中的剖面线都应画到粗实线处。

**2. 不穿通的螺孔规定画法**

绘制不穿通的螺孔时,一般应将钻孔深度与螺纹部分的深度分别画出,如图 10-11 所示。钻孔深度 $H$ 一般比螺纹深度 $b$ 大 $0.5D$。钻头端部有一圆锥,锥顶角为 118°,画图时简化为 120°,如图 10-11 所示。

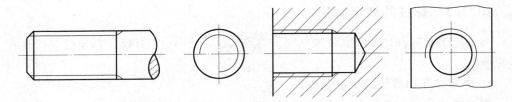

图 10-10　螺尾的规定画法

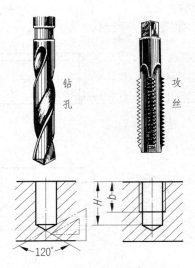

图 10-11　不穿通螺孔的画法

$H$—钻孔深度；$b$—螺纹深度

### 3. 螺纹牙型的表示法

当需要表示螺纹牙型时，应用局部剖视图或局部放大图表示几个牙型（图 10-12）。绘制传动螺纹时，一般需要表示几个牙型。

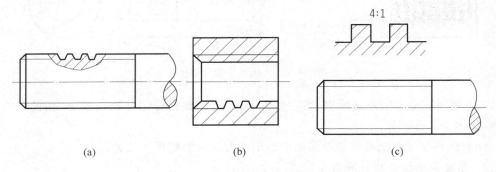

图 10-12　螺纹牙型表示法

## 4. 锥螺纹的规定画法

螺纹加工在圆锥表面上称为锥螺纹。如图 10-13 所示,左视图按左侧大端螺纹画,右视图按右侧小端螺纹画。

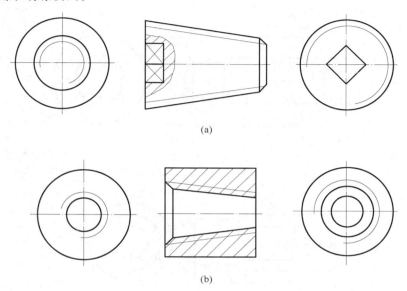

图 10-13 锥螺纹的画法

## 5. 不可见螺纹的画法

不可见螺纹的所有图线用虚线绘制,如图 10-14 所示。

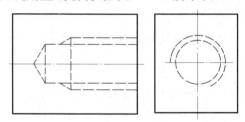

图 10-14 不可见螺纹的画法

## 6. 螺纹孔相交的画法

螺纹孔相交时,需画出钻孔的相贯线,其余仍按螺纹画法,如图 10-15 所示。

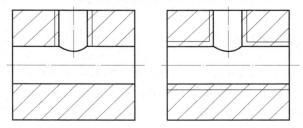

图 10-15 螺纹相贯的画法

**7. 螺纹联接的规定画法**

以剖视图表示内外螺纹联接时，在旋合部分应按外螺纹的画法绘制，其余部分仍按各自的画法表示，如图 10-16 所示。

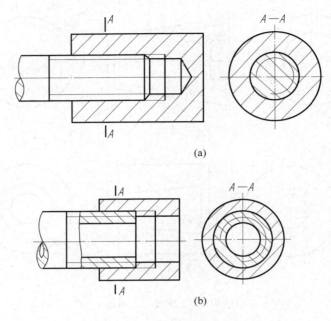

图 10-16 螺纹联接的画法

绘图时应注意表示基本大、小径的粗实线和细实线要分别对齐。外螺纹若为实心杆件，全剖时（按轴线方向剖切）仍按不剖绘制。

如为传动螺纹联接，在旋合处应采用局部剖视表示几个牙型，如图 10-17 所示。

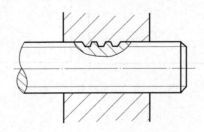

图 10-17 传动螺纹联接的画法

### 10.1.4 螺纹的规定标注

螺纹除按上述规定画法表示以外，为了区分各种不同类型和规格的螺纹，还必须在图上进行标注，国家标准规定了标准螺纹标注的内容和方法。

螺纹（管螺纹除外）的标注格式是（GB/T 197—2003）：

| 特征代号 | 尺寸代号 |—| 螺纹公差带代号 |—| 旋合长度代号 |—| 旋向代号 |

单线螺纹的尺寸代号为公称直径(基本大径)×螺距。多线螺纹的尺寸代号为公称直径(基本大径)×Ph 导程 P 螺距。粗牙螺纹不标注螺距。

螺纹公差带代号包括中径公差带代号与顶径公差带代号,中径公差带代号在前,顶径公差带代号在后,两者公差带相同时只注一个。

旋合长度代号分为:S——短旋合长度;N——中等旋合长度;L——长旋合长度。中等旋合长度代号 N 可省略标注。

旋向为右旋时不注,旋向为左旋时标注 LH。

标注示例:

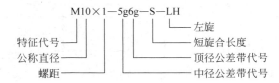

常用标准螺纹的特征代号见表 10-2。

表 10-2 常用标准螺纹的特征代号

| 螺纹种类 | | 特征代号 |
|---|---|---|
| 普通螺纹 | | M |
| 管螺纹 | 非螺纹密封的管螺纹 | G |
| | 用螺纹密封的锥管螺纹 | R(外螺纹) $R_c$(内螺纹) |
| | 用螺纹密封的圆柱内管螺纹 | $R_p$ |
| 梯形螺纹 | | Tr |
| 锯齿形螺纹 | | B |

常用标准螺纹的规定标注示例见表 10-3。

表 10-3 常用标准螺纹的规定标注

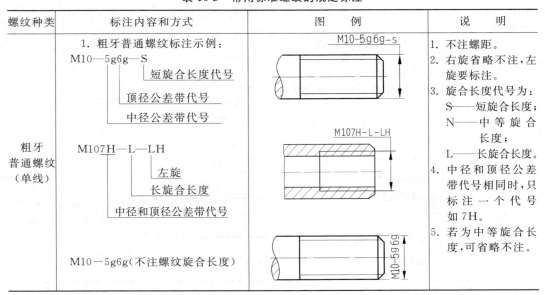

续表

| 螺纹种类 | 标注内容和方式 | 图 例 | 说 明 |
|---|---|---|---|
| 细牙普通螺纹（单线） | 2. 细牙普通螺纹标注示例：<br>M10×1.5—5g6g | M10×1.5-5g6g | 1. 要标注螺距。<br>2. 其他规定同上。 |
| 非螺纹密封的管螺纹（单线） | 管螺纹标注<br>1. 非螺纹密封的内管螺纹示例：<br>G1/2<br>2. 非螺纹密封的外管螺纹示例：<br>公差等级为 A 级 G1/2A<br>公差等级为 B 级 G1/2B | G1/2<br><br>G1/2A | 1. 管螺纹均从大径处引出指引线标注。<br>2. 特征代号为 G，右边数字为尺寸代号。据此查出螺纹大径。尺寸代号数值等于管子内径，单位为英寸(in)。 |
| 用螺纹密封的管螺纹（单线） | 3. 用螺纹密封的圆柱内管螺纹示例：<br>$R_p 1/2$<br>4. 用螺纹密封的圆锥内管螺纹示例：<br>$R_c 1/2$<br>5. 用螺纹密封的圆锥外管螺纹示例：<br>R1/2 | $R_p 1/2$<br><br>$R_c 1/2$ | |
| 梯形螺纹（单线或多线） | 梯形螺纹标注<br>1. 单线梯形螺纹标注示例：<br>Tr40×7—7e<br>　　┌ 公差带代号<br>　　├ 螺距<br>　　└ 公称直径 | $T_r 40×7-7e$ | 1. 要标注螺距。<br>2. 多线的要标注导程。 |

续表

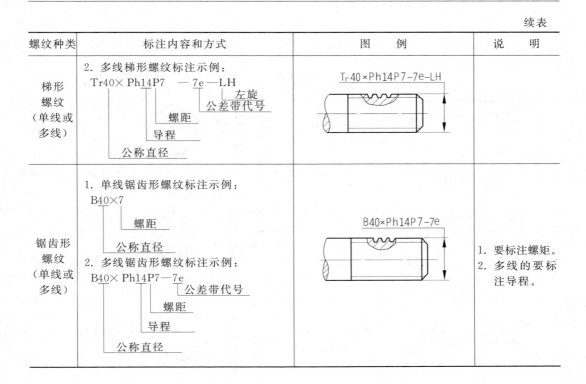

## 10.1.5 螺纹紧固件的画法和标注

常用的螺纹紧固件有：螺栓、双头螺柱、螺钉、紧固螺钉、螺母和垫圈等。由于这类零件都已标准化了，并由标准件厂大量生产，根据规定标记，它们的结构形式和尺寸可从有关标准中查出。

表10-4 列出了常用螺纹紧固件及其规定标记。

表10-4 常用螺纹紧固件及其规定标记

| 名 称 | 规定标记示例 | 名 称 | 规定标记示例 |
|---|---|---|---|
| 六角头螺栓 | 螺栓<br>GB/T 5782<br>M12×50 | 开槽平端紧固螺钉 | 螺钉 GB/T 73<br>M6×20 |
| 双头螺柱 | 螺柱 GB/T 898<br>M12×50 | 开槽长圆柱端紧固螺钉 | 螺钉 GB/T 75<br>M6×20 |

续表

| 名　　称 | 规定标记示例 | 名　　称 | 规定标记示例 |
|---|---|---|---|
| 开槽圆柱头螺钉 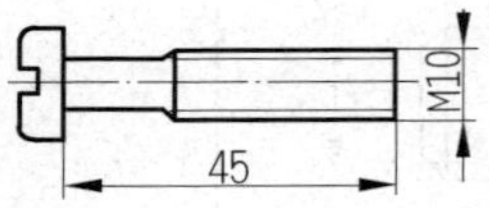 | 螺钉 GB/T 65<br>M10×45 | 1型六角螺母-A和B级 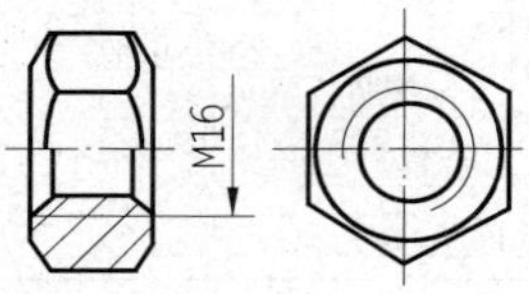 | 螺母 GB/T 6170<br>M16 |
| 开槽盘头螺钉 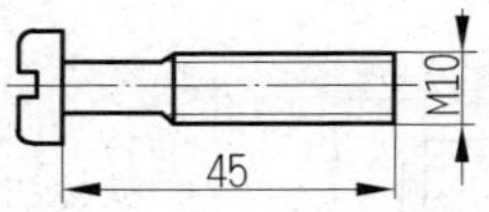 | 螺钉 GB/T 67<br>M10×45 | 1型六角开槽螺母 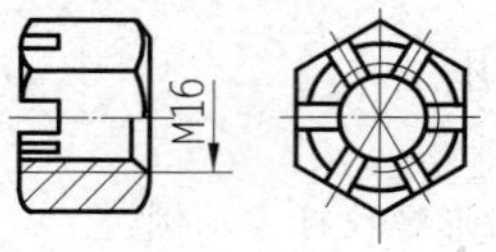 | 螺母 GB/T 6178<br>M16 |
| 开槽沉头螺钉 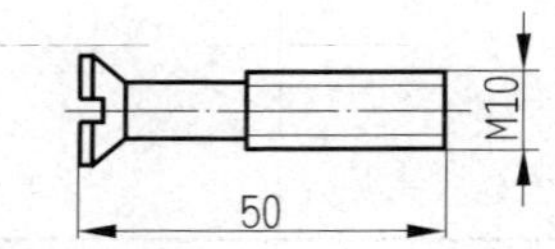 | 螺钉 GB/T 68<br>M10×50 | 平垫圈 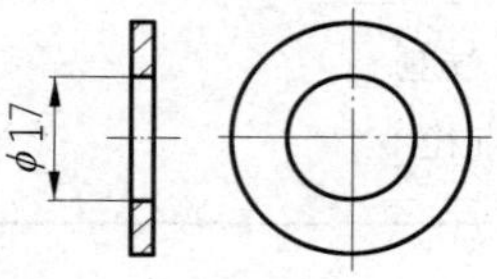 | 垫圈 GB/T 97.1<br>16 |
| 十字槽沉头螺钉 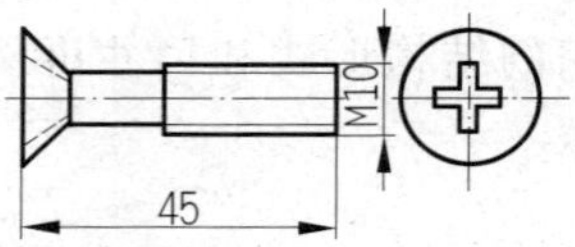 | 螺钉 GB/T 819<br>M10×45 | 标准型弹簧垫圈 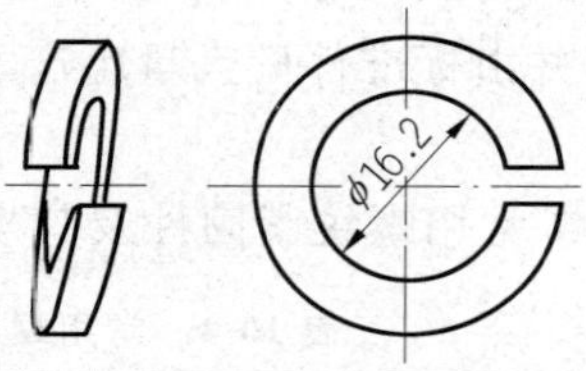 | 垫圈 GB/T 93<br>16 |

下面介绍螺纹紧固件及其装配图的画法。

**1. 六角螺母、六角头螺栓及垫圈的画法**

常用的螺纹紧固件都是标准件，因此在设计时，只需注明其规定标记，外购即可，不需要画出零件图。在画螺纹紧固件装配图时，为了作图方便，不必查表按实际数据画出，而是采用比例画法。所谓比例画法，即除了有效长度 $L$ 需要计算、查有关标准确定外，其他各部分尺寸都按与螺纹基本大径成一定的比例画出。

下面分别介绍六角螺母、六角头螺栓和垫圈的比例画法。

(1) 六角螺母　各部分尺寸及其表面上用几段圆弧表示的曲线，都按螺纹基本大径的比例关系画出，如图10-18所示。

(2) 六角头螺栓　螺栓由头部及杆部组成，杆部刻有螺纹，端部有倒角。六角头头部除厚度为 $0.7d$ 外，其余尺寸关系和画法与螺母相同。六角头螺栓各部分尺寸与 $d$ 的比例关系及画法如图10-19所示。

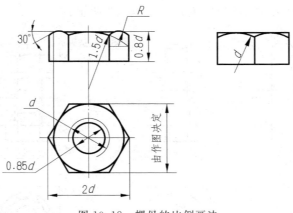

图 10-18　螺母的比例画法

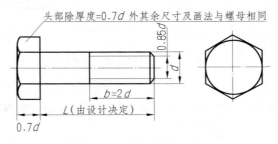

图 10-19　螺栓的比例画法

（3）垫圈　垫圈各部分的尺寸仍以相配合的螺纹紧固件的基本大径为比例画出。为了便于安装,垫圈中间的通孔直径应比螺纹的基本大径大些。垫圈各部分的尺寸与基本大径 $d$ 的比例关系和画法如图 10-20 所示。

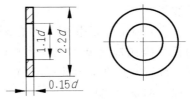

图 10-20　垫圈的比例画法

**2. 螺栓装配图的画法**

螺栓联接由螺栓、螺母、垫圈组成。螺栓联接用于被联接的两零件厚度不大、可钻出通孔的情况,如图 10-21 所示。

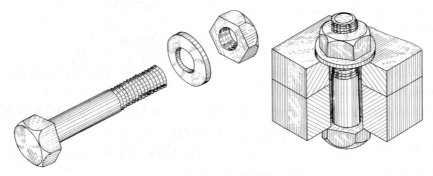

图 10-21　螺栓联接

螺栓装配图的比例画法和作图步骤如图 10-22 所示。

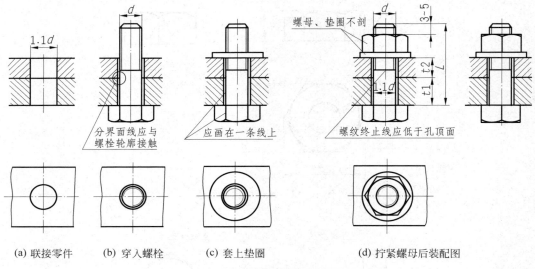

图 10-22　螺栓装配图画法

画螺栓装配图时应注意以下几个问题。

(1) 已知尺寸是螺纹基本大径 $d$ 和被联接件的厚度 $t_1, t_2$，螺栓的有效长度 $L$ 应按下式估算：

$$L = t_1 + t_2 + 0.15d(垫圈厚) + 0.8(螺母厚) + (3～5)$$

式中，3～5 是螺栓顶端伸出的高度，然后根据估算出的数值查附表 5，选取相近的标准数值。

(2) 为了保证装配工艺合理，被联接件的孔径应比螺纹基本大径大些，按 $1.1d$ 画出。螺纹的长度应画得低于光孔顶面，以便于螺母调整、拧紧。

(3) 螺栓、螺母、垫圈按不剖件处理，即当剖切面通过螺栓轴线时，仍按外形画出。相邻的被联接件，当剖开时，剖面线的方向应相反。

(4) 当螺栓装配图图形较小时，螺母及螺栓头可简化画出，如图 10-23 所示。

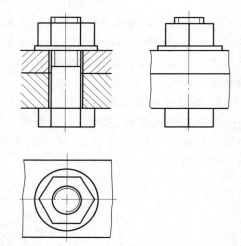

图 10-23　螺栓装配图简化画法

### 3. 双头螺柱装配图画法

双头螺柱联接由双头螺柱、螺母、垫圈组成。双头螺柱没有头部，两端均有螺纹，联接时，一端直接旋入被联接零件称为旋入端，另一端用螺母拧紧（图 10-24）。

双头螺柱多用于被联接件之一太厚，不适于钻成通孔或不能钻成通孔的情况。

双头螺柱装配图的比例画法，如图 10-25 所示。

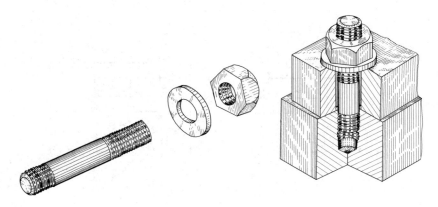

图 10-24 双头螺柱联接

画双头螺柱装配图时应注意以下几个问题。

(1) 双头螺柱的有效长度 $L$ 应按下式估算：
$L=t_1+0.15d$(垫圈厚)$+0.8d$(螺母厚)$+(3\sim5)$
然后根据估算出的数值查有关标准，选取相近的标准数值。

(2) $b_m$ 是双头螺柱旋入机件的一端，称旋入端。$b_m$ 的长度与机件的材料有关，旋入后应保证联接可靠；钢为 $b_m=d$，铸铁为 $b_m=1.25d$ 或 $1.5d$，铝为 $b_m=2d$。旋入端应全部旋入机件螺孔内，所以螺纹终止线与机件端面应平齐。

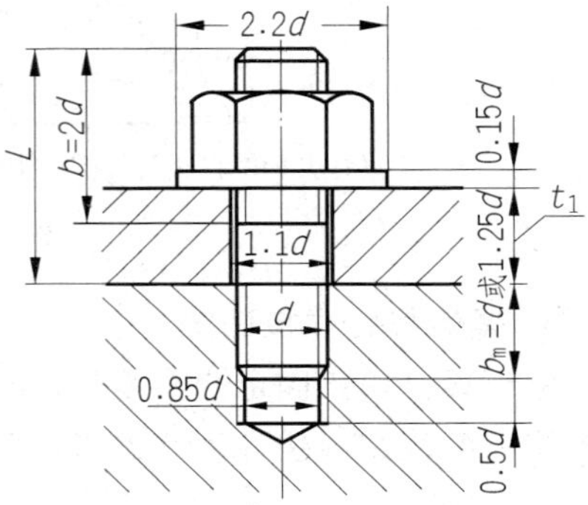

(3) 机件螺孔的螺纹深度应大于旋入端的螺纹长度 $b_m$，一般螺孔的螺纹深度按 $b_m+0.5d$ 画出。在装配图中钻孔深度可按螺纹深度画出。

图 10-25 双头螺柱装配图画法

(4) 螺母和垫圈等各部分尺寸与基本大径 $d$ 的比例关系和画法与螺栓中的相同。

**4. 螺钉装配图画法**

螺钉联接不用螺母，而将螺钉直接旋入机件的螺孔里。螺钉联接多用于受力不大的情况。

螺钉根据头部形状的不同而有多种型式，图 10-26 是几种常用螺钉装配图的画法。

画螺钉装配图应注意以下几个问题。

(1) 螺钉的有效长度 $L$ 可按下式估算：
$$L=t_1+b_m(b_m \text{ 根据被旋入零件的材料而定})$$
然后根据估算出的数值查附表，选取相近的标准数值。

(2) 取螺纹长度 $b=2d$，使螺纹终止线伸出螺纹孔端面，以保证螺纹联接时能使螺钉旋入、压紧。

(3) 螺钉头的改锥槽在主视图上涂黑，在俯视图上也涂黑并画成与中心线成 45° 倾斜角。

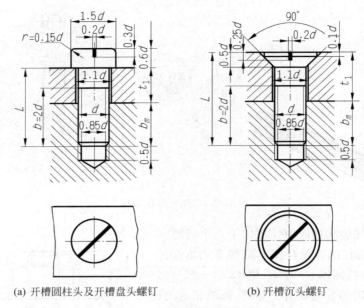

(a) 开槽圆柱头及开槽盘头螺钉　　(b) 开槽沉头螺钉

图 10-26　螺钉装配图画法

### 5. 紧定螺钉联接画法

紧定螺钉用于固定两个零件，使它们不产生相对运动。图 10-27(a)所示是开槽锥端紧定螺钉的联接画法，图 10-27(b)所示是开槽长圆柱端紧定螺钉的联接画法。

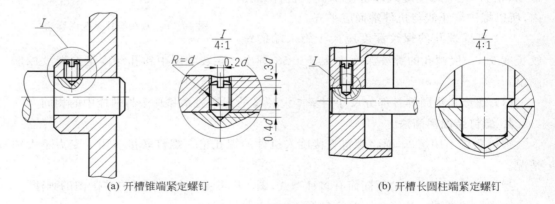

(a) 开槽锥端紧定螺钉　　　　　　　　(b) 开槽长圆柱端紧定螺钉

图 10-27　紧定螺钉联接画法

### 6. 螺纹紧固件的标注

螺纹紧固件由于已标准化了，可直接注明规定标记，外购即可。例如，螺纹规格 $d=$ M12，公称长度 $l=50$mm 的 A 级六角头螺栓的标记为

螺栓 GB/T 5782　M12×50

见表 10-4 各种常用螺纹紧固件的规定标记。

### 10.1.6 防松装置及其画法

在变动载荷或连续冲击和振动载荷下,螺纹联接常会自动松脱,这样很容易引起机器或部件不能正常使用,甚至发生严重事故。因此,对于螺纹紧固件联接,必要时应采用防松装置。

防松装置通常采用两种方法:一是靠摩擦力防松;二是靠机械固定防松。

**1. 靠摩擦力防松**

(1) 弹簧垫圈　是一个开有斜口、形状扭曲、具有弹性的垫圈。当螺母拧紧后,垫圈受压变平,依靠这种变形力,使螺纹紧固件之间的摩擦力增大,以防止螺母自动松脱。在画图时要注意斜口的方向与螺母旋紧的方向一致,如图10-28所示。

(2) 双螺母　它依靠两螺母在拧紧后,因螺母之间的轴向作用力,使螺纹紧固件之间的摩擦力增大,以防止螺母自动松脱,如图10-29所示。

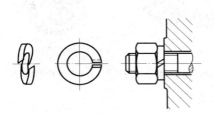

图 10-28　弹簧垫圈防松装置

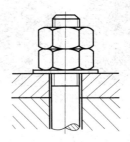

图 10-29　双螺母防松装置

**2. 靠机械固定防松**

(1) 开口销　如图10-30所示,用开口销直接穿入六角槽形螺母与螺栓之间,将它们联成一体以防松脱。

(2) 止动垫片　如图10-31所示,螺母拧紧后,把垫片的一边向上敲弯与螺母贴紧而另一边向下敲弯与机件贴紧,这样就直接卡住了螺母,防止松动。

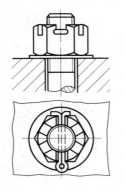

图 10-30　开口销防松装置

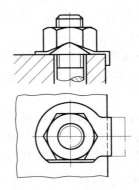

图 10-31　止动垫片防松装置

## 10.2 齿 轮

齿轮是机械传动中广泛应用的零件,用来传递运动和力。一般利用一对齿轮将一根轴的转动传递到另一根轴,并可改变转速和旋转方向。

根据传动的情况,齿轮可分为 3 类:

(1) 圆柱齿轮  用于两轴平行时的传动(图 10-32(a))。

(2) 圆锥齿轮  用于两轴相交时的传动(图 10-32(b))。

(3) 蜗轮和蜗杆  用于两轴交叉时的传动(图 10-32(c))。

(a) 圆柱齿轮

(b) 圆锥齿轮

(c) 蜗轮和蜗杆

图 10-32　齿轮

### 10.2.1　圆柱齿轮

圆柱齿轮的轮齿有直齿、斜齿和人字齿 3 种。本节着重介绍圆柱齿轮的尺寸关系和规定画法。

**1. 标准直齿圆柱齿轮各部分的名称和尺寸关系**

现以标准直齿圆柱齿轮为例说明齿轮各部分的名称和尺寸关系,见图 10-33。

(1) 齿顶圆  通过轮齿顶部的圆称为齿顶圆,其直径以 $d_a$ 表示。

(2) 齿根圆  通过轮齿根部的圆称为齿根圆,其直径以 $d_f$ 表示。

(3) 分度圆  当标准齿轮的齿厚与齿间相等时所在位置的圆称为分度圆,其直径以 $d$ 表示。

(4) 齿高  齿顶圆与齿根圆之间的径向距离称为齿高,以 $h$ 表示。分度圆将轮齿的高度分为两个不等的部分。齿顶圆与分度圆之间的径向距离称为齿顶高,以 $h_a$ 表示;分度圆与齿根圆之间的径向距离称为齿根高,以 $h_f$ 表示。齿高是齿顶高和齿根高之和,即 $h = h_a + h_f$。

(5) 齿距  分度圆上相邻两齿对应点之间

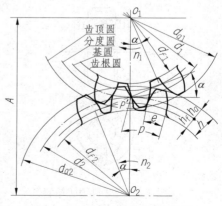

图 10-33　两啮合标准圆柱齿轮各部分的名称

的弧长称为齿距,以 $p$ 表示。

(6) **分度圆齿厚** 轮齿在分度圆上的弧长称为分度圆齿厚,以 $e$ 表示。对标准齿轮来说,分度圆齿厚为齿距的一半,即 $e=\dfrac{p}{2}$。

(7) **模数** 如果齿轮的齿数为 $z$,则分度圆周长 $=zp$,而分度圆周长 $=\pi d$,所以

$$\pi d = zp \qquad d = \dfrac{p}{\pi}z$$

令

$$\dfrac{p}{\pi} = m \qquad d = mz$$

$m$ 称为齿轮的模数,它是齿距和 $\pi$ 的比值。

模数有什么实际意义呢?由于模数是齿距和 $\pi$ 的比值,因此,若齿轮的模数大,其齿距就大,齿厚也就大,即齿轮的轮齿大。若齿数一定,模数大的齿轮,其分度圆直径就大,轮齿也大,齿轮能承受的力量也就大。

模数是设计和制造齿轮的基本参数。为设计和制造方便,已将模数标准化。模数的标准数值见表 10-5。

表 10-5　标准模数 GB/T 1357—1996

| 第一系列 | 1,1.25,1.5,2,2.5,3,4,5,6,8,10,12,16,20,25,32,40,50 |
|---|---|
| 第二系列 | 1.125,1.375,1.75,2.25,2.75,3.5,4.5,5.5,(6.5),7,9,11,14,18,22,28,36,45 |

注:选用模数时应优先选用第一系列,其次选用第二系列,括号内的模数尽可能不用。

(8) **压力角** 两相啮轮齿齿廓在接触点 $P$ 处的公法线(力的传递方向)与两分度圆的公切线的夹角称为压力角,用 $\alpha$ 表示(见图 10-33)。我国标准齿轮的压力角为 20°。

只有模数和压力角都相同的齿轮,才能互相啮合。设计齿轮时,先要确定模数和齿数,其他各部分尺寸都可由模数和齿数计算出来。计算公式见表 10-6。

表 10-6　标准直齿圆柱齿轮的计算公式

| 名　称 | 代　号 | 公　式 |
|---|---|---|
| 分度圆直径 | $d$ | $d=mz$ |
| 齿顶高 | $h_a$ | $h_a=m$ |
| 齿根高 | $h_f$ | $h_f=1.25m$ |
| 齿顶圆直径 | $d_a$ | $d_a=m(z+2)$ |
| 齿根圆直径 | $d_f$ | $d_f=m(z-2.5)$ |
| 齿距 | $p$ | $p=\pi m$ |
| 分度圆齿厚 | $e$ | $e=\dfrac{1}{2}\pi m$ |
| 中心矩 | $a$ | $a=\dfrac{1}{2}(d_1+d_2)=\dfrac{1}{2}m(z_1+z_2)$ |

注:基本参数为模数 $m$,齿数 $z$,压力角 20°。

**2. 单个圆柱齿轮的规定画法**

国家标准对齿轮的画法作了统一规定。单个圆柱齿轮的画法如图 10-34 所示。

（1）在端视图和非圆外形图中齿顶圆用粗实线表示，齿根圆用细实线表示或省略不画，分度圆用点画线表示，如图 10-34(a) 所示。

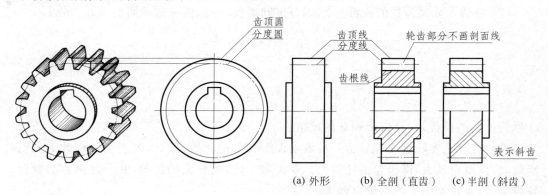

图 10-34　单个圆柱齿轮的画法

（2）在齿轮的非圆投影上取剖视时，轮齿部分不画剖面线，齿根线用粗实线表示，如图 10-34(b) 所示。

（3）对于斜齿，在非圆外形图上用 3 条平行的细实线表示齿线方向，如图 10-34(c) 所示。

（4）齿轮的其他结构，按投影画出。

**3. 圆柱齿轮啮合的画法**

两标准齿轮相互啮合时，分度圆处于相切的位置，此时分度圆又称为节圆。啮合部分的画法规定如下：

（1）在投影为圆的视图（端视图）中，两节圆相切。齿顶圆与齿根圆的画法有两种：一种画法是啮合区的齿顶圆画粗实线，齿根圆省略不画。画时应注意一个齿轮的齿顶圆与另一个齿轮的齿根圆之间有间隙，间隙大小为齿根高与齿顶高之差，如图 10-35(a) 所示。另一种画法是啮合区齿顶圆省略不画，此时齿根圆也可省略，如图 10-35(b) 所示。

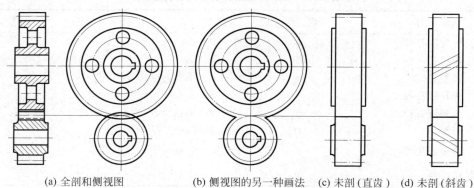

图 10-35　圆柱齿轮啮合的画法

(2) 在非圆投影的外形图中,啮合区的齿顶线和齿根线不必画出。节线用粗实线画出,如图 10-35(c),(d)所示。

(3) 在非圆投影的剖视图中,两齿轮节线重合,用点画线表示。齿根线用粗实线表示。齿顶线的画法是将其中一个齿轮的轮齿作为可见,齿顶线画粗实线;另一个齿轮的轮齿被遮住,齿顶线画虚线,如图 10-36 所示,但也可省略不画。

图 10-37 是齿轮零件图。画齿轮零件图时,不仅要表示出齿轮的形状、尺寸和技术要求,而且要表示出制造齿轮所需要的基本参数。

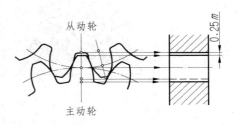

图 10-36 齿轮啮合投影的表示方法

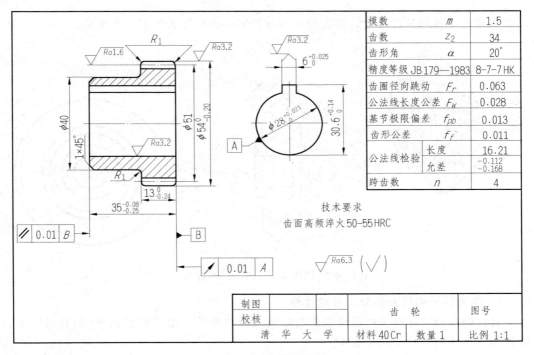

图 10-37 齿轮零件图

(4) 齿轮和齿条啮合的画法。当齿轮直径无限大时,其齿顶圆、齿根圆、分度圆和齿廓曲线都成了直线,此时齿轮变为齿条。齿轮和齿条相啮合时,齿轮旋转,齿条则作直线运动。齿条的模数和压力角应当与相啮合的齿轮的模数和压力角相同。齿轮与齿条啮合的画法基本与齿轮相同,只是注意齿轮的节圆应与齿条的节线相切,如图 10-38 所示。

## 10.2.2 圆锥齿轮

圆锥齿轮又称伞齿轮,用来传递两相交轴的回转运动。

圆锥齿轮的轮齿位于圆锥面上,因此它的轮齿一端大、一端小,齿厚由大端到小端逐渐变小,模数和分度圆也随齿厚而变化。为了设计和制造方便,规定以大端模数为标准来

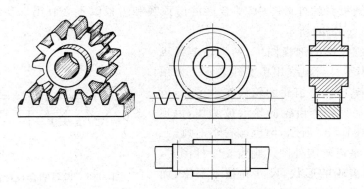

图 10-38 齿轮与齿条啮合的画法

计算大端轮齿各部分的尺寸。锥齿轮各部分的名称和符号如图 10-39 所示。

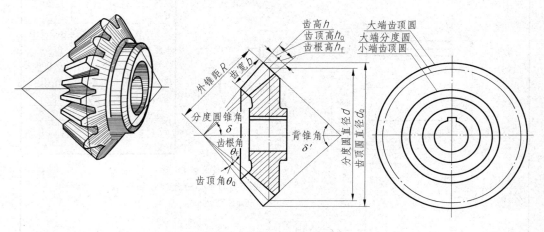

图 10-39 圆锥齿轮各部分的名称和符号

**1. 直齿圆锥齿轮各部分尺寸的计算**

直齿圆锥齿轮各部分的尺寸也都与模数和齿数有关。轴线相交成 90°的直齿圆锥齿轮各部分尺寸的计算公式见表 10-7。

表 10-7 直齿圆锥齿轮的尺寸计算公式

| 名 称 | 符号 | 公 式 |
|---|---|---|
| 分度圆直径 | $d$ | $d = mz$ |
| 齿顶高 | $h_a$ | $h_a = m$ |
| 齿根高 | $h_f$ | $h_f = 1.2m$ |
| 齿高 | $h$ | $h = h_a + h_f = 2.2m$ |
| 齿顶圆直径 | $d_a$ | $d_a = m(z + 2\cos\delta)$ |
| 外锥距 | $R$ | $R = mz/2\sin\delta$ |
| 齿宽 | $b$ | $b = (0.2 \sim 0.35)R$ |

注:基本参数为大端模数 $m$、齿数 $z$、分度圆锥角 $\delta$。

## 2. 圆锥齿轮的规定画法

圆锥齿轮的规定画法基本上与圆柱齿轮相同。只是由于圆锥的特点,在表达和作图方法上较圆柱齿轮复杂。

(1) 单个圆锥齿轮的画法　单个圆锥齿轮的主视图常画成剖视。侧视图用粗实线画出齿轮大端和小端齿顶圆,用点画线画出大端分度圆,齿根圆不必画出,如图 10-39 所示。单个圆锥齿轮的作图步骤如图 10-40 所示。

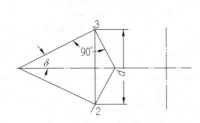

(a) 画水平轴线,根据已知分度圆锥角 $\delta = 28°18'$ 和大端分度圆直径 $d = 42$,画出这个圆锥的投影;由 $d$ 两端画两条与分度圆锥母线垂直的线就得锥齿轮的背部轮廓。

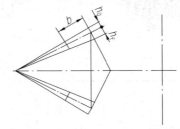

(b) 根据已知尺寸 $h_a = 3$、$h_f = 3.6$、$b = 14$ 画出轮齿的投影。齿顶、齿根各圆锥母线延长后,必须相交于锥顶。

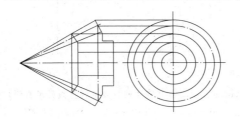

(c) 在主视图上画出其余部分的投影,如轮毂、辐板、轮缘等,再根据主视图画出左视图(键槽是先画左视图再画主视图的)。

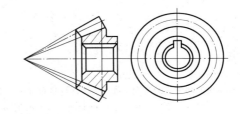

(d) 描深,画剖面线。

图 10-40　单个圆锥齿轮的作图步骤

(2) 圆锥齿轮啮合的画法　圆锥齿轮啮合时,两分度圆锥相切,锥顶交于一点。画图时主视图多采用剖视,如图 10-41 所示。两锥齿轮轴线成 90° 时,它们的作图步骤如图 10-42 所示。

### 10.2.3　蜗轮蜗杆

蜗轮、蜗杆常用于两轴垂直交叉时的传动(图 10-32(c))。蜗杆一般为主动件,蜗轮为从动件。由于速比大,广泛用于减速装置中。

蜗轮实际上是斜齿圆柱齿轮。齿顶常加工成凹环面,以增加它和蜗杆的接触面积,延长使用寿命。蜗轮各部分的名称如图 10-43 所示。

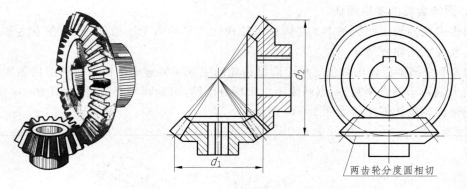

图 10-41　圆锥齿轮啮合的画法

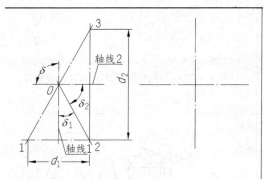

(a) 根据两轴线的交角 δ 画出两轴线（这里 δ=90°），再根据分度圆锥角 $δ_1$,$δ_2$ 和大端分度圆直径 $d_1$,$d_2$ 画出两个圆锥的投影。

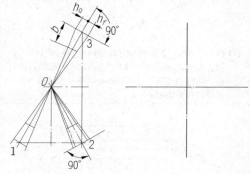

(b) 过 1,2,3 点分别作两分度圆锥母线的垂直线，得到两圆锥齿轮的背部轮廓，再根据齿顶高 $h_a$、齿根高 $h_f$、齿宽 $b$ 画出两齿轮牙齿的投影。齿顶、齿根各圆锥母线延长后必相交于锥顶点 $O$。

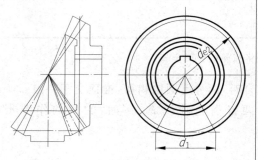

(c) 在主视图上画出两齿轮的大致轮廓，再根据主视图画出齿轮的侧视图。

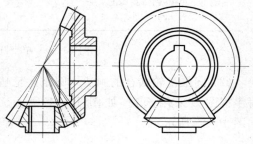

(d) 画齿轮其余部分的投影，描深全图。

图 10-42　圆锥齿轮啮合的画图步骤

蜗杆是齿数较少的斜齿圆柱齿轮，其轴向剖面和梯形螺纹相似。蜗杆的齿数 $z_1$ 称为线数，相当于螺杆上的线数。常用的为单线和双线，即蜗杆转 1 圈，蜗轮转 1 个齿或 2 个

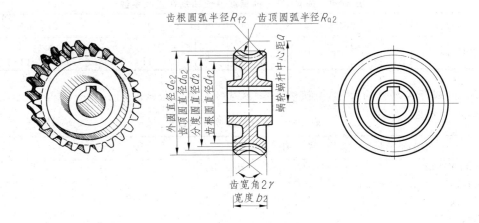

图 10-43　蜗轮各部分的名称及规定画法

齿。蜗杆各部分的名称如图 10-44 所示。

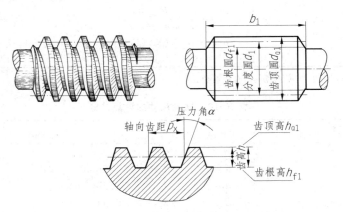

图 10-44　蜗杆各部分的名称及规定画法

**1. 蜗轮、蜗杆的主要参数**

蜗轮、蜗杆的主要参数是在通过蜗杆垂线并垂直于蜗轮轴线的平面内决定的。在此平面内，蜗轮的模数称为端面模数，蜗杆的模数称为轴向模数。相啮合的蜗轮和蜗杆模数相等。

蜗轮、蜗杆的基本参数，除模数和齿数外，还有一个蜗杆直径系数。为了减少加工蜗轮刀具的规格，将蜗杆分度圆直径 $d_1$ 与模数 $m$ 的比值标准化，这个比值称为蜗杆直径系数，以 $q$ 表示，即

$$q = \frac{d_1}{m}$$

我国规定的蜗杆、蜗轮的标准模数和蜗杆直径系数见表 10-8。对于标准蜗杆，模数确定之后，蜗杆直径系数可以从表中查出。

表 10-8　蜗轮、蜗杆的标准模数和蜗杆直径系数

| 模数 $m$ | 1 | 1.5 | 2 | 2.5 | 3 | (3.5) | 4 | (4.5) | 5 | 6 | (7) | 8 | (9) | 10 | 12 |
|---|---|---|---|---|---|---|---|---|---|---|---|---|---|---|---|
| 直径系数 $q$ | 14 | 14 | 13 | 12 | 12 | 12 | 11 | 11 | 10 (12) | 9 (11) | 9 (11) | 8 (11) | 8 (11) | 8 (11) | 8 (11) |

蜗轮、蜗杆各部分的尺寸,可按表 10-9 及表 10-10 的公式算出。

表 10-9　蜗杆的尺寸计算公式

| 名 称 | 符 号 | 公 式 |
|---|---|---|
| 分度圆直径 | $d_1$ | $d_1 = mq$ |
| 齿顶高 | $h_a$ | $h_a = m$ |
| 齿根高 | $h_f$ | $h_f = 1.2m$ |
| 齿高 | $h$ | $h = h_a + h_f = 2.2m$ |
| 齿顶圆直径 | $d_{a1}$ | $d_{a1} = d_1 + 2h_{a1} = d_1 + 2m$ |
| 齿根圆直径 | $d_{f1}$ | $d_{f1} = d_1 - 2h_{f1} = d_1 - 2.4m$ |
| 螺旋线升角(分度圆上的) | $\gamma$ | $\tan\gamma = z_1 m / d_1 = z_1 / q$ |
| 轴向齿距 | $p_x$ | $p_x = \pi m$ |
| 螺旋导程 | $p_z$ | $p_z = z_1 p_x$ |
| 蜗杆齿长度 | $b_1$ | $b_1 \geqslant (11 + 0.1z_2)m$,当 $z_1 = 1 \sim 2$ 时<br>$b_1 \geqslant (13 + 0.1z_2)m$,当 $z_1 = 3 \sim 4$ 时 |

注:基本参数为轴向模数 $m$、线数 $z_1$、直径系数 $q$。

表 10-10　蜗轮尺寸的计算公式

| 名 称 | 符 号 | 公 式 |
|---|---|---|
| 分度圆直径 | $d_2$ | $d_2 = mz_2$ |
| 齿顶圆直径 | $d_{a2}$ | $d_{a2} = d_2 + 2m = m(z_2 + 2)$ |
| 齿根圆直径 | $d_{f2}$ | $d_{f2} = d_2 - 2.4m = m(z_2 - 2.4)$ |
| 齿顶圆弧半径 | $R_{a2}$ | $R_{a2} = d_1/2 - m$ |
| 齿根圆弧半径 | $R_{f2}$ | $R_{f2} = d_1/2 + 1.2m$ |
| 外径 | $d_{e2}$ | $d_{e2} \leqslant d_{a2} + 2m$,当 $z_1 = 1$ 时<br>$d_{e2} > d_{a2} + 1.5m$,当 $z_1 = 2 \sim 3$ 时<br>$d_{e2} > d_{a2} + m$,当 $z_1 = 4$ 时 |
| 蜗轮宽度 | $b_2$ | $b_2 \leqslant 0.75 d_{a1}$,当 $z_1 < 3$ 时<br>$b_2 \leqslant 0.67 d_{a1}$,当 $z_1 = 4$ 时 |
| 齿宽角 | $2\gamma$ | $2\gamma = 45° \sim 60°$,用于回转分度传动<br>$2\gamma = 70° \sim 90°$,用于一般动力传动<br>$2\gamma = 90° \sim 130°$,用于高速传动 |
| 中心距 | $a$ | $a = \frac{1}{2}(d_1 + d_2) = \frac{1}{2}m(q + z_2)$ |

注:基本参数为端面模数 $m$、齿数 $z_2$。

**2. 蜗轮、蜗杆的画法**

蜗轮的画法是:在蜗轮投影为圆的视图中,只画分度圆和外圆,齿顶圆和齿根圆不必画出。在剖视图上,轮齿的画法与圆柱齿轮相同,如图 10-43 所示。

蜗杆的画法与圆柱齿轮的规定画法相同。为表明蜗杆的牙型，一般采用局部剖视，画几个牙型或画牙型放大图，如图 10-44 所示。

蜗轮、蜗杆啮合的画法如图 10-45 所示。在蜗杆投影为圆的视图上，蜗轮与蜗杆投影重合的部分，只画蜗杆不画蜗轮。在蜗轮投影为圆的视图上，蜗轮分度圆与蜗杆的节线要

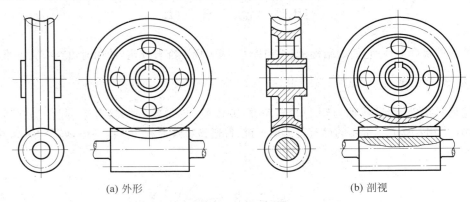

(a) 外形　　　　　　　　　　　(b) 剖视

图 10-45　蜗轮、蜗杆啮合的画法

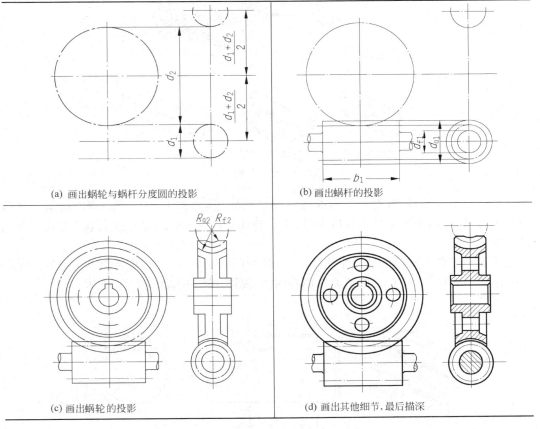

(a) 画出蜗轮与蜗杆分度圆的投影　　　(b) 画出蜗杆的投影

(c) 画出蜗轮的投影　　　(d) 画出其他细节，最后描深

图 10-46　蜗轮、蜗杆啮合的作图步骤

画成相切;若取剖视,则蜗轮被蜗杆遮住的部分,可画虚线或省略不画,如图 10-45(b)所示;若画外形图,可按图 10-45(a)的形式画出。

图 10-46 是蜗轮、蜗杆啮合图的画图步骤。

## 10.3 键 与 销

键和销是标准件,它们的结构、型式和尺寸,国家标准都有规定,使用时可查有关标准。

### 10.3.1 键

键是联接件,用键将轴与轴上的传动件,如齿轮、皮带轮等联接起来,起传递扭矩的作用,如图 10-47 所示。常用的键有普通型平键、普通型半圆键和钩头型楔键,如图 10-48 所示。

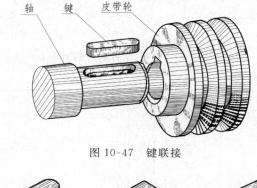

图 10-47 键联接

(a) 普通型平键　　(b) 普通型半圆键　　(c) 钩头型楔键

图 10-48 常用的键

每一种型式的键,都有一个标准号和规定的标记,见表 10-11。选用时,根据传动情况确定键的型式,根据轴径查标准手册,选定键宽 $b$ 和键高 $h$,再根据轮毂长度选定长度 $L$ 的标准值。

普通平键和半圆键的侧面是工作面,在装配图画法中,键与键槽侧面不留间隙。键的顶面是非工作面,与轮毂键槽顶面应留有间隙,如图 10-49 和图 10-50 所示。

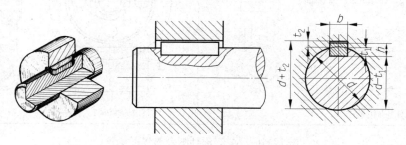

图 10-49 平键的装配画法

表 10-11 常用键的型式及规定标记

| 名 称 | 图 例 | 规定标记示例 |
|---|---|---|
| 普通型平键<br>（A 型） | A 型图示 | $b=16\mathrm{mm}, h=10\mathrm{mm}, L=100\mathrm{mm}$<br>GB/T 1096 键 $16\times10\times100$ |
| 普通型半圆键 | 图示 | $b=6\mathrm{mm}, h=10\mathrm{mm}, d_1=25\mathrm{mm}$<br>GB/T 1099.1 键 $6\times10\times25$ |
| 钩头型楔键 | 图示 | $b=16\mathrm{mm}, h=10\mathrm{mm}, L=100\mathrm{mm}$<br>GB/T 1565 键 $16\times100$ |

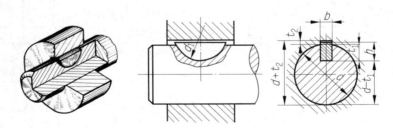

图 10-50 半圆键的装配画法

钩头型楔键顶面有 1∶100 的斜度，联接时将键打入键槽。顶面和底面同为工作面，与槽底没有间隙。而键的两侧为非工作面，与键槽两侧面应留有间隙，如图 10-51 所示。

轴上键槽及轮毂上键槽的画法和尺寸注法，以普通型平键为例，如图 10-52 所示。

### 10.3.2 销

销是标准件，通常用于零件之间的联接和定位，常用的有圆柱销和圆锥销，它们的结构型式、规定标记和联接画法国家标准都有规定，见表 10-12。

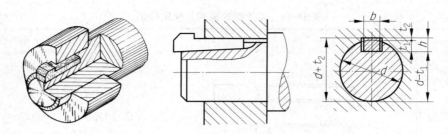

图 10-51　钩头型楔键的装配画法

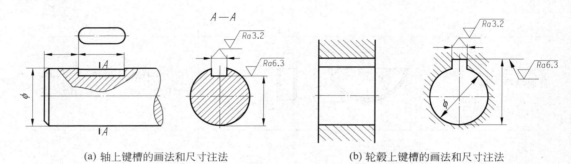

(a) 轴上键槽的画法和尺寸注法　　　(b) 轮毂上键槽的画法和尺寸注法

图 10-52　轴上键槽尺寸注法

表 10-12　常用销的型式、规定标记和联接画法示例

| 名　称 | 型　式 | 规定标记与示例 | 联接画法示例 |
|---|---|---|---|
| 圆柱销 | ≈15°　　c　　d　　c　　l | 公称直径 $d=6$、公称长度 $l=30$，公差为 m6，材料为钢，不经淬火，不经表面处理的圆柱销：<br>销 GB/T 119.1 6　m6×30 | 轴和套之间用圆柱销联接 |
| 圆锥销 | A型　　1:50　　$R_1$　d　$R_2$　　a　l　a | 公称直径 $d=10$，公称长度 $l=60$，材料为钢，热处理，表面氧化处理，A型圆锥销：<br>销 GB/T 117　10×60 | 减速机的箱体和箱盖用圆锥销定位 |

用销联接和定位的两个零件上的销孔，是一起加工的。在零件图上应当注明，如图 10-53。圆锥销的公称尺寸是指小端直径。

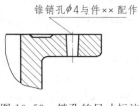

图 10-53 销孔的尺寸标注

## 10.4 弹 簧

弹簧在机器和仪器中起减振、复位、测力、储能和夹紧等作用。其特点是外力除去后，能立即恢复原状。

弹簧的种类很多，常见的有螺旋弹簧（图 10-54）、蜗旋弹簧（图 10-55）。根据受力情况，螺旋弹簧又可分为压缩弹簧、拉伸弹簧和扭转弹簧。

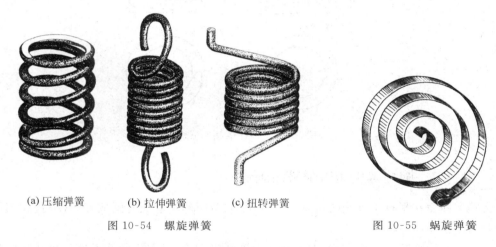

(a) 压缩弹簧　　(b) 拉伸弹簧　　(c) 扭转弹簧

图 10-54　螺旋弹簧　　　　　　图 10-55　蜗旋弹簧

弹簧为标准件，其中弹簧中径和弹簧丝直径等均已标准化。

本节着重介绍圆柱螺旋压缩弹簧的画法。

### 10.4.1　圆柱螺旋压缩弹簧各部分的名称和尺寸关系（参看图 10-56）

为使弹簧各圈受力均匀，多数压缩弹簧的两端都并紧磨平，工作时起支承作用，称为支承圈。支承圈有 1.5 圈、2 圈、2.5 圈 3 种，其中 1.5 圈和 2.5 圈比较常见。除支承圈外，其余保持节距相等参加工作的圈称为有效圈。有效圈数与支承圈数之和为总圈数。

下面介绍弹簧的几个参数：

(1) 材料直径 $d$　制造弹簧的钢丝直径。

(2) 弹簧中径 $D$　弹簧的平均直径；

　　　弹簧内径 $D_1$　弹簧的最小直径，$D_1 = D - d$；

　　　弹簧内径 $D_2$　弹簧的最大直径，$D_2 = D + d$。

(3) 节距 $t$　两相邻有效圈截面中心的轴向距离。

(4) 有效圈数 $n$、支撑圈数 $n_2$、总圈数 $n_1$，它们之间的关系为
$$n = n_1 - n_2$$

(5) 自由高度 $H_0$　弹簧无负荷时的高度，其值为
$$H_0 = nt + (n_2 - 0.5)d$$

按照 GB/T 4459.4—2003 的规定，圆柱压缩弹簧已经标准化，其中 $d, D, t, H_0$（计算后取标准值）及 $n$ 均按标准选取。

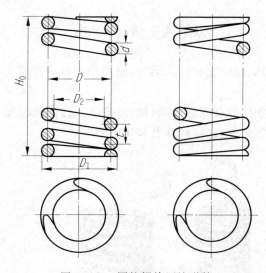

图 10-56　圆柱螺旋压缩弹簧

### 10.4.2　圆柱螺旋压缩弹簧的画法

(1) 弹簧在平行于轴线的投影面上的图形，各圈的轮廓线应画成直线，以代替螺旋线的投影（图 10-56）。

(2) 右旋弹簧应画成右旋，左旋弹簧允许画成右旋，但左旋弹簧不论画成右旋还是左旋，一律要加注"左"字。

(3) 4 圈以上的弹簧，中间各圈可省略不画，而用通过中径的点画线联接起来。当中间各圈省略后，图形的长度可适当缩短。

(4) 弹簧两端的支承圈，不论圈数多少，均可按图 10-56 的形式绘制。

(5) 在装配图中，弹簧中间各圈采取省略画法后，弹簧后面的结构按不可见处理，可见轮廓线只画到弹簧钢丝的剖面轮廓或中心线上（图 10-57(a)）；簧丝直径等于或小于 2mm 的剖面，可用涂黑表示（图 10-57(b)），小于 1mm 时，可采用示意画法（图 10-57(c)）。

### 10.4.3　圆柱螺旋压缩弹簧的作图步骤

已知圆柱螺旋压缩弹簧的簧丝直径 $d=6$，弹簧中径 $D=36$，节距 $t=12$，有效圈数 $n=6$，支承圈数 $n_2=2.5$，右旋。试画弹簧工作图。

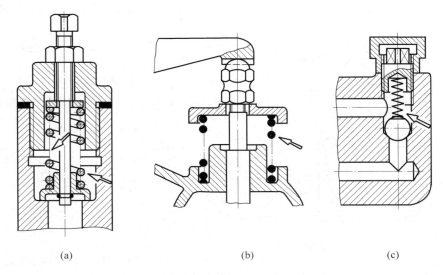

图 10-57 装配图中的弹簧的画法

画图之前先进行计算,算出弹簧自由高度 $H_0$,然后再作图,作图步骤如图 10-58 所示。
(1) 根据 $D$ 及 $H_0$ 画出矩形 $ABDC$(图 10-58(a))。

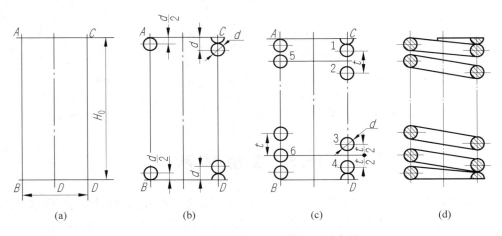

图 10-58 圆柱螺旋压缩弹簧的画图步骤

(2) 画出支承圈部分直径与簧丝直径相等的圆和半圆(图 10-58(b))。
(3) 画出有效圈数部分直径与簧丝直径相等的圆(图 10-58(c))。先在 $CD$ 上根据节距 $t$ 画出圆 2 和 3,然后从线段 12 和 34 的中点作出水平线与 $AB$ 相交,画出圆 5 和 6。
(4) 按右旋方向作相应圆的公切线及剖面线,即完成作图(图 10-58(d))。
图 10-59 为圆柱螺旋压缩弹簧的零件图。

### 10.4.4 圆柱螺旋压缩弹簧的标记

若选用标准弹簧,需给出弹簧标记。弹簧标记由类型代号、规格、精度等级、旋向和标准号组成,规定如下:

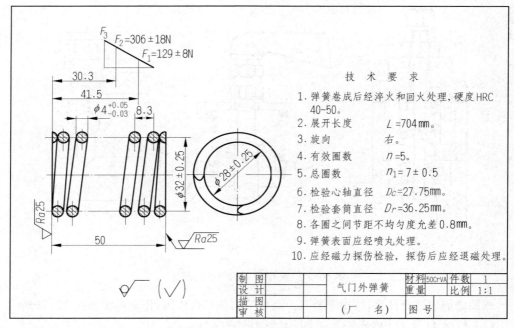

图 10-59　圆柱螺旋压缩弹簧的零件图

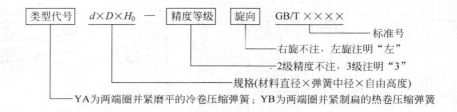

## 10.5　滚动轴承

滚动轴承是支持轴旋转的组件,由于滚动轴承摩擦阻力小,机械效率高,所以是生产中广泛应用的一种标准件。GB/T 4459.7—1998 还规定了滚动轴承的表示法。

### 10.5.1　滚动轴承的结构、分类和代号

**1. 滚动轴承的结构**

滚动轴承的结构,一般由 4 个元件组成,如图 10-60 所示。
（1）内圈紧密套装在轴上,随轴转；
（2）外圈装在轴承座的孔内,固定不动；
（3）滚动体形式有圆球、圆柱、圆锥等,排列在内、外圈之间；
（4）保持架用来把滚动体隔离开。

**2. 滚动轴承的分类**

滚动轴承按所承受载荷的方向分为向心轴承和推力轴承。

(1) 向心轴承 主要承受径向载荷。向心轴承又分为径向接触轴承(如图 10-60(a)所示的深沟球轴承)和角接触向心轴承。

(2) 推力轴承 主要承受轴向载荷。推力轴承又分为轴向接触轴承(如图 10-60(b)所示的推力球轴承)和角接触推力轴承(如图 10-60(c)所示的圆锥滚子轴承)。

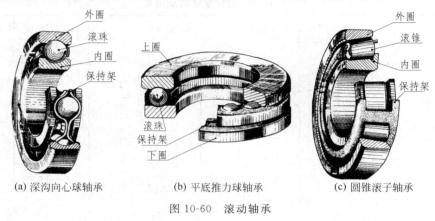

(a) 深沟向心球轴承　　(b) 平底推力球轴承　　(c) 圆锥滚子轴承

图 10-60　滚动轴承

**3. 滚动轴承的代号和标记**

滚动轴承的代号可查阅 GB/T 272—1993,GB/T 271—2008。滚动轴承的代号主要由基本代号组成,基本代号表示轴承的基本类型、结构和尺寸。

基本代号由轴承类型代号、尺寸系列代号和内径代号 3 部分自左至右顺序排列而成。类型代号用数字或字母表示。

尺寸系列代号由轴承的宽(高)度系列代号(1 位数字)和直径系列代号(1 位数字)左右排列组成。

内径代号表示轴承内圈孔径,由右后两位数字表示。代号数字 00,01,02,03 分别表示内径 $d=10mm,12mm,15mm,17mm$,代号数字 $\geqslant 04$ 时,则乘以 5,即为轴承内径 $d$ 毫米数。

滚动轴承的规定标记是:滚动轴承　基本代号　国标号。现举例说明如下:

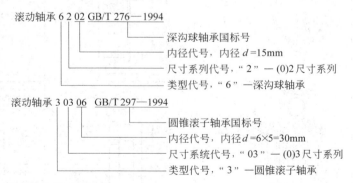

### 10.5.2　滚动轴承的画法

滚动轴承为标准件,不需要画零件图,按国家标准规定,只是在装配图中采用规定画法或特征画法。

在装配图中需要较详细地表示滚动轴承的主要结构时,可采用规定画法;在装配图中只需简单地表达滚动轴承的主要结构时,可采用特征画法。

画滚动轴承时,先根据轴承代号由国家标准手册查出滚动轴承外径 $D$、内径 $d$ 及宽度 $B$ 等尺寸,然后按表 10-13 中的图形、比例关系画出。

表 10-13　常用滚动轴承画法

| 轴承名称和代号 | 立体图 | 主要数据 | 规定画法 | 特征画法 |
|---|---|---|---|---|
| 6000 型<br>深沟球轴承<br>GB/T 276—1994 | | $D$<br>$d$<br>$B$ | | |
| N0000 型圆柱滚子轴承<br>GB/T 283—1994 | | $D$<br>$d$<br>$B$ | | |
| 30000 型<br>圆锥滚子<br>轴承 GB/T<br>297—1994 | | $D$<br>$d$<br>$B$<br>$T$<br>$c$ | | |
| 51000 型<br>平底推力球轴承<br>GB/T 301—1995 | | $D$<br>$d$<br>$H$ | | |

## 10.6 用 AutoCAD 的块操作建立图形库

"块"是由多个对象组成的集合,并且具有名称。通过建立块,用户可以将多个对象作为单一的实体来参与 AutoCAD 的图形编辑与查询等操作。由于标准件和常用件以及一些常用符号在机械制图中大量反复使用,因此 AutoCAD 常把这些图形定义为"块",并将其存放于图形库中。需要使用时将其调出,并插入图中。图形库有两类:一类是国家标准中包含的标准件图库,用户可以直接使用;另一类是用户自己建立的图形库,供用户自己使用。本节主要介绍有关标准件的图块知识。

图 10-61 块定义对话框

图块的操作包括:块的定义、块的存盘、块的插入、块的修改与更新。

**1. 定义内部块(Block)**

(1) 功能:根据选定的对象创建块定义,以便在本图形文件内部引用。

(2) 调用格式与操作

命令:Block ↵(或 B ↵)。

命令执行后弹出"块定义"对话框,见图 10-61,在对话框中进行以下操作:

① 在"名称(A):"后的输入框中输入新建的块名,如"六角螺母";

② 单击"拾取点(K)"按钮,对话框消失,用光标指定插入基点(见图 10-62);

③ 单击"选择对象(T)"按钮,对话框消失,用光标窗选对象"六角螺母";

④ 对话框右上角出现六角螺母图形,进行确认;

⑤ 单击"确定"按钮,结束操作。

说明:插入点的标记应该明显,因此需将系统默认的点的标记样式(小黑点)重新设置。设置点样式的方法如下:从下拉菜单中执行【格式(O)】|【点样式(P)】,弹出"点样式"对话框,在对话框中进行设置即可。

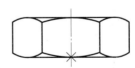

图 10-62 六角螺母

**2. 定义外部块(即图块存盘:Wblock)**

(1) 功能:将现有图形或新创建的图形写入文件中,以便其他图形文件引用。

(2) 调用格式与操作

命令:Wblock ↵(或 W ↵)。

现以六角头螺栓为例介绍图块存盘命令的操作过程。

① 打开现有六角头螺栓图形,如图 10-63 所示。

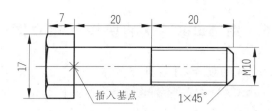

图 10-63 六角头螺栓

② 在命令/提示窗口,输入"Wblock ↵",弹出"写块"对话框,如图 10-64 所示。

③ 在写块对话框中单击"拾取点(K)"按钮,对话框消失,用光标拾取插入基点,写块对话框重新出现。

④ 单击"选择对象(T)"按钮,对话框又一次消失,用光标窗选六角头螺栓后回车,"写块"对话框又重新出现。

⑤ 在"文件名和路径(F):"的输入框中选择路径,输入文件名;确认后单击"确定"按钮。至此六角头螺栓图块定义完毕并存盘,完成之后可以检查选定的路径中是否生成了该文件。

**3. 插入块(Insert)**

(1) 功能:将图形(外部块)或命名块(内部块)插入到当前图形中。

图 10-64 "写块"对话框

(2) 调用格式与操作

命令:Insert ↵(或 I ↵)。

下面以将螺栓插入螺栓孔中和将螺母插入螺栓上为例,介绍插入块命令的使用方法(见图 10-65)。

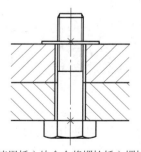 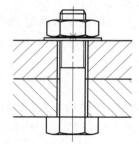

(a) 使用插入块命令将螺栓插入螺栓孔中　　(b) 使用插入块命令将螺母插入螺栓上

图 10-65　螺栓、螺母插入图块

输入命令:Insert ↵,命令执行后弹出"插入"对话框,见图 10-66,在对话框中进行以下操作:

① 由"名称(N)"的下拉列表中选择所要插入的内部块;或由"浏览(B)…"选择所要插入的外部块;
② 在屏幕上指定插入点,拾取图 10-65 中的"×"点;
③ 给定缩放比例(本例给定 1);
④ 给定旋转角度(本例给定 90);
⑤ 单击"确定"按钮,结束插入螺栓操作,参见图 10-65(a);
⑥ 重复插入操作,将螺母插入到螺栓上,参见图 10-65(b)。

图 10-66　插入块对话框

**4. 关于块的属性**

属性是从属于块的文字信息,是块的重要组成部分。一般创建块之前要先将属性进行定义,然后和图形对象一起做成含有文字信息的块。下面以含有粗糙度属性值的粗糙度符号 $\sqrt{}^{CCD}$ 为例简单介绍其操作过程。

命令:Attdef ↲,弹出属性定义对话框,见图 10-67,在对话框中进行以下操作:
(1) 在"标记(I):"的输入框中输入属性标记,如"CCD"(粗糙度)。
(2) 在"提示(M):"的输入框中输入提示信息,如"CCD 数值:"。
(3) 在"值(L):"的输入框中输入预定义值,也可以不输入预定义值,使其是个变量。

图 10-67　粗糙度属性定义对话框

(4) 在"在屏幕上指定(D)"的点选框中进行勾选,屏幕回到图形状态,在图形窗口的粗糙度三角符号的水平线上拾取属性插入点。

(5) 单击"确定"按钮。

属性定义完成之后,屏幕回到图形窗口,并在指定位置显示出标记"CCD"来,此时就可以创建带有属性的图块了。该属性将是个"变量",在插入块时,系统将有相应的提示,在本例中,系统将在命令行中提示"CCD 数值:",用户可以输入所需要的数值或默认对话框中的预定义值。

AutoCAD 还为用户提供了多种编辑块中属性的方式,例如利用"属性"选项卡、"文字选项"、"特性"选项卡均可修改属性。必要时可以将块分解,然后分别修改组成块的各部件。

# 第 11 章 零件图的绘制

## 11.1 零件图的内容和要求

机器和部件都是由零件组成的,在绘制零件图时,应该了解零件在机器或部件中的功用以及与其他零件的关系、形状结构和大小、加工方法和技术要求等。所以**零件图是表示零件结构、大小及技术要求的图样**。它是零件加工、制造和检验的依据,是生产中的重要技术文件。因此,根据零件图的用途和要求,零件图应包括下列 4 方面的内容:

(1) 一组视图(包括视图、剖视图、断面图等) 确切、清晰地表示出零件的结构形状。

(2) **完整尺寸** 合理、齐全地标注零件的尺寸,用以确定零件形状的大小和各部分的相对位置。

(3) **技术要求** 用规定的符号、数字或文字说明制造、检验应达到的技术指标,如表面粗糙度、尺寸公差、几何公差、材料及热处理等。

(4) **标题栏** 说明零件名称、数量、材料、比例、图号以及设计、绘图和审核人员签名等。

图 11-1 是一张轴承座的零件图。

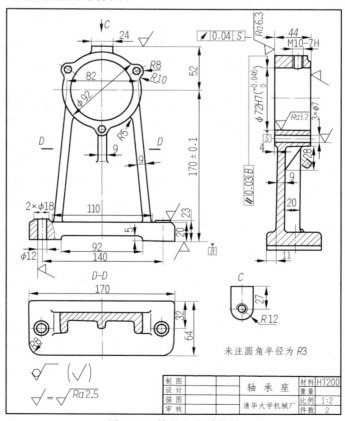

图 11-1 轴承座的零件图

本章着重讨论零件的视图选择问题,至于尺寸标注和技术要求,将在第 12 章和第 13 章中分别介绍。

## 11.2　零件图的视图选择

### 11.2.1　视图选择的要求和步骤

**1. 视图选择的要求**

零件图中的视图要将零件的形状结构表达清楚,符合加工制造要求及便于画图和看图。因此,对视图选择的要求归纳为正确、完全、清楚和合理。

(1) 正确　指视图间的投影关系及表达方法等要正确,符合国家标准。
(2) 完全　指零件的形状结构及各部分的相对位置要表达完全,而且唯一确定。
(3) 清楚　指所画的视图要清晰易懂,便于看图。
(4) 合理　指视图表达要简洁精练,经过分析、比较、优化,合理确定最佳方案。

**2. 视图选择的步骤和方法**

(1) 分析零件

分析零件的功能及其在部件或机器中的位置和关系;分析零件的形体结构特点及其工作状态和加工状态。只有这些问题搞清楚了,才能正确选择视图。

(2) 主视图的选择

主视图是各视图中的主要视图,它要求能将机件的形体结构及各部分的功能较明显地表达出来。同时,只有主视图选择好了,才能考虑其他视图的选择。所以,选择视图时,首先要对主视图进行选择。

主视图的选择主要考虑两方面的问题:一是安放位置,二是投射方向。

主视图的安放位置应符合零件的加工位置或工作位置。零件图是用来加工制造零件的。为了生产时看图方便,主视图所表达的零件位置最好和零件的加工位置一致。

但是有些零件的形体较复杂,加工的工序较多,加工时装夹位置也不一样,这时,主视图就无法按照零件的加工位置来安放,而应按零件在机器中的工作位置安放。

零件的加工位置和工作位置一致时,则按加工位置放置。不一致时应具体分析,一般形体较复杂的零件,都要按工作位置放置。

(3) 其他视图的选择及方案确定

一般来说,单有一个主视图是不能把机件的形体结构完全表达清楚的。所以,主视图确定后,还要对零件进行分析,根据零件形体结构特点及复杂程度,考虑是否还需要俯视图或左视图以及其他视图和辅助视图等。由于零件内、外形状都较复杂,在表达方法上,较多地采用剖视图,以表达其内部结构。

在选择视图的过程中要进行认真分析,如采用何种视图以及用什么样的表达方法,才能把机件的形体简洁明了地表达清楚,最好多考虑几种表达方案。经过比较、调整,合理地确定一种最佳方案。

## 11.2.2 几种典型零件的视图表达

零件的形状是千变万化的,但就其结构特点来分析,大致可分为轴类、盘类、支座类、箱体类、薄板冲压件及镶嵌类零件等。

下面结合典型例子介绍这几类零件的视图表达方法。

**1. 支座类零件**

(1) 零件及其形状结构分析

支座类零件是支承其他零件的一个架子。图 11-2 是支座类零件轴承座的轴测图。如图所示。它的结构由支承轴的轴孔、用以固定在其他零件上的底板,以及起加强、支承作用的肋板和支承板等组成。

(2) 主视图的选择

轴承座的工作状态如图 11-2 所示。轴承座加工时由于其加工工序较多,故在选择主视图时,一般都按工作位置放置。

若将 A 向作为投射方向,组成该零件的基本形体,如圆筒、肋板、支承板、底板和顶部凸台等及其相对位置,都表达得比较清楚。所以将 A 向作为主视图的投射方向,能比较充分地表达该零件的形状结构特征,如图 11-3 所示。主视图根据轴承座的形状结构特点主要采用外形图,只是将底板上与其他零件连接的螺栓孔采用了局部剖视,如图 11-4 所示。

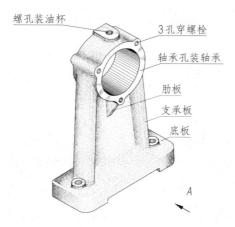

图 11-2 轴承座

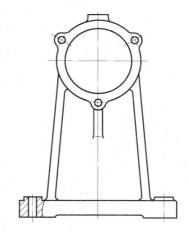

图 11-3 轴承座的主视图

(3) 其他视图的选择

主视图仅表达了零件的主要形状,但有些部分的结构还未表达清楚,如轴承孔的内腔形状、底板形状、肋板的断面形状等。因此,还要选择一些其他视图将其表达完全。

先考虑左视图。左视图的表达方法可以采用外形图或局部剖视图。经过分析,采用了全剖视图,这样把轴承座的外轮廓、轴承孔、肋板及加油杯安装用的螺纹孔等都表达清楚了,而且简洁明了,如图 11-4 所示。

主视图和左视图把轴承座的大部分形体结构都表达清楚了,但还有底板的形状、肋板和支承板的断面形状等,仍未表达清楚,所以,在底视图上采用了 B—B 剖视图。这样,就把如上所述的内容基本表达清楚了,如图 11-4 所示。

经过进一步分析,顶部凸台的形状还没有表达清楚,所以加了一个 C 向视图,这样就把轴承座的形体结构较好地完全表达清楚了,如图 11-4 所示。

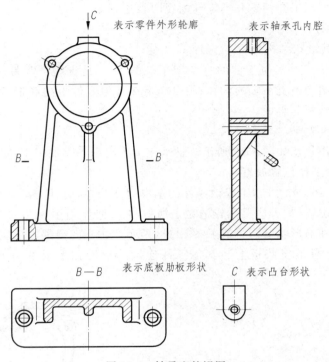

图 11-4 轴承座的视图

### 2. 箱体类零件

(1) 零件及其形体结构分析

箱体类零件的形状都具有箱形特点,且形体较为复杂。图 11-5(b)是箱体类零件——行程开关外壳的轴测图。从图中可以看出,在行程开关外壳内要安装开关等机构,要有接线的进出孔及按钮孔,以及固定外壳的安装孔和连接上盖的螺纹孔等。

(2) 主视图的选择

箱体类零件加工工序较复杂,主视图一般按工作位置放置,而其投影方向则以能充分显示出零件的形状、结构为选取原则。故行程开关外壳的主视图按图 11-5 中正前方向投影,并取全剖视。这样,该零件的主要结构、内部形状及各处壁厚都能表达清楚(图 11-6)。

(3) 其他视图的选择

如图 11-6 所示,除主视图外还要有其他视图。

为了表示外壳形状特征与底板的形状以及孔的分布情况,采用了俯视图,并在俯视图中用虚线表示底面凸台形状。

为了表示左端的按钮孔、前后接线孔以及外壳的内部结构,在俯视图上采用了局部

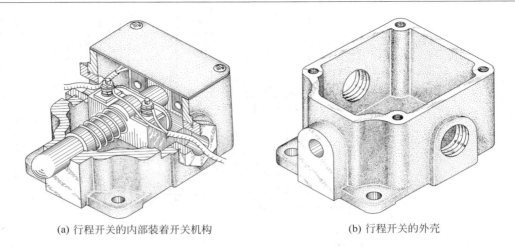

(a) 行程开关的内部装着开关机构　　　　(b) 行程开关的外壳

图 11-5　行程开关的外壳

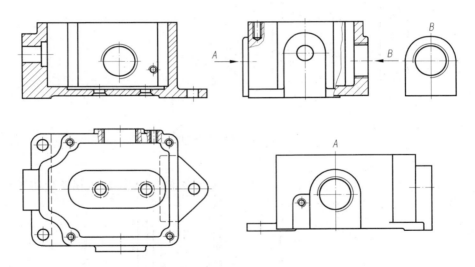

图 11-6　行程开关外壳的视图

剖视。

此外,还用 A 向和 B 向视图,表达了后面和前面的凸台形状。

在选择视图时,可多作几种方案进行分析、比较,然后选出一种最佳方案。图 11-7 是行程开关外壳视图选择的另一方案,读者可自行分析比较。

**3. 轴类零件**

(1) 零件及其形状结构分析

轴类零件是用来支承传动件(如齿轮、皮带轮等)以传递运动和动力的。轴类零件通常是由若干段直径不同的圆柱体组成(称为阶梯轴),为了联接齿轮、皮带轮等其他零件,在轴上常用键槽、销孔和固定螺钉的凹坑等结构,如图 11-8 所示。

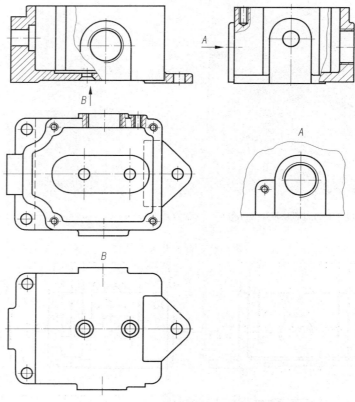

图 11-7 行程开关外壳视图的另一方案

(2) 主视图的选择

轴的主要加工工序是在车床上进行的。为了加工时看图方便,主视图应将轴线按水平位置放置,如图 11-8 所示。

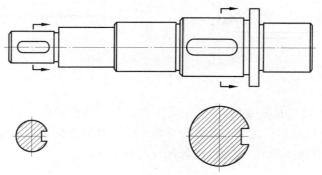

图 11-8 轴的视图

(3) 其他视图的选择

轴上键槽的结构在主视图上未表达清楚,可在主视图的适当部位用移出断面表示,如图 11-8 所示。对一些轴上的细部结构还可采用局部放大图,以便确切表达其形状和标注尺寸。所以轴类零件一般多采用一个基本视图和若干断面来表示。

## 4. 盘类零件

(1) 零件及其形状结构分析

盘类零件包括各种手轮、皮带轮、法兰盘和圆形端盖等。盘类零件的一般结构形状是由在同一轴线上的不同直径的圆柱面(也可能有少量非圆柱面)组成的,其厚度相对于直径来说比较小,即呈盘状。在盘类零件上常有一些孔、槽、肋和轮辐等结构。

(2) 主视图的选择

盘类零件的主视图,一般采用全剖视或旋转剖视。因为一般盘类零件也主要在车床上加工,故将其轴线按水平位置放置。

(3) 其他视图的选择

盘上的孔、槽、肋、轮辐等结构的分布状况,一般要采用左视图来表示,如图 11-9 所示。

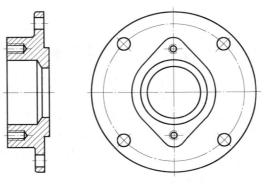

图 11-9 盘类零件视图

## 5. 薄板冲压件

薄板冲压件是将金属板料经冲压、剪切而制成的零件。这类零件在电器设备中常用,如簧片、罩壳、机箱等。现以图 11-10 中的固定板为例,说明冲压件视图表达的一些特点。

冲压件的制造工艺和其他零件不同,常用板料先冲裁落料后再弯曲成形或拉延而成。为了防止零件在弯曲部分产生裂纹,在弯曲处应留有小圆角。冲压件的壁厚很薄,它上面的孔一般都是通孔。因此,对这些孔只要在反映其实形的视图上表示,其他视图中画出轴线即可,不必用剖视或用虚线表示。

对于弯曲成形的零件,为了表达它在弯曲前的外形尺寸,往往要画出展开图。展开图可以是局部要素的展开或整体零件的展开。在展开图形的上方必须标注"展开"字样。

## 6. 镶嵌类零件

这类零件是用压型铸造方法将金属嵌件与非金属材料铸合在一起,如电器上广泛使用塑料内铸有铜片的各种触头及机械上常用的铸有金属嵌件的塑料手柄、手轮等。这类零件的视图表达与前述几种基本相同,只是在剖视图中应该用不同剖面符号来区分铸合的材料。

为了保证联接的牢固性,提高结合面的附着力,通常在嵌件表面做一些凸起、沟槽或网纹,如图 11-11 所示。为了避免嵌件尖角应力集中,在嵌件端部与沟槽处均应做成圆角。

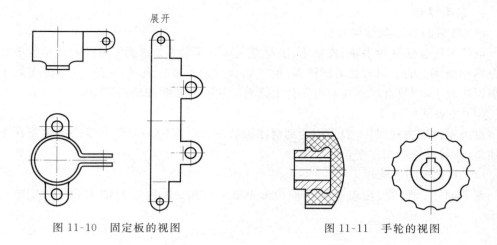

图 11-10　固定板的视图　　　　　图 11-11　手轮的视图

## 11.3　零件结构的工艺性及其相关画法

机器上的绝大部分零件，都要经过砂型铸造，做成毛坯，然后再进行机械加工制造而成。因此在设计和绘制零件图时，还必须考虑到制造工艺的一些特点，使所绘制的零件图符合铸造和机械加工的要求，以便保证零件的质量，防止废品的产生或使制造工艺复杂化。下面介绍一些常见的铸造工艺和机械加工工艺对零件结构的要求。

### 11.3.1　铸造工艺对零件结构的要求

零件的毛坯大多要由砂型铸造而成，如图 11-12 所示的零件毛坯铸造过程，是在上砂箱和下砂箱中进行的。木模放在下箱位置，砂型造好后，开启上砂箱取出木模，重新盖上上砂箱，用熔化的金属液进行浇铸，最后将浇铸好的毛坯取出。由此铸造工艺对零件结构提出了下列一些要求。

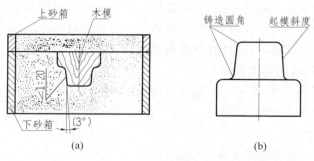

图 11-12　砂箱造型

（1）铸造圆角　在铸件表面相交拐角处应有圆角（如图 11-13 所示），以免脱模时砂型落砂，同时防止铸件冷却时产生裂纹或缩孔。

（2）铸造斜度（起模斜度）　在铸造时为了便于把木模从砂型中取出，在铸件的内外壁沿起模方向应有斜度，常称起模斜度。当斜度较小时，在图上可不画出，若斜度大则应画出,如图 11-14(a),(b)所示。

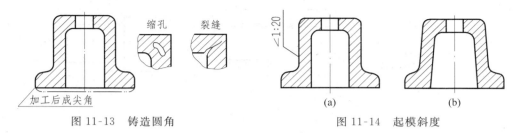

图 11-13 铸造圆角　　　　　图 11-14 起模斜度

(3) 壁厚均匀　若铸件壁厚不均匀,由于金属熔液冷却的速度不一样,容易产生缩孔或裂纹。所以在设计时,铸件的壁厚要均匀或逐渐变化,应避免突然变厚或局部肥大,如图 11-15 所示。

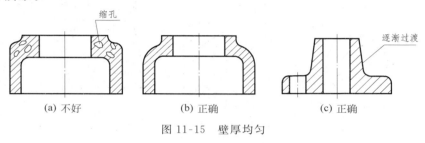

图 11-15 壁厚均匀

## 11.3.2 机械加工工艺对零件结构的要求

毛坯制成后,一般要经过机械加工做成零件。常见的机械加工工艺对零件结构的要求有下列几种。

(1) 倒角　为了便于装配和操作安全,常在轴和孔的端部加工成倒角,如图 11-16 所示。倒角一般为 45°,也允许为 30°或 60°。图中 $C$ 为倒角宽度,$\alpha$ 为倒角的角度。

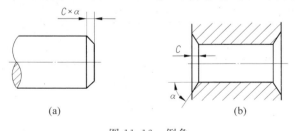

图 11-16 倒角

(2) 退刀槽和砂轮越程槽　切削加工过程中,为了便于退出刀具以及使相关零件在装配时易于靠紧,加工零件时常要预先加工出退刀槽或砂轮越程槽,如图 11-17 所示。图中 $b$ 为槽宽,$\phi$ 为槽的直径。

(3) 凸台、凹坑和凹槽　零件中凡与其他零件接触的表面一般都要加工。为了减少机械加工量及保证两表面接触良好,应尽量减小加工面积和接触面积。常用的方法是在零件接触表面做成凸台、凹坑或凹槽,如图 11-18 所示。

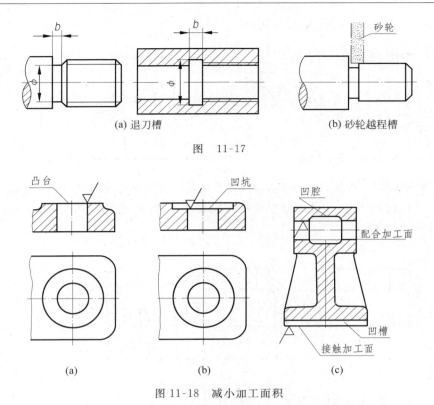

图 11-17

图 11-18 减小加工面积

(4) 钻孔端面　钻孔时,被钻的端面应与钻头垂直,以免钻孔偏斜或钻头折断,如图 11-19 所示。

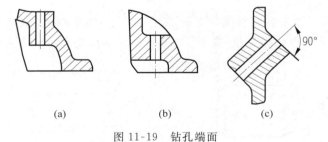

图 11-19　钻孔端面

## 11.3.3　过渡线画法

由于零件上铸造圆角的存在,表面相交时产生的相贯线就不很明显,但仍然看得清楚,这种线通常称为过渡线。过渡线的画法与相贯线的画法基本相同,只是在表示时有些细小的差别。

(1) 当两曲面相交时,过渡线与圆角处不接触,应留有少量间隙,过渡线用细实线画出,如图 11-20 所示。

(2) 当两曲面的轮廓线相切时,过渡线在切点附近应该断开,如图 11-21 所示。

(3) 当三体相交,三条过渡线汇交于一点时,在该点附近应该断开不画,如图 11-22

所示。

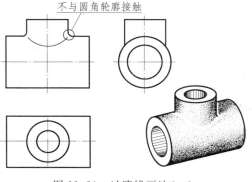

图 11-20 过渡线画法（一）

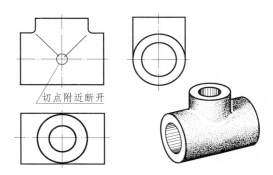

图 11-21 过渡线画法（二）

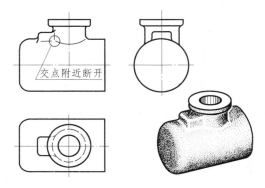

图 11-22 过渡线画法（三）

（4）在画平面与平面或平面与曲面的过渡线时，应该在转角处断开，并加画过渡圆弧，其弯向与铸造圆角的弯向一致，如图 11-23 所示。

（5）零件上圆柱面与板块组合时，该处过渡线的形状和画法取决于板块的断面形状及与圆柱相切或相交的情况，如图 11-24 所示。

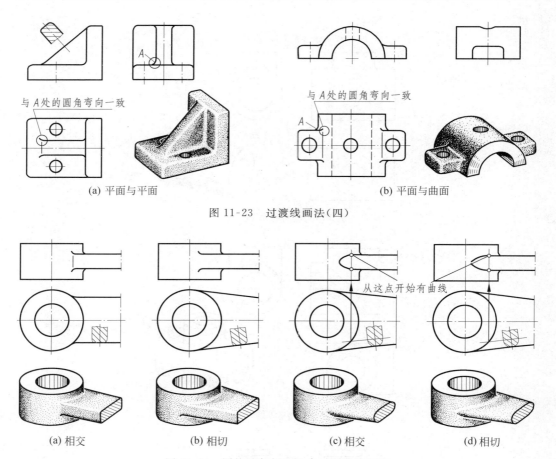

图 11-23 过渡线画法(四)

(a) 平面与平面　　(b) 平面与曲面

(a) 相交　　(b) 相切　　(c) 相交　　(d) 相切

图 11-24 圆柱面与板面组合时过渡线画法

## 11.4 零件的测绘

零件的测绘是根据实际零件画出草图,测量出它的尺寸和确定技术要求,最后画出零件图。在仿制机器和修配损坏的零件时,都要进行零件测绘。

本节仅讨论零件测绘的要求、方法、步骤及常用的测量方法。

### 11.4.1 画零件草图

**1. 画零件草图的要求**

实际上,零件测绘的工作常常在现场进行。由于受时间和场所的限制,需要先画出零件草图。整理后,再根据草图画出零件图。

草图是在白纸或方格纸上,经目测徒手画出的。零件草图虽名为草图,但绝不可潦草马虎。草图是画零件图的重要依据,因此,画零件草图时,必须做到认真细致,如果有错误或遗漏,将给画零件图带来很大困难。

零件草图的要求是：**视图正确，表达完全，尺寸齐全，线型分明，图面整齐，技术要求完全**，并要有图框和标题栏。

**2. 画零件草图前的准备工作**

首先对该零件进行详细分析：

（1）了解零件名称、用途、材料；

（2）用形体分析法分析零件结构，并了解零件上各部分结构的作用和特点；

（3）通过上述分析，确定表达该零件的视图方案。

**3. 画零件草图的具体步骤**（如图 **11-25** 所示）

（1）根据视图数目和实物大小（尽量画的与实物一致），确定适当的图幅。

（2）画出各视图的中心线、轴线、基准线，确定各视图的位置。各视图之间要留有足够的余地，以便标注尺寸，右下角要画出标题栏。

（3）从主视图开始，先画各视图的主要轮廓线，后画细部，画图时要注意各视图间的投影关系。

（4）选择基准，画出全部尺寸界线、尺寸线和箭头，注出零件各部分的表面粗糙度。

（5）测量尺寸，定技术要求，并填写尺寸数值，把技术要求写在标题栏上方。

（6）仔细检查草图后，描深并画剖面线，填写标题栏。

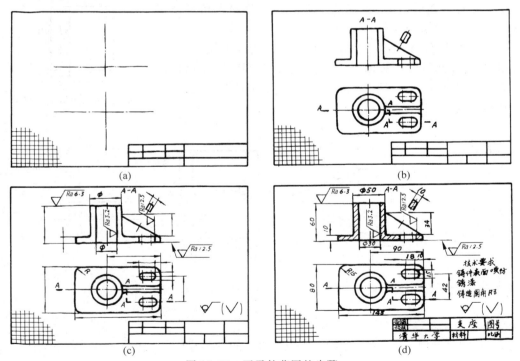

图 11-25  画零件草图的步骤

**4. 画零件草图时应注意的几个问题**

（1）零件上的工艺结构如倒角、圆角、退刀槽等应全部画出，不得遗漏；

（2）制造过程中产生的缺陷，如铸造所留的浇冒口痕迹、铸造时产生的缺陷等，不应

在图中画出,而应予以纠正;

(3) 零件上的标准结构要素(如螺纹、键槽等)的尺寸经测量后,应再查阅手册,核对调整,使尺寸符合标准系列;

(4) 应把零件上全部尺寸集中一次测量,避免注错或遗漏尺寸,量得的尺寸应圆整成适当的整数,并使其符合标准值。

**5. 画零件图**

画零件图之前,应对草图进行仔细检查,如发现草图中有些尺寸或视图有不合适之处,应及时纠正,加以调整,使视图正确清楚。然后再根据草图画零件图。画零件图的步骤与画草图的步骤基本相同。不同之处在于画零件图时,要根据草图中视图的数目,选择国家标准所规定的适当的比例和合适的标准图幅,并画出图框。

### 11.4.2 常用的测量工具及测量方法

**1. 测量工具**

测量尺寸常用的工具有直尺、内卡钳、外卡钳,测量较精密的零件需用游标卡尺。

**2. 常用的测量方法**

(1) 测量直线尺寸  一般可用直尺直接测量,有时也可用三角板与直尺配合进行,如图 11-26 所示。当要求精确测量时,则用游标卡尺。

(2) 测量回转体的内、外径  测量外径用外卡钳,测量内径用内卡钳,测量时要把内、外卡钳上下、前后移动,量得的最大值为其内径或外径。用游标卡尺测量时的方法与用内、外卡钳时相同,如图 11-27 所示。

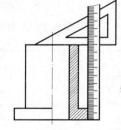

图 11-26 测量直线尺寸

 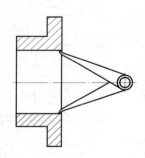 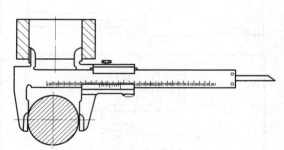

(a) 外卡钳测量外径　　(b) 内卡钳测量内径　　(c) 游标卡尺测量内外径

图 11-27 测量内外径

(3) 测量壁厚  如图 11-28 所示,可用外卡钳与直尺配合使用。

(4) 测量孔间距  如图 11-29 所示,用外卡钳测量相关尺寸,再进行计算。

(5) 测量轴孔中心高  如图 11-30 所示,用外卡钳及直尺测量相关尺寸,再进行计算。

(6) 测量圆角  图 11-31 为用圆角规测量的方法。每套圆角规有很多片,其圆弧半径均不同,测量圆角时只要在圆角规中找出与被测量部分完全吻合的一片,则片上的读数即为圆角半径。铸造圆角一般目测估计其大小即可。若手头有工艺资料,则应选取相应的数值而不必测量。

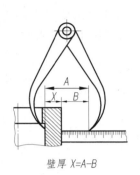

壁厚 X=A-B

图 11-28 测量壁厚

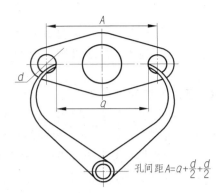

孔间距 $A=Q+\dfrac{d}{2}+\dfrac{d}{2}$

图 11-29 测量孔间距

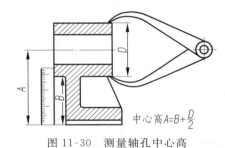

中心高 $A=B+\dfrac{D}{2}$

图 11-30 测量轴孔中心高

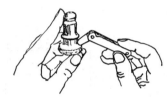

图 11-31 测量圆角

(7) 测量螺纹  测量螺纹要测出直径和螺距的数据。对于外螺纹,测大径和螺距;对于内螺纹,测小径和螺距,然后查手册取标准值。

螺距 P 的测量,可用螺纹规或直尺。螺纹规由一组钢片组成,每一钢片的螺距大小均不相同,测量时只要某一钢片上的牙型与被测量的螺纹牙型完全吻合,则钢片上的读数即为其螺距大小,如图 11-32 所示。

在没有螺纹规的情况下,则可以在纸上压出螺纹的印痕,然后算出螺距的大小,即 $p=\dfrac{T}{n}$,T 为 n 个螺距的长度,n 为螺距数量,如图 11-33 所示。根据算出的螺距再查手册取标准值。

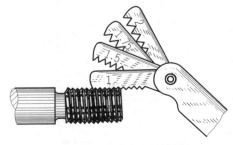

图 11-32 螺纹规测量螺距

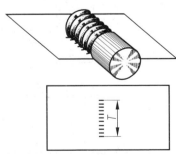

图 11-33 用直尺测量螺距

## 11.5 零件图的看图方法

在设计制造工作中,经常要看零件图。如设计零件时,往往需要参考同类的零件图;在制造零件时,也要看懂零件图。因此,工程技术人员必须掌握正确的看图方法和具备看图的能力。

**1. 看零件图的方法和步骤**

(1) 看标题栏　了解零件的名称、材料、比例及编号等。
(2) 分析视图　了解每个视图的作用及所采用的表达方法。
(3) 分析投影　根据投影关系,用形体分析法想象零件的形状。
(4) 分析尺寸和技术要求。

**2. 举例**

现以图 11-34 中的泵体为例,说明看零件图的具体方法和步骤。

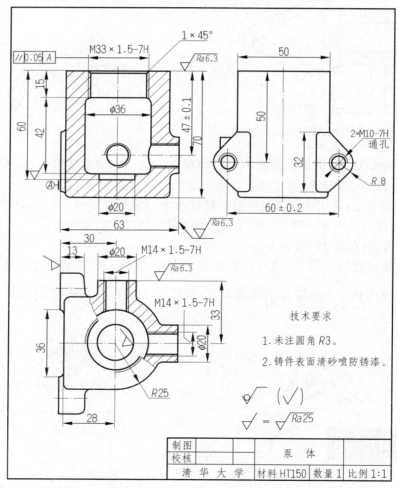

图 11-34　泵体零件图

(1) 看标题栏 从标题栏中可知零件的名称为泵体,材料是铸铁,比例1∶1。

(2) 分析视图 找出主视图,分析各视图之间的投影关系。根据视图的配置关系,可知图 11-34 是由主视图、俯视图和左视图组成的。主视图采用全剖视,俯视图取局部剖视。

(3) 分析投影 根据投影关系,用形体分析法想象零件的形状。看图的顺序一般是:先看整体后看细节;先看主要部分后看次要部分;先看容易的后看难的。

看图时有时还要查阅有关的技术资料,如部件装配图和说明书等,以便了解零件各部分结构的功用,并确定其形状。例如从柱塞泵装配图(图 14-7)中可以看出柱塞泵是一种供油装置,而泵体是用来安装弹簧、柱塞等零件和连接管路的一个箱体类零件。用形体分析法把图 11-34 中的 3 个视图联系起来看,可以把泵体的结构分解为两大部分:①半圆柱形的外形和内有空腔的箱体,②两块三角形安装板。按所分部分逐一在视图上对照投影,分析每一部分的结构特点及其相对位置,如从主视图中可以看到泵体主要部分泵腔的结构特点;从俯视图中可见在泵壁上有与单向阀体相接的两个螺孔,分别位于泵体的右边和后边,是泵体的进出油口;从左视图上可见两安装板的形状及其位置。通过上述分析,综合起来就可以想象出泵体的完整形状,如图 11-35 所示。

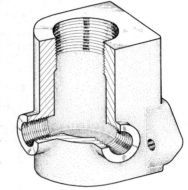

图 11-35 泵体轴测图

(4) 分析尺寸和技术要求 看尺寸的方法是首先找出长、宽、高 3 个方向的尺寸基准,然后从主要结构部分开始,逐个进行分析,找出主要尺寸。从图 11-35 可见,长度方向的基准是泵体安装板的端面,高度方向的基准是泵体上端面,宽度方向的基准是泵体的前后对称面。进出油孔中心高 47±0.1、两安装板的中心距 60±0.2 是主要尺寸,在加工时必须保证。

从图中技术要求可知,两螺孔端面等处要求较高,表面粗糙度为 $Ra6.3$。其他尺寸、技术要求,如尺寸公差等可自行阅读分析。

## 11.6 用 AutoCAD 绘制零件图

在前面学习绘制视图和尺寸标注等知识的基础上,用 AutoCAD 绘制图 11-36 所示泵盖零件图的步骤如下。

**1. 设置绘图环境**

(1) 设置图纸幅面为 A4,即绘图区域的设置为宽度(W)210,长度(L)297。
(2) 设置图层
① 01 层:中心线层,颜色为红色,线型为 Center,线宽为 0.13。
② 02 层:粗实线层,颜色为深蓝色,线型为 Continuous,线宽为 0.5。
③ 03 层:尺寸线层,颜色为绿色,线型为 Continuous,线宽为 0.13。

④ 04 层：剖面线层，颜色为黄色，线型为 Continuous，线宽为 0.13。

⑤ 05 层：细实线层，颜色为黑，线型为 Continuous，线宽为 0.13。

若该零件图还参加装配图的拼装，则设置图层、尺寸样式时还应注意和其他零件图的风格统一。

(3) 打开辅助绘图工具（包括栅格、正交、捕捉工具栏等）

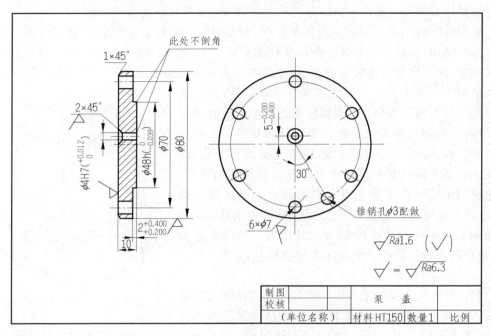

图 11-36　泵盖零件图

**2. 绘图**

(1) 画泵盖左视图

① 在点画线层画十字中心线和 $\phi70$ 圆、轴孔中心线、铆钉孔中心线。

② 变换图层到粗实线层，画 $\phi80$ 外轮廓圆，用环形阵列法构造出 6 个螺钉孔，画铆钉孔。

(2) 画泵盖主视图

① 单击左视图水平点画线使之出现夹点，在正交方式下激活左侧夹点并拉伸至主视图位置，画一条竖直线作为本图的基准线，使用偏移命令、修剪命令等画出主视图轮廓。

② 倒角。

③ 填充剖面线。

④ 检查、修改。

**3. 标注尺寸**

(1) 尺寸样式的设定。将 ISO-25 进行修改，将其尺寸数字精度设置为 0。

(2) 以 ISO-25 为基础样式建立一个新的尺寸样式"ISO-25 副本"，令其含有尺寸偏差值。如尺寸 $5^{-0.200}_{-0.400}$，可以在尺寸样对话框中的"公差"选项卡中进行如下设置：

① "方式(M)"项　　选极限偏差；
② 精度(P)项　　选 0；
③ 上偏差(V)项　　选 —0.200；
④ 下偏差(W)项　　选 —0.400；
⑤ 高度比例(H)项　　选 0.7；
⑥ 垂直位置(S)项　　选中。

(3) 对于图中的特殊尺寸如 $\phi 48h8^{0}_{-0.039}$，先使用"ISO-25 副本"样式进行标注，然后将其分解，分解后调用"特性"选项板分别进行编辑和修改。

(4) 其余尺寸标注参考 12.6 节，用 AutoCAD 标注尺寸。

**4．表面粗糙度符号的定义及插入**

(1) 使用正多边形命令画粗糙度符号三角，打碎三角，延伸其中一边，并画水平线；
(2) 定义属性；
(3) 将以上图形及属性定义为内部块；
(4) 插入表面粗糙度符号。

**5．插入图框、标题栏**

可以使用插入外部块的方式插入图框、标题栏。该图框和标题栏应该事先做成外部块，可以将图名、日期等填写项定义为属性，以使该图框具有通用性。也可以调用系统提供的样板图框。

**6．说明**

若在建立新的图形文件时，以"使用样板"文件开始，可以进行如下操作：

(1) 应该在开始绘图之前，创建新的图形文件时选择"使用样板"选项卡，在下拉列表框中选择"GBA4"，单击"确定"按钮后，屏幕进入"布局"状态，出现样板图框、标题栏，此时单击"模型"按钮进入模型空间，开始画图。

(2) 画出一些图线后，单击绘图窗口下方的"布局 1"选项卡，核实图形是否在图框的合适位置，不合适可以使用"移动"命令，将图位进行调整。然后单击"模型"选型卡，返回模型空间继续绘图。

(3) 图形全部绘制完成后，回到"布局"空间，进行图框和标题栏的修改和填写操作。首先要对图框和标题栏进行"分解"，之后再进行修改和填写操作。此时可以充分利用夹点/"特性"选项板的方式进行上述修改。

(4) 本实例图形比例是 1∶1，如果比例不是 1∶1，需要将图框进行"缩放"(Scale)操作。

# 第12章 尺寸注法

零件图中的视图,主要用来表达零件的形状,而零件的真实大小则要靠标注尺寸来确定,与图形的大小及绘图的准确度无关。因此尺寸是制造零件的重要依据,如果尺寸注得不正确、不完全或不清晰,就会给生产带来困难,甚至造成废品,所以标注尺寸时,必须认真负责,一丝不苟。

零件图中标注尺寸的基本要求是正确、完全、清晰、合理。

(1) 正确  主要指尺寸标注要符合国家标准的有关规定。
(2) 完全  要标注制造零件所需要的全部尺寸,不遗漏,不重复。
(3) 清晰  尺寸布置要整齐、清晰,便于看图。
(4) 合理  标注尺寸要符合设计要求和工艺要求。

下面根据GB/T 4458.4—2003及GB/T 16675.2—1996的规定,择要介绍尺寸的注法。

## 12.1 尺寸标注要正确

### 12.1.1 标注尺寸的基本规则

(1) 图样中的尺寸,以毫米为单位时,不需标注计量单位的代号"mm"或名称"毫米"。如采用其他单位,则必须注明相应的计量单位的代号或名称,例如,20cm(20厘米)、5in(或5英寸)、30°等。

(2) 图样中所标注的尺寸为该图样所示机件的最后完工尺寸,否则应另加说明。
(3) 机件的每一尺寸,一般只标注一次,并应标注在反映该结构最清晰的图形上。
(4) 尽量避免在不可见的轮廓线上标注尺寸。

### 12.1.2 组成尺寸的三要素

尺寸由尺寸界线、尺寸线和尺寸数字三要素组成。

**1. 尺寸界线**

(1) 尺寸界线用以表示所标注尺寸的界限,用细实线绘制。尺寸界线应由图形的轮廓线、轴线或对称中心线处引出,也可利用轮廓线、轴线或对称中心线作为尺寸界线(图12-4)。

(2) 尺寸界线一般应与尺寸线垂直(图12-4),必要时才允许倾斜,参看表12-1中的有关图例。

**2. 尺寸线**

(1) 尺寸线用以表示尺寸的范围,即起点和终点。尺寸线用细实线绘制,尺寸线不能用其他图线代替,一般也不得与其他图线重合或画在其延长线上(图12-4)。

(2) 线性尺寸的尺寸线必须与所标注的线段平行(图 12-4)。

(3) 在机械制图中尺寸线的终端多采用箭头的形式。当空间不够时也可以用圆点代替或采用斜线形式。

箭头和斜线画法见图 12-1。

图 12-1 箭头和斜线的画法

(4) 尺寸线之间以及与轮廓线之间应保持适当距离，以便标注尺寸数字，见图 12-4。

**3. 尺寸数字**

(1) 线性尺寸的数字一般应注写在尺寸线的上方中间处，也允许注在尺寸线的中断处。

(2) 线性尺寸数字的方向，一般应按图 12-2(a)所示的方向注写，并尽可能避免在图示 30°范围内标注尺寸，当无法避免时可按图 12-2(b)的形式引出标注。

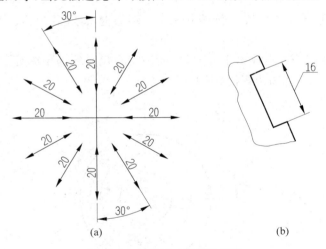

图 12-2 线性尺寸数字的写法

(3) 尺寸数字不可被任何图线穿过，否则必须将图线断开，如图 12-3 所示。

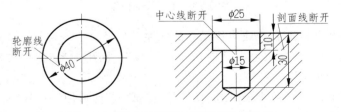

图 12-3 尺寸数字不可被任何图线通过

图 12-4 为一尺寸标注的示例。

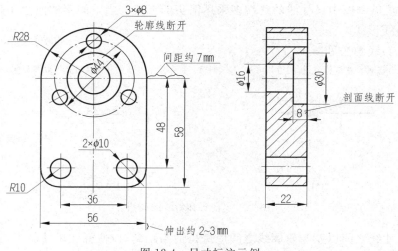

图 12-4　尺寸标注示例

## 12.1.3　角度、直径、半径、球面直径或半径及狭小部位尺寸的标注

**1. 角度尺寸**

(1) 标注角度时,尺寸线应画成圆弧,其圆心是该角的顶点。尺寸界线应沿径向引出。

(2) 角度的数字一律写成水平方向,一般注写在尺寸线的中断处。必要时也可注写在尺寸线上方或外面,或引出标注(图 12-5)。

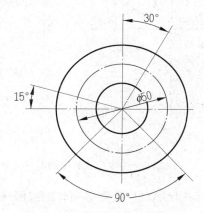

图 12-5　角度尺寸注法

**2. 直径、半径及球面直径或半径尺寸的标注**

(1) 标注直径时,应在尺寸数字前加注符号"$\phi$";标注半径时,应在尺寸数字前加注符号"$R$"(图 12-6(a))。

(2) 标注球面的直径或半径时,应在符号"$\phi$"或"$R$"前再加注符号"$S$"(图 12-6(b))。对于螺钉、铆钉的头部,轴(包括螺杆)的端部以及手柄的端部等,在不致引起误解的情况下可省略符号"S"(图12-6(c))。

(3) 当圆弧的半径过大或在图纸范围内无法标出其圆心位置时,可按图12-6(d)的形式标注。若不需要标出其圆心位置时,可按图12-6(e)的形式标注。

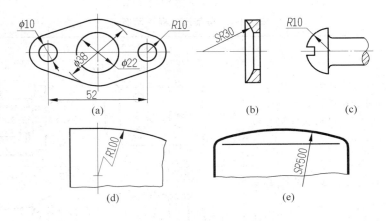

图12-6 直径、半径及球面尺寸的注法

**3. 狭小部位尺寸的标注**

当没有足够的位置画箭头或注写数字时,其中有一个可布置在图形外面,或者两者都布置在外面;在地方不够的情况,尺寸线的终端允许用圆点或斜线代替箭头。其标注的形式如图12-7所示。

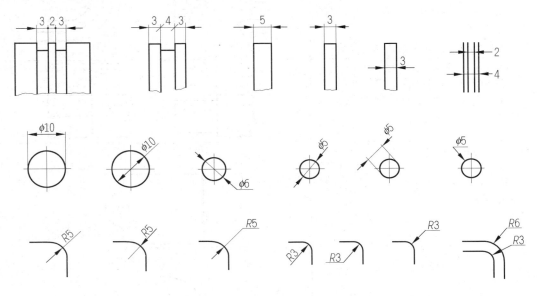

图12-7 狭小部位尺寸的注法

### 12.1.4 典型尺寸的标注

有些常用的典型尺寸标注方法,如表 12-1 所示。

表 12-1 典型尺寸标注示例

| 说 明 | 图 例 |
|---|---|
| 当对称机件的图形只画出一半或略大于一半时,尺寸线应略超过对称中心线或断裂处的边界线,此时仅在尺寸线的一端画出箭头。 | |
| 尺寸界线一般应与尺寸线垂直,必要时才允许倾斜。<br>在光滑过渡处标注尺寸时,必须用细实线将轮廓线延长,从它们的交点处引出尺寸界线。 | |
| 弦长或弧长的尺寸界线应平行于该弦的垂直平分线,当弧度较大时,可沿径向引出。<br>标注弧长时,应在尺寸数字上方加注符号"⌒"。 | |
| 标注断面为正方形结构的尺寸时,可在正方形边长尺寸数字前加注符号"□"或用"$B \times B$"注出。 | |
| 标注板状零件的厚度时,可在尺寸数字前加注符号"$t$"。 | |
| 盘状零件上均布孔的表示法,EQS 为英文"均布"的缩写。 | |

## 12.2 尺寸标注要完全

零件的形体一般都是由一些基本形体组合而成的,所以,要把尺寸标注得完全,仍需运用形体分析这一基本方法。

### 12.2.1 如何使尺寸标注完全

首先要对形体进行分析。如图 12-8 中的底座,运用形体分析法,可以分解为几个简单体,即底板、圆筒和侧板。在形体分析的基础上,然后分别注出下列 3 种尺寸:

(1) 定形尺寸  所谓定形尺寸,即确定零件中各基本形体形状和大小的尺寸。如图 12-9(a)中所标注的尺寸都是定形尺寸。

(2) 定位尺寸  仅有定形尺寸,尺寸仍不算完全,还应注出定位尺寸。所谓定位尺寸,即确定零件中各基本形体之间相对位置的尺寸。如图 12-9(b)中所标注的尺寸都是定位尺寸。

(3) 总体尺寸  最后,还应注出总体尺寸,所谓总体尺寸,即表示零件在长、宽、高 3 个方向的最大尺寸。总体尺寸有时与定形尺寸或定位尺寸重合,这时只需标注一次,不要重复标注,以免出现多余尺寸。

综上所述,我们知道要将尺寸标注完全,应该包括 3 种尺寸,即定形尺寸、定位尺寸及总体尺寸。

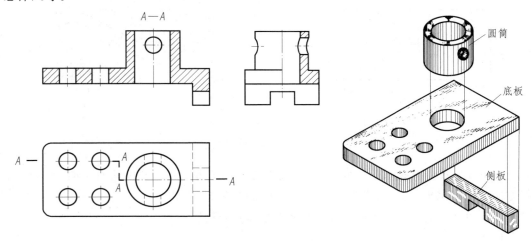

图 12-8  底座的形体结构

在标注尺寸中,还需要考虑的一个问题就是尺寸基准。什么是尺寸基准呢?标注尺寸的起点即为尺寸基准。要标注定位尺寸,必须有尺寸基准。任何零件都有长、宽、高 3 个方向的尺寸,所以每个方向至少要有一个基准。通常以零件的底面、端面、对称面和轴线等作为尺寸基准。

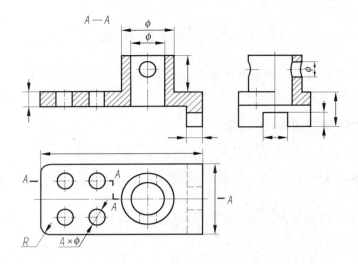

(a) 定形尺寸

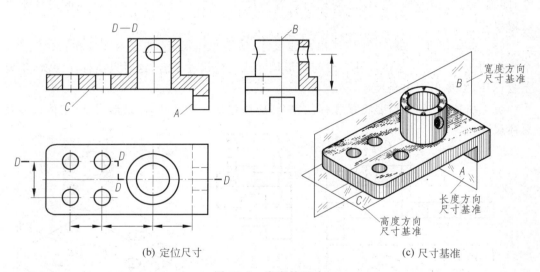

(b) 定位尺寸　　　　　　　　　　　(c) 尺寸基准

图 12-9　底座的尺寸

如图 12-9(c)中底座的底面 $C$，用作高度方向的尺寸基准；底座的对称面 $B$，用作宽度方向的尺寸基准；底座的侧面 $A$，用作长度方向的尺寸基准。

下面以底座为例，说明正确标注尺寸的方法和步骤。

**1. 分析形体**

底座由圆筒、底板和侧板等简单体组成，其相对位置是圆筒在底板之上，且前后对称，侧板则在底板右下，如图 12-9 中立体图所示。

**2. 注出定形尺寸及定位尺寸**

逐个注出各简单体的定形尺寸及定位尺寸，在图中尺寸线上有 □ 符号者为定位尺寸，没有 □ 符号者为定形尺寸（图 12-10）。

在标注定位尺寸前,要选好尺寸基准,底座中 $A$、$B$、$C$ 3 个面分别为长度方向、宽度方向、高度方向的尺寸基准,如图 12-9(c)所示。

第一步  注出底板的定形尺寸及定位尺寸(图 12-10(a))。
第二步  注出圆筒的定形尺寸及定位尺寸(图 12-10(b))。
第三步  注出侧板的定形尺寸及定位尺寸(图 12-10(c))。

**3. 注出总体尺寸**

注出底座长、宽、高 3 个方向的总体尺寸。

总体尺寸有时与某些定形尺寸或定位尺寸重合,如底板的长度和宽度方向的尺寸,既是定形尺寸,也是底座在长度和宽度方向的总体尺寸。

在标注总体尺寸时,有些尺寸可能要作适当的调整,例如底座的总高尺寸标注了以后,侧板的高度尺寸就应去掉,以免出现多余的尺寸(参看图 12-10(d))。

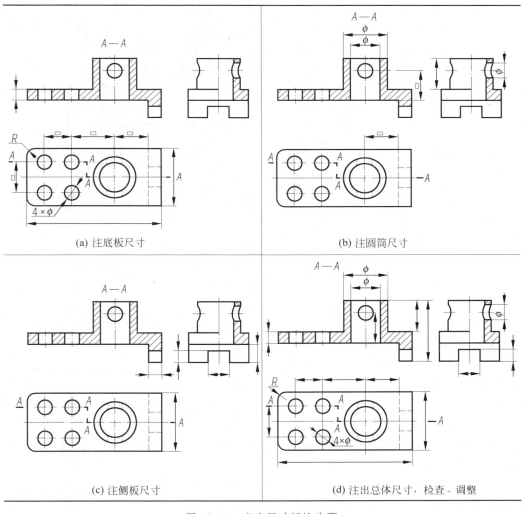

图 12-10  底座尺寸标注步骤

**4. 检查**

最后应仔细检查所标注尺寸是否齐全了,有无多余或遗漏尺寸,所标注尺寸是否清楚、正确。通过检查进行修改、调整,完成尺寸的标注。

### 12.2.2 一些常见形体的尺寸标注

为了使零件的尺寸标注得完全、正确,应当熟悉基本形体的定形及定位尺寸的标注。下面是一些实例,供标注尺寸时参考。

**1. 常见的基本形体的尺寸标注**

为了保证基本形体的形状及大小唯一确定,应注出确定其在长、宽、高 3 个方向的尺寸大小。

一些常见的基本形体的尺寸标注,如图 12-11 所示。

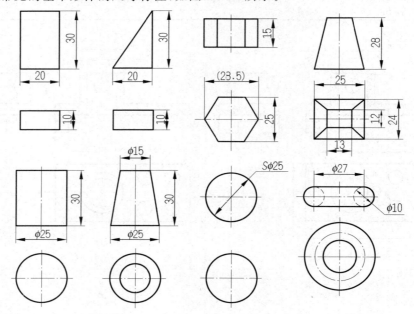

图 12-11 基本形体的尺寸标注

**2. 一些常见形体的定位尺寸标注**

(1) 图 12-12 中的底板,有 4 个对称分布的孔,为了确定 4 个孔的位置,可以对称面为基准,注出孔的中心距离。

(2) 图 12-13 中,底板上的圆筒,不处于对称位置,则应确定长度和宽度方向的基准,注出回转体轴线至基准面的距离。

(3) 图 12-14 中的组合体,底板上的矩形棱柱,不处于对称位置,则应确定长度和宽度方向的基准,注出棱柱上两个棱面至基准面的距离。

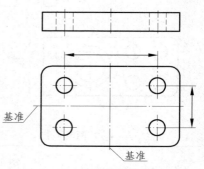

图 12-12 底板孔的定位尺寸

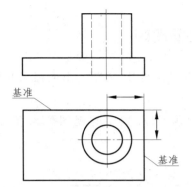

图 12-13 底座中圆筒部位的定位尺寸

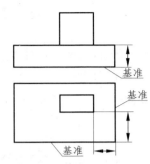

图 12-14 叠加体中棱柱部分的定位尺寸

**3. 组合体表面具有交线时的尺寸标注**

当组合体表面具有交线时，不应直接标注交线的尺寸，而应标注产生交线的形体或截面的定形及定位尺寸。

图 12-15(a)是两圆柱相交，表面具有相贯线时的尺寸注法。

图 12-15(b)是圆柱被切割后，表面具有截交线时的尺寸注法。

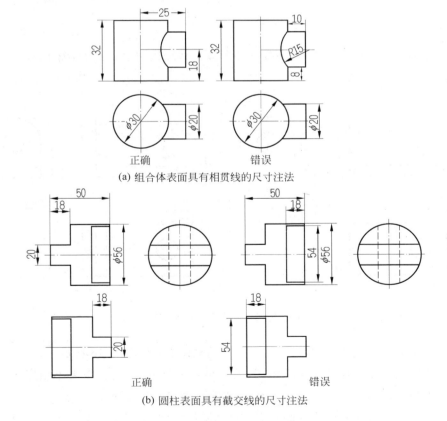

(a) 组合体表面具有相贯线的尺寸注法

(b) 圆柱表面具有截交线的尺寸注法

图 12-15 组合体表面具有交线的尺寸注法

## 12.3 尺寸标注要清晰

为了看图方便,在标注尺寸时,应尽量将尺寸布置得整齐、清晰。下面提出几种常用的处理方法,以供参考。

(1) 应将尺寸尽量注在视图外面,以免尺寸线、尺寸数字与视图的轮廓线相交,如图 12-16 所示。

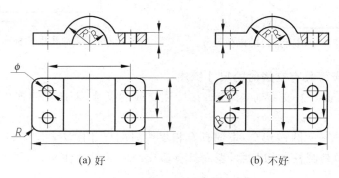

(a) 好      (b) 不好

图 12-16 尺寸清晰布置(一)

(2) 形体中的定形尺寸,应注在反映该形体的特征视图上。例如,图 12-17 中半圆柱形尺寸 R 应注在左视图上。

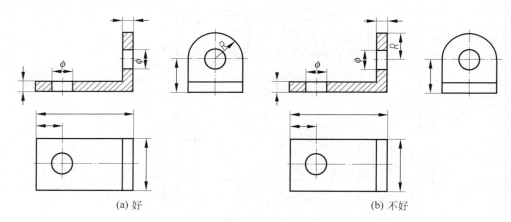

(a) 好      (b) 不好

图 12-17 尺寸清晰布置(二)

(3) 同心圆柱的直径尺寸,最好注在非圆的视图上,如图 12-18 所示。

(4) 应避免尺寸线与尺寸界线相交,因此相互平行的尺寸,应按大小顺序排列,小尺寸在内,大尺寸在外,并使它们的尺寸数字错开,如图 12-19 所示。

(5) 内形尺寸与外形尺寸最好分别注在视图的两侧,如图 12-20 所示。

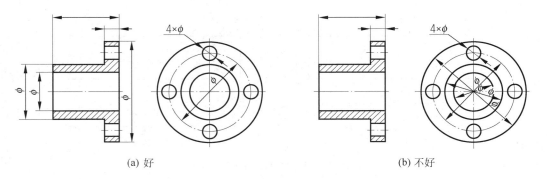

图 12-18　尺寸清晰布置(三)

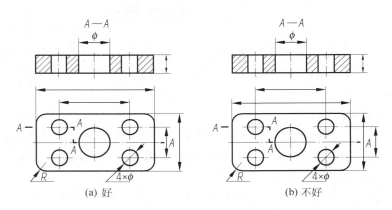

图 12-19　尺寸清晰布置(四)

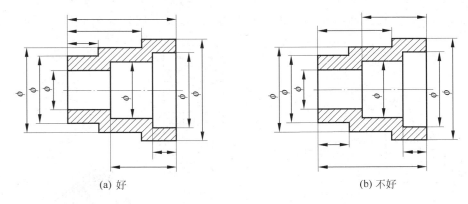

图 12-20　尺寸清晰布置(五)

(6) 尺寸线要布置整齐,尽量布置在几条线上。相关的尺寸最好布置在一条线上,如图 12-21 所示。

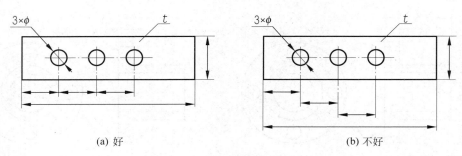

(a) 好          (b) 不好

图 12-21 尺寸清晰布置（六）

## 12.4 尺寸标注要合理

在零件图中还要求尺寸标注合理。所谓合理就是标注尺寸时，既要满足设计要求，又要符合加工、测量等工艺要求。如何使尺寸标注得合理，在此介绍一些基本知识，作为标注零件尺寸的参考。

**1. 正确选择基准**

前面简单介绍了尺寸基准的概念，但在生产实际中，要正确地选择尺寸基准，必须考虑零件在机器中的作用、装配关系以及零件的加工、测量方法等因素才能加以确定。根据基准的作用，可把基准分成两类。

（1）设计基准 就是设计时，用以保证零件功能及其在机器中的工作位置所选择的基准。如图 12-22 所示轴承座，一根轴通常要用两个轴承支持，因此，两个轴孔应在同一轴线上。所以在标注轴承孔高度方向的定位尺寸时，应以底面 A 为基准，以保证轴承孔到底面的高度。在标注底板上两孔的定位尺寸时，长度方向以底板的对称平面 B 为基

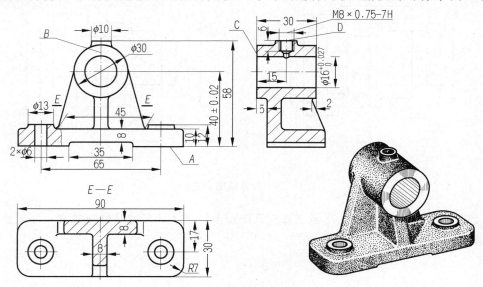

图 12-22 轴承座的尺寸基准

准,以保证两孔之间的距离及其对轴孔的对称关系。底面 A 和对称面 B 都是满足设计要求的基准,所以是设计基准。

(2) 工艺基准 就是加工时,为了保证零件的质量,有利于零件加工和测量所选择的基准。在图 12-22 中,轴承座上螺孔 M8×0.75－7H 的深度尺寸,若以轴承座底面 A 为基准标注,就不易测量。应以凸台端面 D 为基准,标注出尺寸 6,这样测量起来就较方便,所以平面 D 是工艺基准。

**2. 主要的尺寸应直接注出**

零件图上尺寸可以分为主要尺寸和非主要尺寸两种。主要尺寸是指影响产品性能、工作精度和配合的尺寸,非主要尺寸则指非配合的直径、长度、外轮廓尺寸等。

主要尺寸应在图上直接注出。如图 12-23 中轴承孔的高度 a 是主要尺寸,应直接以底面为基准标注出来,而不应将其代之为 b 和 c,因为机件加工制造时,尺寸总会有误差,如果注写尺寸 b 和 c,由于每个尺寸都会有误差,两个尺寸加在一起就会有积累误差,不能保证设计要求。

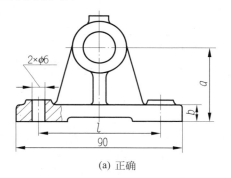
(a) 正确

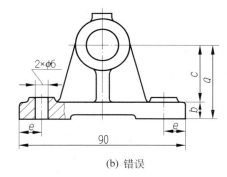
(b) 错误

图 12-23 主要尺寸应直接注出

**3. 避免出现封闭的尺寸链**

图 12-24 中的阶梯轴,其长度方向的尺寸 a、b、c、d 首尾互相衔接,构成一个封闭的尺寸链,这种情形应当避免。因此尺寸 a 为尺寸 b、c、d 之和,而尺寸 a 有一定的精度要求,但在加工时,尺寸 b、c、d 都会产生误差,这样所有的误差便会积累到尺寸 a 上,不能保证设计上的精度要求,若要保证尺寸 a 的精度要求,就要提高尺寸 b、c、d 每一段尺寸的精度,这将给加工带来困难,增加成本。

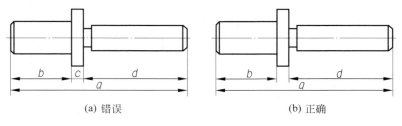

(a) 错误　　　　　　　　(b) 正确

图 12-24 不要注成封闭的尺寸链

所以，当几个尺寸构成封闭的尺寸链时，应当在尺寸链中，挑选一个不重要的尺寸空出不注，以使所有的尺寸误差，都积累在此处。如图 12-24 中的凸肩宽度尺寸 $c$，可以不标注。

### 4. 应尽量符合加工顺序

图 12-25 中的阶梯轴，其加工顺序一般是：①车外圆 $\phi14$，长 50；②车 $\phi10$，长 36 一段；③车离右端面 20，宽 2，直径 $\phi6$ 的退刀槽；④最后车螺纹和倒角，如图 12-25 中(b)、(c)、(d)、(e) 所示。所以它的尺寸应按图 12-25(a) 标注。

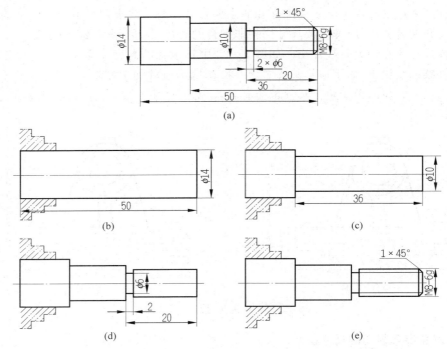

图 12-25　阶梯轴的加工顺序

### 5. 应考虑测量方便

图 12-26 所示的套筒中，尺寸 $A$ 的测量不方便，若改注图中的尺寸 $B$，测量起来就方便多了。

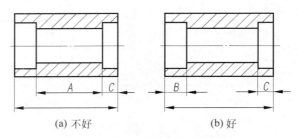

图 12-26　尺寸标注应便于测量

## 12.5 典型结构的尺寸与尺寸简化注法

### 12.5.1 典型结构的尺寸注法(见表 12-2 与表 12-3)

表 12-2 典型结构的尺寸注法

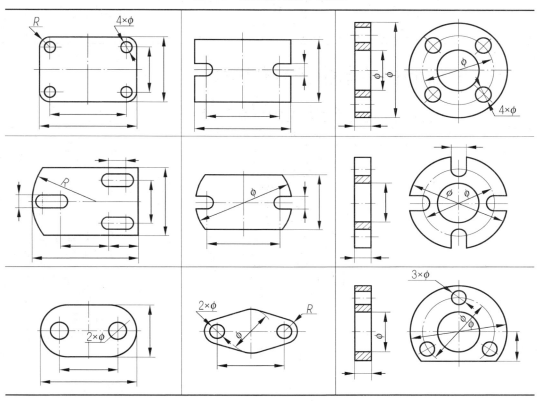

表 12-3 倒角、退刀槽的尺寸注法

| 结构名称 | 尺寸标注方法 | 说　明 |
| --- | --- | --- |
| 倒　角 |  | 一般 45°倒角按"宽度×角度"注出。30°或 60°倒角,应分别注出宽度和角度 |

| 结构名称 | 尺寸标注方法 | 说明 |
|---|---|---|
| 退刀槽 | 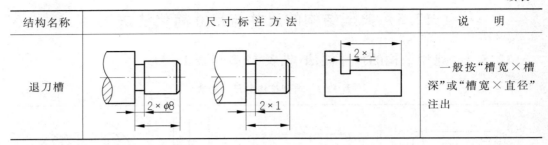 | 一般按"槽宽×槽深"或"槽宽×直径"注出 |

## 12.5.2 常用尺寸的简化注法（见表 12-4）

表 12-4 常用尺寸的简化注法

| 标注要求 | 简化示例 | 说明 |
|---|---|---|
| 同心圆弧或同心圆的尺寸 | | 用箭头指向圆弧并依次标出半径值，除第一个箭头外，其余箭头亦可省略 |
| 从同一基准出发的尺寸 | | 用小圆标注基准，以单箭头标注相对于基准的尺寸数字 |

续表

| 标注要求 | 简 化 示 例 | 说　　明 |
|---|---|---|
| 阶梯孔的尺寸 | $\phi5, \phi10, \phi12$ | 几个阶梯孔可共用一个尺寸线，并以箭头指向不同的尺寸界线，同时以第一个箭头为首，依次注出直径 |
| 45°倒角 | $C2$ ； $2 \times C2$ | 用符号 $C$ 表示 45°，不必画出倒角，如两端均有倒角，可用 $2 \times C2$ 表示，其中"2"为倒角宽度 |
| 光孔、螺、沉孔等各类孔的尺寸 | $4 \times \phi4 \downarrow 10$ 或 $4 \times \phi4 \downarrow 10$ | 符号"↧"表示深度，圆销孔的尺寸为 $\phi4$，深度为 10 |
|  | $6 \times \phi6.5$ ⌵$\phi10 \times 90°$ 或 | 符号"⌵"表示埋头孔，埋头孔的尺寸为 $\phi10 \times 90°$ |
|  | $8 \times \phi6.4$ ⌴$\phi12 \downarrow 4.5$ 或 | 符号"⌴"表示沉孔或锪平，此处有沉孔 $\phi12$，深 4.5 |
| 间隔相等的链式尺寸 | 10　20　$4 \times 20 (=80)$　100；$3 \times 45°(=135°)$ | 括号中的尺寸为参考尺寸 |

## 12.6　用 AutoCAD 标注尺寸

AutoCAD 提供了一套完整、灵活的尺寸标注系统,它将各种常用的命令集成于"标注"工具栏中。图 12-27 将"标注"工具栏中的各工具按钮进行了注释。利用该工具栏用户可以轻松完成尺寸标注的三大任务:
(1) 在图样上标注尺寸;
(2) 创建新的尺寸样式;
(3) 编辑修改已经标注的尺寸。

图 12-27　标注工具栏

### 12.6.1　常用尺寸标注

工程图样上常用的尺寸标注有:线性尺寸标注、基线标注、连续标注、对齐标注、半径标注、直径标注、角度标注、快速标注等。

上述命令的启动均可以任意选用下列 3 种方式之一:
(1) 单击标注工具栏相应的图标按钮;
(2) 执行【标注(N)】|【…】命令;
(3) 命令/提示窗口输入:Dim...↵。

本节将以图 12-28 所示的尺寸标注实例说明常用尺寸标注的操作步骤。

**1. 线性尺寸标注**

线性尺寸分为水平尺寸、垂直尺寸及对齐尺寸。AutoCAD 可以用指定尺寸界线原点或选择对象两种方式进行线性尺寸标注。下文介绍如何标注图 12-28(a) 中的线性尺寸。

(1) 水平尺寸标注(Dimlinear)

命令:Dimlinear。

指定第一条尺寸界线原点或〈选择对象〉:用光标捕捉点 $a$ 并单击鼠标。

指定第二条尺寸界线原点:捕捉点 $b$ 并单击鼠标。

指定尺寸线位置或[多行文字(M)/文字(T)/角度(A)/水平(H)/垂直(V)/旋转(R)]:拖动鼠标到点 1 并单击鼠标。

标注文字＝20(此为系统自动测量并显示,以下均是如此)。

(2) 垂直尺寸标注(Dimlinear)

命令:Dimlinear。

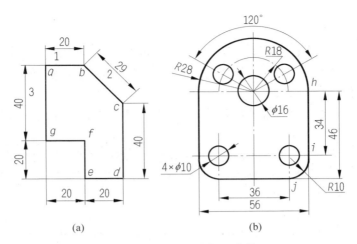

图 12-28 尺寸标注举例

指定第一条尺寸界线原点或〈选择对象〉：用光标捕捉点 a 并单击鼠标。

指定第二条尺寸界线原点：捕捉点 g 并单击鼠标。

指定尺寸线位置或[多行文字(M)/文字(T)/角度(A)/水平(H)/垂直(V)/旋转(R)]：拖动鼠标到点 3 并单击鼠标。

标注文字＝40（系统自动测量并显示）。

(3) 对齐标注(Dimaligned)

进行非水平的尺寸标注，即标注出来的尺寸线与所注的斜线平行的标注称为"对齐标注"。

命令：Dimaligned。

指定第一条尺寸界线原点或〈选择对象〉：↙（按回车键表示选择对象）。

选择标注对象：单击 bc 线段。

指定尺寸线位置或[多行文字(M)/文字(T)/角度(A)]：拖动鼠标到 2 点。

标注文字＝29。

说明：

提示行的方括号[…]中的选项含义如下：

- 文字(T)　要求修改尺寸数字，输入"t↙"，然后输入自定义数字。
- 角度(A)　要求改变尺寸文字的角度，输入"a↙"，然后输入文字角度，可以改变文字方向。
- 旋转(R)　要求将尺寸线和尺寸数字旋转某一角度值，输入"r↙"，然后输入角度值，可以使尺寸成倾斜状态。

其余不再赘述。

**2. 连续标注和基线标注**

(1) 连续标注(Dimcontinue)

此命令将标注从同一基准出发的尺寸链型的尺寸，如图 12-28(a)中 g f 线段已被标注，现欲标注 e d，可以认为 e d 和 g f 是从同一基准出发的尺寸链型尺寸。其执行过程如下。

命令：Dimcontinue。

选择连续标注：单击需要连续的前一个尺寸，如表示 g f 的 20。

指定第二条尺寸界线原点或 [放弃(U)/选择(S)] 〈选择〉：捕捉 d 点并单击。

标注文字＝20。

指定第二条尺寸界线原点或 [放弃(U)/选择(S)] 〈选择〉：可以继续标注⋯，回车则结束命令。

说明：如果在当前任务中还没有进行过首次标注，即没有进行连续标注的基准(如 20 这一尺寸)，AutoCAD 将提示用户选择线性标注、坐标标注或角度标注，创建一个标注，以用作连续标注的基准。

（2）基线标注(Dimlinear)

此命令将标注从同一基准出发的多层次尺寸，如图 12-28(b)右侧的标注即为基线标注(从同一基点 h 分别到 i 和 j 的标注)。其执行过程如下。

命令：Dimlinear。

指定第一条尺寸界线原点或〈选择对象〉：〈对象捕捉开〉：捕捉 h 点并单击。

指定第二条尺寸界线原点：捕捉 i 点并单击。

指定尺寸线位置或 [多行文字(M)/文字(T)/角度(A)/水平(H)/垂直(V)/旋转(R)]：拖动鼠标到欲画尺寸线的适当位置并单击。

标注文字＝34。

命令：Dimbaseline。

指定第二条尺寸界线原点或 [放弃(U)/选择(S)] 〈选择〉：捕捉 j 点并单击。

标注文字＝46。

指定第二条尺寸界线原点或 [放弃(U)/选择(S)] 〈选择〉：↵结束命令。

方括号选项说明如下：

- 放弃(U)　放弃在命令任务期间上一次输入的基线标注。
- 选择(S)　AutoCAD 提示选择一个线性标注、坐标标注或角度标注作为基线标注的基准。
- 基线型尺寸，尺寸线间的距离是由尺寸样式控制的。系统默认尺寸线间的距离为 3.75，在机械制图中一般为 7(见 12.6.2 节)。

**3. 角度标注(Dimangular)**

此命令标注各种角度尺寸。以图 12-28(b)上部两条点画线之间的角度 120°为例，介绍此命令的标注方法。

命令：Dimangular。

选择圆弧、圆、直线或〈指定顶点〉：单击左侧斜点画线。

选择第二条直线：单击右侧斜点画线。

指定标注弧线位置或 [多行文字(M)/文字(T)/角度(A)]：拖动鼠标并单击标注位置。

标注文字＝120。

**4. 直径标注（Dimdiameter）**

此命令标注圆或圆弧的直径尺寸。如标注图 12-28(b)中的 $\phi 16$ 圆的执行过程如下。

命令：Dimdiameter。

选择圆弧或圆：单击直径为 16 的圆。

标注文字＝16。

指定尺寸线位置或［多行文字(M)/文字(T)/角度(A)］：拖动鼠标到适当位置并单击之。

**5. 半径标注（Dimradius）**

此命令标注圆或圆弧的半径尺寸。如标注图 12-28(b)中的 $R28$ 圆的执行过程如下。

命令：Dimradius。

选择圆弧或圆：单击 $R28$ 半圆弧对象。

标注文字＝28。

指定尺寸线位置或［多行文字(M)/文字(T)/角度(A)］：拖动鼠标角度标注到适当位置并单击之。

### 12.6.2　创建新的标注样式

"标注样式"是 AutoCAD 系统内部保存的一组设置，它确定标注的外观，以保证标注在图样上的各个尺寸风格一致，符合国标。通过创建新的标注样式，可以设置所有相关的标注系统变量，创建用户所需要的标注布局和外观。

启动该命令可以选择下列方法之一：

(1) 单击尺寸标注工具栏按钮。

(2) 执行【格式(O)】|【标注样式(D)】命令。

(3) 在命令/提示窗口的命令行中输入"Dimstyle ↵"（或 D ↵），命令执行后弹出"标注样式管理器"对话框，参见图 12-29。此对话框标明当前的标注样式为 ISO-25（系统默认），其样式的外观在"预览："框中明确显示，对话框右侧的 5 个按钮可以实现以下 5 种操作：

① 置为当前[U]　将某种尺寸样式设置为当前样式；

② 新建[N]　设置一种新的尺寸样式；

③ 修改[M]　修改已有的尺寸样式；

④ 替代[O]　临时替代已有的尺寸标注样式；

⑤ 比较[C]　比较两个已有的尺寸标注样式。

设置一种新的尺寸样式的操作步骤如下：

(1) 在"标注样式管理器"对话框中，单击"新建(N)…"按钮，弹出"创建新标注样式"子对话框。

(2) 在子对话框中输入新的尺寸样式名（用户自定义或默认 ISO-25 副本），选择基础样式(ISO-25)，确定适用的标注类型（如线性、角度等尺寸标注），单击"继续"按钮。

(3) 弹出"新建标注样式 ISO-25 副本"子对话框。该框中有 6 个选项卡可以设置新尺寸样式的各种相关特征参数。

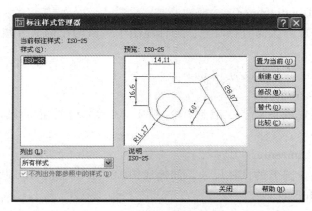

图 12-29 "标注样式管理器"对话框

① 在图 12-30 的"直线和箭头"选项卡中,可以分别设置尺寸线、尺寸界限、箭头、圆心标记的特征参数。对于机械制图,如果没有特殊需要,除"基线间距(A)"需由 3.75 改为 7 以外,其余可以接受默认设置,然后单击"确定"按钮即可。

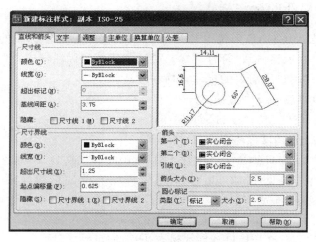

图 12-30 直线和箭头选项卡

② 单击"文字"选项卡,可以分别设置文字外观、文字位置、文字对齐方式等参数。如果没有特殊需要,一般接受默认设置,单击"确定"按钮即可。

③ 单击"调整"选项卡,可以分别设置调整选项(F)、文字位置、标注特征比例、调整(T)等(在点选框○或□中点选即可)。

④ 单击"主单位"选项卡,其中线性标注的精度(P)可以选择为 0。精度不为零时,小数分隔符(C)应将逗号改为圆点,其余各项仍然可以接受默认设置,参见图 12-31。

⑤ 单击"换算单位"选项卡,一般接受默认设置(不显示换算单位)。

⑥ 单击"公差"选项卡,可以设置尺寸公差的标注样式。

尺寸样式的创建是一个系统工程,一个尺寸约由 60～70 个系统变量控制,建议初学者上机练习时,对系统默认的系统变量分别进行试探性单项改变,仔细观察尺寸外观的变

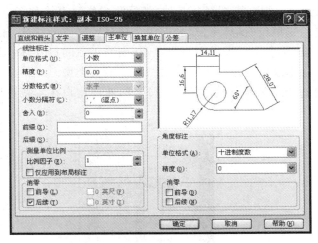

图 12-31　主单位选项卡

化,体会变量对尺寸外观的影响,且随时注意检查尺寸标注是否符合国家标准。

### 12.6.3　尺寸编辑

虽然 AutoCAD 提供了强大的尺寸标注样式设定功能,但有时仍需对已标注的尺寸进行修改和调整,这就需要使用尺寸编辑的功能。编辑的内容包括组成尺寸标注的各要素(尺寸线、尺寸界限、尺寸数字、箭头等)。

尺寸编辑的命令有编辑标注(Dimedit)、编辑标注文字(Dimtedit)、标注更新(Dimoverride)和使用对象特性管理器(Properties)修改尺寸的特性(即属性)。

下面仅介绍常用的编辑标注(Dimedit)命令和修改尺寸特性(Properties)。

**1. 编辑标注(Dimedit)**

(1) 功能:变更一个或多个标注对象上的文字和尺寸界限。

(2) 调用格式与操作

例如,欲将某标注对象的文字 17.32 改为 17(见图 12-32),则要进行如下操作。

命令:Dimedit。

输入标注编辑类型［默认(H)/新建(N)/旋转(R)/倾斜(O)］〈默认〉:n↙。

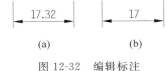

图 12-32　编辑标注

此时出现"文字格式"对话框,在"文字格式"对话框中输入"17"并删除"〈 〉",后单击"确定"按钮结束新数字的输入。

选择对象:用对象选择光标单击 17.32 尺寸,则图 12-32(a)变为图 12-32(b)。

**2. 修改尺寸特性(Properties)**

利用对象特性管理器,可以方便地修改尺寸标注的各组成要素的多种特性。具体操作如下:

单击需要修改的尺寸对象,显示出夹点,再单击"特性"按钮 (即执行【修改(M)】|【特性(P)】菜单项),弹出"特性"选项板,在选项板的表格中 AutoCAD 提供了可编辑的特

性(属性):基本特性(如颜色、图层等)、其他(如标注样式)、直线和箭头、文字、调整(各组成要素的位置关系)、主单位、换算单位、公差等。选择要修改的特性,输入相应的参数,然后关闭"特性"选项板,单击 Esc 键关闭夹点显示,则修正后的尺寸标注显现。图 12-33 为正在"特性"选项板中修改所选定的尺寸对象的尺寸箭头类型。

"特性"选项板的调用非常方便,用途非常广泛,希望用户在实践过程中熟练掌握该选项板的使用方法。

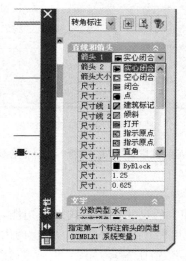

图 12-33　用"特性"选项板修改尺寸

# 第 13 章 技术要求

零件图是制造机器零件的重要技术文件,它除了有完整的图形和尺寸外,还必须有合理的技术要求,以保证该零件在制造时应达到的质量。零件图上的技术要求,主要有下列内容:
(1) 表面粗糙度;
(2) 极限与配合;
(3) 几何公差。
下面分别作一简单的介绍。

## 13.1 表面粗糙度的概念及其注法

### 13.1.1 表面粗糙度的概念

零件的表面,即使经过精细加工,也不可能绝对平整。在显微镜下观察,可以看到高低不平的情况(图 13-1)。**表面粗糙度就是指零件的加工表面上具有的较小间距和峰谷所组成的微观几何形状误差**。它是由于加工方法、机床的振动和其他因素所形成的。

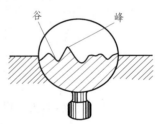

图 13-1 零件表面微小不平的情况

表面粗糙度是评定零件表面质量的重要指标之一。它对零件的耐磨性、耐腐蚀性、抗疲劳强度、零件之间的配合和外观质量等都有影响。下面根据 GB/T 1031—2009、GB/T 3505—2009 及 GB/T 131—2006 等国家标准对表面粗糙度的参数、符号及表示方法作一简单介绍。

### 13.1.2 评定表面粗糙度的参数

在生产中评定表面粗糙度的参数主要有轮廓算术平均偏差 $Ra$,微观不平度 10 点高度和轮廓最大高度 $Rz$。

**1. 轮廓算术平均偏差**

在一个取样长度 $lr$ 内,测量方向($z$ 方向)轮廓线上的点与基准线之间距离绝对值的算术平均值,称为轮廓算术平均偏差,用 $Ra$ 表示,如图 13-2 所示。

$$Ra = \frac{1}{lr}\int_0^{lr} |z(x)| \, dx$$

或近似为

$$Ra = \frac{1}{n}\sum_{i=1}^{n}|z_i|$$

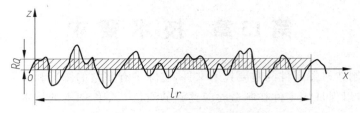

图 13-2　轮廓算术平均偏差 $Ra$

**2. 轮廓最大高度**

在一个取样长度($lr$)内，最大轮廓峰高和最大轮廓谷深之和，称为轮廓最大高度，用 $Rz$ 表示，如图 13-3 所示。

$$Rz = Zp + Zv$$

式中，$Zp$——最大轮廓峰高；

$Zv$——最大轮廓谷深。

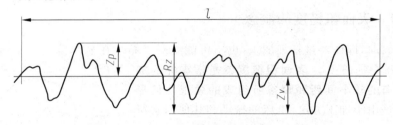

图 13-3　轮廓最大高度

轮廓算术平均偏差 $Ra$ 和轮廓最大高度 $Rz$ 的数值见表 13-1。

表 13-1　**$Ra$ 和 $Rz$ 的数值**　　　　　　　　μm

| | | | | | | | | | |
|---|---|---|---|---|---|---|---|---|---|
| $Ra$ | 0.012 | 0.025 | 0.05 | 0.1 | 0.2 | 0.4 | 0.8 | 1.6 | 3.2 |
| | 6.3 | 12.5 | 25 | 50 | 100 | | | | |
| $Rz$ | 0.025 | 0.05 | 0.1 | 0.2 | 0.4 | 0.8 | 1.6 | 3.2 | 6.3 |
| | 12.5 | 25 | 50 | 100 | 200 | 400 | 800 | 1600 | |

零件表面粗糙度参数值的选用，既要满足零件表面功能的要求，又要考虑经济的合理性。零件表面越光洁，参数值越小，反之参数值越大。所以在满足零件表面功能要求的前提下，应尽量选用较大的表面粗糙度参数值，以便降低成本。具体选用时，可参照生产中实例，用类比法确定。

在确定表面粗糙度参数值时，应注意下列问题：

（1）零件上工作表面的粗糙度参数值应小于非工作表面的粗糙度参数值。

（2）配合表面的粗糙度参数值应小于非配合表面的粗糙度参数值。

（3）运动速度高、单位压力大的摩擦表面的粗糙度参数值应小于运动速度低、单位压力小的摩擦表面的粗糙度参数值。

(4) 一般地说,尺寸和表面形状要求精确度高的表面粗糙度参数值应小于尺寸和表面形状要求精确度较低的表面粗糙度参数值。

为了便于选用,表 13-2 给出了 $Ra$ 数值的应用举例。

表 13-2 $Ra$ 数值的应用举例

| $Ra$ 数值 /μm | 表面外观 | 获得粗糙度的加工方法 | 应 用 举 例 |
|---|---|---|---|
| 50 | 明显可见刀痕 | 粗车、粗刨、粗铣、钻孔等 | 一般很少应用 |
| 25 | 可见刀痕 | | |
| 12.5 | 微观刀痕 | | 钻孔表面、机座底面、不与其他零件配合的自由表面,如倒角、螺钉孔等 |
| 6.3 | 可见加工痕迹 | 精车、精刨、精铣、精镗、铰孔、刮研、粗磨、铣齿等 | 支架、箱体、箱盖等的接触表面,螺栓头的支承面、轴、衬套的端面、退刀槽等 |
| 3.2 | 微见加工痕迹 | | 要求紧贴的接合面、键和键槽的工作面,精度不高的齿轮工作面等 |
| 1.6 | 看不见加工痕迹 | | 低速转动的轴颈、支承孔、套筒、三角皮带轮等的表面 |
| 0.8 | 可辨加工痕迹 | 金刚石车刀精车、精镗、精磨、研磨、抛光等 | 要求保证定心及配合特性的表面,如轴承配合面、锥孔、定位销孔等的表面 |
| 0.4 | 微辨加工痕迹 | | 要求保证规定的配合特性的表面,如导轨面、滑动轴承轴瓦工作面等 |
| 0.2 | 不可辨加工痕迹方向 | | 工作时承受反复应力的重要零件表面,如机床主轴、活塞销孔等的表面 |
| 0.1 | 暗光泽面 | 细磨、抛光、研磨 | 保证精确定位的锥面、高精度滑动表面 |
| 0.05 | 亮光泽面 | | 精密仪器的摩擦面、量具工作面、量规的测量面、保证高度气密的接合面等 |
| 0.025 | 镜状光泽面 | | |
| 0.012 | 雾状光泽面 | | |
| 0.006 | 镜面 | | |

## 13.1.3 表面粗糙度代(符)号及其注法

**1. 表面粗糙度符号**

表面粗糙度符号及其含义见表 13-3。

## 表 13-3　表面粗糙度符号及其含义

| 符　号 | 含　义 |
|---|---|
| ∨ | 基本图形符号<br>　表示未指定工艺方法的表面,仅用于简化代号的标注,没有补充说明时不能单独使用 |
| ∨ (带斜线) | 扩展图形符号<br>　表示指定表面是用去除材料的方法获得;仅当其含义是"被加工表面"时可单独使用 |
| ∨ (带圆圈) | 扩展图形符号<br>　表示指定表面是用不去除材料的方法获得;也可用于表示保持上道工序形成的表面,不管这种状况是通过去除材料或不去除材料形成的 |
| ∨ ∨ ∨ (带横线) | 完整图形符号<br>　在上述三个图形符号的长边上加一横线,用于标注有关参数和说明 |
| ∨ ∨ ∨ (带横线和圆圈) | 带有补充注释的图形符号<br>　表示某个视图上构成封闭轮廓的各表面有相同的表面结构要求 |

表面粗糙度符号的画法见图 13-4。

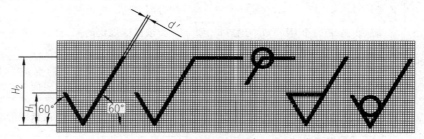

$H_1 \approx 1.4h$, $H_2 = 2H_1$, $d' = 1/10h$, $h$ 为字高

图 13-4　表面粗糙度符号的画法

### 2. 表面粗糙度代号的注法

表面粗糙度代号由完整图形符号、参数代号(如 $Ra$、$Rz$)和参数值(极限值)组成,参数代号为大、小写斜体。参数代号和参数值标注在图形符号横线的下方,为了避免误解,在参数代号和参数值之间应插入空格,如 $Ra\ 3.2$。必要时应标注补充要求,如取样长度、加工工艺、表面纹理及方向、加工余量等(需要时请参阅相应的国家标准)。

(1) 参数极限值的规定与在代号中的注写规则

参数的单向极限：当只标注参数代号、一个参数值时,默认为参数的上限值。若为参数的单向下限值时,参数代号前应加注 $L$,如:$L\ Ra\ 3.2$。

参数的双向极限：表示双向极限时应标注极限代号。上限值在上方,参数代号前应

加注 $U$，下限值在下方，参数代号前应加注 $L$。如果同一参数具有双向极限要求，在不致引起歧义的情况下，可不加注 $U$、$L$。上下极限值允许采用不同的参数代号表达。

当标出参数的上限值与下限值或其中一个极限值时，允许全部实测值中的 16% 的测值超差（16% 规则）。

参数的规定值为最大值，则要求参数的所有实测值均不得超过规定值，为了说明参数的最大值，应在参数代号的后面加注"max"的标记（最大规则）。

表面粗糙度代号及其含义的示例见表 13-4。

(2) 在图样上标注表面粗糙度代（符）号的基本规则

如图 13-5 所示，在同一图样上，每一零件表面只可标注一次表面粗糙度代号。

表面粗糙度代号应标注在零件的可见轮廓线、尺寸线、尺寸界线或它们的延长线上，符号的尖端必由材料外指向并接触表面。必要时，表面粗糙度代号也可用带箭头或黑点的指引线由被标注表面引出标注。

表面粗糙度代号的注写和读取方向与尺寸的注写和读取方向一致。

表 13-4 表面粗糙度代号及其含义

| 代号示例（GB/T 131—2006） | 含义/解释 |
|---|---|
| ⌀Ra3.2 | 表示不允许去除材料。单向上限值，$Ra$ 的上限值为 $3.2\mu m$ |
| ∇Ra3.2 | 表示去除材料。单向上限值，$Ra$ 的上限值为 $3.2\mu m$ |
| ∇Ra$_{max}$1.6 | 表示去除材料。单向上限值，$Ra$ 的最大值为 $1.6\mu m$ |
| ∇U Rz1.6 / L Ra0.2 | 表示去除材料。双向极限值<br>上限值：$Rz$ 为 $1.6\mu m$，下限值：$Ra$ 为 $0.2\mu m$ |
| 铣 ∇Rz3.2 | 表示去除材料。单向上限值，$Rz$ 为 $3.2\mu m$<br>加工方法规定为铣制 |

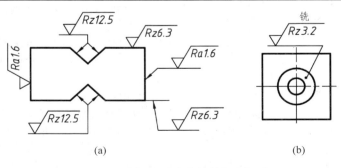

图 13-5 表面粗糙度代号的标注规则

表 13-5 列举了表面粗糙度在图样上的一些标注示例。

表 13-5　表面粗糙度标注示例

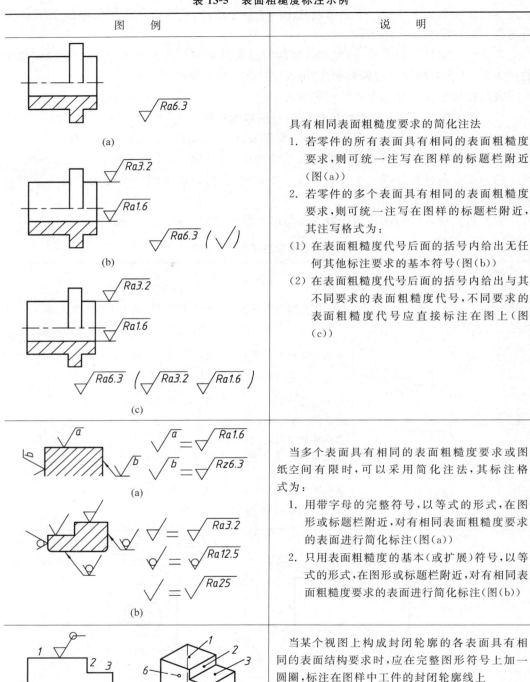

| 图　例 | 说　明 |
|---|---|
| (见图) | 具有相同表面粗糙度要求的简化注法<br>1. 若零件的所有表面具有相同的表面粗糙度要求,则可统一注写在图样的标题栏附近(图(a))<br>2. 若零件的多个表面具有相同的表面粗糙度要求,则可统一注写在图样的标题栏附近,其注写格式为:<br>(1) 在表面粗糙度代号后面的括号内给出无任何其他标注要求的基本符号(图(b))<br>(2) 在表面粗糙度代号后面的括号内给出与其不同要求的表面粗糙度代号,不同要求的表面粗糙度代号应直接标注在图上(图(c)) |
| (见图) | 当多个表面具有相同的表面粗糙度要求或图纸空间有限时,可以采用简化注法,其标注格式为:<br>1. 用带字母的完整符号,以等式的形式,在图形或标题栏附近,对有相同表面粗糙度要求的表面进行简化标注(图(a))<br>2. 只用表面粗糙度的基本(或扩展)符号,以等式的形式,在图形或标题栏附近,对有相同表面粗糙度要求的表面进行简化标注(图(b)) |
| (见图) | 当某个视图上构成封闭轮廓的各表面具有相同的表面结构要求时,应在完整图形符号上加一圆圈,标注在图样中工件的封闭轮廓线上<br>注:图形中构成封闭轮廓的六个面不包括前后面 |

续表

| 图 例 | 说 明 |
|---|---|
| 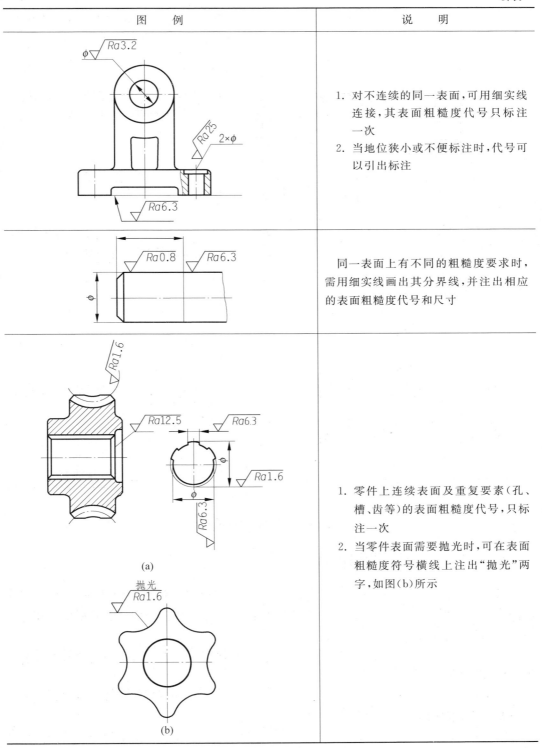 | 1. 对不连续的同一表面，可用细实线连接，其表面粗糙度代号只标注一次<br>2. 当地位狭小或不便标注时，代号可以引出标注 |
| | 同一表面上有不同的粗糙度要求时，需用细实线画出其分界线，并注出相应的表面粗糙度代号和尺寸 |
| | 1. 零件上连续表面及重复要素（孔、槽、齿等）的表面粗糙度代号，只标注一次<br>2. 当零件表面需要抛光时，可在表面粗糙度符号横线上注出"抛光"两字，如图(b)所示 |

| 图 例 | 说 明 |
|---|---|
| 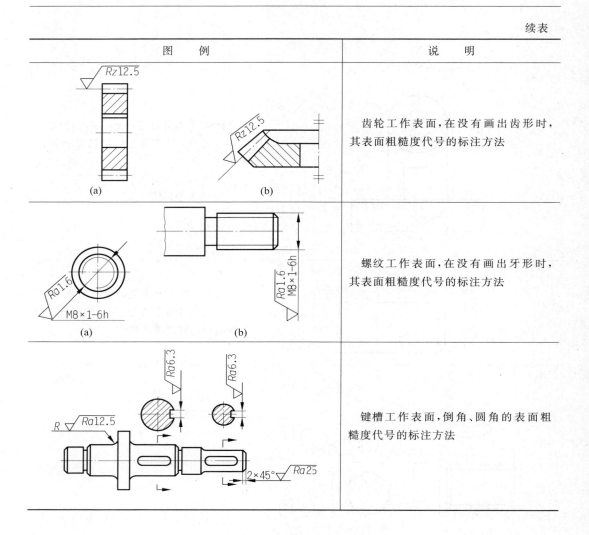 | 齿轮工作表面，在没有画出齿形时，其表面粗糙度代号的标注方法 |
| | 螺纹工作表面，在没有画出牙形时，其表面粗糙度代号的标注方法 |
| | 键槽工作表面，倒角、圆角的表面粗糙度代号的标注方法 |

## 13.2 极限与配合

### 13.2.1 互换性与极限配合

在现代化机械生产中，要求制造出来的同一批零件，不经挑选和辅助加工，任取一个就能顺利地装到机器上去，并满足机器性能的要求，零件的这种性能称为互换性。如日常使用的螺钉、螺母、灯泡和灯头等都具有互换性。

互换性生产有利于大量生产中的专业协作。对提高产品质量与生产效率有着重要作用，损坏后也便于修理和调换。

为了保证零件具有互换性，需要确定配合的合理要求和正确的极限尺寸，即合理的尺寸公差大小，以便确保生产的产品质量合格。

GB/T 1800.1—2009，GB/T 1800.2—2009，GB/T 1800.4—1999 制定了有关《极限与配合》的规定。下面着重介绍极限与配合的基本概念及在图样上的标注。

### 13.2.2 极限与配合的基本概念

**1. 术语和定义**

(1) 尺寸要素 由一定大小的线性尺寸或角度尺寸确定的几何形状。

(2) 提取(组成)要素 按规定方法,由实际(组成)要素(限定工件实际表面的组成要素部分)提取有限数目的点所形成的实际(组成)要素的近似替代。

(3) 提取组成要素的局部尺寸 一切提取组成要素上两对应点之间的距离的统称(实际尺寸)。

(4) 公称尺寸 由图样规范确定的理想形状要素的尺寸。公称尺寸可以是一个整数或一个小数;通过它应用上、下极限偏差可计算出极限尺寸。

(5) 极限尺寸 尺寸要素允许的尺寸的两个极端。提取组成要素的局部尺寸应位于其中,也可达到极限尺寸。

① 上极限尺寸——尺寸要素允许的最大尺寸。

② 下极限尺寸——尺寸要素允许的最小尺寸。

如图 13-6(a)所示,轴的直径尺寸 $\phi 50 \pm 0.008$,表示其

公称尺寸　　　　　　　50mm
上极限尺寸　　　　　　50.008mm
下极限尺寸　　　　　　49.992mm

实际尺寸在 49.992mm 和 50.008mm 之间(包括等于两个极限尺寸)皆为合格。

**2. 极限偏差、尺寸公差及公差带示意图**

(1) 极限偏差 指上极限偏差和下极限偏差。

① 上极限偏差——上极限尺寸减其公称尺寸所得的代数差。上极限偏差代号:孔为 ES,轴为 es。

② 下极限偏差——下极限尺寸减其公称尺寸所得的代数差。下极限偏差代号:孔为 EI,轴为 ei。

偏差值可为正值、负值或零。

(2) 尺寸公差(简称公差) 允许尺寸的变动量。即公差为上极限尺寸与下极限尺寸之差,或上极限偏差与下极限偏差之差。尺寸公差是一个没有符号的绝对值。

如图 13-6(b)所示,轴的尺寸 $\phi 50 \pm 0.008$,表示其

上极限偏差　es＝50.008－50＝＋0.008(mm)
下极限偏差　ei＝49.992－50＝－0.008(mm)
尺寸公差＝50.008－49.992＝0.008－(－0.008)＝0.016(mm)

(3) 公差带示意图 在公差带示意图中,零线是表示公称尺寸的一条直线。当零线画成水平位置时,正极限偏差位于其上,负极限偏差位于其下。极限偏差的数值以毫米(mm)或微米($\mu m$)为单位,$1\mu m＝0.001mm$。

在公差带图解中,公差带是由代表上极限偏差和下极限偏差或上极限尺寸和下极限尺寸的两条直线所限定的一个区域。它是由公差大小和其相对零线的位置来确定的,如图 13-7 所示。

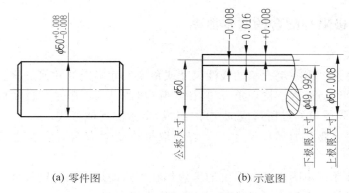

(a) 零件图　　　　(b) 示意图

图 13-6　轴的尺寸公差

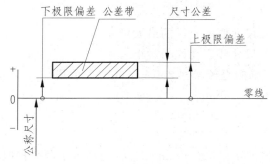

图 13-7　公差带示意图

### 3. 标准公差与基本偏差

（1）标准公差　在极限与配合标准中所规定的任一公差。常用标准公差分为 20 个等级，即 IT01，IT0，IT1，IT2，…，IT18。IT 为标准公差代号，数字表示公差等级。公差等级也是尺寸的精确程度，等级越高表示尺寸精度越高，其中 IT01 公差值最小，精度最高，依次递降，IT18 公差值最大，精度最低。在本标准中，同一公差等级（如 IT7）对所有公称尺寸的一组公差具有同等精确程度。

标准公差数值由基本尺寸和公差等级确定，见表 13-6。

表 13-6　标准公差数值（GB/T 1800.2—2009）

| 公称尺寸/mm | | 标准公差等级 | | | | | | | | | | | | | | | | | | |
|---|---|---|---|---|---|---|---|---|---|---|---|---|---|---|---|---|---|---|---|---|
| | | μm | | | | | | | | | | | mm | | | | | | | |
| 大于 | 至 | IT01 | IT0 | IT1 | IT2 | IT3 | IT4 | IT5 | IT6 | IT7 | IT8 | IT9 | IT10 | IT11 | IT12 | IT13 | IT14 | IT15 | IT16 | IT17 | IT18 |
| — | 3 | 0.3 | 0.5 | 0.8 | 1.2 | 2 | 3 | 4 | 6 | 10 | 14 | 25 | 40 | 60 | 0.1 | 0.14 | 0.25 | 0.40 | 0.60 | 1.0 | 1.4 |
| 3 | 6 | 0.4 | 0.6 | 1 | 1.5 | 2.5 | 4 | 5 | 8 | 12 | 18 | 30 | 48 | 75 | 0.12 | 0.18 | 0.30 | 0.48 | 0.75 | 1.2 | 1.8 |
| 6 | 10 | 0.4 | 0.6 | 1 | 1.5 | 2.5 | 4 | 6 | 9 | 15 | 22 | 36 | 58 | 90 | 0.15 | 0.22 | 0.36 | 0.58 | 0.90 | 1.5 | 2.2 |
| 10 | 18 | 0.5 | 0.8 | 1.2 | 2 | 3 | 5 | 8 | 11 | 18 | 27 | 43 | 70 | 110 | 0.18 | 0.27 | 0.43 | 0.70 | 1.10 | 1.8 | 2.7 |
| 18 | 30 | 0.6 | 1 | 1.5 | 2.5 | 4 | 6 | 9 | 13 | 21 | 33 | 52 | 84 | 130 | 0.21 | 0.33 | 0.52 | 0.84 | 1.30 | 2.1 | 3.3 |

续表

| 公称尺寸 /mm | | 标准公差等级 | | | | | | | | | | | | | | | | | | |
|---|---|---|---|---|---|---|---|---|---|---|---|---|---|---|---|---|---|---|---|---|
| | | μm | | | | | | | | | | | mm | | | | | | | |
| 大于 | 至 | IT01 | IT0 | IT1 | IT2 | IT3 | IT4 | IT5 | IT6 | IT7 | IT8 | IT9 | IT10 | IT11 | IT12 | IT13 | IT14 | IT15 | IT16 | IT17 | IT18 |
| 30 | 50 | 0.6 | 1 | 1.5 | 2.5 | 4 | 7 | 11 | 16 | 25 | 39 | 62 | 100 | 160 | 0.25 | 0.39 | 0.62 | 1.00 | 1.60 | 2.5 | 3.9 |
| 50 | 80 | 0.8 | 1.2 | 2 | 3 | 5 | 8 | 13 | 19 | 30 | 46 | 74 | 120 | 190 | 0.30 | 0.46 | 0.74 | 1.20 | 1.90 | 3.0 | 4.6 |
| 80 | 120 | 1 | 1.5 | 2.5 | 4 | 6 | 10 | 15 | 22 | 35 | 54 | 87 | 140 | 220 | 0.35 | 0.54 | 0.87 | 1.40 | 2.20 | 3.5 | 5.4 |
| 120 | 180 | 1.2 | 2 | 3.5 | 5 | 8 | 12 | 18 | 25 | 40 | 63 | 100 | 160 | 250 | 0.40 | 0.63 | 1.00 | 1.60 | 2.50 | 4.0 | 6.3 |
| 180 | 250 | 2 | 3 | 4.5 | 7 | 10 | 14 | 20 | 29 | 46 | 72 | 115 | 185 | 290 | 0.46 | 0.72 | 1.15 | 1.85 | 2.90 | 4.6 | 7.2 |
| 250 | 315 | 2.5 | 4 | 6 | 8 | 12 | 16 | 23 | 32 | 52 | 81 | 130 | 210 | 320 | 0.52 | 0.81 | 1.30 | 2.10 | 3.20 | 5.2 | 8.1 |
| 315 | 400 | 3 | 5 | 7 | 9 | 13 | 18 | 25 | 36 | 57 | 89 | 140 | 230 | 360 | 0.57 | 0.89 | 1.40 | 2.30 | 3.60 | 5.7 | 8.9 |
| 400 | 500 | 4 | 6 | 8 | 10 | 15 | 20 | 27 | 40 | 63 | 97 | 155 | 250 | 400 | 0.63 | 0.97 | 1.55 | 2.50 | 4.00 | 6.3 | 9.7 |

注：公称尺寸小于或等于1mm时，无IT14~IT18。

标准公差用以确定公差带大小，见图13-8。

（2）基本偏差　在极限与配合标准中，基本偏差是确定公差带相对零线位置的极限偏差。它可以是上极限偏差或下极限偏差，一般为靠近零线的那个极限偏差，如图13-8所示。

**4. 配合与基本偏差系列**

（1）配合　公称尺寸相同的相互结合的孔（通常指工件的圆柱形内表面，也包括非圆柱形内表面，如由二平行平面或切面形成的包容面）和轴（通常指工件的圆柱形外表面，也包括非圆柱形外表面，如由二平行平面或切面形成的包容面）公差带之间的关系。

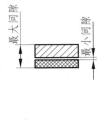

图13-8　标准公差与基本偏差

（2）配合的种类分为间隙、过盈与过渡

间隙：孔的尺寸减去相配合的轴的尺寸之差为正。

过盈：孔的尺寸减去相配合的轴的尺寸之差为负。

根据间隙和过盈的关系，配合分为3类：

① 间隙配合：具有间隙（包括最小间隙等于零）的配合。此时，孔的公差带在轴的公差带之上，如图13-9所示。

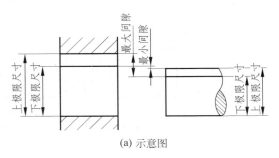

(a) 示意图　　　　　　　(b) 公差带图

图13-9　间隙配合

② 过盈配合：具有过盈（包括最小过盈等于零）的配合。此时，孔的公差带在轴的公差带之下，如图 13-10 所示。

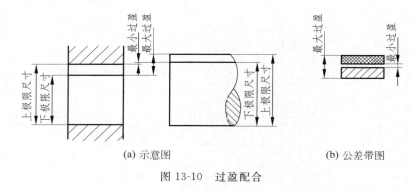

(a) 示意图　　　　　　　　　(b) 公差带图

图 13-10　过盈配合

③ 过渡配合：可能具有间隙或过盈的配合。此时，孔的公差带与轴的公差带相互交叠，如图 13-11 所示。

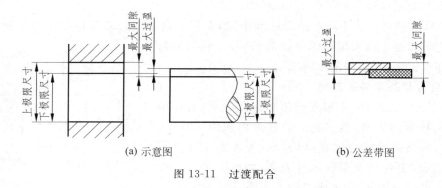

(a) 示意图　　　　　　　　　(b) 公差带图

图 13-11　过渡配合

(3) 配合制　为了设计与加工的方便，国家标准规定了两种不同的配合制度，即基孔制配合与基轴制配合。

① 基孔制配合：**基本偏差为一定的孔的公差带，与不同基本偏差的轴的公差带形成各种配合的一种制度。** 基孔制的孔称为基准孔，用代号 H 表示。下极限偏差为零，上极限偏差为正值。孔的下极限尺寸与公称尺寸相等，其公差带在零线之上，如图 13-12 所示。

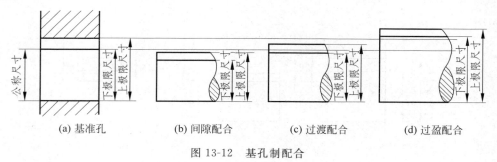

(a) 基准孔　　　(b) 间隙配合　　　(c) 过渡配合　　　(d) 过盈配合

图 13-12　基孔制配合

② **基轴制配合：基本偏差为一定的轴的公差带，与不同基本偏差的孔的公差带形成各种配合的一种制度**。基轴制的轴称为基准轴，用代号 h 表示。上极限偏差为零，下极限偏差为负值。轴的上极限尺寸与公称尺寸相等，其公差带在零线之下，如图 13-13 所示。

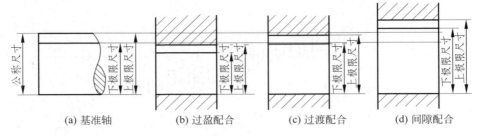

(a) 基准轴　　(b) 过盈配合　　(c) 过渡配合　　(d) 间隙配合

图 13-13　基轴制配合

国家标准规定优先采用基孔制，但在有些情况下，则需要采用基轴制。例如一根光轴上的不同部位，需要装上不同的零件，且它们的配合要求又不相同时，采用基轴制较为合理，如图 13-14 所示。

（4）基本偏差系列与配合的关系

① 基本偏差系列：国家标准规定了轴和孔各 28 个基本偏差，按照一定的顺序和位置排列，形成基本偏差系列。

基本偏差代号，对孔用大写字母 A，B，…，ZC 表示；对轴用小写字母 a，b，…，zc 表示。

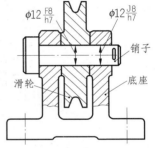

图 13-14　基轴制配合的例子

图 13-15 表示出基本偏差系列所确定的轴和孔的公差带的位置。图中只画出基本偏差，而另一偏差并未给出，可由基本偏差和标准公差数值计算出来。

由图 13-15 中可以看出，孔的基本偏差，从 A 到 H 为下极限偏差，从 J 到 ZC 为上极限偏差。轴的基本偏差，从 a 到 h 为上极限偏差，从 j 到 zc 为下极限偏差。其中 JS 和 js 是标准公差带对称分布于零线的两侧，没有基本偏差，其上下极限偏差分别为 $+\dfrac{IT}{2}$ 和 $-\dfrac{IT}{2}$。

② 基本偏差系列在配合中的应用：基本偏差系列确定了公差带相对于零线的各种不同位置，表示了各种不同的配合。所以在基轴制或基孔制的配合中，应以基本偏差代号来识别各种配合。由图 13-15 可以看出：

- 在基轴制中的孔的基本偏差

A 至 H 与基准轴 h 形成间隙配合。其间隙大小，从 A 至 H 依次递减。
N 至 ZC 与基准轴 h 形成过盈配合。其过盈大小，从 N 至 ZC 依次递增。
J，JS，K，M，N 一般与基准轴 h 形成过渡配合。

- 在基孔制中的轴的基本偏差

a 至 h 与基准孔 H 形成间隙配合。其间隙大小，从 a 至 h 依次递减。
n 至 zc 与基孔制 H 形成过盈配合。其过盈大小，从 n 至 zc 依次递增。
j，js，k，m，n 一般与基孔制 H 形成过渡配合。

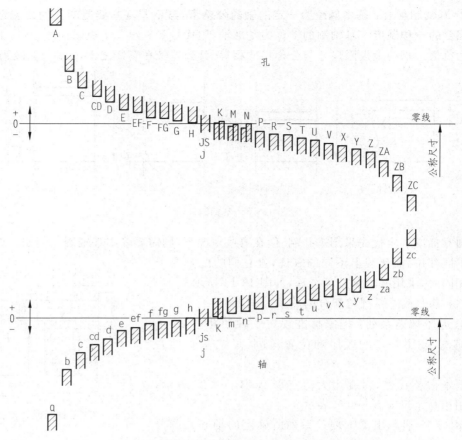

图 13-15 基本偏差系列示意图

### 13.2.3 公差与配合在图样上的标注

**1. 在装配图上的标注**

在装配图上标注配合,是在公称尺寸后面注一分子式,分子为孔的公差带代号,分母为轴的公差带代号。公差带代号由基本偏差代号和公差等级组成,例如 H7 或 h7。其标注形式为

$$公称尺寸\frac{孔的公差带代号}{轴的公差带代号}$$

(1) 采用基孔制时配合的标注(如图 13-16 所示) 公称尺寸为 $\phi30$,分子为基准孔的代号 H 及公差等级 IT8,分母为轴的基本偏差代号 f 及公差等级 IT7;轴与孔的配合为间隙配合,其注写形式为 $\phi30\frac{H8}{f7}$。另一处为 $\phi40\frac{H7}{n6}$,为过渡配合。

(2) 采用基轴制时配合的标注(如图 13-17 所示) 公称尺寸为 $\phi12$,分母为基准轴的代号 h 及公差等级 IT7,分子为孔的基本偏差代号 F 及公差等级 IT9,为间隙配合,其注写形式为 $\phi12\frac{F9}{h7}$。另一处为 $\phi12\frac{J8}{h7}$,为过渡配合。

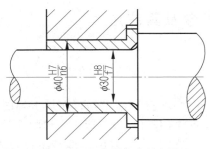

图 13-16 基孔制配合的标注

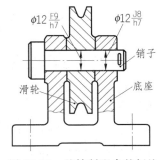

图 13-17 基轴制配合的标注

**2. 在零件图上的标注**

在零件图上标注尺寸公差有 3 种方式：

(1) 注出公称尺寸及公差带代号，如图 13-18(a) 中的 $\phi30H8$ 和 $\phi30h7$。

(2) 注出公称尺寸及上、下极限偏差，如图 13-18(b) 中的 $\phi30^{+0.033}_{0}$ 和 $\phi30^{-0.020}_{-0.041}$。

其中，注写极限偏差值时，上极限偏差注在公称尺寸右上角，下极限偏差注在公称尺寸右下角，并与公称尺寸在同一底线上，小数点要对齐。极限偏差为 0 时则应放在个位数的位置上。极限偏差的数字应比公称尺寸数字小一号。若上、下极限偏差相同，极限偏差值数字与公称尺寸数字同高，并在公称尺寸与极限偏差之间标出"±"号，如 $\phi50\pm0.31$。上极限偏差值和下极限偏差值可由附录 3 查出。

(3) 注出公称尺寸，同时注出公差带代号及上、下极限偏差，极限偏差值要加上括号，如图 13-18(c) 中的 $\phi30H8(^{+0.033}_{0})$ 与 $\phi30f7(^{-0.026}_{-0.041})$。

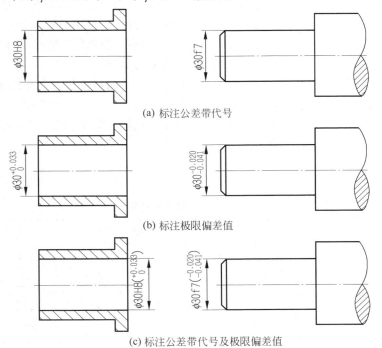

图 13-18 零件图上公差的标注

## 13.3 几何公差的概念及其注法

### 13.3.1 几何公差的概念

几何公差包括形状、方向、位置和跳动公差。

加工零件时,不仅会产生尺寸误差,还会产生各种几何误差。例如,在加工轴的圆柱时,可能会出现一头粗一头细或中间粗两头细的现象(图 13-19(a)),即产生形状误差。又如在加工阶梯轴时,可能会出现各段轴线不重合的现象(图 13-19(b)),即产生位置误差。诸如此类的几何误差都会影响机器的工作精度和使用寿命。因此,对于重要零件,除了控制尺寸误差外,还应控制某些几何要素的几何误差。

(a) 形状误差　　　　　　　　　(b) 位置误差

图 13-19　形状和位置误差

### 13.3.2 几何公差的术语和定义

(1) 要素　要素是零件上的特定部位,如点、线、面。这些要素可以是组成要素(如圆柱体的外表面),也可以是导出要素(如中心线或中心面)。

(2) 被测要素　有几何公差要求的要素。其中,仅对其本身给出形状公差要求的被测要素称为单一要素;对其他要素有功能(方向、位置)要求的要素称为关联要素。

(3) 基准要素　用来确定被测要素的方向和(或)位置,或同时确定两者的要素。

(4) 理想基准要素　它是确定要素间几何关系的依据,分别称基准点、基准线、基准面。

(5) 形状公差　单一实际要素形状误差所允许的变动量。

(6) 方向公差　关联实际要素相对于基准的实际方向对理想方向允许的变动量。

(7) 位置公差　被测要素所在的实际位置对其理想位置允许的变动量。

(8) 跳动公差　被测要素在特定条件下绕其轴线旋转一周或连续旋转时允许的跳动量。

### 13.3.3 几何公差的几何特征符号

几何公差共有 19 项,其几何特征符号如表 13-7 所示。

表 13-7　几何特征符号

| 公差类型 | 几何特征 | 符号 | 有无基准 | 公差类型 | 几何特征 | 符号 | 有无基准 |
| --- | --- | --- | --- | --- | --- | --- | --- |
| 形状公差 | 直线度 | ― | 无 | 方向公差 | 平行度 | ∥ | 有 |
|  | 平面度 | ▱ | 无 |  | 垂直度 | ⊥ | 有 |
|  | 圆度 | ○ | 无 |  | 倾斜度 | ∠ | 有 |
|  | 圆柱度 | ⌭ | 无 |  | 线轮廓度 | ⌒ | 有 |
|  | 线轮廓度 | ⌒ | 无 |  | 面轮廓度 | ⌓ | 有 |
|  | 面轮廓度 | ⌓ | 无 |  |  |  |  |

续表

| 公差类型 | 几何特征 | 符号 | 有无基准 | 公差类型 | 几何特征 | 符号 | 有无基准 |
|---|---|---|---|---|---|---|---|
| 位置公差 | 位置度 | ⊕ | 有或无 | 位置公差 | 线轮廓度 | ⌒ | 有 |
| | 同心度（用于中心点） | ◎ | 有 | | 面轮廓度 | ⌒ | 有 |
| | 同轴度（用于轴线） | ◎ | 有 | 跳动公差 | 圆跳动 | ↗ | 有 |
| | 对称度 | ═ | 有 | | 全跳动 | ↗↗ | 有 |

### 13.3.4　几何公差在图样上的标注方法

在图样上标注几何公差要求时，需要在被测要素上标注公差框格和在基准要素上标注基准符号。

**1. 公差框格的格式与内容**

如图 13-20 所示，公差框格为矩形，由两格或多格组成。各格从左到右顺序标注以下内容。

第一格：几何特征符号。

第二格：几何公差数值及有关符号。当公差带是圆形或圆柱形时，应在公差数值前加注符号"$\phi$"；是圆球形时则应加注符号"$S\phi$"。

第三格及以后各格：基准字母和有关符号。

| | | | |
|---|---|---|---|
| □□ | □□ A | □□ A-B | □□ A B C |
| (a) | (b) | (c) | (d) |

图 13-20　公差框格

公差框格用细实线画出，框格高度约为格内字体高度（与尺寸数字高度相同）的两倍。框格的宽度除第一格与框格高度相同外，其余各格须与所标注的有关字符串的长度相适应。

**2. 基准符号的格式与内容**

基准符号的画法如图 13-21 所示，用细线将基准方格与一个涂黑的或空白的三角形（两者含义相同）相连。与被测要素相关的基准用一个大写字母表示，字母标注在基准方格内，不论基准符号的方向如何，方格内的字母都应水平书写。

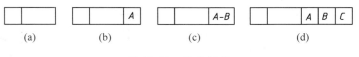

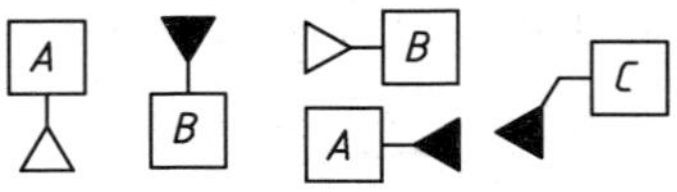

图 13-21　基准符号

字母还应注写在相应的公差框格内，以单个要素作基准时，用一个大写字母表示（见图 13-20(b)）；以两个要素建立公共基准时，用中间加连字符的两个大写字母表示（见图 13-20(c)）。以两个或三个要素建立基准体系（即采用多基准）时，表示基准的字母按基准的优先顺序自左至右填写在各框格内(见图 13-20(d))。

**3. 被测要素的标注**

用细指引线将公差框格与被测要素相连,指引线自框格的任意一侧引出,终端带有箭头。

(1) 当公差涉及被测要素的轮廓线或轮廓面时,箭头指向该要素的轮廓线或其延长线,并与尺寸线明显错开(见图 13-22(a)、(b))。箭头也可指向轮廓面的引出线(始端带有小圆点)的水平线,(见图 13-22(c))。

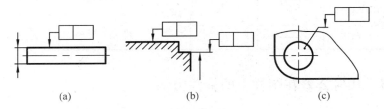

图 13-22 被测要素的标注

(2) 当公差涉及被测要素的中心线、中心面或中心点时,箭头应位于尺寸线的延长线上(见图 13-23)。

**4. 基准要素的标注**

(1) 当基准要素是轮廓线或轮廓面时,基准三角形放置在要素的轮廓线或其延长线上,并与尺寸线明显错开(见图 13-24(a))。基准三角形也可放置在该轮廓面引出线的水平线上(见图 13-24(b))。

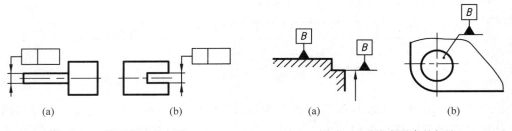

图 13-23 被测要素的标注　　　　　图 13-24 基准要素的标注

(2) 当基准是尺寸要素确定的中心线、中心面或中心点时,基准三角形放置在该尺寸线的延长线上(图 13-25)如果没有足够的位置标注基准要素尺寸的两个尺寸箭头,则其中一个箭头可用基准三角代替(见图 13-25(b)、(c))。

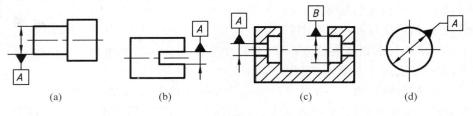

图 13-25 基准要素的标注

(3) 如果只以要素的某一局部作基准,则应用粗点画线示出该部分并加注尺寸(见图 13-26)。

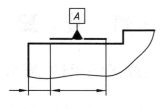

图 13-26 基准要素的标注

**5. 几何公差标注的实例**

图 13-27 所示的气门阀,是几何公差标注的典型实例。

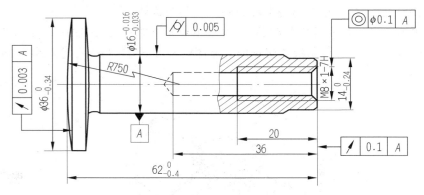

图 13-27 几何公差标注的实例

# 第14章 装 配 图

## 14.1 装配图的用途、要求和内容

部件或机器都是根据其使用目的,按照有关技术要求,由一定数量的零件装配而成的。表达部件或机器这类产品及其组成部分的连接、装配关系的图样称为装配图。

在设计过程中,一般都是先画出装配图,再根据装配图绘制零件图。在生产过程中,装配图是制订装配工艺规程,进行装配、检验、安装及维修的技术文件。

装配图有总装配图和部件装配图等,本章主要介绍部件装配图的画图和看图。

图 14-1 是一个用于控制液体流量的节流阀的轴测图,图 14-2 是它的装配图。

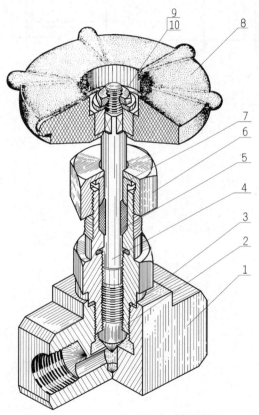

图 14-1 节流阀轴测图
1—阀体;2—阀盖;3—垫片;4—阀杆;5—填料;6—压盖螺母;
7—压盖;8—手轮;9—螺母;10—垫圈

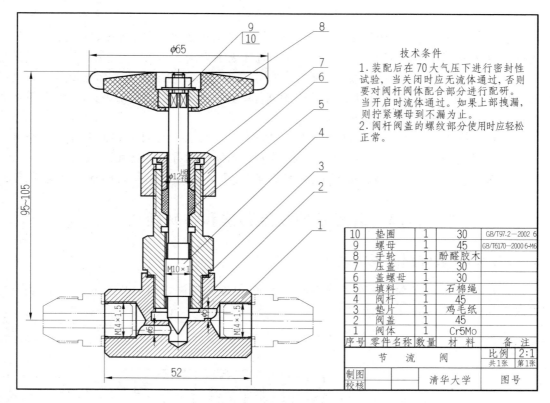

图 14-2 节流阀装配图

从图 14-2 中可以了解到节流阀的工作原理是：当转动手轮 8 时，阀杆 4 即可随之转动。但由于阀杆 4 的下端和固定的阀盖 2 用螺纹旋合在一起，所以阀杆 4 的转动便导致自身的上下移动，从而使阀门开启或关闭、开大或开小，达到了控制流量的要求。

节流阀的结构情况和装配关系是：阀盖 2 与阀体 1 用螺纹联接在一起，阀杆 4 也是靠螺纹旋合在阀盖 2 上，手轮 8 与阀杆 4 则靠螺母 9 联接在一起。为防止阀在工作时液体外泄，在阀盖上部有一填料函，即用盖螺母 6 压紧压盖 7，通过压盖 7 又将填料 5 压紧，构成密封装置，其中压盖 7 与阀盖 2 有配合关系。在阀盖 2 与阀体 1 的连接处还装有垫片 3，起密封作用。

通过以上分析可知，一张装配图要表示部件的工作原理、结构特点以及装配关系等。因此，装配图要有如下内容：

(1) 一组视图  根据装配图的要求，正确选用视图、剖视图以及断面图等。
(2) 一组尺寸  根据装配图的特点，只标注少量必要的尺寸。
(3) 技术要求  用来表示对部件质量、安装、检验等方面的要求。
(4) 零件编号、明细栏和标题栏。

装配图和零件图比较，在内容与要求上有下列异同：

(1) 装配图和零件图一样，都有视图、尺寸、技术要求和标题栏等 4 个方面的内容。但在装配图中还多了零件编号和明细栏，以说明零件的编号、名称、材料和数量等情况。

(2) 装配图的表达方法和零件图基本相同,都是采用各种视图、剖视、断面等方法来表达。但对装配图,另外还有一些规定画法和特殊表示方法。

(3) 装配图视图的表达要求与零件图不同。零件图需要把零件的各部分形状完全表达清楚,而装配图只要求把部件的功用、工作原理、零件之间的装配关系表达清楚,并不需要把每个零件的形状完全表达出来。

(4) 装配图的尺寸要求与零件图不同。在零件图上要注出零件制造时所需要的全部尺寸,而在装配图上只注出与部件性能、装配、安装和体积等有关的尺寸。

下面分别说明装配图的表示方法、视图选择、尺寸标注、零件编号及明细栏等问题。

## 14.2 装配图的规定画法和特殊画法

### 14.2.1 装配图的规定画法

在装配图中,为了便于区分不同零件,并正确地理解零件之间的装配关系,在画法上有以下几项规定(见图 14-3 及图 14-7)。

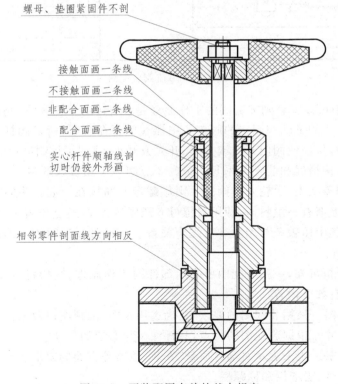

图 14-3 画装配图有关的基本规定

(1) 相邻零件的接触表面和配合表面只画一条粗实线,不接触表面和非配合表面应画两条粗实线。

(2) 两个(或两个以上)金属零件相互邻接时,剖面线的倾斜方向应当相反,或者以不同间隔画出。

(3) 同一零件在各视图中的剖面线方向和间隔必须一致,如图 14-7 中主视图和俯视图上泵体 1 的剖面线。

(4) 当剖切平面通过螺钉、螺母、垫圈等标准件及实心件,如轴、手柄、连杆、键、销、球等的基本轴线时,这些零件均按不剖绘制的。当其上的孔、槽需要表达时,可采用局部剖视。当剖切平面垂直于这些零件的轴线时,则应画剖面线。

### 14.2.2 装配图的特殊画法

为了能简单而清楚地表达一些部件的结构特点,在装配图中规定了一些特殊画法。

**1. 沿零件结合面的剖切画法和拆卸画法**

为了表示部件内部零件间的装配情况,在装配图中可假想沿某些零件结合面剖切,或将某些零件拆卸掉绘出其图形。如图 14-4 的滑动轴承装配图,在俯视图上为了表示轴瓦与轴承座的装配关系,其右半部图形就是假想沿它们的结合面切开,将上面部分拆去后绘制的。应注意在结合面上不要画剖面符号,但是因为螺栓是垂直其轴线剖切的,因此应画出剖面符号。

**2. 假想画法**

对于不属于本部件但与本部件有关系的相邻零件,可用双点画线来表示。如图 14-2 中为了表示与阀体相连接的管接头,可用假想的双点画线画出。

对于运动的零件,当需要表明其运动极限位置时,也可用双点画线来表示。

**3. 简化画法**

(1) 对于装配图中的螺栓、螺钉联接等若干相同的零件组,可以仅详细地画出一处或几处,其余只需用点画线表示其中心位置,如图 14-5 所示。

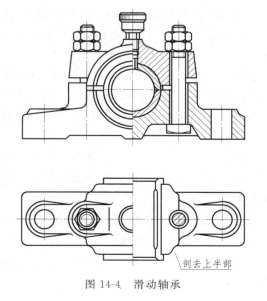

图 14-4 滑动轴承

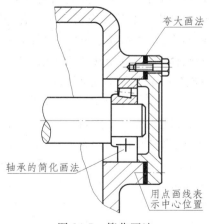

图 14-5 简化画法

(2) 装配图中的滚动轴承,可以采用图 14-5 的简化画法。

(3) 在装配图中,当剖切平面通过某些标准产品的组合件时,可以只画出其外形图,如图 14-4 中的油杯。

(4) 在装配图中,零件的工艺结构如圆角、倒角、退刀槽等允许不画。

**4. 夸大画法**

在装配图中的薄垫片、小间隙等,如按实际尺寸画出表示不明显时,允许把它们的厚度、间隙适当放大画出,如图 14-5 中的垫片就是采用了夸大画法。

## 14.3 装配图的视图选择

### 14.3.1 对装配图视图的要求

绘制部件装配图时,要从有利于生产、便于读图出发,恰当地选择视图。

生产上对装配图在视图表达上的要求是**完全、正确、清楚**,即

(1) 部件的功用、工作原理、主要结构和零件之间的装配关系等,要表达完全。

(2) 表达部件的视图、剖视、规定画法等的表示方法要正确,合乎国家标准规定。

(3) 图形清楚易懂,便于读图。

### 14.3.2 装配图视图选择的步骤和方法

现以图 14-6 所示的柱塞泵为例,对装配图的视图选择作一说明,其步骤如下:

**1. 对所表达的部件进行分析**

对部件的功用、工作原理进行分析,了解各零件在部件中的作用及零件间的装配关系、连接等情况。

图 14-6 及图 14-7 所示的柱塞泵是一种用于机床中润滑的供油装置。它的工作原理是:当凸轮(在 A 向视图上用双点画线画出,$cm-cn=$升程)旋转时,由于升程的改变,迫使柱塞 5 上下运动,并引起泵腔容积的变化,压力也随之变化。这样就不断地产生吸油和排油,以供润滑。具体工作过程如下:

(1) 当凸轮上的 $n$ 点转至图示位置时,弹簧 8 的弹力使柱塞 5 升至最高位置,此时泵腔容积增大,压力减小(小于大气压),油池中的油在大气压力作用下,流进管道,顶开吸油嘴单向阀体 10 内的小珠 11 进入泵腔。在这段时间内,排油嘴的单向阀门是关闭的(小珠 11 在弹簧 13 作用下顶住阀门)。

(2) 在凸轮再转半圈的过程中,柱塞 5 往下压直至最低位置,泵腔容积逐步减为最小,而压力随之增至最大,高压油冲出排油嘴的单向阀门,经管道送至使用部位。在此过程中,吸油嘴的单向阀门是关闭的,以防止油逆流。

(3) 凸轮不断旋转,柱塞 5 就不断地作往复运动,从而实现了吸、排润滑油的目的。

工作原理及运动情况弄清楚之后,我们再进一步分析其装配及连接关系。

柱塞 5 与柱塞套 7 装配在一起,柱塞套 7 则用螺纹与泵体 1 相联接。在柱塞 5 上部装有小轴、小轮及开口销等。柱塞 5 下部靠弹簧 8 顶着。

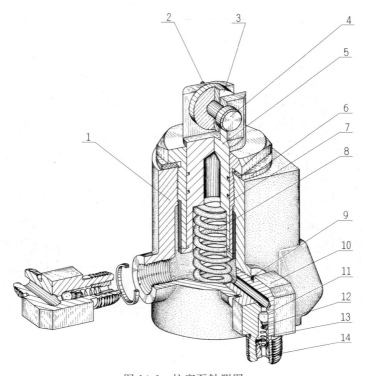

图 14-6 柱塞泵轴测图

1—泵体；2—开口销；3—小轮；4—小轴；5—柱塞；6—垫片；7—柱塞套；
8—弹簧；9—衬垫；10—单向阀体；11—珠子；12—球托；13—弹簧；14—螺塞

吸油及排油处均装有单向阀体 10，控制阀门的开启与关闭。单向阀体由珠子 11、球托 12、弹簧 13 和螺塞 14 等组成。

在柱塞套 7 与泵体 1 连接处以及单向阀体 10 与泵体 1 联接处，装有垫片 6 和衬垫 9，使接触面间密封而防止油泄出。

**2．选择主视图**

通过上面的分析，对柱塞泵有一个全面了解后，首先选择主视图，主视图的选择主要考虑两方面的问题：

(1) 分析部件的工作状态和工作位置，确定主视图的安放位置。

柱塞泵的工作位置如图 14-6 和图 14-7 所示，故主视图的安放位置为将泵竖放，使基面 $P$ 平行于正面。

(2) 能较清楚地表达部件的工作原理和装配关系。

经过深入细致的分析，可以将柱塞泵分成几条装配线：柱塞 5 和柱塞套 7 以及泵体 1 形成了一条装配线，而且是一条主要装配线。小轮 3 和小轴 4 部分形成了第 2 条装配线。排油嘴由单向阀体 10 和球托 12 及螺塞等部分形成了第 3 条装配线，吸油嘴形成的第 4 条装配线，其情况与排油嘴相同。主视图若要把这些装配关系及工作原理等表达清楚，一般都要沿主装配线剖切开，所以假想用切平面通过泵的轴线将泵全部剖切开；主视图采用了全剖视图，这样把柱塞泵的装配关系、结构特点及工作原理等都较清楚地表达出来了。

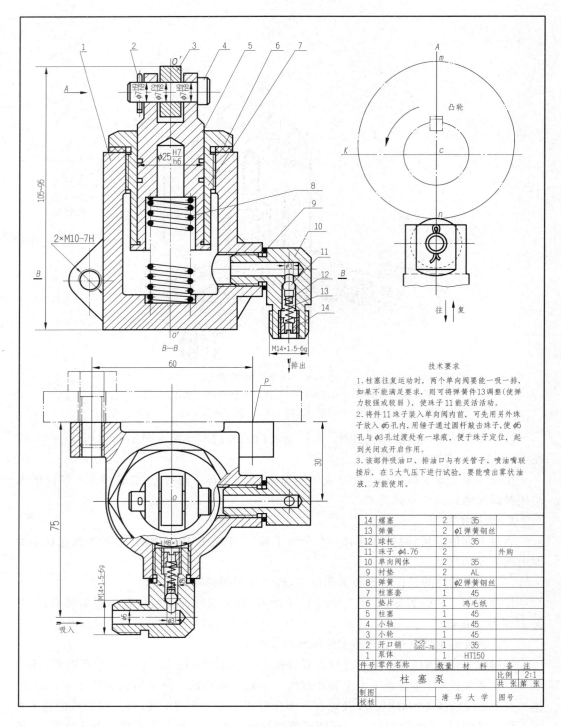

图 14-7 柱塞泵装配图

**3. 确定其他视图**

主视图确定之后,部件的主要装配关系和工作原理,一般能表达清楚。但是,只有一个主视图,往往还不能把部件的所有装配关系和工作原理全部表示出来。根据表达要完全的要求,应确定其他视图。

对于柱塞泵来说,可以看出,吸油嘴部分的装配关系以及有关油路系统的来龙去脉还是不清楚的,所以,在图 14-7 所示的俯视图上应有一个沿 B—B 部分剖开的局部剖视图,这样,就把上述两部分内容表达清楚了。

为了给出泵的安装位置,在俯视图上用双点画线假想地表示出了联接板的轮廓和联接方式。

这里,为了更明确地表明柱塞的运动原理,增加了一个 A 向视图,由这个视图可清楚地看出柱塞 5 是怎样通过凸轮的旋转运动而实现上下往复运动的。由于凸轮不属于柱塞泵的零件,所以在 A 向视图中用双点画线假想地画出它的轮廓。

至此,柱塞泵的视图选择可算完成了,但有时为了能选定一个最佳方案,最好多考虑几种视图选择方案,以供比较、选用。

## 14.4 装配图的尺寸标注、零件编号和明细栏

### 14.4.1 装配图的尺寸标注

装配图的尺寸标注与零件图的要求完全不同。零件图是用来制造零件的,所以,在图上应注出制造所需的全部尺寸。而按装配图的使用目的、要求,只需注出与部件性能、装配、安装、运输等有关的尺寸,一般应注出下列几方面的尺寸:

(1) 特性、规格尺寸  它是表明部件的性能或规格的尺寸。例如图 14-7 柱塞泵中进、出油口的尺寸 $\phi 3$,它和进出油量有关,所以是特性、规格尺寸。

(2) 配合尺寸  配合尺寸是表示零件间配合性质的尺寸。例如图 14-7 中柱塞与柱塞套的配合尺寸 $\phi 25 \frac{H7}{h6}$,小轴与柱塞的配合尺寸 $\phi 7 \frac{H9}{h8}$ 等。

(3) 安装尺寸  是将部件安装到其他部件或基座上所需的尺寸。例如图 14-7 中泵体底板上两螺孔的中心距离 60 及螺钉孔 M10、单向阀接口 M14×1.5 等。

(4) 外形尺寸  表示部件的总长、总宽和总高的尺寸。它反映了部件的大小、包装、运输及安装时所占的空间。例如图 14-7 中高度 105~95(表示柱塞泵高度最大和最小尺寸),宽度 75 等。

(5) 主要尺寸  即部件中一些重要尺寸,如滑动轴承的中心高度等。

### 14.4.2 零件编号

为了便于看图及图样管理,在装配图中需对每个零件进行编号。零件编号应遵守下列几项规定:

(1) 编号形式如图 14-8(a)所示。在所要标注的零件投影上打一黑点,然后引出指引线(细实线),在指引线顶端画短横线或小圆圈(均用细实线),编号数字写在短横线上或圆

圈内。序号数字比该装配图上的尺寸数字大两号。

（2）装配图中相同的零件只编一个号，不能重复。

（3）对于标准化组件，如滚动轴承、油杯等可看作一个整体，只编一个号。

（4）一组连接件及装配关系清楚的零件组，可以采用公共指引线编号，如图14-8(b)所示。

（5）指引线不能相交，当通过有剖面线的区域时，指引线尽量不与剖面线平行。

（6）编号应按水平或垂直方向排列整齐，并按顺时针或逆时针方向顺序编号。

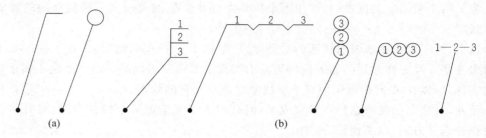

图 14-8　零件编号形式

### 14.4.3　明细栏

明细栏是部件的全部零件目录，将零件的编号、名称、材料、数量等填写在表格内。GB/T 10609.2—2009 对明细栏格式及内容都做了具体规定，图14-9所示格式可供学习时使用。

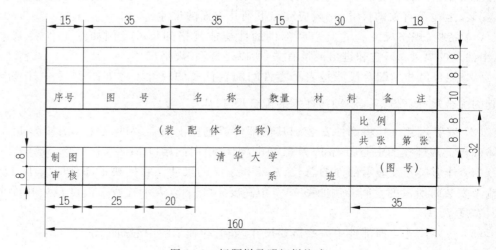

图 14-9　标题栏及明细栏格式

明细栏应紧靠在标题栏的上方，由下向上顺序填写零件编号。当标题栏上方位置不够时，可移至标题栏左边继续填写。

另外，在装配图中还应在图的右下方空白处，写出部件在装配、安装、检验及使用过程等方面的技术要求，参看图14-7。

## 14.5 装配结构的合理性

在设计和绘制装配图的过程中,应该考虑装配结构的合理性,以保证部件的性能要求以及零件加工和装拆的方便。下面仅就常见的装配结构问题作一些介绍,以供画装配图时参考。

**1. 两个零件接触面的数量**

两个零件接触时,在同一方向接触面一般应只有一个,避免两组面同时接触,不然就要提高接触面处的尺寸精度,增加加工成本,见图14-10。

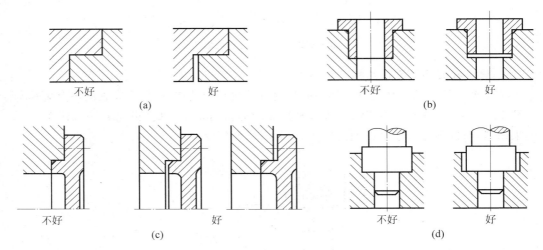

图 14-10 两零件接触面

**2. 两零件接触处拐角的结构**

如轴与孔端面接触时,在拐角处孔边要倒角或轴根要切槽,以保证两端面能紧密接触,如图14-11所示。

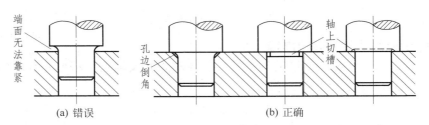

图 14-11 两零件接触面拐角处结构

**3. 密封装置的结构**

在一些部件或机器中,常需要有密封装置,以防止液体外流或灰尘进入。图14-12所示的密封装置是用在泵和阀上的常见结构。通常用浸油的石棉绳或橡胶作填料,拧紧压盖螺母,通过填料压盖即可将填料压紧,起到密封作用。但填料压盖与阀体端面之间必须留有一定间隙,才能保证将填料压紧,而轴与填料压盖之间应有一定的间隙,以免转动时产生摩擦。

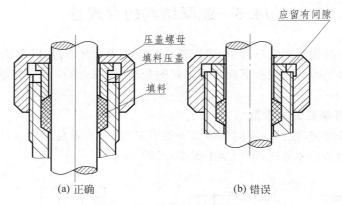

图 14-12 填料函密封装置

### 4. 零件在轴向的定位结构

装在轴上的滚动轴承及齿轮等一般都要有轴向定位结构，以保证在轴向不产生移动。如图 14-13 所示，轴上的滚动轴承及齿轮是靠轴的台肩来定位的，齿轮的一端用螺母、垫圈来压紧，垫圈与轴肩的台阶面间应留有间隙，以便压紧。

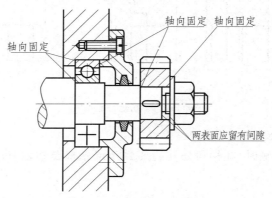

图 14-13 轴向定位结构

### 5. 考虑维修、安装、拆卸的方便

如图 14-14(b)、(d)所示，滚动轴承装在箱体轴承孔及轴上的情形是合理的，若设计成图 14-14(a)、(c)那样，将无法拆卸。

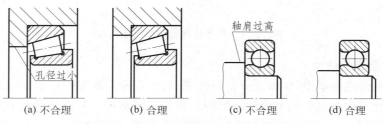

图 14-14 滚动轴承的合理安装

图14-15所示是在安排螺钉位置时,应考虑扳手的空间活动范围,图14-15(a)中所留空间太小,扳手无法使用,图14-15(b)是正确的结构形式。

如图14-16所示,应考虑螺钉放入时所需要的空间,图14-16(a)中所留空间太小,螺钉无法放入,图14-16(b)是正确的结构形式。

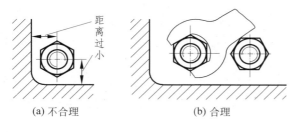
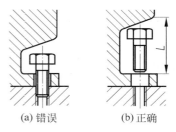

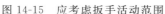

图14-15 应考虑扳手活动范围　　　　图14-16 应考虑拧入螺钉所需空间

## 14.6　画装配图的方法和步骤

现以图14-7所示的柱塞泵为例来说明画装配图的方法和步骤。

**1. 对所表达的部件进行分析**

画装配图之前,必须对所表达的部件的功用、工作原理、结构特点、零件之间的装配关系及技术条件等进行分析、了解,以便着手考虑视图表达方案。

**2. 确定表达方案**

对所画的部件有清楚的了解之后,就要运用前面所讲的视图选择原则,确定表达方案。柱塞泵采用了全剖视作为主视图,而在俯视图上采用了局部剖视,另加了A向局部视图。

**3. 作图步骤**

确定了表达方案之后即可开始画装配图。一般作图步骤如下:

(1) 根据部件大小、视图数量,决定图的比例以及图纸幅面。画出图框并定出标题栏和明细栏的位置。

(2) 画各视图的主要基线,例如主要的中心线、对称线或主要端面的轮廓线等。确定主要基线时,各视图之间要留有适当的间隔,并注意留出标注尺寸、编号位置等(图14-17(a))。

(3) 画主体零件(泵体)。一般从主视图开始,几个基本视图配合进行画图(图14-17(a))。

(4) 按装配关系,逐个画出主要装配线上的零件的轮廓。例如柱塞泵中的柱塞套、垫片及柱塞等(图14-17(b))。

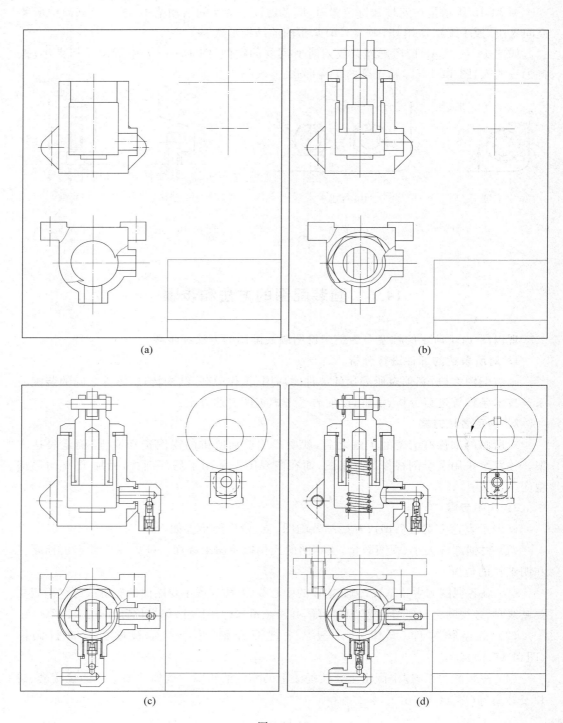

图 14-17

(5) 依次画出其他装配线上的零件,如小轴、小轮及进、出口单向阀等,并画出 A 向视图(图 14-17(c))。

(6) 画其他零件及细节,如弹簧、开口销及倒角、退刀槽等(图 14-17(d))。

(7) 经过检查以后描深、画剖面线、标注尺寸及配合等。

(8) 对零件进行编号、填写明细栏、标题栏及技术条件等。

## 14.7 看装配图的方法和步骤及拆画零件图

在生产实际工作中,经常要看装配图。例如在安装机器时,要按照装配图来装配零件和部件;在设计过程中,要按照装配图来设计和绘制零件图;在技术交流时,则要参阅装配图来了解零件、部件的具体结构等。

看装配图的目的和要求,主要有下列 3 点:

(1) 了解部件或机器的性能、功用和工作原理。

(2) 弄清各个零件的作用和它们之间的相对位置、装配关系、联接和固定方式以及拆装顺序等。

(3) 看懂各零件的结构形状。

### 14.7.1 看装配图的方法和步骤

现以齿轮油泵(图 14-18)为例,来说明看装配图的方法和步骤。

**1. 概括了解**

(1) 从标题栏了解部件的名称、大致用途及图样比例。

(2) 从明细栏及零件编号,了解零件的名称、数量及所在位置。

(3) 分析视图,了解各视图、剖视、断面等的相互关系及表达意图。

图 14-18 的标题栏说明该部件是齿轮油泵,为一种供油装置。共有 12 个零件,图样比例是 1∶1。

主视图采用了局部剖视,表达了齿轮油泵的主要装配关系;左视图沿端盖与泵体结合面剖开,并采用了局部剖视,表达了一对齿轮啮合情况及进、出口油路;俯视图采用了局部剖视,表达了齿轮油泵的外形轮廓与双头螺柱的联接情况,另外还有 A 向视图,用以表达填料压盖及泵体外形轮廓。

**2. 分析工作原理及传动关系**

分析部件的工作原理,一般应从传动关系入手,根据视图及参考说明书进行了解。例如图 14-18 所示的齿轮油泵,当外部动力传至主动齿轮轴 5 时,产生旋转运动,当主动齿轮轴按逆时针方向旋转时,从动齿轮轴 4 则按顺时针方向旋转(参看图 14-19)。此时,齿轮啮合区的右边压力降低,油池中的油在大气压力的作用下,沿吸油口进入泵腔内。随着齿轮的旋转,齿槽中的油不断沿箭头方向送到左边,然后从出油口处将油压出去,输送到需要供油的部位。

整个齿轮油泵可分为主动齿轮轴系统和从动齿轮轴系统两条装配线。

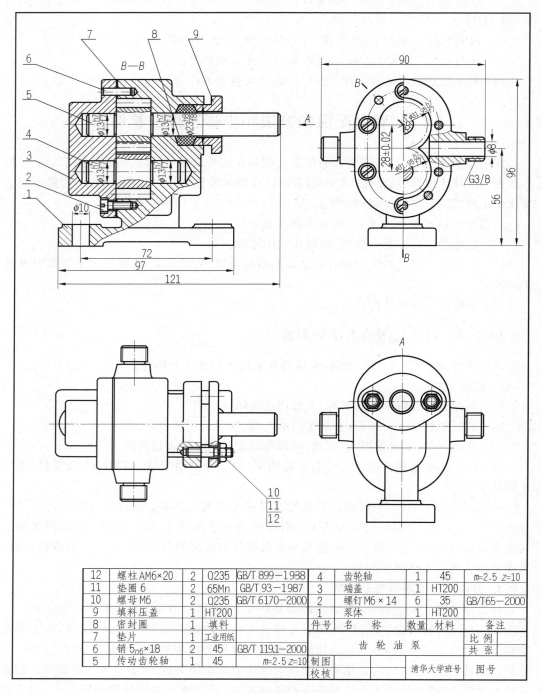

图 14-18 齿轮油泵装配图

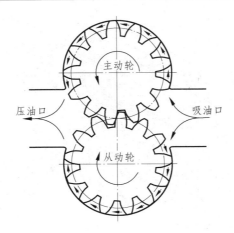

图 14-19 齿轮油泵工作原理

**3. 分析零件间的装配关系及部件的结构**

这是看装配图进一步深入的阶段,需要把零件间的装配关系和部件结构搞清楚。齿轮油泵主要有两条装配线:一条是主动齿轮轴系统,齿轮轴 5 装在泵体 1 及端盖 3 轴孔内,在齿轮轴右边伸出端,装有填料 8 及填料压盖 9 等;另一条是从动齿轮轴系统,齿轮轴 4 装在泵体 1 与端盖 3 轴孔内,与主动齿轮啮合在一起。

部件的结构主要应分析下列内容:

(1) 联接和固定方式  各零件之间是用什么方式来联接和固定的。例如端盖 3 是靠螺钉 2 与泵体 1 联接的,并用销 6 来定位的。填料压盖 9 则用双头螺柱 12、垫圈 11、螺母 10 联接在泵体上。齿轮轴向定位则靠端盖 3 的端面及泵体内腔侧面分别与齿轮端面接触。

(2) 配合关系  凡是配合的零件,都是弄清楚基准制、配合种类、公差等级等,可由图上所标注的配合符号来判别。如齿轮轴与轴孔的配合为 $\phi 13 \frac{H7}{h6}$。

(3) 密封装置  阀、泵等许多部件,为了防止液体或气体泄漏以及灰尘进入,一般都有密封装置。例如齿轮油泵中主动齿轮轴伸出端有填料及填料压盖密封装置;端盖与泵体接触面间安放有垫片 7,用以防止油的泄漏。

(4) 装拆顺序  部件的结构应当有利于零件按一定顺序装拆。例如齿轮油泵的拆卸顺序是:先松开螺钉 2,将端盖 3 卸下,然后从左边抽出齿轮轴 5 及齿轮轴 4,最后松开螺母 10 及垫圈 11,卸下填料压盖 9 及填料 8 等。

**4. 分析零件,看懂零件结构形状**

分析零件,首先要会正确地区分零件,区分零件的方法主要是依靠不同方向或不同间隔的剖面线,以及各视图之间的投影关系进行判别。零件区分出来之后便要分析零件的形状、结构及功用。分析时一般从主要零件开始,再看次要零件。如图 14-18 中端盖 3 的形状,由装配图上的三视图较容易想象出来。端盖与泵体装配在一起,将齿轮轴密封在泵腔内,同时对齿轮轴起着支承作用,所以需要用圆柱销来定位,以便保证端盖上轴孔与泵体上轴孔能够很好地对中。

最后综合起来,想象出整个部件的形状和结构,如图 14-20 所示。

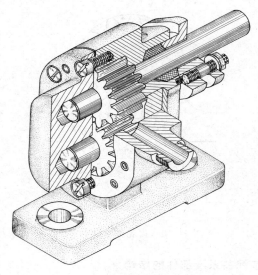

图 14-20 齿轮油泵轴测图

以上讲的是看装配图的一般方法和步骤,事实上有些步骤不能截然分开,而是要交替进行。例如分析部件的工作原理时,也要分析零件间的装配关系;在分析装配关系时,离不开分析零件的形状和结构;分析零件形状、结构时,有时要回过头来进一步分析零件间的装配关系和部件结构。所以看图是一个不断深入、综合认识的过程。看图时应有步骤有重点,但不宜拘于一格,而应灵活地掌握。

### 14.7.2 由装配图拆画零件图

在设计过程中,先是画出装配图,然后再根据装配图画出零件图。所以,由装配图拆画零件图是设计工作中的一个重要环节。

图 14-21 所示的泵体是由装配图拆画的零件图。拆画零件图一般按下列步骤进行:

(1) 按照看装配图的要求,将装配图看懂。

(2) 根据装配图,将所要画的零件结构形状及功用分析清楚。

(3) 根据零件的形状及其在部件中的作用,选取适当的视图、剖视、断面等,确定好表达方案。

(4) 视图表达方案确定后,按照零件图的要求和内容绘制出该零件图。

在拆画零件图的过程中,要注意以下几个问题:

(1) 由于装配图主要是表达装配关系和工作原理的,因此对某些零件,特别是形状复杂的零件往往表达不完全,这时需要根据零件功用及结构知识加以补充完善。

(2) 零件上的一些工艺结构,如倒角、退刀槽、圆角等,在装配图上往往省略不画,在画零件图时均应表达清楚。

(3) 装配图上的视图选择方案主要从表达装配关系和整个部件的工作原理来考虑。而零件图的视图选择主要从表达零件的结构形状来考虑。由于表达的出发点和要求不同,所以在选择视图方案时,零件图不能简单照抄装配图上该零件的视图。

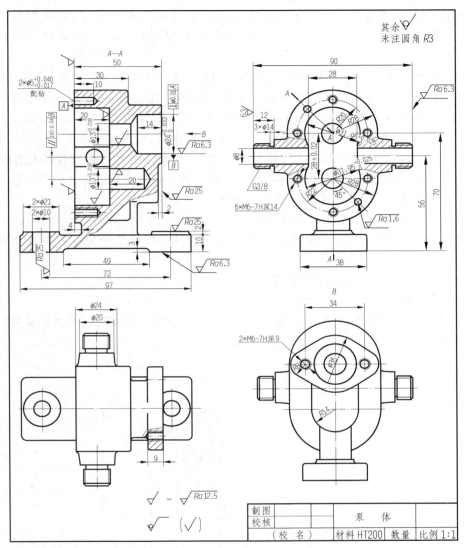

图 14-21 泵体零件图

（4）在装配图中，对零件所需的尺寸标注不全，所以拆画零件图时，缺少的尺寸在装配图上按比例直接量取，有些尺寸则需要查手册或经过计算确定。例如键槽、螺纹等都是有标准的，需要查手册选取。特别要注意配合零件的相关尺寸不要互相矛盾。

（5）要根据零件在部件中的作用、与其他零件的装配关系、工艺结构等要求，标注出该零件的表面粗糙度和尺寸公差等技术条件。

## 14.8　用 AutoCAD 绘制装配图

本节将以图 14-22 所示的弹性支撑装配图为例，介绍如何将已经绘制好的零件图和设计中心资料库中的标准件用 AutoCAD 的"块"插入操作生成装配图的方法，即利用零件图生成装配图的方法。组成该弹性支撑的零件有底座、调整螺母、弹簧、螺钉、支撑柱、顶丝、支撑帽等7个零件,其中的螺钉为标准件。该装配图的画图步骤如下:

(1) 在画图之前要对部件的用途、工作原理及各零件之间的装配关系、联接方式和主要零件的结构形状、技术要求等分析清楚,以便用一组视图正确表达出来。根据装配图中视图的需求选择各零件的对应视图,并将之作成"块"。例如在绘制图14-22所示的弹性支撑装配图时,根据图14-23所示的零件图,将底座、顶丝、支撑柱以及支撑帽的主视图作成"块",然后通过"插入块"操作生成装配图。在定义块时一定要注意选择适当的插入点,图14-23的各零件图给出了正确的插入基点(插入基点在图中用×表示),并且还要从装配图的实际需要出发对某些细部做出适当修改。

(2) 首先打开一个主要的零件图,本例为底座。然后利用插入命令(Insert)或带基点复制/粘贴命令按照装配顺序插入到底座中。其中螺钉是由标准件图库中调出的"块"。

(3) 对形成的装配图进行修改、整合。

(4) 在装配图上标注尺寸及配合。

(5) 添加图框、标题栏、明细栏及零件编号等(其中图框、标题栏、明细栏等均可事先定义成"块")。

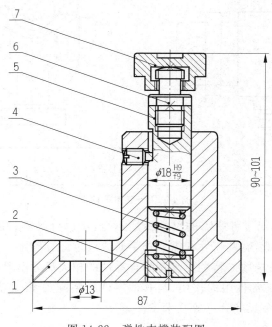

图 14-22 弹性支撑装配图

说明:

(1) 在第3步修改、整合的过程中,对于遮挡处的不可见轮廓线要擦除,特别注意弹簧处的画法。

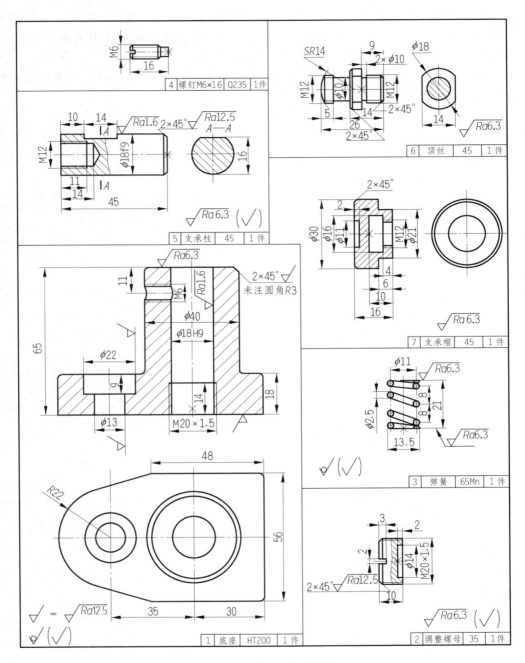

图 14-23　弹性支撑零件图

(2) 零件编号的指引线端部的小黑圆点使用圆环(Donut)命令(内径为 0,外径为 0.5)即可画出大小合适的实心圆点。编号数字和指引线应排列整齐,具体操作时,可以使用复制、修改"特性"等命令,以便使编号数字整齐划一。

　　(3) 图框、标题栏也可以使用 AutoCAD 的样板图。如何使用样板图,在零件图的绘制中已经进行过介绍,此处不再赘述。

# 第 15 章　表面展开图

将物体的表面按照它们的实际形状和大小，依次摊平在一个平面上，称作表面展开。展开后的图形称为该物体的表面展开图。图 15-1 中列举了几种形体的表面展开过程。

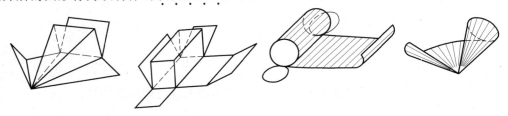

图 15-1　物体表面展开过程

表面展开在化工、冶金、锅炉等设备制造中有着广泛的应用。这些设备中多有由金属板制成的零件，如图 15-2 所示，这些零件的制造一般都是根据展开图下料、弯曲后焊接（或铆接）而成。

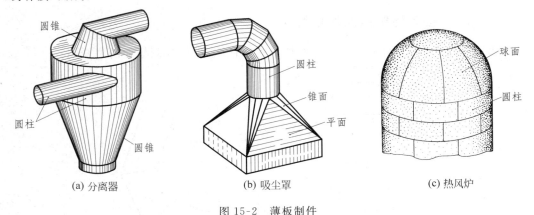

(a) 分离器　　　　　(b) 吸尘罩　　　　　(c) 热风炉

图 15-2　薄板制件

本章将讨论一些常见形体表面展开图的画法。

## 15.1　平面立体的表面展开图画法

平面立体的表面都是平面多边形，所以表面展开实质是求出各表面实形并按一定顺序排列摊平。常用的为棱柱和棱锥的展开。

### 15.1.1　棱柱体侧棱面的展开

【例 15-1】　求作图 15-3(a)所示四棱柱侧棱面的展开图。

分析：四棱柱前后两侧棱面在主视图上反映实形，左、右两侧棱面分别在俯视图上反

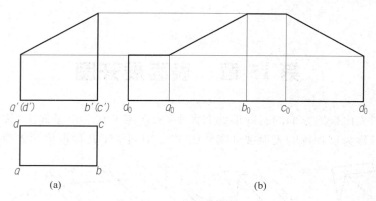

图 15-3 棱柱侧棱面的展开

映实际宽度,在主视图上反映实际高度,所以 4 个侧棱面皆可画出其实形。

作图:

(1) 沿棱柱底面作一水平线,令 $d_0a_0$, $a_0b_0$, $b_0c_0$, $c_0d_0$ 分别等于 4 个侧棱面的宽度 $da$, $ab$, $bc$ 和 $cd$。

(2) 由 $d_0$, $a_0$, $b_0$, $c_0$, $d_0$ 作垂线,并由主视图作平行线截取相应棱线的实长。

(3) 用直线连接得展开图如图 15-3(b)所示。

### 15.1.2 棱锥体侧棱面的展开

【例 15-2】 图 15-4(a)所示为一四棱台的二视图,求作其侧棱面的展开图。

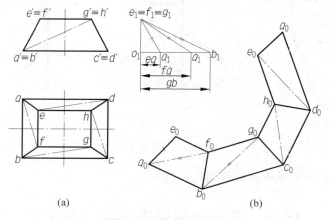

图 15-4 棱锥的展开

分析:在两个视图上 4 个侧棱面都不能反映实形,必须另求实形。为此可将各个侧棱面都用对角线分成两个三角形,求出这些三角形各边的实长,则可依次画出各个三角形即得展开图(图 15-4(b))。

作图:

(1) 用直角三角形法求出 4 条棱线长为 $e_1a_1$;前、后侧棱面对角线实长为 $g_1b_1$,左、右侧棱面对角线实长为 $f_1a_1$(见主视图右面细线三角形)。其他边的实长都已反映在俯视图中。

(2) 在图纸上选适当点 $a_0$ 开始依次作各个三角形。如 $a_0e_0=e_1a_1$，$a_0f_0=f_1a_1$，$e_0f_0=ef$ 得 $\triangle a_0e_0f_0$……最后则得棱台侧棱面的展开图（图 15-4(b)）。

这种划分成若干三角形的展开方法也可用于其他平面体的展开，是画展开图的通用方法。

【例 15-3】 上例所示棱台，如果侧棱面交点（锥顶）在图纸内而且作图方便的话，可采用图 15-5 所示的展开方法。先画出完整棱锥并将其侧棱面展开，在展开图中把棱锥上部分的展开图截去，则得棱台的展开图。

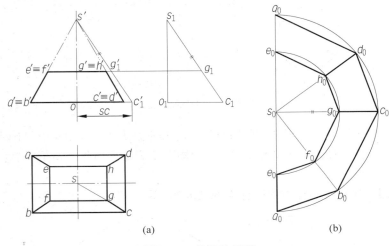

图 15-5　棱锥的展开

作图：

(1) 将各棱线延长交于 $S(s',s)$，并用三角形法求棱线实长 $s'c_1'$（4 条棱线等长）。求实长的图为了清晰也可单独画出，如图 15-5(a)中主视图右边的细线图。棱台两端面四边形的各边长在俯视图中反映实长。

(2) 以 $s_0$ 为圆心，以 $s'c_1'$ 为半径作圆弧，并在圆弧上截取 $a_0b_0=ab$，$b_0c_0=bc$，$c_0d_0=cd$，$d_0a_0=da$，并以直线连接，最后连接两个 $s_0a_0$ 边得棱锥 $SABCD$ 侧棱面展开图（图 15-5(b)）。

(3) 以 $s_0$ 为圆心，以 $s_1g_1$ 为半径作圆弧，与展开图上各棱线（$s_0a_0$，$s_0b_0$，$s_0c_0$，$s_0d_0$，$s_0a_0$）分别交于 $e_0$，$f_0$，$g_0$，$h_0$，$e_0$。以直线顺次连接 $e_0f_0g_0h_0e_0$ 则得棱台侧棱面的展开图（图 15-5(b)）。

## 15.2　可展曲面的表面展开

曲面上两相邻素线平行或相交，则此曲面为可展曲面，最常见的是圆柱面和圆锥面。下面讨论一些具有圆柱表面或圆锥表面的形体，或者具有两者组合表面的形体的表面展开图画法。

### 15.2.1 圆柱面的展开

**【例 15-4】** 求作图 15-6(a)所示圆柱体上圆柱面的展开图。

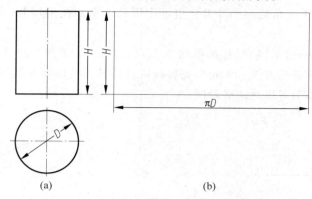

图 15-6 圆柱面的展开

分析：圆柱面展开为一矩形，圆柱体的高 $H$ 和直径 $D$ 已知，则矩形可确定。

作图：用计算法算出 $\pi D$ 作为长边，圆柱体高 $H$ 为矩形边作一矩形，则为圆柱面的展开图（图 15-6(b)）。

**【例 15-5】** 作截头圆柱体中圆柱面的展开图（图 15-7）。

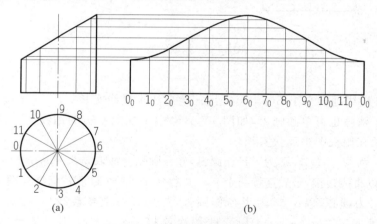

图 15-7 截头圆柱圆柱面的展开

分析：截头圆柱体上斜截面截断后各条素线的长度不等，这些素线在主视图上都能反映实长，可利用各条素线实长按圆柱面展开。

作图：

(1) 将俯视图的圆周分若干等份（图中为 12 等份），并在主视图上将各分点的素线长度画出。

(2) 在展开图长边（$\pi D$）上分成相同等份。

(3) 在各个分点画出该点素线实长。

(4) 用光滑曲线连接各素线的上端点，则得截头圆柱面的展开图（图 15-7(b)）。

## 15.2.2 圆锥面的展开

【例 15-6】 作图示圆锥体的锥面展开图(图 15-8(a))。

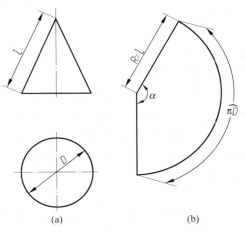

图 15-8 圆锥面的展开

分析：圆锥面展开为一扇形，扇形半径 $R$ 等于圆锥素线长 $l$。扇形的圆心角为 $\alpha$，扇形的弧长为 $\pi D$。由于 $\dfrac{\alpha}{\pi D}=\dfrac{360°}{2\pi l}$，所以 $\alpha=\dfrac{\pi D\times 360°}{2\pi l}=180°\dfrac{D}{l}$。

作图：以圆锥素线长为半径作弧，并取中心角 $\alpha=180°\dfrac{D}{l}$ 的扇形，则为圆锥面展开图(图 15-8(b))。

【例 15-7】 作圆锥体被斜平面截切后圆锥面的展开图(图 15-9(a))。

分析：圆锥面展开为一扇形，由于被斜平面截切，展开图上应将斜平面以上部分的展

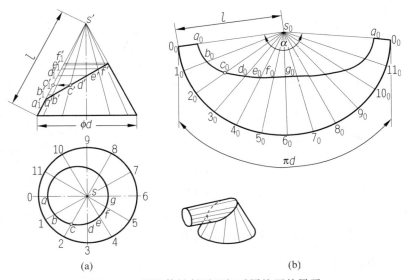

图 15-9 圆锥体被斜平面切后圆锥面的展开

开图截去。为求得斜面以上部分的展开图,需先将锥面分成若干等份(图中为 12 等份)并求出 $SA,SB,SC,\cdots$ 线段的实长。用三角形法过 $b',c',d',\cdots,f'$ 作水平线与 $s'a'$ 交于 $b_1',c_1',d_1',\cdots,f_1'$。此时由中心线到 $b_1',c_1',d_1',\cdots$ 的水平距离分别等于 $sa,sb,sc,\cdots$,所以 $s'a_1',s'b_1',s'c_1',\cdots$ 则为所求实长。

作图:

(1) 先作出完整圆锥面展开后的扇形。
(2) 将扇形圆弧分成与圆锥底圆相同等份。
(3) 在相应素线上截取 $s_0a_0=s'a_1',s_0b_0=s'b_1',s_0c_0=s'c_1',\cdots$。
(4) 以光滑曲线连接 $a_0b_0c_0d_0\cdots$ 则得求作的展开图(图 15-9(b))。

【例 15-8】 求作斜椭圆锥体锥面的展开图(图 15-10(a))。

分析:与圆锥面展开的不同之处,仅在于各素线不等长,因此必须分别求得各素线的实长。如主视图右边的细线图是用三角形法求得的。

作图:

(1) 将底圆圆周分成 12 等份,并画出前半个锥面上各分点素线的两投影。
(2) 用三角形法求出素线 $S_1,S_2,\cdots$ 的实长 $s_11_1,s_12_1,\cdots$。
(3) 以 $s_0o_0=so$ 为基线,由 $o_0$ 量 $o_01_0=\dfrac{\pi D}{12}$,与 $s_01_0=s_11_1$ 相交于 $1_0$,$1_02_0=\dfrac{\pi D}{12}$ 与 $s_02_0=s_12_1$ 相交于 $2_0$,$\cdots$,依此类推得 $3_0,4_0,\cdots$ 各点。
(4) 用曲线光滑连接 $0_01_02_0,\cdots$,并画出与之对称的另半边,则得展开图(图 15-10(b))。

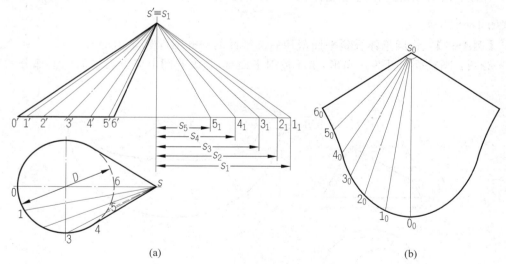

图 15-10 斜椭圆锥面的展开

## 15.2.3 由柱面、锥面组合的表面展开

**1. 两相交圆柱面的展开**

相交曲面展开时应沿相贯线分成两部分曲面分别展开。图 15-11 所示二相交圆柱面

的展开,画展开图时沿相贯线分成两部分圆柱面Ⅰ和Ⅱ。圆柱面Ⅰ的素线长度沿相贯线变化,视图上反映实长。展开时将圆柱面Ⅰ的圆周分成12等份,根据各分点的素线实长画出Ⅰ的展开图。圆柱面Ⅱ展开时需将相贯线范围中的部分截去,因此需作出相贯线展开后的形状和位置。在圆柱面Ⅱ展开图的对应素线上,找出相贯线上对应点的位置,用光滑曲线连接求得的点,则得Ⅱ的展开图(图15-11中只画出一半)。

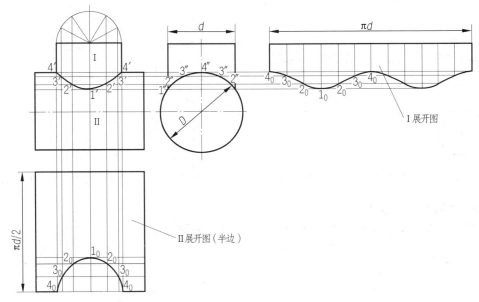

图15-11 相交圆柱面的展开

**2. 直角等径弯管的展开**

如果有两个轴线互相垂直的等径管道,在其直角转弯处需要一段弯管过渡,那么从几何上讲这段弯管应该是1/4圆环。但是圆环面不可展开,制造也不方便。在工程上常采用多节圆柱管代替,如图15-12所示。

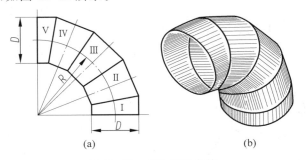

图15-12 直角等径弯管

在这种弯管中可以看出,如果沿各节分界面分开,则各节均为截头圆柱的形状。其中Ⅰ,Ⅴ两节为一端被斜平面所截的圆柱,Ⅱ,Ⅲ,Ⅳ3节为两端均被斜平面所截的圆柱,Ⅰ,Ⅴ两节各为Ⅱ,Ⅲ,Ⅳ各节的一半。这些截头圆柱面都可用前述圆柱面展开的方法展开。图15-13为Ⅱ,Ⅲ,Ⅳ中的一节的展开图。

由于弯管各节圆柱管的斜口与轴线的倾斜角 α 相同，如果把各节圆柱管一正一反依次叠合，恰好构成一个完整的圆筒（图 15-14(a)）。因此可如图 15-14(b)那样把展开图拼合画出，这样可使画线简单，用料合理，下料方便。

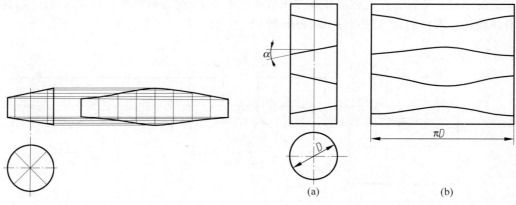

图 15-13 直角等径弯管一节的展开图　　图 15-14 直角等径弯管下料的拼合

### 3. 变形接头的展开

工程上在圆形管道与方形管道之间，用变形接头作为过渡连接。这种接头一端面为

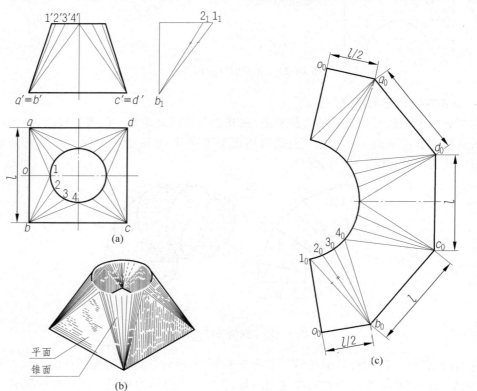

图 15-15 变形接头的展开

圆形,另一端面变成方形,其侧面由 4 部分锥面和 4 部分平面组成。图 15-15 为一手锻炉烟罩中的变形接头及其展开图。

展开时,锥面部分按图 15-10 所示的方法展开。平面部分是 4 个相同的等腰三角形,腰的实长等于锥面素线 $BI$ 的实长 $b_1 1_1$,而底边的实长已反映在水平投影上。这样依次将 4 个平面和 4 部分锥面展开则得展开图(图 15-15(c))。

## 15.3 不可展曲面的近似展开

曲面上相邻素线为交叉直线或素线为曲线时则为不可展曲面,如螺旋面、球面、环面等。工程上展开这些曲面都采用近似展开的方法。即将曲面分成若干足够小的部分,然后将各部分用近似的可展曲面代替来画其展开图。下面以圆球面展开为例介绍这种方法。

圆球面的近似展开常采用两种方法:近似锥面法和近似变形法。

### 15.3.1 近似锥面法

图 15-16 表明了用近似锥面法展开球面的过程。在球面上作若干纬线将球面分成许多部分,图中是将球面分成Ⅰ,Ⅱ,Ⅲ,…7 个部分。第Ⅰ部分近似地作为柱面展开,柱面直径近似等于球面直径,其余各部分近似地当作内接锥面展开。连接内接锥面轮廓线并延长与中心线交于 $s'_2, s'_3, s'_4$。这些交点作为锥顶,按锥面展开的方法展开,则得图 15-16(c)所示的展开图。

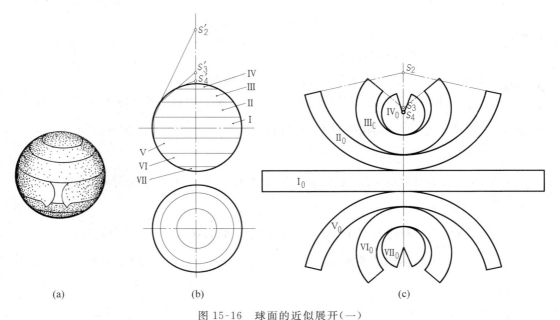

图 15-16 球面的近似展开(一)

在工程实际中为了合理利用材料和下料方便,常常要把第Ⅰ部分的柱面再分成若干矩形,把Ⅱ,Ⅲ,…部分的锥面再分成若干梯形,每块都经滚压弯曲后再焊接成圆球面,如

图 15-17 所示。

### 15.3.2 近似变形法

在大型设备中的球面,如图 15-18(a)所示的热风炉的球形封头是用钢板焊接而成的。工艺过程中,一般是将球形封头分成一块顶板和几块侧板下料。侧板数目与球面直径有关(图中分成 8 块)。下料后将每块钢板先热压成形,然后再将成形后的钢板焊接起来。

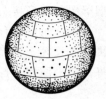

图 15-17 圆球

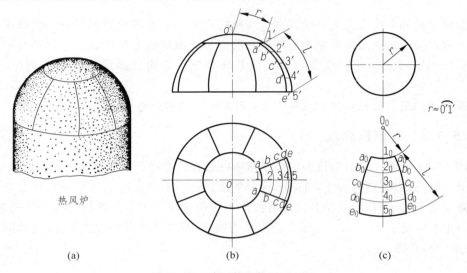

图 15-18 球面的近似展开(二)

为此,球面用下述方法近似展开:

(1) 在投影图上将半球面分为 1 块顶板和 8 块侧板。

(2) 顶板的近似展开。考虑到要经过热压变形,所以顶板按圆形平板下料。其展开图形是以 $\widehat{0'1'}$ 的长度为半径的圆(图 15-18(c))。

(3) 侧板的近似展开方法为

① 在主视图上将侧板 $AEEA$ 的轮廓线 $\widehat{1'5'}$ 分成 4 等份(具体数量视要求而定),得分点 $1',2',3',4',5'$。

② 在俯视图上的对应分点 $1,2,3,4,5$ 作同心圆弧 $\widehat{aa},\widehat{bb},\widehat{cc},\cdots$(圆心为 $O$)。

③ 把主视图上的圆弧 $\widehat{0'5'}$ 展成直线 $0_0 5_0$(图 15-18(c)),并在线上量取 $\overline{0_0 1_0}=\widehat{0'1'}$,$\overline{1_0 2_0}=\widehat{1'2'},\overline{2_0 3_0}=\widehat{2'3'},\cdots$。

④ 以 $0_0$ 为中心过 $1_0,2_0,3_0,\cdots$ 各点作同心圆弧。

⑤ 在相应圆弧上过 $1_0,2_0,3_0,\cdots$ 各点并对称于该点量取 $\widehat{a_0 a_0}=\widehat{aa},\widehat{b_0 b_0}=\widehat{bb},\cdots$。

⑥ 用光滑曲线把 $a_0 b_0 c_0 \cdots$ 连接起来,则得侧板的展开图(图 15-18(c))。

## 15.4 在绘制钣金件的展开图时应注意的问题

本章前几节只是从几何角度阐述了常见表面展开图的画法。当将这些方法用来解决具体钣金零件的下料和制造时，还有许多加工工艺和用料经济性等问题需要考虑。下列几方面的问题需要注意。

### 15.4.1 板厚的处理

制造钣金件的金属板料有一定厚度，所以下料就不能仅仅按照零件内表面或外表面的尺寸来展开，特别是材料较厚时，更必须考虑板厚的影响。

当金属板弯曲时，靠外的部分受拉力伸长，靠内的部分受压力缩短，这两者之间有一层既不伸长也不缩短的叫中性层。在画展开图时应按中性层尺寸展开（图15-19）。

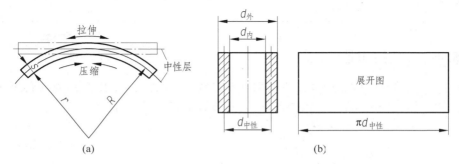

图 15-19　展开图中板厚的处理

金属板厚度为 $s$，中性层一般取在 $s/2$ 处，即 $R=r+0.5s$（当 $\frac{r}{s} \geqslant 5$ 时）。较准确的位置是 $R=r+ks$。系数 $k$ 值可按表15-1选取。

表 15-1

| $\dfrac{r}{s}$ | 5.0 | 3.0 | 2.0 | 1.2 | 0.8 | 0.5 |
|---|---|---|---|---|---|---|
| $k$ | 0.5 | 0.45 | 0.4 | 0.35 | 0.3 | 0.25 |

### 15.4.2 接口的处理

(1) 厚度在 1mm 以下的薄板制件，一般多用咬缝连接。咬缝的常用形式如图15-20所示。画展开图时在连接边处要根据接缝型式留下折边裕量 $e$（图15-21），$e$ 值可根据有关手册或工厂规范而定。

(2) 较厚的钢板制件，一般都采用对接焊，接口处要修整平，因此展开图上应留出修整裕量（见表15-2）。有时焊接前要做坡口，这些在画展开图时都应加以考虑。

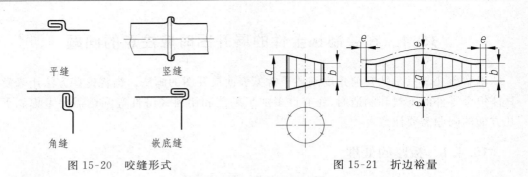

图 15-20 咬缝形式　　　　图 15-21 折边裕量

表 15-2

| 板厚/mm | | ≤4 | >4～8 | >8～14 | >14～20 |
|---|---|---|---|---|---|
| 修整裕量 | 半自动气割 | 2 | 3 | 4 | 5 |
| | 手工气割 | 3 | 4.5 | 5.5 | 7 |

### 15.4.3 节约用料

在金属板上按展开图下料时，应根据展开形状，合理排列，力求紧密，尽可能减少切割长度，这样才能充分利用材料，减少下脚料，并节省下料工时（如图 15-15 所示）。

# 附录A 螺 纹

## A.1 普通螺纹(摘自 GB/T 193—1981,GB/T 196—2003)

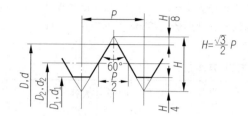

标记示例

公称直径为 24mm、螺距为 3mm 的粗牙右旋普通螺纹:M24

公称直径为 24mm、螺距为 1.5mm 的细牙左旋普通螺纹:M24×1.5-LH

表 A-1 直径与螺距系列、基本尺寸                mm

| 公称直径 $D,d$ | | 螺距 $P$ | | 粗牙小径 $D_1,d_1$ | 公称直径 $D,d$ | | 螺距 $P$ | | 粗牙小径 $D_1,d_1$ |
|---|---|---|---|---|---|---|---|---|---|
| 第一系列 | 第二系列 | 粗牙 | 细牙 | | 第一系列 | 第二系列 | 粗牙 | 细牙 | |
| 3 | | 0.5 | 0.35 | 2.459 | 22 | | 2.5 | 2,1.5,1 | 19.294 |
| | 3.5 | 0.6 | | 2.850 | 24 | | 3 | 2,1.5,1 | 20.752 |
| 4 | | 0.7 | 0.5 | 3.242 | | 27 | 3 | 2,1.5,1 | 23.752 |
| | 4.5 | 0.75 | | 3.688 | 30 | | 3.5 | (3),2,1.5,1 | 26.211 |
| 5 | | 0.8 | | 4.134 | | 33 | 3.5 | (3),2,1.5 | 29.211 |
| 6 | | 1 | 0.75 | 4.917 | 36 | | 4 | 3,2,1.5 | 31.670 |
| 7 | | 1 | 0.75 | 5.917 | | 39 | 4 | | 34.670 |
| 8 | | 1.25 | 1,0.75 | 6.647 | 42 | | 4.5 | 4,3,2,1.5 | 37.129 |
| 10 | | 1.5 | 1.25,1,0.75 | 8.376 | | 45 | 4.5 | | 40.129 |
| 12 | | 1.75 | 1.25,1 | 10.106 | 48 | | 5 | | 42.587 |
| | 14 | 2 | 1.5,1.25,1 | 11.835 | | 52 | 5 | | 46.587 |
| 16 | | 2 | 1.5,1 | 13.835 | 56 | | 5.5 | 4,3,2,1.5 | 50.046 |
| | 18 | 2.5 | 2,1.5,1 | 15.294 | | | | | |
| 20 | | 2.5 | | 17.294 | | | | | |

注:1. 优先选用第一系列,括号内的尺寸尽可能不用;第三系列未列入。
  2. 中径 $D_2,d_2$ 未列入。

表 A-2 细牙普通螺纹螺距与小径的关系                mm

| 螺距 $P$ | 小径 $D_1,d_1$ | 螺距 $P$ | 小径 $D_1,d_1$ | 螺距 $P$ | 小径 $D_1,d_1$ |
|---|---|---|---|---|---|
| 0.35 | $d-1+0.621$ | 1 | $d-2+0.918$ | 2 | $d-3+0.835$ |
| 0.5 | $d-1+0.459$ | 1.25 | $d-2+0.647$ | 3 | $d-4+0.752$ |
| 0.75 | $d-1+0.188$ | 1.5 | $d-2+0.376$ | 4 | $d-5+0.670$ |

注:1. 表中的小径按 $D_1=d_1=d-2\times\dfrac{5}{8}H, H=\dfrac{\sqrt{3}}{2}P$ 计算得出。
  2. 优先选用第一系列,括号内的尺寸尽可能不用。

## A.2 梯形螺纹（摘自 GB/T 5796.2—2005，GB/T 5796.3—2005）

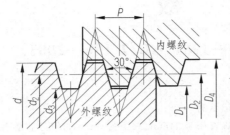

**标记示例**

公称直径为 40mm、螺距为 7mm 的单线右旋梯形螺纹：Tr40×7

公称直径为 40mm、导程为 14mm、螺距为 7mm 的双线左旋梯形螺纹：Tr40×Ph14P7—LH

表 A-3 直径与螺距系列、基本尺寸  mm

| 公称直径 d | | 螺距 P | 中径 $d_2=D_2$ | 大径 $D_4$ | 小径 | | 公称直径 d | | 螺距 P | 中径 $d_2=D_2$ | 大径 $D_4$ | 小径 | |
|---|---|---|---|---|---|---|---|---|---|---|---|---|---|
| 第一系列 | 第二系列 | | | | $d_3$ | $D_1$ | 第一系列 | 第二系列 | | | | $d_3$ | $D_1$ |
| 8 | | 1.5 | 7.25 | 8.30 | 6.20 | 6.50 | | | 3 | 24.50 | 26.50 | 22.50 | 23.00 |
| | 9 | 1.5 | 8.25 | 9.30 | 7.20 | 7.50 | | 26 | 5 | 23.50 | 26.50 | 20.50 | 21.00 |
| | | 2 | 8.00 | 9.50 | 6.50 | 7.00 | | | 8 | 22.00 | 27.00 | 17.00 | 18.00 |
| 10 | | 1.5 | 9.25 | 10.30 | 8.20 | 8.50 | | | 3 | 26.50 | 28.50 | 24.50 | 25.00 |
| | | 2 | 9.00 | 10.50 | 7.50 | 8.00 | 28 | | 5 | 25.00 | 28.50 | 22.50 | 23.00 |
| | 11 | 2 | 10.00 | 11.50 | 8.50 | 9.00 | | | 8 | 24.00 | 29.00 | 19.00 | 20.00 |
| | | 3 | 9.50 | 11.50 | 7.50 | 8.00 | | | 3 | 28.50 | 30.50 | 26.50 | 29.00 |
| 12 | | 2 | 11.00 | 12.50 | 9.50 | 10.00 | | 30 | 6 | 27.00 | 31.00 | 23.00 | 24.00 |
| | | 3 | 10.50 | 12.50 | 8.50 | 9.00 | | | 10 | 25.00 | 31.00 | 19.00 | 20.00 |
| | 14 | 2 | 13.00 | 14.50 | 11.50 | 12.00 | | | 3 | 30.50 | 32.50 | 28.50 | 29.00 |
| | | 3 | 12.50 | 14.50 | 10.50 | 11.00 | 32 | | 6 | 29.00 | 33.00 | 25.00 | 26.00 |
| 16 | | 2 | 15.00 | 16.50 | 13.50 | 14.00 | | | 10 | 27.00 | 33.00 | 21.00 | 22.00 |
| | | 4 | 14.00 | 16.50 | 11.50 | 12.00 | | | 3 | 32.50 | 34.50 | 30.50 | 31.00 |
| | 18 | 2 | 17.00 | 18.50 | 15.50 | 16.00 | | 34 | 6 | 31.00 | 35.00 | 27.00 | 28.00 |
| | | 4 | 16.00 | 18.50 | 13.50 | 14.00 | | | 10 | 29.00 | 35.00 | 23.00 | 24.00 |
| 20 | | 2 | 19.00 | 20.50 | 17.50 | 18.00 | | | 3 | 34.50 | 36.50 | 32.50 | 33.00 |
| | | 4 | 18.00 | 20.50 | 15.50 | 16.00 | 36 | | 6 | 33.00 | 37.00 | 29.00 | 30.00 |
| | | 3 | 20.50 | 22.50 | 18.50 | 19.00 | | | 10 | 31.00 | 37.00 | 25.00 | 26.00 |
| | 22 | 5 | 19.50 | 22.50 | 16.50 | 17.00 | | | 3 | 36.50 | 38.50 | 34.50 | 35.00 |
| | | 8 | 18.00 | 23.00 | 13.00 | 14.00 | | 38 | 7 | 34.50 | 39.00 | 30.00 | 31.00 |
| | | 3 | 22.50 | 24.50 | 20.50 | 21.00 | | | 10 | 33.00 | 39.00 | 27.00 | 28.00 |
| 24 | | 5 | 21.50 | 24.50 | 18.50 | 19.00 | | | 3 | 38.50 | 40.50 | 36.50 | 37.00 |
| | | 8 | 20.00 | 25.00 | 15.00 | 16.00 | 40 | | 7 | 36.50 | 41.00 | 32.00 | 33.00 |
| | | | | | | | | | 10 | 35.00 | 41.00 | 29.00 | 30.00 |

## A.3 非螺纹密封的管螺纹(摘自 GB/T 7307—2001)

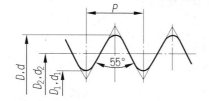

**标记示例**

管子尺寸代号为 3/4 的非螺纹密封的管螺纹:G3/4

表 A-4　　　　　　　　　　　　　　　　　　　　　　　　　　　　　　　　mm

| 尺寸代号 | 每 25.4mm 内的牙数 $n$ | 螺距 $P$ | 基本直径 | |
|---|---|---|---|---|
| | | | 大径 $D,d$ | 小径 $D_1,d_1$ |
| 1/8 | 28 | 0.907 | 9.728 | 8.566 |
| 1/4 | 19 | 1.337 | 13.157 | 11.445 |
| 3/8 | 19 | 1.337 | 16.662 | 14.950 |
| 1/2 | 14 | 1.814 | 20.955 | 18.631 |
| 5/8 | 14 | 1.814 | 22.911 | 20.587 |
| 3/4 | 14 | 1.814 | 26.441 | 24.117 |
| 7/8 | 14 | 1.814 | 30.201 | 27.887 |
| 1 | 11 | 2.309 | 33.249 | 30.291 |
| 1 1/8 | 11 | 2.309 | 37.897 | 34.939 |
| 1 1/4 | 11 | 2.309 | 41.910 | 38.952 |
| 1 1/2 | 11 | 2.309 | 47.803 | 44.845 |
| 1 3/4 | 11 | 2.309 | 53.746 | 50.788 |
| 2 | 11 | 2.309 | 59.614 | 56.656 |
| 2 1/4 | 11 | 2.309 | 65.710 | 62.752 |
| 2 1/2 | 11 | 2.309 | 75.184 | 72.226 |
| 2 3/4 | 11 | 2.309 | 81.534 | 78.576 |
| 3 | 11 | 2.309 | 87.884 | 84.926 |
| 4 | 11 | 2.309 | 113.030 | 110.072 |
| 5 | 11 | 2.309 | 138.430 | 135.472 |
| 6 | 11 | 2.304 | 163.830 | 162.351 |

# 附录 B 常用的标准件

## B.1 螺栓

六角头螺栓——C级 GB/T 5780—2000
六角头螺栓——A级和B级 GB/T 5782—2000

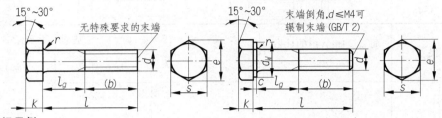

**标记示例**

螺纹规格 $d$=M12、公称长度 $l$=80mm、性能等级为8.8级、表面氧化C级的六角头螺栓：螺栓 GB/T 5780 M12×80

表 B-1 　　　　　　　　　　　　　　　　　　　　　　　　　　　mm

| 螺纹规格 $d$ | | M3 | M4 | M5 | M6 | M8 | M10 | M12 | M16 | M20 | M24 | M30 | M36 | M42 |
|---|---|---|---|---|---|---|---|---|---|---|---|---|---|---|
| $b$ 参考 | $l≤125$ | 12 | 14 | 16 | 18 | 22 | 26 | 30 | 38 | 46 | 54 | 66 | — | — |
| | $125<l≤200$ | 18 | 20 | 22 | 24 | 28 | 32 | 36 | 44 | 52 | 60 | 72 | 84 | 96 |
| | $l>200$ | 31 | 33 | 35 | 37 | 41 | 45 | 49 | 57 | 65 | 73 | 85 | 97 | 109 |
| $c$ | | 0.4 | 0.4 | 0.5 | 0.5 | 0.6 | 0.6 | 0.6 | 0.8 | 0.8 | 0.8 | 0.8 | 0.8 | 1 |
| $d_w$ | 产品等级 A | 4.57 | 5.88 | 6.88 | 8.88 | 11.63 | 14.63 | 16.63 | 22.49 | 28.19 | 33.61 | — | — | — |
| | 产品等级 B、C | 4.45 | 5.74 | 6.74 | 8.74 | 11.47 | 14.47 | 16.47 | 22 | 27.7 | 33.25 | 42.75 | 51.11 | 59.95 |
| $e$ | 产品等级 A | 6.01 | 7.66 | 8.79 | 11.05 | 14.38 | 17.77 | 20.03 | 26.75 | 33.53 | 39.98 | — | — | — |
| | 产品等级 B、C | 5.88 | 7.50 | 8.63 | 10.89 | 14.20 | 17.59 | 19.85 | 26.17 | 32.95 | 39.55 | 50.85 | 60.79 | 72.02 |
| $k$ | 公称 | 2 | 2.8 | 3.5 | 4 | 5.3 | 6.4 | 7.5 | 10 | 12.5 | 15 | 18.7 | 22.5 | 26 |
| $r$ | | 0.1 | 0.2 | 0.2 | 0.25 | 0.4 | 0.4 | 0.6 | 0.6 | 0.8 | 0.8 | 1 | 1 | 1.2 |
| $s$ | 公称 | 5.5 | 7 | 8 | 10 | 13 | 16 | 18 | 24 | 30 | 36 | 46 | 55 | 65 |
| $l$（商品规格范围） | | 20~30 | 25~40 | 25~50 | 30~60 | 40~80 | 45~100 | 50~120 | 65~160 | 80~200 | 90~240 | 110~300 | 140~360 | 160~440 |
| $l$ 系列 | | 12,16,20,25,30,35,40,45,50,55,60,65,70,80,90,100,110,120,130,140,150,160,180,200,220,240,260,280,300,320,340,360,380,400,420,440,460,480,500 | | | | | | | | | | | | |

注：1. A级用于 $d≤24$ 和 $l≤10d$ 或 $≤150$ 的螺栓；B级用于 $d>24$ 和 $l>10d$ 或 $>150$ 的螺栓。
　　2. 螺纹规格 $d$ 范围：GB/T 5780 为 M5~M64；GB/T 5782 为 M1.6~M64。

## B.2 双头螺柱

双头螺柱——$b_m=1d$(GB/T 897—1988)
双头螺柱——$b_m=1.25d$(GB/T 898—1988)
双头螺柱——$b_m=1.5d$(GB/T 899—1988)
双头螺柱——$b_m=2d$(GB/T 900—1988)

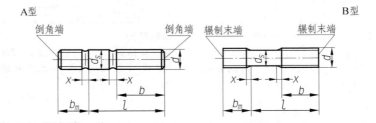

**标记示例**

两端均为粗牙普通螺纹、$d=10$mm、$l=50$mm、性能等级为 4.8 级、不经表面处理 B 型、$b_m=1d$ 的双头螺柱:螺柱 GB/T 897 M10×50。

旋入一端为粗牙普通螺纹、旋螺母一端为螺距 1mm 的细牙普通螺纹、$d=10$mm、$l=50$mm、性能等级为 4.8 级、A 型、$b_m=1d$ 的双头螺柱:螺柱 GB/T 897 AM10－M10×1×50。

表 B-2      mm

| 螺纹规格 | | M5 | M6 | M8 | M10 | M12 | M16 | M20 | M24 | M30 | M36 | M42 |
|---|---|---|---|---|---|---|---|---|---|---|---|---|
| $b_m$ (公称) | GB/T 897—1988 | 5 | 6 | 8 | 10 | 12 | 16 | 20 | 24 | 30 | 36 | 42 |
| | GB/T 898—1988 | 6 | 8 | 10 | 12 | 15 | 20 | 25 | 30 | 38 | 45 | 52 |
| | GB/T 899—1988 | 8 | 10 | 12 | 15 | 18 | 24 | 30 | 36 | 45 | 54 | 65 |
| | GB/T 900—1988 | 10 | 12 | 16 | 20 | 24 | 32 | 40 | 48 | 60 | 72 | 84 |
| $d_s$(max) | | 5 | 6 | 8 | 10 | 12 | 16 | 20 | 24 | 30 | 36 | 42 |
| $x$(max) | | 2.5P | 2.5P | 2.5P | 2.5P | 2.5P | 2.5P | 2.5P | 2.5P | 2.5P | 2.5P | 2.5P |
| $\dfrac{l}{b}$ | | $\dfrac{16\sim22}{10}$ | $\dfrac{20\sim22}{10}$ | $\dfrac{20\sim22}{12}$ | $\dfrac{25\sim28}{14}$ | $\dfrac{25\sim30}{16}$ | $\dfrac{30\sim38}{20}$ | $\dfrac{35\sim40}{25}$ | $\dfrac{45\sim50}{30}$ | $\dfrac{60\sim65}{40}$ | $\dfrac{65\sim75}{45}$ | $\dfrac{65\sim80}{50}$ |
| | | $\dfrac{25\sim50}{16}$ | $\dfrac{25\sim30}{14}$ | $\dfrac{25\sim30}{16}$ | $\dfrac{30\sim38}{16}$ | $\dfrac{32\sim40}{20}$ | $\dfrac{40\sim55}{30}$ | $\dfrac{45\sim65}{35}$ | $\dfrac{55\sim75}{45}$ | $\dfrac{70\sim90}{50}$ | $\dfrac{80\sim110}{60}$ | $\dfrac{85\sim110}{70}$ |
| | | | $\dfrac{32\sim75}{18}$ | $\dfrac{32\sim90}{22}$ | $\dfrac{40\sim120}{26}$ | $\dfrac{45\sim120}{30}$ | $\dfrac{60\sim120}{38}$ | $\dfrac{70\sim120}{46}$ | $\dfrac{80\sim120}{54}$ | $\dfrac{95\sim120}{60}$ | $\dfrac{120}{78}$ | $\dfrac{120}{90}$ |
| | | | | | | $\dfrac{130}{32}$ | $\dfrac{130\sim180}{36}$ | $\dfrac{130\sim200}{44}$ | $\dfrac{130\sim200}{52}$ | $\dfrac{130\sim200}{60}$ | $\dfrac{130\sim200}{72}$ | $\dfrac{130\sim200}{84}$ | $\dfrac{130\sim200}{96}$ |
| | | | | | | | | | | | $\dfrac{210\sim250}{85}$ | $\dfrac{210\sim300}{91}$ | $\dfrac{210\sim300}{109}$ |
| $l$ 系列 | | 16,(18),20,(22),25,(28),30,(32),35,(38),40,45,50,(55),60,(65),70,(75),80,(85),90,(95),100,110,120,130,140,150,160,170,180,190,200,210,220,230,240,250,260,280,300 | | | | | | | | | | |

注:$P$ 是粗牙螺纹的螺距。

## B.3 螺　钉

开槽圆柱头螺钉 GB/T 65—2000　　　开槽盘头螺钉 GB/T 67—2008

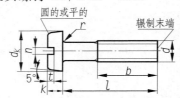
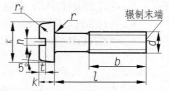

**标记示例**

螺纹规格 $d$＝M5、公称长度 $l$＝20mm、性能等级为 4.8 级、不经表面处理、A 级的开槽圆柱头螺钉：螺钉 GB/T 65 M5×20

**标记示例**

螺纹规格 $d$＝M5、公称长度 $l$＝20mm、性能等级为 4.8 级、不经表面处理、A 级的开槽盘头螺钉：螺钉 GB/T 67 M5×20

表 B-3 （GB/T 65—2000）　　mm

| 螺纹规格 $d$ | M4 | M5 | M6 | M8 | M10 |
|---|---|---|---|---|---|
| $P$（螺距） | 0.7 | 0.8 | 1 | 1.25 | 1.5 |
| $b$ | 38 | 38 | 38 | 38 | 38 |
| $d_k$（公称） | 7 | 8.5 | 10 | 13 | 16 |
| $k$（公称） | 2.6 | 3.3 | 3.9 | 5 | 6 |
| $n$（公称） | 1.2 | 1.2 | 1.6 | 2 | 2.5 |
| $r$(min) | 0.2 | 0.2 | 0.25 | 0.4 | 0.4 |
| $t$(min) | 1.1 | 1.3 | 1.6 | 2 | 2.4 |
| $w$(min) | 1.1 | 1.3 | 1.6 | 2 | 2.4 |
| 公称长度 $l$ | 5～40 | 6～50 | 8～60 | 10～80 | 12～80 |
| $l$ 系列 | 5,6,8,10,12,(14),16,20,25,30,35,40,45,50,(55),60,(65),70,(75),80 | | | | |

注：1. 括号内的规格尽可能不采用。
　　2. 公称长度在 40mm 以内的螺钉，制出全螺纹。

表 B-4 （GB/T 67—2008）　　mm

| 螺纹规格 $d$ | M1.6 | M2 | M2.5 | M3 | M4 | M5 | M6 | M8 | M10 |
|---|---|---|---|---|---|---|---|---|---|
| $P$（螺距） | 0.35 | 0.4 | 0.45 | 0.5 | 0.7 | 0.8 | 1 | 1.25 | 1.5 |
| $b$(min) | 25 | 25 | 25 | 25 | 38 | 38 | 38 | 38 | 38 |
| $d_k$（公称） | 3.2 | 4 | 5 | 5.6 | 8 | 9.5 | 12 | 16 | 20 |
| $k$（公称） | 1 | 1.3 | 1.5 | 1.8 | 2.4 | 3 | 3.6 | 4.8 | 6 |
| $n$（公称） | 0.4 | 0.5 | 0.6 | 0.8 | 1.2 | 1.2 | 1.6 | 2 | 2.5 |
| $r$(min) | 0.1 | 0.1 | 0.1 | 0.1 | 0.2 | 0.2 | 0.25 | 0.4 | 0.4 |
| $r_f$ 参考 | 0.5 | 0.6 | 0.8 | 0.9 | 1.2 | 1.5 | 1.8 | 2.4 | 3 |
| $t$(min) | 0.35 | 0.5 | 0.6 | 0.7 | 1 | 1.2 | 1.4 | 1.9 | 2.4 |
| 公称长度 $l$ | 2～16 | 2.5～20 | 3～25 | 4～30 | 5～40 | 6～50 | 8～60 | 10～80 | 12～80 |
| $l$ 系列 | 2,2.5,3,4,5,6,8,10,12,(14),16,20,25,30,35,40,45,50,(55),60,(65),70,(75),80 | | | | | | | | |

注：1. 括号内规格尽可能不采用。
　　2. M1.6～M3 的螺钉，公称长度在 30mm 以内的，制出全螺纹；M4～M10 的螺钉，公称长度在 40mm 以内的，制出全螺纹。

## 开槽沉头螺钉 GB/T 68—2000

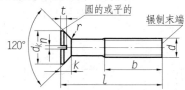

**标记示例**

螺纹规格 $d=$ M5、公称长度 $l=$ 20mm、性能等级为 4.8 级、不经表面处理、A 级的开槽沉头螺钉：螺钉 GB/T 68 M5×20

表 B-5 （GB/T 68—2000）                                     mm

| 螺纹规格 $d$ | M1.6 | M2 | M2.5 | M3 | M4 | M5 | M6 | M8 | M10 |
|---|---|---|---|---|---|---|---|---|---|
| $P$（螺距） | 0.35 | 0.4 | 0.45 | 0.5 | 0.7 | 0.8 | 1 | 1.25 | 1.5 |
| $b$(min) | 25 | 25 | 25 | 25 | 38 | 38 | 38 | 38 | 38 |
| $d_k$（理论值） | 3.6 | 4.4 | 5.5 | 6.3 | 9.4 | 10.4 | 12.6 | 17.3 | 20 |
| $k$（公称） | 1 | 1.2 | 1.5 | 1.65 | 2.7 | 2.7 | 3.3 | 4.66 | 5 |
| $n$（公称） | 0.4 | 0.5 | 0.6 | 0.8 | 1.2 | 1.2 | 1.6 | 2 | 2.5 |
| $r$(max) | 0.4 | 0.5 | 0.6 | 0.8 | 1 | 1.3 | 1.5 | 2 | 2.5 |
| $t$(max) | 0.5 | 0.6 | 0.75 | 0.85 | 1.3 | 1.4 | 1.6 | 2.3 | 2.6 |
| 公称长度 $l$ | 2.5~16 | 3~20 | 4~25 | 5~30 | 6~40 | 8~50 | 8~60 | 10~80 | 12~80 |
| $l$（系列） | 2.5,3,4,5,6,8,10,12,(14),16,20,25,30,35,40,45,50,(55),60,(65),70,(75),80 ||||||||||

注：1. 括号内的规格尽可能不采用。
  2. M1.6~M3 的螺钉，在公称长度 30mm 以内的制出全螺纹；M4~M10 的螺钉，在公称长度 45mm 以内的制出全螺纹。

## 内六角圆柱头螺钉 GB/T 70.1—2000

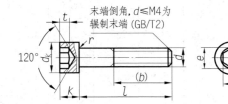

**标记示例**

螺纹规格 $d=$ M5、公称长度 $l=$ 20mm、性能等级为 8.8 级、表面氧化的内六角圆柱头螺钉：螺钉 GB/T 70.1 M5×20

表 B-6                                                      mm

| 螺纹规格 $d$ | M3 | M4 | M5 | M6 | M8 | M10 | M12 | M14 | M16 | M20 |
|---|---|---|---|---|---|---|---|---|---|---|
| $P$（螺距） | 0.5 | 0.7 | 0.8 | 1 | 1.25 | 1.5 | 1.75 | 2 | 2 | 2.5 |
| $b$ 参考 | 18 | 20 | 22 | 24 | 28 | 32 | 36 | 40 | 44 | 52 |
| $d_k$(max) | 5.5 | 7 | 8.5 | 10 | 13 | 16 | 18 | 21 | 24 | 30 |
| $k$(max) | 3 | 4 | 5 | 6 | 8 | 10 | 12 | 14 | 16 | 20 |
| $t$(min) | 1.3 | 2 | 2.5 | 3 | 4 | 5 | 6 | 7 | 8 | 10 |
| $s$（公称） | 2.5 | 3 | 4 | 5 | 6 | 8 | 10 | 12 | 14 | 17 |
| $e$(min) | 2.87 | 3.44 | 4.58 | 5.72 | 6.86 | 9.15 | 11.43 | 13.72 | 16.00 | 19.44 |
| $r$(min) | 0.1 | 0.2 | 0.2 | 0.25 | 0.4 | 0.4 | 0.6 | 0.6 | 0.6 | 0.8 |
| 公称长度 $l$ | 5~30 | 6~40 | 8~50 | 10~60 | 12~80 | 16~100 | 20~120 | 25~140 | 25~160 | 30~200 |
| $l$≤表中数值时，制出全螺纹 | 20 | 25 | 25 | 30 | 35 | 40 | 45 | 55 | 55 | 65 |
| $l$ 系列 | 2.5,3,4,5,6,8,10,12,16,20,25,30,35,40,45,50,55,60,65,70,80,90,100,110,120,130,140,150,160,180,200,220,240,260,280,300 ||||||||||

注：螺纹规格 $d=$ M1.6~M64。

| 开槽锥端紧定螺钉 | 开槽平端紧定螺钉 | 开槽长圆柱端紧定螺钉 |
|---|---|---|
| GB/T 71—1985 | GB/T 73—1985 | GB/T 75—1985 |

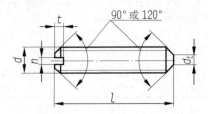 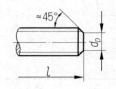 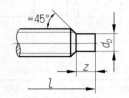

| 标记示例 | 标记示例 | 标记示例 |
|---|---|---|
| 螺纹规格 $d$ = M5、公称长度 $l$ = 12mm、性能等级为 14H 级、表面氧化的开槽锥端紧定螺钉：螺钉 GB/T 71 M5×12 | 螺纹规格 $d$ = M5、公称长度 $l$ = 12mm、性能等级为 14H 级、表面氧化的开槽平端紧定螺钉：螺钉 GB/T 73 M5×12 | 螺纹规格 $d$ = M5、公称长度 $l$ = 12mm、性能等级为 14H 级、表面氧化的开槽长圆柱端紧定螺钉：螺钉 GB/T 75 M5×12 |

表 B-7                                                                                                                                mm

| 螺纹规格 $d$ | | M1.6 | M2 | M2.5 | M3 | M4 | M5 | M6 | M8 | M10 | M12 |
|---|---|---|---|---|---|---|---|---|---|---|---|
| $P$(螺距) | | 0.35 | 0.4 | 0.45 | 0.5 | 0.7 | 0.8 | 1 | 1.25 | 1.5 | 1.75 |
| $n$(公称) | | 0.25 | 0.25 | 0.4 | 0.4 | 0.6 | 0.8 | 1 | 1.2 | 1.6 | 2 |
| $t$(max) | | 0.74 | 0.84 | 0.95 | 1.05 | 1.42 | 1.63 | 2 | 2.5 | 3 | 3.6 |
| $d_t$(max) | | 0.16 | 0.2 | 0.25 | 0.3 | 0.4 | 0.5 | 1.5 | 2 | 2.5 | 3 |
| $d_p$(max) | | 0.8 | 1 | 1.5 | 2 | 2.5 | 3.5 | 4 | 5.5 | 7 | 8.5 |
| $z$(max) | | 1.05 | 1.25 | 1.55 | 1.75 | 2.25 | 2.75 | 3.25 | 4.3 | 5.3 | 6.3 |
| $l$ | GB/T 71—1985 | 2～8 | 3～10 | 3～12 | 4～16 | 6～20 | 8～25 | 8～30 | 10～40 | 12～50 | 14～60 |
| | GB/T 73—1985 | 2～8 | 2～10 | 2.5～12 | 3～16 | 4～20 | 5～25 | 6～30 | 8～40 | 10～50 | 12～60 |
| | GB/T 75—1985 | 2.5～8 | 3～10 | 4～12 | 5～16 | 6～20 | 8～25 | 8～30 | 10～40 | 12～50 | 14～60 |
| $l$ 系列 | | 2,2.5,3,4,5,6,8,10,12,(14),16,20,25,30,35,40,45,50,(55),60 | | | | | | | | | |

注：括号内的规格尽可能不采用。

## B.4 螺 母

六角螺母——C级　　　　　1型六角螺母　　　　　六角薄螺母
GB/T 41—2000　　　　　　GB/T 6170—2000　　　　GB/T 6172.1—2000

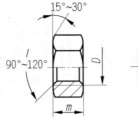
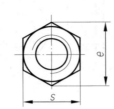
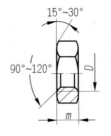

标记示例　　　　　　　　　标记示例　　　　　　　　　标记示例
螺纹规格 $D=$ M12、性能等级为5级、不经表面处理、C级的六角螺母：螺母 GB/T 41 M12　　　螺纹规格 $D=$ M12、性能等级为10级、不经表面处理、1型六角螺母：螺母 GB/T 6170 M12　　　螺纹规格 $D=$ M12、性能等级为04级、不经表面处理的六角薄螺母：螺母 GB/T 6172.1 M12

表 B-8　　　　　　　　　　　　　　　　　　　　　　　　　　　　　　　　　　　mm

| 螺纹规格 $D$ | | M3 | M4 | M5 | M6 | M8 | M10 | M12 | M16 | M20 | M24 | M30 | M36 |
|---|---|---|---|---|---|---|---|---|---|---|---|---|---|
| $e$ (min) | GB/T 41—2000 | | | 8.63 | 10.89 | 14.20 | 17.59 | 19.85 | 26.17 | 32.95 | 39.55 | 50.85 | 60.79 |
| | GB/T 6170—2000 | 6.01 | 7.66 | 8.79 | 11.05 | 14.38 | 17.77 | 20.03 | 26.75 | 32.95 | 39.55 | 50.85 | 60.79 |
| | GB/T 6172—2000 | 6.01 | 7.66 | 8.79 | 11.05 | 14.38 | 17.77 | 20.03 | 26.75 | 32.95 | 39.55 | 50.85 | 60.79 |
| $s$ (公称) | GB/T 41—2000 | | | 8 | 10 | 13 | 16 | 18 | 24 | 30 | 36 | 46 | 55 |
| | GB/T 6170—2000 | 5.5 | 7 | 8 | 10 | 13 | 16 | 18 | 24 | 30 | 36 | 46 | 55 |
| | GB/T 6172—2000 | 5.5 | 7 | 8 | 10 | 13 | 16 | 18 | 24 | 30 | 36 | 46 | 55 |
| $m$ (max) | GB/T 41—2000 | | | 5.6 | 6.4 | 7.9 | 9.5 | 12.2 | 15.9 | 19 | 22.3 | 26.4 | 31.9 |
| | GB/T 6170—2000 | 2.4 | 3.2 | 4.7 | 5.2 | 6.8 | 8.4 | 10.8 | 14.8 | 18 | 21.5 | 25.6 | 31 |
| | GB/T 6172—2000 | 1.8 | 2.2 | 2.7 | 3.2 | 4 | 5 | 6 | 8 | 10 | 12 | 15 | 18 |

注：A级用于 $D\leqslant 16$；B级用于 $D>16$。

## B.5 垫 圈

小垫圈 A 级　　　　　平垫圈 A 级　　　　　平垫圈-倒角型 A 级
GB/T 848—2002　　　GB/T 97.1—2002　　　GB/T 97.2—2002

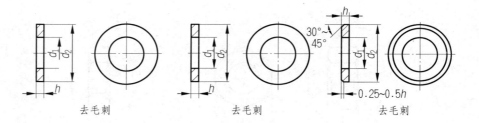

去毛刺　　　　　　　去毛刺　　　　　　　去毛刺

**标记示例**
标准系列、公称规格 $d=$ 8mm、性能等级为 200HV 级、不经表面处理、产品等级为 A 级的小垫圈：垫圈 GB/T 848 8

**标记示例**
标准系列、公称规格 $d=$8mm、性能等级为 200HV 级、不经表面处理、产品等级为 A 级的平垫圈：垫圈 GB/T 97.1 8

**标记示例**
标准系列、公称规格 $d=$ 8mm、性能等级为 200HV 级、不经表面处理、产品等级为 A 级的平垫圈-倒角型：垫圈 GB/T 97.2 8

表　B-9　　　　　　　　　　　　　　　　　　　　　　　　　　mm

| | 公称规格<br>(螺纹大径 $d$) | 1.6 | 2 | 2.5 | 3 | 4 | 5 | 6 | 8 | 10 | 12 | 16 | 20 | 24 | 30 | 36 |
|---|---|---|---|---|---|---|---|---|---|---|---|---|---|---|---|---|
| $d_1$<br>(公称<br>min) | GB/T 848—2002 | 1.7 | 2.2 | 2.7 | 3.2 | 4.3 | 5.3 | 6.4 | 8.4 | 10.5 | 13 | 17 | 21 | 25 | 31 | 37 |
| | GB/T 97.1—2002 | 1.7 | 2.2 | 2.7 | 3.2 | 4.3 | 5.3 | 6.4 | 8.4 | 10.5 | 13 | 17 | 21 | 25 | 31 | 37 |
| | GB/T 97.2—2002 | | | | | | 5.3 | 6.4 | 8.4 | 10.5 | 13 | 17 | 21 | 25 | 31 | 37 |
| $d_2$<br>(公称<br>max) | GB/T 848—2002 | 3.5 | 4.5 | 5 | 6 | 8 | 9 | 11 | 15 | 18 | 20 | 28 | 34 | 39 | 50 | 60 |
| | GB/T 97.1—2002 | 4 | 5 | 6 | 7 | 9 | 10 | 12 | 16 | 20 | 24 | 30 | 37 | 44 | 56 | 66 |
| | GB/T 97.2—2002 | | | | | | 10 | 12 | 16 | 20 | 24 | 30 | 37 | 44 | 56 | 66 |
| $h$<br>(公称) | GB/T 848—2002 | 0.3 | 0.3 | 0.5 | 0.5 | 0.5 | 1 | 1.6 | 1.6 | 1.6 | 2 | 2.5 | 3 | 4 | 4 | 5 |
| | GB/T 97.1—2002 | 0.3 | 0.3 | 0.5 | 0.5 | 0.8 | 1 | 1.6 | 1.6 | 2 | 2.5 | 3 | 3 | 4 | 4 | 5 |
| | GB/T 97.2—2002 | | | | | | 1 | 1.6 | 1.6 | 2 | 2.5 | 3 | 3 | 4 | 4 | 5 |

标准型弹簧垫圈 GB/T 93—1987　　　　　轻型弹簧垫圈 GB/T 859—1987

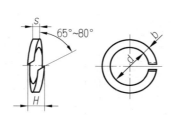
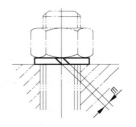

**标记示例**
规格 16mm、材料为 65Mn、表面氧化的标准型弹簧垫圈：垫圈 GB/T 93 16

**标记示例**
规格 16mm、材料为 65Mn、表面氧化的轻型弹簧垫圈：垫圈 GB/T 859 16

表 B-10　　　　　　　　　　　　　　　　　　　　　　　　　　　　　　　　　　　　　mm

| 公称规格（螺纹大径） | | 3 | 4 | 5 | 6 | 8 | 10 | 12 | (14) | 16 | (18) | 20 | (22) | 24 | (27) | 30 |
|---|---|---|---|---|---|---|---|---|---|---|---|---|---|---|---|---|
| $d$ | | 3.1 | 4.1 | 5.1 | 6.1 | 8.1 | 10.2 | 12.2 | 14.2 | 16.2 | 18.2 | 20.2 | 22.5 | 24.5 | 27.5 | 30.5 |
| $H$ (min) | GB/T 93—1987 | 1.6 | 2.2 | 2.6 | 3.2 | 4.2 | 5.2 | 6.2 | 7.2 | 8.2 | 9 | 10 | 11 | 12 | 13.6 | 15 |
| | GB/T 859—1987 | 1.2 | 1.6 | 2.2 | 2.6 | 3.2 | 4 | 5 | 6 | 6.4 | 7.2 | 8 | 9 | 10 | 11 | 12 |
| $S(b)$ | GB/T 93—1987 | 0.8 | 1.1 | 1.3 | 1.6 | 2.1 | 2.6 | 3.1 | 3.6 | 4.1 | 4.5 | 5 | 5.5 | 6 | 6.8 | 7.5 |
| $S$（公称） | GB/T 859—1987 | 0.6 | 0.8 | 1.1 | 1.3 | 1.6 | 2 | 2.5 | 3 | 3.2 | 3.6 | 4 | 4.5 | 5 | 5.5 | 6 |
| $m\leqslant$ | GB/T 93—1987 | 0.4 | 0.55 | 0.65 | 0.8 | 1.05 | 1.3 | 1.55 | 1.8 | 2.05 | 2.25 | 2.5 | 2.75 | 3 | 3.4 | 3.75 |
| | GB/T 859—1987 | 0.3 | 0.4 | 0.55 | 0.65 | 0.8 | 1 | 1.25 | 1.5 | 1.6 | 1.8 | 2 | 2.25 | 2.5 | 2.75 | 3 |
| $b$（公称） | GB/T 859—1987 | 1 | 1.2 | 1.5 | 2 | 2.5 | 3 | 3.5 | 4 | 4.5 | 5 | 5.5 | 6 | 7 | 8 | 9 |

注：1. 括号内的规格尽可能不采用。
　　2. $m$ 应大于零。

## B.6 键

平键　键槽的断面尺寸(GB/T 1095—2003)

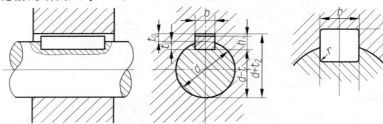

表 B-11　　　　　　　　　　　　　　　　　　　　　　　　　　　　　　　　mm

| 轴径 $d$ | | 自6～8 | >8～10 | >10～12 | >12～17 | >17～22 | >22～30 | >30～38 | >38～44 | >44～50 | >50～58 | >58～65 | >65～75 | >75～85 |
|---|---|---|---|---|---|---|---|---|---|---|---|---|---|---|
| 键的公称尺寸 | $b$ | 2 | 3 | 4 | 5 | 6 | 8 | 10 | 12 | 14 | 16 | 18 | 20 | 22 |
| | $h$ | 2 | 3 | 4 | 5 | 6 | 7 | 8 | 8 | 9 | 10 | 11 | 12 | 14 |
| 键槽 | 深度 $t_1$ | 1.2 | 1.8 | 2.5 | 3.0 | 3.5 | 4.0 | 5.0 | 5.0 | 5.5 | 6.0 | 7.0 | 7.5 | 9.0 |
| | 深度 $t_2$ | 1.0 | 1.4 | 1.8 | 2.3 | 2.8 | 3.3 | 3.3 | 3.3 | 3.8 | 4.3 | 4.4 | 4.9 | 5.4 |
| | 半径 $r$ 最小 | 0.08 | | | 0.16 | | | 0.25 | | | | 0.40 | | |
| | 半径 $r$ 最大 | 0.16 | | | 0.25 | | | 0.40 | | | | 0.60 | | |

普通型　平键(GB/T 1096—2003)

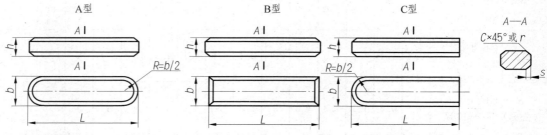

标记示例
圆头普通平键(A型), $b=18$mm, $h=11$mm, $L=100$mm:GB/T 1096　键 18×11×100
方头普通平键(B型), $b=18$mm, $h=11$mm, $L=100$mm:GB/T 1096　键 B18×11×100
单圆头普通平键(C型), $b=18$mm, $h=11$mm, $L=100$mm:GB/T 1096　键 C18×11×100

表 B-12　　　　　　　　　　　　　　　　　　　　　　　　　　　　　　　　mm

| $b$ | 2 | 3 | 4 | 5 | 6 | 8 | 10 | 12 | 14 | 16 | 18 | 20 | 22 | 25 | 28 | 32 | 36 | 40 |
|---|---|---|---|---|---|---|---|---|---|---|---|---|---|---|---|---|---|---|
| $h$ | 2 | 3 | 4 | 5 | 6 | 7 | 8 | 8 | 9 | 10 | 11 | 12 | 14 | 14 | 16 | 18 | 20 | 22 |
| $s$ | 0.16～0.25 | | 0.25～0.40 | | 0.40～0.60 | | | | | 0.60～0.80 | | | | | 1.00～1.20 | | | |
| 长度范围 $L$ | 6～20 | 6～36 | 8～45 | 10～56 | 14～70 | 18～90 | 22～110 | 28～140 | 36～160 | 45～180 | 50～200 | 56～220 | 63～250 | 70～280 | 80～320 | 90～360 | 100～400 | 100～400 |
| $L$ 的系列 | 6,8,10,12,14,16,18,20,22,25,28,32,36,40,45,50,56,63,70,80,90,100,110,125,140,160,180,200,220,250,280,320,360,400 | | | | | | | | | | | | | | | | | |

## B.7 销

圆柱销　不淬硬钢和奥氏体不锈钢(GB/T 119.1—2000)
圆柱销　淬硬钢和马氏体不锈钢(GB/T 119.2—2000)

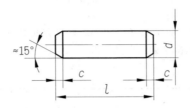

**标记示例**

公称直径 $d=6$mm、公差为 m6、公称长度 $l=30$mm，材料为钢、不经淬火、不经表面处理的圆柱销：销 GB/T 119.1 6 $m6\times30$

表　B-13　　　　　　　　　　　　　　　　　　　　　　　　　　　　　　　　mm

| $d$(公称) | 4 | 5 | 6 | 8 | 10 | 12 | 16 | 20 | 25 | 30 | 40 | 50 |
|---|---|---|---|---|---|---|---|---|---|---|---|---|
| $c\approx$ | 0.63 | 0.80 | 1.2 | 1.6 | 2.0 | 2.5 | 3.0 | 3.5 | 4.0 | 5.0 | 6.3 | 8.0 |
| 长度范围 $l$ | 8~40 | 10~50 | 12~60 | 14~80 | 18~95 | 22~140 | 26~180 | 35~200 | 50~200 | 60~200 | 80~200 | 95~200 |
| $l$(系列) | 6,8,10,12,14,16,18,20,22,24,26,28,30,32,35,40,45,50,55,60,65,70,75,80,85,90,95,100,120,140,160,180,200 ||||||||||||

圆锥销(GB/T 117—2000)

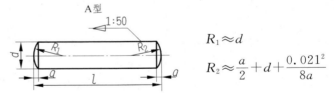

$$R_1 \approx d$$
$$R_2 \approx \frac{a}{2}+d+\frac{0.021^2}{8a}$$

**标记示例**

公称直径 $d=10$mm、长 $l=50$mm、材料为 35 钢、热处理硬度 28~38HRC，表面氧化处理的 A 型圆锥销：销 GB/T 117 $10\times50$

表　B-14　　　　　　　　　　　　　　　　　　　　　　　　　　　　　　　　mm

| $d$ | 4 | 5 | 6 | 8 | 10 | 12 | 16 | 20 | 25 | 30 | 40 | 50 |
|---|---|---|---|---|---|---|---|---|---|---|---|---|
| $a\approx$ | 0.5 | 0.63 | 0.8 | 1 | 1.2 | 1.6 | 2 | 2.5 | 3 | 4 | 5 | 6.3 |
| 长度范围 $l$ | 14~55 | 18~60 | 22~90 | 22~120 | 26~160 | 32~180 | 40~200 | 45~200 | 50~200 | 55~200 | 60~200 | 60~200 |
| $l$(系列) | 14,16,18,20,22,24,26,28,30,32,35,40,45,50,55,60,65,70,75,80,85,90,95,100,120,140,160,180,200 ||||||||||||

开口销(GB/T 91—2000)

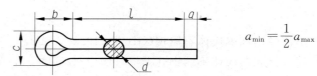

标记示例

公称直径 $d$=5mm、长度 $L$=50mm、材料为低碳钢、不经表面处理的开口销：销 GB/T 91 5×50

表 B-15                                                                                                       mm

| 公称规格 | | 0.6 | 0.8 | 1 | 1.2 | 1.6 | 2 | 2.5 | 3.2 | 4 | 5 | 6.3 | 8 | 10 | 13 |
|---|---|---|---|---|---|---|---|---|---|---|---|---|---|---|---|
| $d$ | min | 0.4 | 0.6 | 0.8 | 0.9 | 1.3 | 1.7 | 2.1 | 2.7 | 3.5 | 4.4 | 5.7 | 7.3 | 9.3 | 12.1 |
|  | max | 0.5 | 0.7 | 0.9 | 1 | 1.4 | 1.8 | 2.3 | 2.9 | 3.7 | 4.6 | 5.9 | 7.5 | 9.5 | 12.4 |
| $c$ | max | 1 | 1.4 | 1.8 | 2 | 2.8 | 3.6 | 4.6 | 5.8 | 7.4 | 9.2 | 11.8 | 15 | 19 | 24.8 |
|  | min | 0.9 | 1.2 | 1.6 | 1.7 | 2.4 | 3.2 | 4 | 5.1 | 6.5 | 8 | 10.3 | 13.1 | 16.6 | 21.7 |
| $b\approx$ | | 2 | 2.4 | 3 | 3 | 3.2 | 4 | 5 | 6.4 | 8 | 10 | 12.6 | 16 | 20 | 26 |
| $a_{max}$ | | 1.6 | | | | 2.5 | | | 3.2 | | 4 | | | 6.3 | |
| 长度范围 $l$ | | 4~12 | 5~16 | 6~20 | 8~26 | 8~32 | 10~40 | 12~50 | 14~65 | 18~80 | 22~100 | 30~120 | 40~160 | 45~200 | 70~200 |
| $l$(系列) | | 4,5,6,8,10,12,14,16,18,20,22,24,26,28,30,32,36,40,45,50,55,60,65,70,75,80,85,90,95,100,120,140,160,180,200 | | | | | | | | | | | | | |

注：销孔的公称直径等于 $d$ 公称。

## B.8 滚动轴承

(1) 深沟球轴承(GB/T 276—1994)

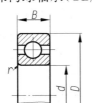

**标记示例**

类型代号6、内圈孔径 $d=50$mm、尺寸系列代号为(0)2的深沟球轴承：滚动轴承 6210 GB/T 276—1994

表 B-16                                                                                                              mm

| 轴承代号 | 尺寸 | | | 轴承代号 | 尺寸 | | |
|---|---|---|---|---|---|---|---|
| | $d$ | $D$ | $B$ | | $d$ | $D$ | $B$ |
| 尺寸系列代号(1)0 | | | | 尺寸系列代号(0)3 | | | |
| 6000 | 10 | 26 | 8 | 6303 | 17 | 47 | 14 |
| 6001 | 12 | 28 | 8 | 6304 | 20 | 52 | 15 |
| 6002 | 15 | 32 | 9 | 6305 | 25 | 62 | 17 |
| 6003 | 17 | 35 | 10 | 6306 | 30 | 72 | 19 |
| 6004 | 20 | 42 | 12 | 6307 | 35 | 80 | 21 |
| 6005 | 25 | 47 | 12 | 6308 | 40 | 90 | 23 |
| 6006 | 30 | 55 | 13 | 6309 | 45 | 100 | 25 |
| 6007 | 35 | 62 | 14 | 6310 | 50 | 110 | 27 |
| 6008 | 40 | 68 | 15 | 6311 | 55 | 120 | 29 |
| 6009 | 45 | 75 | 16 | 6312 | 60 | 130 | 31 |
| 6010 | 50 | 80 | 16 | 尺寸系列代号(0)4 | | | |
| 6011 | 55 | 90 | 18 | 6403 | 17 | 62 | 17 |
| 6012 | 60 | 95 | 18 | 6404 | 20 | 72 | 19 |
| 尺寸系列代号(0)2 | | | | 6405 | 25 | 80 | 21 |
| 6200 | 10 | 30 | 9 | 6406 | 30 | 90 | 23 |
| 6201 | 12 | 32 | 10 | 6407 | 35 | 100 | 25 |
| 6202 | 15 | 35 | 11 | 6408 | 40 | 110 | 27 |
| 6203 | 17 | 40 | 12 | 6409 | 45 | 120 | 29 |
| 6204 | 20 | 47 | 14 | 6410 | 50 | 130 | 31 |
| 6205 | 25 | 52 | 15 | 6411 | 55 | 140 | 33 |
| 6206 | 30 | 62 | 16 | 6412 | 60 | 150 | 35 |
| 6207 | 35 | 72 | 17 | 6413 | 65 | 160 | 37 |
| 6208 | 40 | 80 | 18 | 6414 | 70 | 180 | 42 |
| 6209 | 45 | 85 | 19 | 6415 | 75 | 190 | 45 |
| 6210 | 50 | 90 | 20 | 6416 | 80 | 200 | 48 |
| 6211 | 55 | 100 | 21 | 6417 | 85 | 210 | 52 |
| 6212 | 60 | 110 | 22 | 6418 | 90 | 225 | 54 |
| 尺寸系列代号(0)3 | | | | 6419 | 95 | 240 | 55 |
| 6300 | 10 | 35 | 11 | 6420 | 100 | 250 | 58 |
| 6301 | 12 | 37 | 12 | 6422 | 110 | 280 | 65 |
| 6302 | 15 | 42 | 13 | | | | |

注：表中括号"( )"，表示该数字在轴承代号中省略。

(2) 圆锥滚子轴承(GB/T 297—1994)

**标记示例**

类型代号3、内圈孔径 $d=30$mm、尺寸系列代号为03 的圆锥滚子轴承：滚动轴承 30306 GB/T 297—1994

表 B-17　　　　　　　　　　　　　　　　　　　　　　　　　　　　　　　　mm

| 轴承代号 | 尺寸 | | | | | 轴承代号 | 尺寸 | | | | |
|---|---|---|---|---|---|---|---|---|---|---|---|
| | $d$ | $D$ | $T$ | $B$ | $C$ | | $d$ | $D$ | $T$ | $B$ | $C$ |
| 尺寸系列代号02 | | | | | | 尺寸系列代号23 | | | | | |
| 30202 | 15 | 35 | 11.75 | 11 | 10 | 32303 | 17 | 47 | 20.25 | 19 | 16 |
| 30203 | 17 | 40 | 13.25 | 12 | 11 | 32304 | 20 | 52 | 22.25 | 21 | 18 |
| 30204 | 20 | 47 | 15.25 | 14 | 12 | 32305 | 25 | 62 | 25.25 | 24 | 20 |
| 30205 | 25 | 52 | 16.25 | 15 | 13 | 32306 | 30 | 72 | 28.75 | 27 | 23 |
| 30206 | 30 | 62 | 17.25 | 16 | 14 | 32307 | 35 | 80 | 32.75 | 31 | 25 |
| 30207 | 35 | 72 | 18.25 | 17 | 15 | 32308 | 40 | 90 | 35.25 | 33 | 27 |
| 30208 | 40 | 80 | 19.75 | 18 | 16 | 32309 | 45 | 100 | 38.25 | 36 | 30 |
| 30209 | 45 | 85 | 20.75 | 19 | 16 | 32310 | 50 | 110 | 42.25 | 40 | 33 |
| 30210 | 50 | 90 | 21.75 | 20 | 17 | 32311 | 55 | 120 | 45.5 | 43 | 35 |
| 30211 | 55 | 100 | 22.75 | 21 | 18 | 32312 | 60 | 130 | 48.5 | 46 | 37 |
| 30212 | 60 | 110 | 23.75 | 22 | 19 | 32313 | 65 | 140 | 51 | 48 | 39 |
| 30213 | 65 | 120 | 24.75 | 23 | 20 | 32314 | 70 | 150 | 54 | 51 | 42 |
| 30214 | 70 | 125 | 26.75 | 24 | 21 | 32315 | 75 | 160 | 58 | 55 | 45 |
| 30215 | 75 | 130 | 27.75 | 25 | 22 | 32316 | 80 | 170 | 61.5 | 58 | 48 |
| 30216 | 80 | 140 | 28.75 | 26 | 22 | 尺寸系列代号30 | | | | | |
| 30217 | 85 | 150 | 30.5 | 28 | 24 | 33005 | 25 | 47 | 17 | 17 | 14 |
| 30218 | 90 | 160 | 32.5 | 30 | 26 | 33006 | 30 | 55 | 20 | 20 | 16 |
| 30219 | 95 | 170 | 34.5 | 32 | 27 | 33007 | 35 | 62 | 21 | 21 | 17 |
| 30220 | 100 | 180 | 37 | 34 | 29 | 33008 | 40 | 68 | 22 | 22 | 18 |
| 尺寸系列代号03 | | | | | | 33009 | 45 | 75 | 24 | 24 | 19 |
| 30302 | 15 | 42 | 14.25 | 13 | 11 | 33010 | 50 | 80 | 24 | 24 | 19 |
| 30303 | 17 | 47 | 15.25 | 14 | 12 | 33011 | 55 | 90 | 27 | 27 | 21 |
| 30304 | 20 | 52 | 16.25 | 15 | 13 | 33012 | 60 | 95 | 27 | 27 | 21 |
| 30305 | 25 | 62 | 18.25 | 17 | 15 | 33013 | 65 | 100 | 27 | 27 | 21 |
| 30306 | 30 | 72 | 20.75 | 19 | 16 | 33014 | 70 | 110 | 31 | 31 | 25.5 |
| 30307 | 35 | 80 | 22.75 | 21 | 18 | 33015 | 75 | 115 | 31 | 31 | 25.5 |
| 30308 | 40 | 90 | 25.25 | 23 | 20 | 33016 | 80 | 125 | 36 | 36 | 29.5 |
| 30309 | 45 | 100 | 27.25 | 25 | 22 | 尺寸系列代号31 | | | | | |
| 30310 | 50 | 110 | 29.25 | 27 | 23 | 33108 | 40 | 75 | 26 | 26 | 20.5 |
| 30311 | 55 | 120 | 31.5 | 29 | 25 | 33109 | 45 | 80 | 26 | 26 | 20.5 |
| 30312 | 60 | 130 | 33.5 | 31 | 26 | 33110 | 50 | 85 | 26 | 26 | 20 |
| 30313 | 65 | 140 | 36 | 33 | 28 | 33111 | 55 | 95 | 30 | 30 | 23 |
| 30314 | 70 | 150 | 38 | 35 | 30 | 33112 | 60 | 100 | 30 | 30 | 23 |
| 30315 | 75 | 160 | 40 | 37 | 31 | 33113 | 65 | 110 | 34 | 34 | 26.5 |
| 30316 | 80 | 170 | 42.5 | 39 | 33 | 33114 | 70 | 120 | 37 | 37 | 29 |
| 30317 | 85 | 180 | 44.5 | 41 | 34 | 33115 | 75 | 125 | 37 | 37 | 29 |
| 30318 | 90 | 190 | 46.5 | 43 | 36 | 33116 | 80 | 130 | 37 | 37 | 29 |
| 30319 | 95 | 200 | 49.5 | 45 | 38 | | | | | | |
| 30320 | 100 | 215 | 51.5 | 47 | 39 | | | | | | |

## (3) 推力球轴承 (GB/T 301—1995)

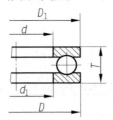

**标记示例**

类型代号 5、内圈孔径 $d=40$mm、尺寸系列代号为 13 的推力球轴承：滚动轴承 51308 GB/T 301—1995

表 B-18　　　　　　　　　　　　　　　　　　　　　　　　　　mm

| 轴承代号 | $d$ | $D$ | $T$ | $d_1$ | $D_1$ | 轴承代号 | $d$ | $D$ | $T$ | $d_1$ | $D_1$ |
|---|---|---|---|---|---|---|---|---|---|---|---|
| 尺寸系列代号 11 | | | | | | 尺寸系列代号 13 | | | | | |
| 51104 | 20 | 35 | 10 | 21 | 35 | 51304 | 20 | 47 | 18 | 22 | 47 |
| 51105 | 25 | 42 | 11 | 26 | 42 | 51305 | 25 | 52 | 18 | 27 | 52 |
| 51106 | 30 | 47 | 11 | 32 | 47 | 51306 | 30 | 60 | 21 | 32 | 60 |
| 51107 | 35 | 52 | 12 | 37 | 52 | 51307 | 35 | 68 | 24 | 37 | 68 |
| 51108 | 40 | 60 | 13 | 42 | 60 | 51308 | 40 | 78 | 26 | 42 | 78 |
| 51109 | 45 | 65 | 14 | 47 | 65 | 51309 | 45 | 85 | 28 | 47 | 85 |
| 51110 | 50 | 70 | 14 | 52 | 70 | 51310 | 50 | 95 | 31 | 52 | 95 |
| 51111 | 55 | 78 | 16 | 57 | 78 | 51311 | 55 | 105 | 35 | 57 | 105 |
| 51112 | 60 | 85 | 17 | 62 | 85 | 51312 | 60 | 110 | 35 | 62 | 110 |
| 51113 | 65 | 90 | 18 | 67 | 90 | 51313 | 65 | 115 | 36 | 67 | 115 |
| 51114 | 70 | 95 | 18 | 72 | 95 | 51314 | 70 | 125 | 40 | 72 | 125 |
| 51115 | 75 | 100 | 19 | 77 | 100 | 51315 | 75 | 135 | 44 | 77 | 135 |
| 51116 | 80 | 105 | 19 | 82 | 105 | 51316 | 80 | 140 | 44 | 82 | 140 |
| 51117 | 85 | 110 | 19 | 87 | 110 | 51317 | 85 | 150 | 49 | 88 | 150 |
| 51118 | 90 | 120 | 22 | 92 | 120 | 51318 | 90 | 155 | 50 | 93 | 155 |
| 51120 | 100 | 135 | 25 | 102 | 135 | 51320 | 100 | 170 | 55 | 103 | 170 |
| 尺寸系列代号 12 | | | | | | 尺寸系列代号 14 | | | | | |
| 51204 | 20 | 40 | 14 | 22 | 40 | 51405 | 25 | 60 | 24 | 27 | 60 |
| 51205 | 25 | 47 | 15 | 27 | 47 | 51406 | 30 | 70 | 28 | 32 | 70 |
| 51206 | 30 | 52 | 16 | 32 | 52 | 51407 | 35 | 80 | 32 | 37 | 80 |
| 51207 | 35 | 62 | 18 | 37 | 62 | 51408 | 40 | 90 | 36 | 42 | 90 |
| 51208 | 40 | 68 | 19 | 42 | 68 | 51409 | 45 | 100 | 39 | 47 | 100 |
| 51209 | 45 | 73 | 20 | 47 | 73 | 51410 | 50 | 110 | 43 | 52 | 110 |
| 51210 | 50 | 78 | 22 | 52 | 78 | 51411 | 55 | 120 | 48 | 57 | 120 |
| 51211 | 55 | 90 | 25 | 57 | 90 | 51412 | 60 | 130 | 51 | 62 | 130 |
| 51212 | 60 | 95 | 26 | 62 | 95 | 51413 | 65 | 140 | 56 | 68 | 140 |
| 51213 | 65 | 100 | 27 | 67 | 100 | 51414 | 70 | 150 | 60 | 73 | 150 |
| 51214 | 70 | 105 | 27 | 72 | 105 | 51415 | 75 | 160 | 65 | 78 | 160 |
| 51215 | 75 | 110 | 27 | 77 | 110 | 51416 | 80 | 170 | 68 | 83 | 170 |
| 51216 | 80 | 115 | 28 | 82 | 115 | 51417 | 85 | 180 | 72 | 88 | 177 |
| 51217 | 85 | 125 | 31 | 88 | 125 | 51418 | 90 | 190 | 77 | 93 | 187 |
| 51218 | 90 | 135 | 35 | 93 | 135 | 51420 | 100 | 210 | 85 | 103 | 205 |
| 51220 | 100 | 150 | 38 | 103 | 150 | 51422 | 110 | 230 | 95 | 113 | 225 |

# 附录C 极限与配合

表 C-1 轴的常用及优先选用公差带极限偏差(摘自 GB/T 1800.1—2009)  μm

| 基本尺寸/mm 大于 | 至 | a 11 | b 11 | b 12 | c 9 | c 10 | c 11 | d 8 | d 9 | d 10 | d 11 | e 7 | e 8 | e 9 |
|---|---|---|---|---|---|---|---|---|---|---|---|---|---|---|
| — | 3 | −270 −330 | −140 −200 | −140 −240 | −60 −85 | −60 −100 | −60 −120 | −20 −34 | −20 −45 | −20 −60 | −20 −80 | −14 −24 | −14 −28 | −14 −39 |
| 3 | 6 | −270 −345 | −140 −215 | −140 −260 | −70 −100 | −70 −118 | −70 −145 | −30 −48 | −30 −60 | −30 −78 | −30 −105 | −20 −32 | −20 −38 | −20 −50 |
| 6 | 10 | −280 −370 | −150 −240 | −150 −300 | −80 −116 | −80 −138 | −80 −170 | −40 −62 | −40 −76 | −40 −98 | −40 −130 | −25 −40 | −25 −47 | −25 −61 |
| 10 | 14 | −290 −400 | −150 −260 | −150 −330 | −95 −138 | −95 −165 | −95 −205 | −50 −77 | −50 −93 | −50 −120 | −50 −160 | −32 −50 | −32 −59 | −32 −75 |
| 14 | 18 | | | | | | | | | | | | | |
| 18 | 24 | −300 −430 | −160 −290 | −160 −370 | −110 −162 | −110 −194 | −110 −240 | −65 −98 | −65 −117 | −65 −149 | −65 −195 | −40 −61 | −40 −73 | −40 −92 |
| 24 | 30 | | | | | | | | | | | | | |
| 30 | 40 | −310 −470 | −170 −330 | −170 −420 | −120 −182 | −120 −220 | −120 −280 | −80 −119 | −80 −142 | −80 −180 | −80 −240 | −50 −75 | −50 −89 | −50 −112 |
| 40 | 50 | −320 −480 | −180 −340 | −180 −430 | −130 −192 | −130 −230 | −130 −290 | | | | | | | |
| 50 | 65 | −340 −530 | −190 −380 | −190 −490 | −140 −214 | −140 −260 | −140 −330 | −100 −146 | −100 −174 | −100 −220 | −100 −290 | −60 −90 | −60 −106 | −60 −134 |
| 65 | 80 | −360 −550 | −200 −390 | −200 −500 | −150 −224 | −150 −270 | −150 −340 | | | | | | | |
| 80 | 100 | −380 −600 | −220 −440 | −220 −570 | −170 −257 | −170 −310 | −170 −390 | −120 −174 | −120 −207 | −120 −260 | −120 −340 | −72 −107 | −72 −126 | −72 −159 |
| 100 | 120 | −410 −630 | −240 −460 | −240 −590 | −180 −267 | −180 −320 | −180 −400 | | | | | | | |
| 120 | 140 | −460 −710 | −260 −510 | −260 −660 | −200 −300 | −200 −360 | −200 −450 | −145 −208 | −145 −245 | −145 −305 | −145 −395 | −85 −125 | −85 −148 | −85 −185 |
| 140 | 160 | −520 −770 | −280 −530 | −280 −680 | −210 −310 | −210 −370 | −210 −460 | | | | | | | |
| 160 | 180 | −580 −830 | −310 −560 | −310 −710 | −230 −330 | −230 −390 | −230 −480 | | | | | | | |
| 180 | 200 | −660 −950 | −340 −630 | −340 −800 | −240 −355 | −240 −425 | −240 −530 | −170 −242 | −170 −285 | −170 −355 | −170 −460 | −100 −146 | −100 −172 | −100 −215 |
| 200 | 225 | −740 −1030 | −380 −670 | −380 −840 | −260 −375 | −260 −445 | −260 −550 | | | | | | | |
| 225 | 250 | −820 −1110 | −420 −710 | −420 −880 | −280 −395 | −280 −465 | −280 −570 | | | | | | | |
| 250 | 280 | −920 −1240 | −480 −800 | −480 −1000 | −300 −430 | −300 −510 | −300 −620 | −190 −271 | −190 −320 | −190 −400 | −190 −510 | −110 −162 | −110 −191 | −110 −240 |
| 280 | 315 | −1050 −1370 | −540 −860 | −540 −1060 | −330 −460 | −330 −540 | −330 −650 | | | | | | | |
| 315 | 355 | −1200 −1560 | −600 −960 | −600 −1170 | −360 −500 | −360 −590 | −360 −720 | −210 −299 | −210 −350 | −210 −440 | −210 −570 | −125 −182 | −125 −214 | −125 −265 |
| 355 | 400 | 1350 −1710 | −680 −1040 | −680 −1250 | −400 −540 | −400 −630 | −400 −760 | | | | | | | |
| 400 | 450 | −1500 −1900 | −760 −1160 | −760 −1390 | −440 −590 | −440 −690 | −440 −840 | −230 −327 | −230 −385 | −230 −480 | −230 −630 | −135 −198 | −135 −232 | −135 −290 |
| 450 | 500 | −1650 −2050 | −840 −1240 | −840 −1470 | −480 −635 | −480 −730 | −480 −880 | | | | | | | |

注：基本尺寸小于 1mm 时，各级的 a 和 b 均不采用。

续表

| | | f | | | | g | | | | | h | | | |
|---|---|---|---|---|---|---|---|---|---|---|---|---|---|---|
| 5 | 6 | 7 | 8 | 9 | 5 | 6 | 7 | 5 | 6 | 7 | 8 | 9 | 10 | 11 | 12 |
| −6<br>−10 | −6<br>−12 | −6<br>−16 | −6<br>−20 | −6<br>−31 | −2<br>−6 | −2<br>−8 | −2<br>−12 | 0<br>−4 | 0<br>−6 | 0<br>−10 | 0<br>−14 | 0<br>−25 | 0<br>−40 | 0<br>−60 | 0<br>−100 |
| −10<br>−15 | −10<br>−18 | −10<br>−22 | −10<br>−28 | −10<br>−40 | −4<br>−9 | −4<br>−12 | −4<br>−16 | 0<br>−5 | 0<br>−8 | 0<br>−12 | 0<br>−18 | 0<br>−30 | 0<br>−48 | 0<br>−75 | 0<br>−120 |
| −13<br>−19 | −13<br>−22 | −13<br>−28 | −13<br>−35 | −13<br>−49 | −5<br>−11 | −5<br>−14 | −5<br>−20 | 0<br>−6 | 0<br>−9 | 0<br>−15 | 0<br>−22 | 0<br>−36 | 0<br>−58 | 0<br>−90 | 0<br>−150 |
| −16<br>−24 | −16<br>−27 | −16<br>−34 | −16<br>−43 | −16<br>−59 | −6<br>−14 | −6<br>−17 | −6<br>−24 | 0<br>−8 | 0<br>−11 | 0<br>−18 | 0<br>−27 | 0<br>−43 | 0<br>−70 | 0<br>−110 | 0<br>−180 |
| −20<br>−29 | −20<br>−33 | −20<br>−41 | −20<br>−53 | −20<br>−72 | −7<br>−16 | −7<br>−20 | −7<br>−28 | 0<br>−9 | 0<br>−13 | 0<br>−21 | 0<br>−33 | 0<br>−52 | 0<br>−84 | 0<br>−130 | 0<br>−210 |
| −25<br>−36 | −25<br>−41 | −25<br>−50 | −25<br>−64 | −25<br>−87 | −9<br>−20 | −9<br>−25 | −9<br>−34 | 0<br>−11 | 0<br>−16 | 0<br>−25 | 0<br>−39 | 0<br>−62 | 0<br>−100 | 0<br>−160 | 0<br>−250 |
| −30<br>−43 | −30<br>−49 | −30<br>−60 | −30<br>−76 | −30<br>−104 | −10<br>−23 | −10<br>−29 | −10<br>−40 | 0<br>−13 | 0<br>−19 | 0<br>−30 | 0<br>−46 | 0<br>−74 | 0<br>−120 | 0<br>−190 | 0<br>−300 |
| −36<br>−51 | −36<br>−58 | −36<br>−71 | −36<br>−90 | −36<br>−123 | −12<br>−27 | −12<br>−34 | −12<br>−47 | 0<br>−15 | 0<br>−22 | 0<br>−35 | 0<br>−54 | 0<br>−87 | 0<br>−140 | 0<br>−220 | 0<br>−350 |
| −43<br>−61 | −43<br>−68 | −43<br>−83 | −43<br>−106 | −43<br>−143 | −14<br>−32 | −14<br>−39 | −14<br>−54 | 0<br>−18 | 0<br>−25 | 0<br>−40 | 0<br>−63 | 0<br>−100 | 0<br>−160 | 0<br>−250 | 0<br>−400 |
| −50<br>−70 | −50<br>−79 | −50<br>−96 | −50<br>−122 | −50<br>−165 | −15<br>−35 | −15<br>−44 | −15<br>−61 | 0<br>−20 | 0<br>−29 | 0<br>−46 | 0<br>−72 | 0<br>−115 | 0<br>−185 | 0<br>−290 | 0<br>−460 |
| −56<br>−79 | −56<br>−88 | −56<br>−108 | −56<br>−137 | −56<br>−185 | −17<br>−40 | −17<br>−49 | −17<br>−69 | 0<br>−23 | 0<br>−32 | 0<br>−52 | 0<br>−81 | 0<br>−130 | 0<br>−210 | 0<br>−320 | 0<br>−520 |
| −62<br>−87 | −62<br>−98 | −62<br>−119 | −62<br>−151 | −62<br>−202 | −18<br>−43 | −18<br>−54 | −18<br>−75 | 0<br>−25 | 0<br>−36 | 0<br>−57 | 0<br>−89 | 0<br>−140 | 0<br>−230 | 0<br>−360 | 0<br>−570 |
| −68<br>−95 | −68<br>−108 | −68<br>−131 | −68<br>−165 | −68<br>−223 | −20<br>−47 | −20<br>−60 | −20<br>−83 | 0<br>−27 | 0<br>−40 | 0<br>−63 | 0<br>−97 | 0<br>−155 | 0<br>−250 | 0<br>−400 | 0<br>−630 |

续表

| 基本尺寸/mm | | js | | | k | | | m | | | n | | | p | | | r |
|---|---|---|---|---|---|---|---|---|---|---|---|---|---|---|---|---|---|
| 大于 | 至 | 5 | 6 | 7 | 5 | 6 | 7 | 5 | 6 | 7 | 5 | 6 | 7 | 5 | 6 | 7 | 5 |
| — | 3 | ±2 | ±3 | ±5 | +4<br>0 | +6<br>0 | +10<br>0 | +6<br>+2 | +8<br>+2 | +12<br>+2 | +8<br>+4 | +10<br>+4 | +14<br>+4 | +10<br>+6 | +12<br>+6 | +16<br>+6 | +14<br>+10 |
| 3 | 6 | ±2.5 | ±4 | ±6 | +6<br>+1 | +9<br>+1 | +13<br>+1 | +9<br>+4 | +12<br>+4 | +16<br>+4 | +13<br>+8 | +16<br>+8 | +20<br>+8 | +17<br>+12 | +20<br>+12 | +24<br>+12 | +20<br>+15 |
| 6 | 10 | ±3 | ±4.5 | ±7 | +7<br>+1 | +10<br>+1 | +16<br>+1 | +12<br>+6 | +15<br>+6 | +21<br>+6 | +16<br>+10 | +19<br>+10 | +25<br>+10 | +21<br>+15 | +24<br>+15 | +30<br>+15 | +25<br>+19 |
| 10 | 14 | ±4 | ±5.5 | ±9 | +9<br>+1 | +12<br>+1 | +19<br>+1 | +15<br>+7 | +18<br>+7 | +25<br>+7 | +20<br>+12 | +23<br>+12 | +30<br>+12 | +26<br>+18 | +29<br>+18 | +36<br>+18 | +31<br>+23 |
| 14 | 18 | | | | | | | | | | | | | | | | |
| 18 | 24 | ±4.5 | ±6.5 | ±10 | +11<br>+2 | +15<br>+2 | +23<br>+2 | +17<br>+8 | +21<br>+8 | +29<br>+8 | +24<br>+15 | +28<br>+15 | +36<br>+15 | +31<br>+22 | +35<br>+22 | +43<br>+22 | +37<br>+28 |
| 24 | 30 | | | | | | | | | | | | | | | | |
| 30 | 40 | ±5.5 | ±8 | ±12 | +13<br>+2 | +18<br>+2 | +27<br>+2 | +20<br>+9 | +25<br>+9 | +34<br>+9 | +28<br>+17 | +33<br>+17 | +42<br>+17 | +37<br>+26 | +42<br>+26 | +51<br>+26 | +45<br>+34 |
| 40 | 50 | | | | | | | | | | | | | | | | |
| 50 | 65 | ±6.5 | ±9.5 | ±15 | +15<br>+2 | +21<br>+2 | +32<br>+2 | +24<br>+11 | +30<br>+11 | +41<br>+11 | +33<br>+20 | +39<br>+20 | +50<br>+20 | +45<br>+32 | +51<br>+32 | +62<br>+32 | +54<br>+41 |
| 65 | 80 | | | | | | | | | | | | | | | | +56<br>+43 |
| 80 | 100 | ±7.5 | ±11 | ±17 | +18<br>+3 | +25<br>+3 | +38<br>+3 | +28<br>+13 | +35<br>+13 | +48<br>+13 | +38<br>+23 | +45<br>+23 | +58<br>+23 | +52<br>+37 | +59<br>+37 | +72<br>+37 | +66<br>+51 |
| 100 | 120 | | | | | | | | | | | | | | | | +69<br>+54 |
| 120 | 140 | ±9 | ±12.5 | ±20 | +21<br>+3 | +28<br>+3 | +43<br>+3 | +33<br>+15 | +40<br>+15 | +55<br>+15 | +45<br>+27 | +52<br>+27 | +67<br>+27 | +61<br>+43 | +68<br>+43 | +83<br>+43 | +81<br>+63 |
| 140 | 160 | | | | | | | | | | | | | | | | +83<br>+65 |
| 160 | 180 | | | | | | | | | | | | | | | | +86<br>+68 |
| 180 | 200 | ±10 | ±14.5 | ±23 | +24<br>+4 | +33<br>+4 | +50<br>+4 | +37<br>+17 | +46<br>+17 | +63<br>+17 | +51<br>+31 | +60<br>+31 | +77<br>+31 | +70<br>+50 | +79<br>+50 | +96<br>+50 | +97<br>+77 |
| 200 | 225 | | | | | | | | | | | | | | | | +100<br>+80 |
| 225 | 250 | | | | | | | | | | | | | | | | +104<br>+84 |
| 250 | 280 | ±11.5 | ±16 | ±26 | +27<br>+4 | +36<br>+4 | +56<br>+4 | +43<br>+20 | +52<br>+20 | +72<br>+20 | +57<br>+34 | +66<br>+34 | +86<br>+34 | +79<br>+56 | +88<br>+56 | +108<br>+56 | +117<br>+94 |
| 280 | 315 | | | | | | | | | | | | | | | | +121<br>+98 |
| 315 | 355 | ±12.5 | ±18 | ±28 | +29<br>+4 | +40<br>+4 | +61<br>+4 | +46<br>+21 | +57<br>+21 | +78<br>+21 | +62<br>+37 | +73<br>+37 | +94<br>+37 | +87<br>+62 | +98<br>+62 | +119<br>+62 | +133<br>+108 |
| 355 | 400 | | | | | | | | | | | | | | | | +139<br>+114 |
| 400 | 450 | ±13.5 | ±20 | ±31 | +32<br>+5 | +45<br>+5 | +68<br>+5 | +50<br>+23 | +63<br>+23 | +86<br>+23 | +67<br>+40 | +80<br>+40 | +103<br>+40 | +95<br>+68 | +108<br>+68 | +131<br>+68 | +153<br>+126 |
| 450 | 500 | | | | | | | | | | | | | | | | +159<br>+132 |

续表

| r | | s | | | t | | | u | | v | x | y | z |
|---|---|---|---|---|---|---|---|---|---|---|---|---|---|
| 6 | 7 | 5 | 6 | 7 | 5 | 6 | 7 | 6 | 7 | 6 | 6 | 6 | 6 |
| +16<br>+10 | +20<br>+10 | +18<br>+14 | +20<br>+14 | +24<br>+14 | — | — | — | +24<br>+18 | +28<br>+18 | — | +26<br>+20 | — | +32<br>+26 |
| +23<br>+15 | +27<br>+15 | +24<br>+19 | +27<br>+19 | +31<br>+19 | — | — | — | +31<br>+23 | +35<br>+23 | — | +36<br>+28 | — | +43<br>+35 |
| +28<br>+19 | +34<br>+19 | +29<br>+23 | +32<br>+23 | +38<br>+23 | — | — | — | +37<br>+28 | +43<br>+28 | — | +43<br>+34 | — | +51<br>+42 |
| +34<br>+23 | +41<br>+23 | +36<br>+28 | +39<br>+28 | +46<br>+28 | — | — | — | +44<br>+33 | +51<br>+33 | +50<br>+39 | +51<br>+40<br>+56<br>+45 | — | +61<br>+50<br>+71<br>+60 |
| +41<br>+28 | +49<br>+28 | +44<br>+35 | +48<br>+35 | +56<br>+35 | +50<br>+41 | +54<br>+41 | +62<br>+41 | +54<br>+41<br>+61<br>+43 | +62<br>+41<br>+69<br>+48 | +60<br>+47<br>+68<br>+55 | +67<br>+54<br>+77<br>+64 | +76<br>+63<br>+88<br>+75 | +86<br>+73<br>+101<br>+88 |
| +50<br>+34 | +59<br>+34 | +54<br>+43 | +59<br>+43 | +68<br>+43 | +59<br>+48<br>+65<br>+54 | +64<br>+48<br>+70<br>+54 | +73<br>+48<br>+79<br>+54 | +76<br>+60<br>+86<br>+70 | +85<br>+60<br>+95<br>+70 | +84<br>+68<br>+97<br>+81 | +96<br>+80<br>+113<br>+97 | +110<br>+94<br>+130<br>+114 | +128<br>+112<br>+152<br>+136 |
| +60<br>+41 | +71<br>+41 | +66<br>+53 | +72<br>+53 | +83<br>+53 | +79<br>+66 | +85<br>+66 | +96<br>+66 | +106<br>+87 | +117<br>+87 | +121<br>+102 | +141<br>+122 | +163<br>+144 | +191<br>+172 |
| +62<br>+43 | +72<br>+43 | +72<br>+59 | +78<br>+59 | +89<br>+59 | +88<br>+75 | +94<br>+75 | +105<br>+75 | +121<br>+102 | +132<br>+102 | +139<br>+120 | +165<br>+146 | +193<br>+174 | +229<br>+210 |
| +73<br>+51 | +86<br>+51 | +86<br>+71 | +93<br>+71 | +106<br>+71 | +106<br>+91 | +113<br>+91 | +126<br>+91 | +146<br>+124 | +159<br>+124 | +168<br>+146 | +200<br>+178 | +236<br>+214 | +280<br>+258 |
| +76<br>+54 | +89<br>+54 | +94<br>+79 | +101<br>+79 | +114<br>+79 | +110<br>+104 | +126<br>+104 | +139<br>+104 | +166<br>+144 | +179<br>+144 | +194<br>+172 | +232<br>+210 | +276<br>+254 | +332<br>+310 |
| +88<br>+63 | +103<br>+63 | +110<br>+92 | +117<br>+92 | +132<br>+92 | +140<br>+122 | +147<br>+122 | +162<br>+122 | +195<br>+170 | +210<br>+170 | +227<br>+202 | +273<br>+248 | +325<br>+300 | +390<br>+365 |
| +90<br>+65 | +105<br>+65 | +118<br>+100 | +125<br>+100 | +140<br>+100 | +152<br>+134 | +159<br>+134 | +174<br>+134 | +215<br>+190 | +230<br>+190 | +253<br>+228 | +305<br>+280 | +365<br>+340 | +440<br>+415 |
| +93<br>+68 | +108<br>+68 | +126<br>+108 | +133<br>+108 | +148<br>+108 | +164<br>+146 | +171<br>+146 | +186<br>+146 | +235<br>+210 | +250<br>+210 | +277<br>+252 | +335<br>+310 | +405<br>+380 | +490<br>+465 |
| +106<br>+77 | +123<br>+77 | +142<br>+122 | +151<br>+122 | +168<br>+122 | +186<br>+166 | +195<br>+166 | +212<br>+166 | +265<br>+236 | +282<br>+236 | +313<br>+284 | +379<br>+350 | +454<br>+425 | +549<br>+520 |
| +109<br>+80 | +126<br>+80 | +150<br>+130 | +159<br>+130 | +176<br>+130 | +200<br>+180 | +209<br>+180 | +226<br>+180 | +287<br>+258 | +304<br>+258 | +339<br>+310 | +414<br>+385 | +499<br>+470 | +604<br>+575 |
| +113<br>+84 | +130<br>+84 | +160<br>+140 | +169<br>+140 | +186<br>+140 | +216<br>+196 | +225<br>+196 | +242<br>+196 | +313<br>+284 | +330<br>+284 | +369<br>+340 | +454<br>+425 | +549<br>+520 | +669<br>+640 |
| +126<br>+94 | +146<br>+94 | +181<br>+158 | +290<br>+158 | +210<br>+158 | +241<br>+218 | +250<br>+218 | +270<br>+218 | +347<br>+315 | +367<br>+315 | +417<br>+385 | +507<br>+475 | +612<br>+580 | +742<br>+710 |
| +130<br>+98 | +150<br>+98 | +193<br>+170 | +202<br>+170 | +222<br>+170 | +263<br>+240 | +272<br>+240 | +292<br>+240 | +382<br>+350 | +402<br>+350 | +457<br>+425 | +557<br>+525 | +682<br>+650 | +322<br>+790 |
| +144<br>+108 | +165<br>+108 | +215<br>+190 | +226<br>+190 | +247<br>+190 | +293<br>+268 | +304<br>+268 | +325<br>+268 | +426<br>+390 | +447<br>+390 | +511<br>+475 | +626<br>+590 | +766<br>+730 | +936<br>+900 |
| +150<br>+114 | +171<br>+114 | +233<br>+208 | +244<br>+208 | +265<br>+208 | +319<br>+294 | +330<br>+294 | +351<br>+294 | +471<br>+435 | +492<br>+435 | +566<br>+530 | +696<br>+660 | +856<br>+820 | +1036<br>+1000 |
| +166<br>+126 | +189<br>+126 | +259<br>+232 | +272<br>+232 | +295<br>+232 | +357<br>+330 | +370<br>+330 | +393<br>+330 | +530<br>+490 | +553<br>+490 | +635<br>+595 | +780<br>+740 | +960<br>+920 | +1140<br>+1100 |
| +172<br>+132 | +195<br>+132 | +279<br>+252 | +292<br>+252 | +315<br>+252 | +387<br>+360 | +400<br>+360 | +423<br>+360 | +580<br>+540 | +603<br>+540 | +700<br>+660 | +860<br>+820 | +1040<br>+1000 | +1290<br>+1250 |

表 C-2　孔的常用及优先选用公差带的极限偏差　　　　μm

| 基本尺寸/mm | | A | B | C | D | | | | E | | F | | | |
|---|---|---|---|---|---|---|---|---|---|---|---|---|---|---|
| 大于 | 至 | 11 | 11 | 12 | 11 | 8 | 9 | 10 | 11 | 8 | 9 | 6 | 7 | 8 | 9 |
| — | 3 | +330<br>+270 | +200<br>+140 | +240<br>+140 | +120<br>+60 | +34<br>+20 | +45<br>+20 | +60<br>+20 | +80<br>+20 | +28<br>+14 | +39<br>+14 | +12<br>+6 | +16<br>+6 | +20<br>+6 | +31<br>+6 |
| 3 | 6 | +345<br>+270 | +215<br>+140 | +260<br>+140 | +145<br>+70 | +48<br>+30 | +60<br>+30 | +78<br>+30 | +105<br>+30 | +38<br>+20 | +50<br>+20 | +18<br>+10 | +28<br>+10 | +28<br>+10 | +40<br>+10 |
| 6 | 10 | +370<br>+280 | +240<br>+150 | +300<br>+150 | +170<br>+80 | +62<br>+40 | +76<br>+40 | +98<br>+40 | +130<br>+40 | +47<br>+25 | +61<br>+25 | +22<br>+13 | +28<br>+13 | +35<br>+13 | +49<br>+13 |
| 10 | 14 | +400<br>+290 | +260<br>+150 | +330<br>+150 | +205<br>+95 | +77<br>+50 | +93<br>+50 | +120<br>+50 | +160<br>+50 | +59<br>+32 | +75<br>+32 | +27<br>+16 | +34<br>+16 | +43<br>+16 | +59<br>+16 |
| 14 | 18 | | | | | | | | | | | | | | |
| 18 | 24 | +430<br>+300 | +290<br>+160 | +370<br>+160 | +240<br>+110 | +98<br>+65 | +117<br>+65 | +149<br>+65 | +195<br>+65 | +73<br>+40 | +92<br>+40 | +33<br>+20 | +41<br>+20 | +53<br>+20 | +72<br>+20 |
| 24 | 30 | | | | | | | | | | | | | | |
| 30 | 40 | +470<br>+310 | +330<br>+170 | +420<br>+170 | +280<br>+120 | +119<br>+80 | +142<br>+80 | +180<br>+80 | +240<br>+80 | +89<br>+50 | +112<br>+50 | +41<br>+25 | +50<br>+25 | +64<br>+25 | +87<br>+25 |
| 40 | 50 | +480<br>+320 | +340<br>+180 | +430<br>+180 | +290<br>+130 | | | | | | | | | | |
| 50 | 65 | +530<br>+340 | +380<br>+190 | +490<br>+190 | +330<br>+140 | +146<br>+100 | +170<br>+100 | +220<br>+100 | +290<br>+100 | +106<br>+60 | +134<br>+60 | +49<br>+30 | +60<br>+30 | +76<br>+30 | +104<br>+30 |
| 65 | 80 | +550<br>+360 | +390<br>+200 | +500<br>+200 | +340<br>+150 | | | | | | | | | | |
| 80 | 100 | +600<br>+380 | +440<br>+220 | +570<br>+220 | +390<br>+170 | +174<br>+120 | +207<br>+120 | +260<br>+120 | +340<br>+120 | +126<br>+72 | +159<br>+72 | +58<br>+36 | +71<br>+36 | +90<br>+36 | +123<br>+36 |
| 100 | 120 | +630<br>+410 | +460<br>+240 | +590<br>+240 | +400<br>+180 | | | | | | | | | | |
| 120 | 140 | +710<br>+460 | +510<br>+260 | +660<br>+260 | +450<br>+200 | +208<br>+145 | +245<br>+145 | +305<br>+145 | +395<br>+145 | +148<br>+85 | +185<br>+85 | +68<br>+43 | +83<br>+43 | +106<br>+43 | +143<br>+43 |
| 140 | 160 | +770<br>+520 | +530<br>+280 | +680<br>+280 | +460<br>+210 | | | | | | | | | | |
| 160 | 180 | +830<br>+580 | +560<br>+310 | +710<br>+310 | +480<br>+230 | | | | | | | | | | |
| 180 | 200 | +950<br>+660 | +630<br>+340 | +800<br>+340 | +530<br>+240 | +242<br>+170 | +285<br>+170 | +355<br>+170 | +460<br>+170 | +172<br>+100 | +215<br>+100 | +79<br>+50 | +96<br>+50 | +122<br>+50 | +165<br>+50 |
| 200 | 225 | +1030<br>+740 | +670<br>+380 | +840<br>+380 | +550<br>+260 | | | | | | | | | | |
| 225 | 250 | +1110<br>+820 | +710<br>+420 | +880<br>+420 | +570<br>+280 | | | | | | | | | | |
| 250 | 280 | +1240<br>+920 | +800<br>+480 | +1000<br>+480 | +620<br>+300 | +271<br>+190 | +320<br>+190 | +400<br>+190 | +510<br>+190 | +191<br>+110 | +240<br>+110 | +88<br>+56 | +108<br>+56 | +137<br>+56 | +186<br>+56 |
| 280 | 315 | +1370<br>+1050 | +860<br>+540 | +1060<br>+540 | +650<br>+330 | | | | | | | | | | |
| 315 | 355 | +1560<br>+1200 | +960<br>+600 | +1170<br>+600 | +720<br>+360 | +299<br>+210 | +350<br>+210 | +440<br>+210 | +570<br>+210 | +214<br>+125 | +265<br>+125 | +98<br>+62 | +119<br>+62 | +151<br>+62 | +202<br>+62 |
| 355 | 400 | +1710<br>+1350 | +1040<br>+680 | +1250<br>+680 | +760<br>+400 | | | | | | | | | | |
| 400 | 450 | +1900<br>+1500 | +1160<br>+760 | +1390<br>+760 | +840<br>+440 | +327<br>+230 | +385<br>+230 | +480<br>+230 | +630<br>+230 | +232<br>+135 | +290<br>+135 | +108<br>+68 | +131<br>+68 | +165<br>+68 | +223<br>+68 |
| 450 | 500 | +2050<br>+1650 | +1240<br>+840 | +1470<br>+840 | +880<br>+480 | | | | | | | | | | |

注：基本尺寸小于 1mm 时，各级的 A 和 B 均不采用。

续表

| G | | H | | | | | | | Js | | | K | | | M | | |
|---|---|---|---|---|---|---|---|---|---|---|---|---|---|---|---|---|---|
| 6 | 7 | 6 | 7 | 8 | 9 | 10 | 11 | 12 | 6 | 7 | 8 | 6 | 7 | 8 | 6 | 7 | 8 |
| +8<br>+2 | +12<br>+2 | +6<br>0 | +10<br>0 | +14<br>0 | +25<br>0 | +40<br>0 | +60<br>0 | +100<br>0 | ±3 | ±5 | ±7 | 0<br>−6 | 0<br>−10 | 0<br>−14 | −2<br>−8 | −2<br>−12 | −2<br>−16 |
| +12<br>+4 | +16<br>+4 | +8<br>0 | +12<br>0 | +18<br>0 | +30<br>0 | +48<br>0 | +75<br>0 | +120<br>0 | ±4 | ±6 | ±9 | +2<br>−6 | +3<br>−9 | +5<br>−13 | −1<br>−9 | 0<br>−12 | +2<br>−16 |
| +14<br>+5 | +20<br>+5 | +9<br>0 | +15<br>0 | +22<br>0 | +36<br>0 | +58<br>0 | +90<br>0 | +150<br>0 | ±4.5 | ±7 | ±11 | +2<br>−7 | +5<br>−10 | +6<br>−16 | −3<br>−12 | 0<br>−15 | +1<br>−21 |
| +17<br>+6 | +24<br>+6 | +11<br>0 | +18<br>0 | +27<br>0 | +43<br>0 | +70<br>0 | +110<br>0 | +180<br>0 | ±5.5 | ±9 | ±13 | +2<br>−9 | +6<br>−12 | +8<br>−19 | −4<br>−15 | 0<br>−18 | +2<br>−25 |
| +20<br>+7 | +28<br>+7 | +13<br>0 | +21<br>0 | +33<br>0 | +52<br>0 | +84<br>0 | +130<br>0 | +210<br>0 | ±6.5 | ±10 | ±16 | +2<br>−11 | +6<br>−15 | +10<br>−23 | −4<br>−17 | 0<br>−21 | +4<br>−29 |
| +25<br>+9 | +34<br>+9 | +16<br>0 | +25<br>0 | +39<br>0 | +62<br>0 | +100<br>0 | +160<br>0 | +250<br>0 | ±8 | ±12 | ±19 | +3<br>−13 | +7<br>−18 | +12<br>−27 | −4<br>−20 | 0<br>−25 | +5<br>−34 |
| +29<br>+10 | +40<br>+10 | +19<br>0 | +30<br>0 | +46<br>0 | +74<br>0 | +120<br>0 | +190<br>0 | +300<br>0 | ±9.5 | ±15 | ±23 | +4<br>−15 | +9<br>−21 | +14<br>−32 | −5<br>−24 | 0<br>−30 | +5<br>−41 |
| +34<br>+12 | +47<br>+12 | +22<br>0 | +35<br>0 | +54<br>0 | +87<br>0 | +140<br>0 | +220<br>0 | +350<br>0 | ±11 | ±17 | ±27 | +4<br>−18 | +10<br>−25 | +16<br>−38 | −6<br>−28 | 0<br>−35 | +6<br>−48 |
| +39<br>+14 | +54<br>+14 | +25<br>0 | +40<br>0 | +63<br>0 | +100<br>0 | +160<br>0 | +250<br>0 | +400<br>0 | ±12.5 | ±20 | ±31 | +4<br>−21 | +12<br>−28 | +20<br>−43 | −8<br>−33 | 0<br>−40 | +8<br>−55 |
| +44<br>+15 | +61<br>+15 | +29<br>0 | +46<br>0 | +72<br>0 | +115<br>0 | +185<br>0 | +290<br>0 | +460<br>0 | ±14.5 | ±23 | ±36 | +5<br>−24 | +13<br>−33 | +22<br>−50 | −8<br>−37 | 0<br>−46 | +9<br>−63 |
| +49<br>+17 | +69<br>+17 | +32<br>0 | +52<br>0 | +81<br>0 | +130<br>0 | +210<br>0 | +320<br>0 | +520<br>0 | ±16 | ±26 | ±40 | +5<br>−27 | +16<br>−36 | +25<br>−56 | −9<br>−41 | 0<br>−52 | +9<br>−72 |
| +54<br>+18 | +75<br>+18 | +36<br>0 | +57<br>0 | +89<br>0 | +140<br>0 | +230<br>0 | +360<br>0 | +570<br>0 | ±18 | ±28 | ±44 | +7<br>−29 | +17<br>−40 | +28<br>−61 | −10<br>−46 | 0<br>−57 | +11<br>−78 |
| +60<br>+20 | +83<br>+20 | +40<br>0 | +63<br>0 | +97<br>0 | +155<br>0 | +250<br>0 | +400<br>0 | +630<br>0 | ±20 | ±31 | ±48 | +8<br>−32 | +18<br>−45 | +29<br>−68 | −10<br>−50 | 0<br>−63 | +11<br>−86 |

续表

| 基本尺寸/mm | | N | | | P | | R | | S | | T | | U |
|---|---|---|---|---|---|---|---|---|---|---|---|---|---|
| 大于 | 至 | 6 | 7 | 8 | 6 | 7 | 6 | 7 | 6 | 7 | 6 | 7 | 7 |
| — | 3 | −4<br>−10 | −4<br>−14 | −4<br>−18 | −6<br>−12 | −6<br>−16 | −10<br>−16 | −10<br>−20 | −14<br>−20 | −14<br>−24 | — | — | −18<br>−28 |
| 3 | 6 | −5<br>−13 | −4<br>−16 | −2<br>−20 | −9<br>−17 | −8<br>−20 | −12<br>−20 | −11<br>−23 | −16<br>−24 | −15<br>−27 | — | — | −19<br>−31 |
| 6 | 10 | −7<br>−16 | −4<br>−19 | −3<br>−25 | −12<br>−21 | −9<br>−24 | −16<br>−25 | −13<br>−28 | −20<br>−29 | −17<br>−32 | — | — | −22<br>−37 |
| 10 | 14 | −9<br>−20 | −5<br>−23 | −3<br>−30 | −15<br>−26 | −11<br>−29 | −20<br>−31 | −16<br>−34 | −25<br>−36 | −21<br>−39 | — | — | −26<br>−44 |
| 14 | 18 | | | | | | | | | | | | |
| 18 | 24 | −11<br>−24 | −7<br>−28 | −3<br>−36 | −18<br>−31 | −14<br>−35 | −24<br>−37 | −20<br>−41 | −31<br>−44 | −27<br>−48 | — | — | −33<br>−54 |
| 24 | 30 | | | | | | | | | | −37<br>−50 | −33<br>−54 | −40<br>−61 |
| 30 | 40 | −12<br>−28 | −8<br>−33 | −3<br>−42 | −21<br>−37 | −17<br>−42 | −29<br>−45 | −25<br>−50 | −38<br>−54 | −34<br>−59 | −43<br>−59 | −39<br>−64 | −51<br>−76 |
| 40 | 50 | | | | | | | | | | −49<br>−65 | −45<br>−70 | −61<br>−86 |
| 50 | 65 | −14<br>−33 | −9<br>−39 | −4<br>−50 | −26<br>−45 | −21<br>−51 | −35<br>−54 | −30<br>−60 | −47<br>−66 | −42<br>−72 | −60<br>−79 | −55<br>−85 | −76<br>−106 |
| 65 | 80 | | | | | | −37<br>−56 | −32<br>−62 | −53<br>−72 | −48<br>−78 | −69<br>−88 | −64<br>−94 | −91<br>−121 |
| 80 | 100 | −16<br>−38 | −10<br>−45 | −4<br>−58 | −30<br>−52 | −24<br>−59 | −44<br>−66 | −38<br>−73 | −64<br>−86 | −58<br>−93 | −84<br>−106 | −78<br>−113 | −111<br>−146 |
| 100 | 120 | | | | | | −47<br>−69 | −41<br>−76 | −72<br>−94 | −66<br>−101 | −97<br>−119 | −91<br>−126 | −131<br>−166 |
| 120 | 140 | −20<br>−45 | −12<br>−52 | −4<br>−67 | −36<br>−61 | −28<br>−68 | −56<br>−81 | −48<br>−88 | −85<br>−110 | −77<br>−117 | −115<br>−140 | −107<br>−147 | −155<br>−195 |
| 140 | 160 | | | | | | −58<br>−83 | −50<br>−90 | −93<br>−118 | −85<br>−125 | −127<br>−152 | −119<br>−159 | −175<br>−215 |
| 160 | 180 | | | | | | −61<br>−86 | −53<br>−93 | −101<br>−126 | −93<br>−133 | −139<br>−164 | −131<br>−171 | −195<br>−235 |
| 180 | 200 | −22<br>−51 | −14<br>−60 | −5<br>−77 | −41<br>−70 | −33<br>−79 | −68<br>−97 | −60<br>−106 | −113<br>−142 | −105<br>−151 | −157<br>−186 | −149<br>−195 | −219<br>−265 |
| 200 | 225 | | | | | | −71<br>−100 | −63<br>−109 | −121<br>−150 | −113<br>−159 | −171<br>−200 | −163<br>−209 | −241<br>−287 |
| 225 | 250 | | | | | | −75<br>−104 | −67<br>−113 | −131<br>−160 | −123<br>−169 | −187<br>−216 | −179<br>−225 | −267<br>−313 |
| 250 | 280 | −25<br>−57 | −14<br>−66 | −5<br>−86 | −47<br>−79 | −36<br>−88 | −85<br>−117 | −74<br>−126 | −149<br>−181 | −138<br>−190 | −209<br>−241 | −198<br>−250 | −295<br>−347 |
| 280 | 315 | | | | | | −89<br>−121 | −78<br>−130 | −161<br>−193 | −150<br>−202 | −231<br>−263 | −220<br>−272 | −330<br>−382 |
| 315 | 355 | −26<br>−62 | −16<br>−73 | −5<br>−94 | −51<br>−87 | −41<br>−98 | −97<br>−133 | −87<br>−144 | −179<br>−215 | −169<br>−226 | −257<br>−293 | −247<br>−304 | −369<br>−426 |
| 355 | 400 | | | | | | −103<br>−139 | −93<br>−150 | −197<br>−233 | −187<br>−244 | −283<br>−319 | −273<br>−330 | −414<br>−471 |
| 400 | 450 | −27<br>−67 | −17<br>−80 | −6<br>−103 | −55<br>−95 | −45<br>−108 | −113<br>−153 | −103<br>−166 | −219<br>−259 | −209<br>−272 | −317<br>−357 | −307<br>−370 | −467<br>−530 |
| 450 | 500 | | | | | | −119<br>−159 | −109<br>−172 | −239<br>−279 | −229<br>−292 | −347<br>−387 | −337<br>−400 | −517<br>−580 |

# 附录D 常用的金属材料与非金属材料

## D.1 金属材料

表 D-1

| 标准 | 名称 | 牌号 | | 应用举例 | 说明 |
|---|---|---|---|---|---|
| GB/T 700—1988 | 碳素结构钢 | Q215 | A级 | 金属结构件、拉杆、套圈、铆钉、螺栓、短轴、心轴、凸轮（载荷不大的）、垫圈、渗碳零件及焊接件 | "Q"为碳素结构钢屈服点"屈"字的汉语拼音首位字母，后面数字表示屈服点数值。如Q235表示碳素结构钢屈服点为235N/mm²。<br>新旧牌号对照：<br>Q215—A2<br>Q235—A3<br>Q275—A5 |
| | | | B级 | | |
| | | Q235 | A级 | 金属结构件，心部强度要求不高的渗碳或氰化零件，吊钩、拉杆、套圈、汽缸、齿轮、螺栓、螺母、连杆、轮轴、楔、盖及焊接件 | |
| | | | B级 | | |
| | | | C级 | | |
| | | | D级 | | |
| | | Q275 | | 轴、轴销、刹车杆、螺母、螺栓、垫圈、连杆、齿轮以及其他强度较高的零件 | |
| GB/T 699—1999 | 优质碳素结构钢 | 10 | | 用作拉杆、卡头、垫圈、铆钉及用作焊接零件 | 牌号的两位数字表示平均碳的质量分数，45号钢即表示碳的质量分数为0.45%；<br>碳的质量分数≤0.25%的碳钢属低碳钢（渗碳钢）；<br>碳的质量分数在0.25%~0.6%之间的碳钢属中碳钢（调质钢）；<br>碳的质量分数大于0.6%的碳钢属高碳钢。<br>锰的质量分数较高的钢，需加注化学元素符号"Mn" |
| | | 15 | | 用于受力不大和韧性较高的零件、渗碳零件及紧固件（如螺栓、螺钉）、法兰盘和化工储器 | |
| | | 35 | | 用于制造曲轴、转轴、轴销、杠杆连杆、螺栓、螺母、垫圈、飞轮（多在正火、调质下使用） | |
| | | 45 | | 用作要求综合机械性能高的各种零件，通常经正火或调质处理后使用。用于制造轴、齿轮、齿条、链轮、螺栓、螺母、销钉、键、拉杆等 | |
| | | 65 | | 用于制造弹簧、弹簧垫圈、凸轮、轧辊等 | |
| | | 15Mn | | 制作心部机械性能要求较高且需渗碳的零件 | |
| | | 65Mn | | 用作要求耐磨性高的圆盘、衬板、齿轮、花键轴、弹簧等 | |
| GB/T 3077—1999 | 合金结构钢 | 30Mn2 | | 起重机行车轴、变速箱齿轮、冷镦螺栓及较大截面的调质零件 | 钢中加入一定量的合金元素，提高了钢的力学性能和耐磨性，也提高了钢的淬透性，保证金属在较大截面上获得高的力学性能 |
| | | 20Cr | | 用于要求心部强度较高、承受磨损、尺寸较大的渗碳零件，如齿轮、齿轮轴、蜗杆、凸轮、活塞销等，也用于速度较大、中等冲击的调质零件 | |
| | | 40Cr | | 用于受变载、中速、中载、强烈磨损而无很大冲击的重要零件，如重要的齿轮、轴、曲轴、连杆、螺栓、螺母 | |
| | | 35SiMn | | 可代替40Cr用于中小型轴类、齿轮等零件及430℃以下的重要紧固件等 | |
| | | 20CrMnTi | | 强度韧性均高，可代替镍铬钢用于承受高速、中等或重负荷以及冲击、磨损等重要零件，如渗碳齿轮、凸轮等 | |

续表

| 标准 | 名称 | 牌号 | 应用举例 | 说明 |
|---|---|---|---|---|
| GB/T 11352—1989 | 铸钢 | ZG230—450 | 轧机机架、铁道车辆摇枕、侧梁、铁铮台、机座、箱体、锤轮、450℃以下的管路附件等 | "ZG"为铸钢汉语拼音的首位字母,后面数字表示屈服点和抗拉强度。如ZG230—450表示屈服点230N/mm$^2$、抗拉强度450N/mm$^2$ |
| | | ZG310—570 | 联轴器、齿轮、汽缸、轴、机架、齿圈等 | |
| GB/T 9439—1988 | 灰铸铁 | HT 150 | 用于小负荷和对耐磨性无特殊要求的零件,如端盖、外罩、手轮、一般机床的底座、床身及其复杂零件、滑台、工作台和低压管件等 | "HT"为灰铁的汉语拼音的首位字母,后面的数字表示抗拉强度。如HT200表示抗拉强度为200N/mm$^2$的灰铸铁 |
| | | HT 200 | 用于中等负荷和对耐磨性有一定要求的零件,如机床床身、立柱、飞轮、汽缸、泵体、轴承座、活塞、齿轮箱、阀体等 | |
| | | HT 250 | 用于中等负荷和对耐磨性有一定要求的零件,如阀壳、油缸、汽缸、联轴器、机体、齿轮、齿轮箱外壳、飞轮、衬套、凸轮、轴承座、活塞等 | |
| | | HT 300 | 用于受力大的齿轮、床身导轨、车床卡盘、剪床床身、压力机的床身、凸轮、高压油缸、液压泵和滑阀壳体、冲模模体等 | |

## D.2 有色金属材料

表 D-2

| 标准 | 名称 | 牌号 | 应用举例 | 说明 |
|---|---|---|---|---|
| GB/T 1176—1987 | 5-5-5 锡青铜 | ZCuSn5Pb5Zn5 | 耐磨性和耐蚀性均好,易加工,铸造性和气密性较好。用于较高负荷、中等滑动速度下工作的耐磨、耐腐蚀零件,如轴瓦、衬套、缸套、油塞、离合器、蜗轮等 | "Z"为铸造汉语拼音的首位字母,各化学元素后面的数字表示该元素含量的百分数,如ZCuAl10Fe3表示含Al8.5%～11%,Fe2%～4%,其余为Cu的铸造铝青铜 |
| | 10-3 铝青铜 | ZCuAl10Fe3 | 机械性能高,耐磨性、耐蚀性、抗氧化性好,可焊接性好,不易钎焊,大型铸件自700℃空冷可防止变脆。可用于制强度高、耐磨、耐蚀的零件,如蜗轮、轴承、衬套、管嘴、耐热管配件等 | |
| | 25-6-3-3 铝黄铜 | ZCuZn25Al6Fe3Mn3 | 有很高的力学性能,铸造性良好,耐蚀性较好,有应力腐蚀开裂倾向,可以焊接。适用于高强耐磨零件,如桥梁支承板、螺母、螺杆、耐磨板、滑块和蜗轮等 | |
| | 38-2-2 锰黄铜 | ZCu38Mn2Pb2 | 有较高的力学性能和耐蚀性,耐磨性较好,切削性良好,可用于一般用途的构件,船舶仪表等使用的外型简单的铸件,如套筒、衬套、轴瓦、滑块等 | |
| GB/T 1173—1995 | 铸造铝合金 | ZALSi12 代号 ZL102 | 耐磨性中上等,用于制造负荷不大的薄壁零件 | ZL102表示含Si10%～13%、余量为Al的铝硅合金;ZL202表示含Cu9%～11%,余量为Al的铝铜合金 |

## D.3 非金属材料

表 D-3

| 标　准 | 名　称 | 牌号 | 应用举例 | 说　明 |
|---|---|---|---|---|
| GB/T 359—1995 | 耐油石棉橡胶板 | NY250<br>HNY300 | 供航空发动机用的煤油、润滑油及冷气系统结合处的密封衬垫材料 | 有厚度 0.4~3.0mm 的 10 种规格 |
| GB/T 5574—1994 | 耐酸碱橡胶板 | 2707<br>2807<br>2709 | 具有耐酸碱性能,在温度-30~+60℃的20%浓度的酸碱液体中工作,用作冲制密封性能较好的垫圈 | 较高硬度<br>中等硬度 |
| | 耐油橡胶板 | 3707<br>3807<br>3709<br>3809 | 可在一定温度的机油、变压器油、汽油等介质中工作,适用冲制各种形状的垫圈 | 较高硬度 |
| | 耐热橡胶板 | 4708<br>4808<br>4710 | 可在-30~+100℃且压力不大的条件下,于热空气、蒸汽介质中工作,用作冲制各种垫圈和隔热垫板 | 较高硬度<br>中等硬度 |